汉译世界学术名著丛书

罗马史

第三册

〔德〕特奥多尔·蒙森 著

李稼年 译

商务印书馆
创于1897
The Commercial Press

Theodor Mommsen

RÖMISCHE GESCHICHTE

（**History of Rome**）

Band 3

（J. M. Dent and Sons Ltd. 1920）

根据慕尼黑德意志袖珍书籍出版公司 1976 年德文版翻译，校订时参考了
伦敦登特父子有限公司 1920 年英译本

汉译世界学术名著丛书
出版说明

我馆历来重视移译世界各国学术名著。从20世纪50年代起，更致力于翻译出版马克思主义诞生以前的古典学术著作，同时适当介绍当代具有定评的各派代表作品。我们确信只有用人类创造的全部知识财富来丰富自己的头脑，才能够建成现代化的社会主义社会。这些书籍所蕴藏的思想财富和学术价值，为学人所熟知，毋需赘述。这些译本过去以单行本印行，难见系统，汇编为丛书，才能相得益彰，蔚为大观，既便于研读查考，又利于文化积累。为此，我们从1981年着手分辑刊行，至2013年年底已先后分十四辑印行名著600种。现继续编印第十五辑。到2015年年底出版至650种。今后在积累单本著作的基础上仍将陆续以名著版印行。希望海内外读书界、著译界给我们批评、建议，帮助我们把这套丛书出得更好。

商务印书馆编辑部

2015年3月

目　录

第四卷　革命

第一章　属国——迄格拉古兄弟时代 …… 3
第二章　改革运动与提比略·格拉古 …… 69
第三章　革命与盖乌斯·格拉古 …… 98
第四章　复古政治 …… 127
第五章　北方民族 …… 162
第六章　马略的革命企图与德鲁苏斯的改革企图 …… 195
第七章　意大利属国的叛乱与苏尔皮奇乌斯革命 …… 224
第八章　东方与米特拉达特斯王 …… 269
第九章　秦纳与苏拉 …… 311
第十章　苏拉体制 …… 343
第十一章　共和国及其经济 …… 385
第十二章　民族性、宗教和教育 …… 412
第十三章　文学和艺术 …… 436

第四卷

革命

你如此疯狂地驱赶我；
恐怕我要崩溃了。
上帝也不是每个周末
都要痛饮一番的。

——歌德

第一章　属国——迄格拉古兄弟时代 11

马其顿王国既废，罗马的统治权不但西自赫尔克勒斯柱东至尼罗河口和奥隆特斯河口成为既定的事实，而且仿佛受命运的最后决定，以定数难逃来全力压迫各国，使各国不亡于绝望的反抗，即亡于绝望的忍耐，此外无选择的余地。西班牙各省已并入罗马帝国的版图，非洲、希腊和亚洲各地仍被视为罗马的保护国，两种地方都有强者与弱者的斗争，战局的转变虽形色繁多，却是千篇一律；如果历史不当力使诚挚的读者与她共尝甘苦，共历春光和冬景，则史家或欲规避这种乏味的工作，不考究这些战局的转变。可是此等冲突，单独地看，虽似无关重要而居附属地位，合起来看，却有深沉的历史意义在；特别是我们要明白本时期意大利的情形，非先晓得外省对于母国的反动不可。

本期之始，除可视为天然属于意大利的各区外——然而这些地方的土著仍未全被征服，利古里亚人、撒丁人和科西嘉人仍给罗马人“征村落而奏凯”的机会，不甚为罗马的光荣——罗马的主权仅正式成立于西班牙的两省，这两省包括比利牛斯山外半岛的东部大半和南部。上文已述此半岛的情形。伊比利亚人与凯尔特人、腓尼基人、希腊人和罗马人在这里杂然并陈，蔚为奇观。种类迥异和高下悬殊的文明在这里同时存在，在许多点成交互错综之

势，伊比利亚人的古文化与极端的半开化状态并立，腓尼基和希腊商业城市的文明状态与拉丁化文化的发展并立，银矿所雇用的众
12 多意大利人和驻防此地的大军都特别促进拉丁文化的发展。在这方面，罗马市镇意大利迦（Italica，在塞维利亚附近）和拉丁殖民地迦泰亚（Caiteia，在直布罗陀湾）值得一述——后者仅次于阿格里根图姆，为最早操拉丁语而行意大利制的海外市府。意大利迦是老西庇阿离西班牙以前（548 年即前 206 年）为部下愿留在半岛的老兵创设的——不过可能原非市民民社，而仅为一个交易场所。[1]迦泰亚的创立在 583 年即前 171 年，为营中所生的大批儿童——罗马兵士与西班牙奴隶所生之子——而设，这些儿童长大成人，在法律上为奴隶，在事实上却为自由的意大利人，现在为国家的缘故得到解放，与迦泰亚的旧居民组合成一个拉丁殖民地。大体看来，提比略·森普罗尼乌斯·格拉古整顿埃布罗省（575 年即前 179 年，576 年即前 178 年）以后，虽有一两次征讨凯尔特伊比利亚人和卢西塔尼亚人的事见于记载，西班牙各省却安享太平无事的福，几三十年。

较严重的事件发生于 600 年即前 154 年。卢西塔尼亚人在一位首领布尼库斯（Punicus）的领导之下，侵入罗马领域，罗马两省长官联合抵抗，为其所败，军队死者甚众。维托内人（Vettonen，在塔古斯河与上杜罗[Duero]河之间）为此事所动，与卢西塔尼亚人

---

① 西庇阿原欲使意大利迦成为意大利所谓 *forum et conciliabulum civium Romanorum*，以后高卢的阿奎-塞克斯提亚（Aquae Sextiae）也有同样的起源。海外市民民社的设立仅始于较晚时期的迦太基和纳博（Narbo）；可是有可注意的，在某种意义上，可说西庇阿已朝那方向走了第一步。

联合，卢西塔尼亚人得其支援，竟能把行动范围扩大，远至地中海，甚且劫掠距罗马省会新迦太基不远的巴斯图罗-腓尼基人之地。国内的罗马人极为重视此事，以至于议决派一位执政官往西班牙，这是自从559年即前195年以来未尝采取的步骤，并且为加速派援起见，甚至把新执政官的法定就职日期提早两个半月。因为这个缘故，执政官就职的日期由三月十五日改到一月一日；我们现在仍用的岁首就这样形成了。可是执政官昆图斯·弗尔维乌斯·诺
比利奥尔尚未带兵来到，远西班牙省长官副执政官卢奇乌斯·穆 13
米乌斯(Lucius Mummius)就与卢西塔尼亚人大战于塔古斯河右岸，现在布尼库斯已战死，统率卢西塔尼亚人的是继任人恺撒鲁斯(Caesarus，601年即前153年)。起初，战局有利于罗马人；卢西塔尼亚兵败，营垒被陷。不过罗马人在进军中已感疲乏，又在追击时乱了行阵，终为已败的敌人所乘，全被击破，阵亡九千人，除敌营外，本营也告失陷。

现在战火蔓延甚广。塔古斯河左岸的卢西塔尼亚人在考凯努斯(Caucaenus)率领之下，猛扑罗马属下的凯尔提西人(Celtici)在阿连特茹(Alentejo)，取其城邑科尼斯托尔吉(Conistorgis)。卢西塔尼亚人把夺自穆米乌斯的旌旗送给凯尔特伊比利亚人，一方面宣告胜利，一方面要求起兵，并且这民族中也不乏骚动。有两个部落，一个是贝里部(Belli)，一个是帖替部(Titthi)，与强大的阿雷瓦恺部(Arevacae，在杜罗河和塔古斯河的源头附近)为邻，两部决定共同卜居于境内一个城邑塞介达(Segeda)。他们正在从事建筑城垣，罗马人命他们停工，因为森普罗尼乌斯的条约禁止属国随意建城，同时又要求他们缴纳按条约应缴纳但多时未经征取的款项和

人丁。对这两个命令，西班牙人都不肯服从，声言他们仅在从事扩展而非建城，至于贡献，罗马人不但已把它停止，而且已把它豁免。此后诺比利奥尔即率兵近三万人来到近西班牙省，内有努比底亚的骑兵和战象十匹。新城塞介达的城垣尚未竣工，居民大部降服。可是最有决断的人士却携妻带子逃到阿雷瓦恺部，请他们共抗罗马人。阿雷瓦恺部见卢西塔尼亚人战胜穆米乌斯，胆力大增，便同意此事，并推选塞介达难民中的迦鲁(Carus)为统帅。这位英勇的领袖被选的第三日便死于疆场，不过罗马军被击破，罗马市民战死的达六千人；自此以后，罗马人永不忘八月二十三日火神节(Vol-
14 canalia)的悲痛。然而阿雷瓦恺部因统帅殒命，退入最坚城邑努曼提亚(Numantia，在瓜尔莱[Guarray]，位于杜罗河上索里亚[Soria]以北，相距约五公里)。诺比利奥尔追至此处。第二战发生于城下，罗马人起初以战象把西班牙人驱回城内，可是在进行此事时，一象受伤，他们陷于混乱，敌人由城内出击，罗马军又败于敌人之手。此事和其他不幸事件——如罗马派骑兵一队往征助兵，为敌所歼——使罗马人在近西班牙的情势极形不利，以致罗马兵库和粮台所在的奥西利(Ocilis)堡垒投归敌人，此时阿雷瓦恺部竟至想向罗马人提示和约，不过无功。然而穆米乌斯在南方的胜利却差可与这些失利相抵。他的军队虽因遭挫折而力衰，可是能乘卢西塔尼亚人失策而分散于塔古斯河右岸之时，予以击破，然后渡到左岸；卢西塔尼亚人原已蹂躏罗马全部的领土，甚至抄掠到非洲，现在他把南省的敌人肃清。

翌年(602年即前152年)，元老院以诺比利奥尔无能，派大批增援和一位新元帅来代替他，新元帅为执政官马尔库斯·克劳狄乌斯·马尔凯卢斯(Maceus Claudius Marcellus)。586年即前168年他为将军时既于西班牙取卓著功绩,此后两次为执政官,皆证明他有做统帅的本领。他的领袖才能尤其是他的仁慈迅即转移时局;奥西里即刻向他投降;阿雷瓦恺部希望略付罚款即可得和,马尔凯卢斯准其所请,甚至此部也得休战,派使者往罗马。如是,马尔凯卢斯便能进至南省;南省的维托内人和卢西塔尼亚人于将军马尔库斯·阿提利乌斯(Marcus Atilius)在其境内时表示服从,可是他一旦离去,他们便又叛变,侵伐罗马的同盟。这位执政官到来,此地恢复平静状态,他在科度巴(Corduba)过冬时,整个半岛停战。同时,对阿雷瓦恺部的和约问题则在罗马城讨论。有足以明示西班牙人的相互关系的,就是阿雷瓦恺部的罗马党遣密使来陈 15
说:罗马人若不愿牺牲亲附罗马的西班牙人,便只能每年派一执政官带相当兵力至西班牙,否则须乘今之时施重惩以儆效尤,此外无他途可循;罗马所以拒绝和议,此为其主要原因。即以此故,阿雷瓦恺部的使者未得确定的答复即被遣归,罗马决定努力进行战事。于是翌年(603年即前151年)春季,马尔凯卢斯被迫再对阿雷瓦恺部作战。可是罗马统帅听闻继任人不久将至,不愿把结束战事的光荣留给后任,或更为可能的,他与格拉古主张相同,以为欲得永久和平,首须善遇西班牙人。他竟与阿雷瓦恺最有势力的人士举行一个秘密会议,在努曼提亚城下结成条约,阿雷瓦恺部依约向罗马人无条件投降,不过承诺出钱和遣质子以后,又得恢复其旧条款所列的权利。

新元帅执政官卢奇乌斯·卢库卢斯(Lucius Lucullus)来到大本营时,见和约已正式缔结,他前来督导的战事业已告终,他原希望由西班牙取得荣名尤其是钱财回国,如今希望似乎化为泡影。可是这种困难有法克服。卢库卢斯自动攻击阿雷瓦恺部的西邻瓦迦人(Vaccaei),这是个仍为独立的凯尔特伊比利亚民族,且与罗马人有极友善的关系。西班牙人请问何罪见攻,罗马人便忽然攻打考迦城(Cauca,即科卡[Coca],在塞哥维亚[Segovia]西,相距约四十公里),以为答复;这座惊慌的城邑牺牲巨款,以为已买得一个降约,罗马军队却开入城内,捕居民为奴隶或加以屠戮,毫无借口。罗马军既做出这件英勇事业,据说因此丧命的达二万人,便再向前进。一片广大区域的村镇或被放弃,或闭门以拒罗马军,如强固的茵特迦提亚(Intercatia)和瓦迦人的首城帕朗提亚(Pallantia,即帕
16 伦西亚[Palencia])。贪婪者自食其报;无一民社敢与这背信的元帅缔结降约。因居民一致逃窜,不但无物可掠,而且在这四面楚歌之地,他几至不能一朝居。有一位得人敬重的军团长官西庇阿·埃米利亚努斯(Scipio Aemilianus),是皮德纳战役胜利者之子,扎玛战役胜利将军的义孙,他在茵特迦提亚之前,当元帅的诺言不复济事之时,竟能以一己的诺言为担保,劝居民结一协定,罗马军借此受有一批牛羊和衣服,而后离去。可是罗马军攻帕朗提亚,却因缺乏粮饷,不得不解围,退兵之时,瓦迦人追蹑其后,直至杜罗河。于是卢库卢斯进至南省;本年在南省的将军塞尔维乌斯·苏尔皮奇乌斯·伽尔巴(Servius Sulpicius Galba)已为卢西塔尼亚人所败。二人在相距不远之处度过冬季——卢库卢斯在图尔德塔尼人(Turdetani)境内,伽尔巴在科尼斯托尔吉斯人境内——翌年(604年即前150年),他们合攻卢西塔尼亚人。卢库卢斯在加的斯海峡附近略获小胜。伽尔巴的成绩较大,因为他与塔古斯河右岸的三

个部落结约，许把他们移到较佳的居地；于是这蛮族因欲得地而来归他的达七千人，伽尔巴把他们分为三队，解除他们的武装，把一部分掳去为奴隶，把另一部分杀戮。人以背信、残忍和贪婪来作战，未有如这两位将军之甚的；然而凭着造罪得来的财宝，一个免予判罪，另一个甚至免予弹劾。耆宿加图年已八十五岁，距死期仅数月，想传讯伽尔巴于市民之前；可是这位将军啼哭的儿女和带回本国的黄金竟能向罗马人民证其无罪。

不是因为卢库卢斯和伽尔巴在西班牙得到不光荣的胜利，而是因为第四次马其顿战争和第三次迦太基战争爆发于605年即前149年，罗马人始暂把西班牙的事又交给寻常的省长。伽尔巴的背信未挫卢西塔尼亚人的锐气，反而激起他们的愤慨，于是他们即刻又蹂躏图尔德塔尼亚肥沃之地。罗马的省长盖乌斯·维提利乌斯(Gaius Vetilius，607—608年(?)即前147—146年[1])率兵向他 17
们进攻，不但击败他们，而且把他们全军赶得向一座山逃窜，他们似乎陷入无可挽救的绝境。降约业已实际订妥，那时维里亚都(Viriathus)警告同国人说：罗马人的诺言不可信，他们若肯从他，他必能把他们救出。维里亚都是个出身微贱的人，从前他年少时，曾英勇保卫他的羊群以抗野兽和盗贼，今在重大的战争中成为可畏的游击队长，那些经伽尔巴背信痛剿的西班牙人能偶然逃得性

① 关于维里亚都战事的年代，尚无定论。所可确定的，是维里亚都的出现始于对维提利乌斯的冲突，还有他死于615年即前139年；他掌权的时间据估计为八年、十年、十一年、十四年或二十年。第一个估计有些可能性，因为在狄奥多罗斯和奥罗西乌斯(Orosius)书中维里亚都的出现均与科林斯的毁灭相连。与维里亚都作战的罗马省长有几个必属于北省，因为维里亚都的活动虽大半在南省，却不全在南省，所以我们不可以省长的数目计算他为领袖的年数。

命的只有少数，维里亚都实居其一。他的言辞和榜样深有效力，军队推他为最高统帅。维里亚都命他那军队的大部分头各取一路向指定的聚会处前进，他自选马最良而人最可靠的骑兵一千人编成一队，亲率他们掩护其余部队出发。罗马人缺乏轻骑，不敢在敌骑监视之下分兵追击。维里亚都和他那队人马制止罗马全军整整两日，他忽然在夜间离去，急向聚会处而行。这位罗马将军追他，可是陷入一个巧设的埋伏，折了全军之半，并且他本人也被捕杀，其余的队伍勉强逃到海峡附近的殖民地迦泰亚。百忙之中，西班牙民兵五千人由埃布罗被派往援助罗马的败军，可是此队仍在途中，便为维里亚都所毁灭，于是他完全控制卡本塔尼亚(Carpentania)的整个内地，罗马人甚至不敢到那里来寻他。现在维里亚都被承
18 认为全卢西塔尼亚的君主，他既有王位的全副尊严，又知如何不失其牧羊人的朴素习惯。他没有与普通兵士不同的标志；他的岳父是罗马属下西班牙的王子阿斯托尔帕(Astolpa)，摆设富丽堂皇的结婚筵席招待他，他未曾动用金器和丰盛的肴馔，便起身离座，把新娘提到马上，携着她向他的山中驰去。每有战利品，他所取的未尝多于他所分给每个战友的一份。兵士所以认识元帅，只因他身材高大，隽语惊人，最重要的，他的节制和操劳为部下任何人所不及，就寝时永穿全副衣甲，作战时永立在最前列。仿佛在这个根本平淡无奇的时代，一位荷马诗中的英雄复生于世；维里亚都在全西班牙名闻遐迩；这英勇的民族受异族统治的桎梏，以为在他身上毕竟见到一位行将打破桎梏的人物。

以后两年(608—609 年即前 146—前 145 年)，他的领导在西班牙的南北两部均著非常的成效。维里亚都既毁灭将军盖乌斯·

普劳提乌斯(Gaius Plautius)的先锋,又竟能施巧计把他诱到塔古
斯河的右岸,在那里大破其兵,以致这位罗马副执政官在仲夏时驻
营度冬——因此他以贻羞罗马民社的罪被控于人民之前,不得不
出居异域。同样,省长——似为近西班牙省的省长——克劳狄乌
斯·尤尼曼努斯(Claudius Unimanus)的军队也被毁灭,盖乌斯·
内吉狄乌斯(Gaius Negidius)的军队被击破,大片平原被劫掠。表
胜观高筑在西班牙山中,饰以罗马省长的官徽和兵团的武器,罗马
城内的人听得蛮族胜利,惭愧与惶恐交集。现在一位较为可靠的
军官被委来指挥西班牙的战事,此人就是执政官昆图斯·法比乌
斯·马克西姆斯·埃米利亚努斯(Quintus Fabius Maximus Ae-
milianus),为皮德纳战胜将军的次子(609 年即前 145 年)。可是
永经战阵的老兵正由马其顿和亚细亚归来,罗马人却不敢再派他
们前往西班牙,做其所恶的战事,马克西姆斯带来的两个兵团都是
新征的兵,不比那士气不振的旧西班牙军更为可靠。最初几仗又 19
利于卢西塔尼亚人,后来在本年的所余月日中,这位慎重的将军把
全军集中于乌萨(Ucsa 即奥苏纳[Qsuna],在塞维利亚东南)营内,
敌人讨战,他不应战;到了次年(610 年即前 144 年),他的部下已
由小战适于打仗,然后能保持优势,于几次胜利之后,到科度巴驻
营度冬。可是接代马克西姆斯的将军昆克提乌斯(Quinctius)怯懦
无能,罗马人又连战连败,时当仲夏,其将军即闭城自保于科度巴;
同时维里亚都却横行于南省(611 年即前 143 年)。

他的继任人昆图斯·法比乌斯·塞尔维利亚努斯(Quintus Fabius Seivilianus)系马克西姆斯·埃米利亚努斯的义兄弟,被派带两个新兵团和十四象来到半岛,他努力深入卢西塔尼亚人之地,

可是几次交锋，不分胜负，罗马营垒被攻，勉强把敌人击退，他觉着不得不退回罗马境内。维里亚都追入省境，不过他的部队依西班牙叛军的惯例，忽然化为乌有，他不得不回到卢西塔尼亚（612 年即前 142 年）。次年（613 年即前 141 年），塞尔维利亚努斯再取攻势，穿越贝提斯（Baetis）河和阿那（Anas）河上的地域，然后进入卢西塔尼亚，占领许多城邑。大批叛党落入其手，为首的约五百人都被处决；由罗马境内叛归敌方的皆被断手，其余众人均被卖为奴隶。可是在这一次，西班牙战事却也不失其变化无常的特性。在这一切胜利以后，罗马军在攻打埃利萨内（Erisane）时为维里亚都所击破，被追至一座危岩，完全落入敌人的掌握。然而维里亚都与昔日萨谟奈将军在考迪尼山隘时一样，仅止于与塞尔维利亚努斯订一和约，约中承认卢西塔尼亚自主，并承认维里亚都为卢西塔尼亚王。罗马势力的增加与民族荣辱感的衰微相等，首都人士乐于解脱这讨厌的战争，元老院和人民竟批准此项条约。可是塞尔维利亚努斯的胞弟昆图斯·塞尔维利乌斯·恺庇欧（Quintus Servilius Caepio）继其兄位，深不满于这种姑息态度；元老院懦弱，竟至于先允许这位执政官暗中谋害维里亚都，而后至少以漠不关心的态度坐视他毫无借口，公然背信。于是恺庇欧侵卢西塔尼亚，穿越其地，远至维托内人和伽莱西人（Gallaeci）之境；维里亚都不肯与占优势的兵力交锋，用巧妙行动闪避敌人（614 年即前 140 年）。可是到了次年（615 年即前 139 年），恺庇欧重行进攻，同时马尔库斯·波皮利乌斯（Marcus Popillius）率北省可调的兵来卢西塔尼亚援助他，维里亚都不计条款，请求议和。罗马人要求他把一切由罗马辖境投归他的人，连他的岳父在内，一概交出；他遵照办理，罗马人下令把他们处决或断手。可是这还不够，罗马人不惯于把战败者将来的命运一次和盘托出。

命令络绎不绝地传到卢西塔尼亚人，每次要求均较前次更为难堪，终至勒令他们缴出武器。昔日卢西塔尼亚人为伽尔巴所缴械的遭到厄运，维里亚都有鉴于此，再动干戈；可是已嫌太迟。他的犹豫不决已在其左右近臣中种下谋反的根苗，他的亲信，来自乌萨的奥达斯（Oudas）、狄达尔科（Ditalco）和米努奇乌斯（Minucius）等三人以为无再获胜利之望，取得国王的许可，再与西庇阿开和议，借此把卢西塔尼亚英雄的生命卖给外人，以换取个人免罪和其他报酬的保证。他们回营后，向国王力称交涉结果顺利，次夜便乘他在帐中入睡，把他刺死。卢西塔尼亚人用无与伦比的葬礼崇敬这位功名赫奕的领袖，二百对武士在丧事宴会中比武；又用更高的方式崇敬他，他们不放弃战事，却推举陶塔姆斯（Tautamus）为元帅以代那殒命的英雄。维里亚都曾计划夺取萨贡图姆于罗马人之手，这计划自属十分大胆，不过新元帅既无其前任那种适可而止的明智，又缺乏他那种军事本领。远征完全失败，军队在归途渡贝提斯河时为敌所攻，被迫无条件投降。如是，卢西塔尼亚非亡于光明 21
正大的战争，而实亡于外国人的奸谋和暗杀。

维里亚都和卢西塔尼亚人祸害南省之时，另一严重不逊于此的战争爆发在北省的凯尔特伊比利亚各族之中，未必不受前者的扶助。610 年即前 144 年，阿雷瓦恺部见维里亚都的辉煌胜利而生心，起兵叛罗马；执政官昆图斯·凯奇利乌斯·梅特路斯（Quintus Caecilius Metellus）原被派援救马克西姆斯·埃米利亚努斯于西班牙，因此故不往南省，却移兵攻凯尔特伊比利亚人。他以此等人的战斗，尤其是他攻打那被认为坚不可摧的城池康特雷比亚(Contrebia)，都显示他的本领不减当年战胜马其顿伪主之时；经他治理两年(611—612年即前143—前142年)之后，北省慑服。只有特曼提亚(Termantia)和努曼提亚两城尚未向罗马人打开城门，可是他们与罗马人的降约也即将结成，并且西班牙人已履行大半的条件。然而西班牙人素以执有一柄得心应手的刀剑自豪，罗马人一命他们缴出武器，他们便与维里亚都一样，也为这种真纯的自尊心所阻，决定服从勇悍的梅伽拉维库斯(Megaravicus)，继续作战。这事似属愚妄。613年即前141年的执政军为执政官昆图斯·庞培(Quintus Pompeius)所统率，其兵力四倍于努曼提亚能胜兵役人丁的总数。可是这位将军毫不知兵，在两城的城墙下大遭挫败(613年即前141年，614年即前140年)，以致他终愿用交涉方式取得他所不能强取的和平。与特曼提亚的协定必已成立。至关于努曼提亚，罗马将军释放他们方面的俘虏，暗中允许给他们以优待，要求这民社无条件投降。努曼提亚人厌战，对此同意，将军竟把他的要求限制在无可再小的程度。战俘逃兵和人质均已交出，议妥的款项已付出大半，适值615年即前139年新将军马尔库斯·波皮利乌斯·莱那斯来到营中。按罗马人的观念，庞培所结
22 的和约未免辱国，他一见统兵的责任移到他人肩头，便为避免还罗马城后遭到查究起见，心生一计，不但自食其言，而且不认其曾为此言；努曼提亚人来缴最后一笔款项，他当他们的和本国的官员之面，简直否认有缔结协定之事。此事便提交罗马元老院判决。元老院加以讨论之时，努曼提亚城下的战事归于停顿，莱那斯从事于远征卢西塔尼亚，促成维里亚都的灭亡，并抄掠努曼提亚邻邑的卢

松人(Lusones)。元老院的决定终于到来,大旨谓应继续战争——如是,国家附和庞培的无赖行径。

努曼提亚人勇气不衰,愤慨有加,再行作战;莱那斯攻打他们而无功,他的后任盖乌斯·霍斯提利乌斯·曼奇努斯(Gaius Hostilius Mancinus)也不较为顺利(617 年即前 137 年)。可是他们遭遇挫折,其故不在努曼提亚人的武力,而在罗马将军的军纪废弛,以及——其自然的结果——罗马兵士的放荡、跋扈和畏怯与年俱增。仅是谣言且是无稽的谣言传来,说坎塔布里部(Cantabri)和瓦迦部正来解努曼提亚之围,罗马军未奉命令即弃营宵遁,自保于十六年前诺比利奥尔所筑的寨栅。努曼提亚人听得他们忽然离去,急起追奔逐北,把他们包围起来,罗马军除持刀杀出敌阵,或依努曼提亚人所替定的条款结和外别无他途。这执政官个人虽系讲信誉的人,却软弱无能,又不甚知名。提比略·格拉古(Tiberius Gracchus)这时在军中为财务官,因其父节制埃布罗省甚为贤明,世世为凯尔特伊比利亚人所敬仰,素有左右他们的势力,现在劝努曼提亚人,使他们以全军属僚所共誓守的公平条约为已足。可是元老院不但立即召还将军,而且在长期讨论之后,竟使人以一项建议提交市民大会,说他们对待这个协定应与往日对待考迪尼协定无异,换句话说,他们应不予核准,卸责于结约者身上。按正理说,所谓结约者应包括一切曾誓守此约的人;可是格拉古和他人均因 23
有瓜葛而得免;只有曼奇努斯不属于最高贵族界,须为他个人和他人的过失而受罚。这位罗马的执政官被褫去公服,解往敌人的前哨,努曼提亚人不肯接受,以表示他们那方面不承认条约无效;这位执政官身穿衬衣,背剪着手,在努曼提亚门前整整立了一日,无论敌友莫不见而生怜。然而他的同僚执政官马尔库斯·埃米利乌斯·雷必达(Marcus Aemilius Lepidus)却似乎对于这惨痛的教训毫不在意。罗马城中讨论曼奇乌斯条约之时,雷必达正仿十六年前卢库卢斯之所为,借故攻打自由民族瓦迦部,始与远西班牙省的将军会同围攻帕朗提亚(618 年即前 136 年)。元老院以一道法令要他停战,然而他借口时势已有变迁,继续围攻。这样一来,可见他不但不是个良民,也不是个良将。他屯兵于这座既大且坚的城下甚久,以致军队在这崎岖的敌国里粮饷不继,不得不留下患病和受伤的士兵而退却,帕朗提亚人追蹑其后,歼其兵一半,罗马军已全趋崩溃,如果敌人不停追太早,必致全军覆没。因为此项过失,这位贵族将军归来时,被科罚金。他的后任卢奇乌斯·福里乌斯·菲卢斯(Lucius Furius Philus,618 年即前 136 年)和盖乌斯·卡尔普尔尼乌斯·皮索(Gaius Calpurnius Piso,619 年即前 135 年)又须与努曼提亚人战,因为他们无所作为,他们幸能全师归国。

就是罗马政府也毕竟渐知这种情形不能再行继续,他们议决把荡平西班牙这座小城当作非常之事,委罗马第一流的将军西庇阿·埃米利亚努斯来办理。固然,作战所需的经费发放得非常吝啬,他请求征兵,竟遭到直接的拒绝——其故或在朋党的阴谋和恐
24 加重负于握主权的人民。可是大批亲友和门客自愿与他偕行,其中有他的胞兄,即几年前曾率兵讨维里亚都有功的马克西姆斯·埃米利亚努斯。这群忠实的人成为将军的卫队,西庇阿借着卫队的助力,始能整顿那风纪荡然的军队(620 年即前 134 年)。首先,随营人众须离去——内有营妓多至二千人,占卜人和各种僧侣无数——兵士如果不能用来作战,他至少须掘壕和行军。在第一个

夏季，将军避免与努曼提亚人冲突，他仅止于毁坏四乡的积聚，惩罚卖谷给努曼提亚人的瓦迦部，强迫他们承认罗马的主权。将近冬季，西庇阿始集合其军于努曼提亚的周围。除努米底亚王子朱古达(Jugurtha)所率的步骑兵及战象十二匹和西班牙众多的助兵外，尚有四个兵团，共达六万人，围困一座能胜兵役的公民至多不过八千人的城邑。尽管如此，被围者却时常挑战。不过西庇阿明知多年的纷乱非一朝所能整理，不肯应战；被围者出击，每次引起冲突，罗马兵便抱头鼠窜，将军亲临战场，始被勉强制止，这不幸而证明他所用战术的不谬。将军贱视其部下未有甚于西庇阿贱视那围攻努曼提亚的军队的；他不但以刻薄的言辞而且更重要的以其所用的方法表示他对于部下的意见。罗马人在可以自行决定用刀与否的场所，竟用锄锹来作战，实以此为首次。此城周围约五公里，罗马人筑一道两倍于此的双层长围，备有墙垣、楼橹和壕堑；最初，大胆的船夫和潜水夫可以奋力由杜罗河运点粮食入围城，这河也终被封锁。如是，由一切方面看来，他们所不敢攻打的城必至因饥荒而陷落，又因其公民于去夏未曾积蓄粮食，更当如此。努曼提亚人不久便感到样样缺乏之苦。一个最勇敢的人名雷托吉尼(Re- 25
togenes)的带着几个伴侣杀出敌军的战线，苦苦哀告说勿令同族人死亡而不救，这话至少大大感动了阿雷瓦恺部一个城邑卢提亚(Lutia)。可是卢提亚人尚未达到决定，西庇阿即由此城的罗马党得到情报，率重兵临城下，迫当局交出这种运动的首领，于是在罗马将军命令之下，英俊少年四百人均受断手之刑。努曼提亚人既这样失去最后的希望，就派人向西庇阿磋商归降事宜，并以好汉惜好汉呼吁；不过使者归来，声言西庇阿要求无条件投降，群众大怒，把他们碎尸万段，又过一个时期，饥馑和疠疫始竟其全功。努曼提亚人终于送第二个信息到罗马大本营，说此城今愿无条件投降。罗马人训令邑民次日齐集城门之前，他们请缓期数日，以使那些决定与自由共存亡的人有就义的时间。所请得蒙照准，利用之者不在少数。最后，可怜的遗民来到门前。西庇阿选出其中最尊显的五十人参加凯旋游行队，其余均被卖为奴隶，城垣被夷为平地，领土被分给邻近各城邑。此事在 621 年即前 133 年秋季，在西庇阿就统帅职后十五个月。

努曼提亚既陷落，各处仍存的反罗马活动断了根株，耀武扬威和征课罚款即足以使近西班牙承认罗马的上国地位。

在远西班牙，卢西塔尼亚既灭，罗马统治的力量加强，范围增广。执政官德西姆斯·尤尼乌斯·布鲁图斯(Decimus Junius Brutus)来代恺庇欧之位，使卢西塔尼亚的战俘居于萨贡图姆附近，并依迦泰亚的例，给他们的新城瓦伦提亚(Valentia，即瓦伦西亚[Valencia])一个拉丁体制(616 年即前 138 年)；他又(616 年即
26 前 138 年)由各种方向行经伊比利亚西岸，为罗马达到大西洋岸的第一人。卢西塔尼亚人无论男女均固守其所居的城邑，他把他们全数荡平，又与素来独立的伽莱锡部(Gallaeci)大战一场，据说此部阵亡了五万人，然后把它并入罗马行省。现在瓦伽部、卢西塔尼亚部和伽莱锡部既皆被征服，整个半岛除北岸外至少在名义上均服从罗马人。

一个元老院的委员团奉派到西班牙，以便协同西庇阿，依罗马的模范，组织新克服的省境；西庇阿竭力消除前任那种顽钝无耻政策所致的后果。例如十九年前他为军团长官时，不得不坐视考迦

人受卢库卢斯可耻的虐待，现在他请考迦人复还其城，加以重修。西班牙又复渐入佳境。海盗潜伏于巴利阿里岛内险恶的地方，631年即前123年，昆图斯·凯西利乌斯·梅特路斯(Quintus Caecilius Metellus)占领了这个群岛，剿平海盗，非常有益于西班牙商业的繁荣；在其他方面，这些岛屿土地肥美，居民稠密，土人有用轮索的绝技，得之甚有价值。西班牙的拉丁人三千名卜居于新获群岛的两城即帕尔玛和波伦提亚(Pollentia，即波伦扎[Pollenza])，可见就是在这时候，西班牙操拉丁语的居民如何众多。尽管重弊丛生，罗马在西班牙的政事却大致保存加图时代尤其是提比略·格拉古所形成的规模。诚然，北方和西方的众部落仅半被荡平或全未征服，罗马的边境受其糜烂不小。特别在卢西塔尼亚人中间，贫苦少年常相聚为群盗，结成大夥，由本国人或邻国人勒索捐纳，以故就是在很后于此的时期，这一带孤单的庐舍都建成堡垒式，遇必要时，可资防守；在这些蛮荒而几乎无路可通的卢西塔尼亚山地，罗马人也没有做到铲除这种行劫的风俗。可是以前堪称为战争的，日益变为土匪行劫的性质，每一略有能干的长官均能用其平常的力量把它扑灭；尽管边界上有那些灾害，罗马的属地仍以西班牙 27
为最兴盛最有组织的地方；当时尚不知有什一税和经纪人的制度；人口众多，其地饶于粮食和牲畜。

罗马与迦太基、马其顿和叙利亚作战，因而把非洲、希腊和亚洲的国家纳入罗马霸权的范围，这些国家的境遇在形式自主与实际附属之间，较西班牙的状况尤为难堪。一个独立国家在无可避免之时受战祸而不辞，为了独立，无论付出何等代价，亦不为过；一个已失其独立的国家尚有保护主保证它与邻国的相安无事，至少

可以略偿所失。可是罗马这些属国既无独立，又无和平。在非洲，
迦太基与努米底亚有连续不绝的边境战事。在埃及，罗马的仲裁
已解决托勒密·菲洛梅托与其弟胖托勒密(Ptolemy the Fat)的争
位问题；然而埃及和昔兰尼的新主仍为争塞浦路斯而战。在亚洲，
不但大多数国家——比提尼亚、卡帕多奇亚、叙利亚——也因为争
位的内战和争位所引起的邻国干涉而四分五裂，而且阿塔鲁斯王
朝对伽拉提亚人、阿塔鲁斯王朝对比提尼亚王，甚至罗德斯对克里
特均有形形色色的恶战。同样，在希腊本部，惯见于此的蛮触之争
仍然余烬未熄；就是往日那样平静的马其顿现在也因新行民主政
体而消耗其力于内战。这些国家竟把它们最后的生活力和最后的
繁荣都耗费在这等无谓的斗争上，上国和属国均不能辞其咎。属
国应知一个国家若不能与每一国家作战，便绝不能作战，又应知它
们所享有的领土和权力实际上既都在罗马保证之下，则遇有争执，
除与邻国和解了事或请罗马人做仲裁外，别无他法。罗德斯人和
28 克里特人力请阿喀亚的公会给以同盟的援助，阿喀亚公会竟郑重
讨论派兵问题(601 年即前 153 年)，不过是一场笑话而已；当时亲
罗马派立下一条原则“阿喀亚人未得罗马许可，不复能随意开战”，
当然，这原则不幸正表现一个简单的事实，即属国的形式自主仅限
于形式，若欲化空名为实事，必至连空名也难保全。可是上国比属
国尤应负其咎。一个人不易自安于无足重轻，一个国家亦然；上国
的义务和权利即在或放弃其威权，或发挥其优越的实力以迫属国
委身听命。罗马元老院却置此二者而不为。元老院既受一切方面
的吁请和敦促，便不断干涉非洲、希腊、亚洲和埃及事务的进展，不
过它的办法反复无常、有欠谨严，结果每欲解决一事，辄仅使纠纷

益增。这时盛行委员团制。元老院无日不派委员往迦太基和亚历山大城，往阿喀亚公会和西亚洲各君主的宫廷；他们调查、制止、报告，可是遇有最重大的事往往不通知元老院或违元老院的意旨即取决定的步骤。例如元老院把塞浦路斯划给昔兰尼王国，可是此岛仍在埃及手中；叙利亚一个王子借口已得罗马人的许诺，登位继统，实则元老院曾明言不准其请，并且他本人也违反元老院的禁令始得逃出罗马城；罗马一位委员奉元老院的命令以保护人资格管理叙利亚的政事，被人公然杀害，罗马竟予以宽容，毫不惩治。亚洲人明明晓得他们不能抵抗罗马的兵团，可是他们也同样晓得元老院无意令罗马市民开到幼发拉底河或尼罗河。于是此等远方国
家的状况宛如塾师出外或管教不严的学塾；在罗马统治之下，各国 29
既丧失了自由的幸福，又不得享秩序的益处。更有进者，罗马人本身也受这种局势的危害，因为这种局势有点使罗马北方和东方的边疆陷于危境。在这些地方，凭借罗马霸权所不及的内地，或可建立国家以与罗马所保护的弱国为敌，罗马人不能直接或迅速加以干涉，又可发展出一个威胁罗马的强国，迟早要与罗马争雄。无疑，沿边各民族的情形——处处四分五裂，无一处便于大规模的政治发展——差可为防御这种危险的保障，然而我们读东方历史，却很分明地看到，此时幼发拉底河已不复有塞琉古的方阵兵来据守，可是尚无奥古斯都的兵团来保卫。

要消除这种不定的局势，现在是个不可错过的时机；可是唯一可能的方法却是化属国为罗马行省。罗马行省制度仅把兵权集中于罗马省长之手，而行政权和司法权则大半仍为各民社所保持，至少意欲使其为各民社所保持，于是旧日政治上的独立性只要能存

在的无不尽量保存，成为各民社的特权；所以化属国为罗马行省的事更不难做到。这个行政改革的必要昭然若揭，唯一的问题就在元老院是否将拖延害事，抑或有胆有力地洞瞩时势之所需而黾勉实行当时必要的事。

让我们先看非洲。罗马人在利比亚建立的制度大体以马西尼萨治下游牧国与迦太基城的均势为基础。在马西尼萨精勤明智的统治之下，这游牧国蔚为强大文明的国家，迦太基却仅赖太平无事又恢复他国势最盛时的旧观，至少在财富和人口上如此。罗马人见其旧敌的繁荣似乎牢不可破，他们的妒忌和恐惧便不禁流露出来；他们素来既不许给它真正的保护以抗马西尼萨层出不穷的侵犯，现在他们始公然以袒护马西尼萨的态度，施行干涉。小锡儿第斯湾上的恩波里亚省(Emporia)是迦太基境内一块最肥美的地方，
30 迦太基与马西尼萨争此地的所有权，已历三十余年，仍为悬案，现在罗马委员(约在593年即前161年)终把此案判决，大意是迦太基人应退出那些仍在其手的恩波里亚城邑，并应给马西尼萨五百塔兰特以为非法享有此地的赔偿。结果，马西尼萨立刻夺据迦太基西境的另一区域，即突斯迦(Tusca)城和巴格拉达斯河附近的大平原；迦太基人无法可想，只好再在罗马起一个无望的诉讼。经过长久而必是故意的迟延以后，第二个委员团来到非洲；可是委员团对于权利问题并未真做初步的调查，便想以仲裁资格宣判，迦太基人不愿无条件地受判决的束缚，力主彻底讨论权利问题，于是各委员不再客气，径归罗马。

如是，迦太基与马西尼萨的权利问题仍未解决，可是这次的遣使引起更为重要的决定。委员长是老马尔库斯·加图，他或为当

时元老院中最占势力的人物；因为他是经过汉尼拔战争而尚存的老将，所以对于腓尼基人仍然是满腹痛恨和深惧。加图目视罗马世仇的繁盛状况，乡村富庶，街道拥挤，武库存储无数的兵器和丰富的造船材料，便感到惊异和猜忌，在精神中他已见有第二个汉尼拔运用这些资源攻罗马。以其诚实、刚强而心胸褊狭的想法，他断定迦太基绝迹于世，罗马始能得安；他一回国，便在元老院发表他的意见。那些思想较为开明的人士，尤其是西庇阿·那西加(Scipio Nasica)，反对这种卑劣政策，甚为激烈；他们指明，坐拥一座商业城市的腓尼基人日益不习战争的技术和观念，对这城市怀畏惧，如何愚昧，这个殷富商业城市的存在如何与罗马的政治优越完全不相矛盾。就是化迦太基城为罗马行省的一邑，也未始不可 31
实行，并且比之腓尼基人的现状，甚且未始不为人所欢迎。然而加图所愿望的，不是这可恨城市的屈服，而是它的灭亡。他的政策殆必有人赞助，一部分是政治家，他们想使这些海外区域成为罗马的直接属地，一部分特别是势力雄厚的罗马银行家和大资本家，这座钱业和商业的殷富城市被灭之后，其遗产势必传到他们。为尊重舆论起见，多数党须等候时机，第一个时机一到，他们便决定促成对迦太基的战争，或毋宁谓促成这座城的毁灭。

他们不久便得到所愿的时机。马西尼萨和罗马人的侵权举动激起愤怒，使爱国党的哈兹德鲁巴(Hasdrubal)和迦达洛(Carthalo)得掌迦太基的政权，此党固然非如阿喀亚人那样想背叛其上国罗马，可是至少具有决心，遇必要时，用武力保护迦太基人的约定权利以抗马西尼萨。爱国党下令，把最显明的马西尼萨党驱逐出国，使人民立誓决不再许他们回国；同时，预料马西尼萨或来攻，为抵抗他起见,他们把无主的努米底亚人编成大军,隶在赛法克斯(Syphax)之孙阿科巴查尼(Arobarzanes)的麾下(在 600 年即前 154 年前后)。然而马西尼萨现在谨慎,不动干戈,关于巴格拉达斯河疆土的争执,只是服从罗马人的判决,毫无条件;如是,罗马人可以有所借口,说迦太基人的武备必系以罗马人为对象,坚决要求他们即刻遣散军队,毁坏海军用品。迦太基的元老院愿予同意,可是此项法令执行时为群众所阻,罗马使者把这种命令带到迦太基的,现在有生命的危险。马西尼萨遣其子古路萨(Gulussa)到罗马,报告迦太基人仍在海陆备战,并催促从速宣战。罗马又派十人
32 的使团证明迦太基确在整军经武的话(602 年即前 152 年),然后不听加图那无条件宣战的要求,却在秘密会议中决定,迦太基人若不同意解散军队和焚毁海军造舰材料,便应宣战。同时,冲突已起于非洲。马西尼萨遣迦太基人所驱逐的人士复回此城,命其子古路萨护送他们。迦太基人闭门不纳,并且杀死几个回来的努米底亚人,马西尼萨便调动军队,迦太基的爱国党也准备战事。可是迦太基人惯用无能之辈为将军,这次受他们的推举,统率军队的哈兹德鲁巴依旧是这样的人;他身穿元帅的紫衣,高视阔步地往来于各地,有如舞台上的君主,就是在兵营,这个肥胖的人也饱食甘脂;在这危急存亡之秋,即使有哈米尔卡的才略和汉尼拔的善战,也未必再能有补于事,这个好虚荣的笨汉自不适于济困扶危。当时西庇阿·埃米利亚努斯做西班牙军的军团长官,奉派到马西尼萨处为主帅取非洲的战象,在这时“如宙斯由伊达(Ida)山上”,由一座山上俯视战争,就在他的眼前,迦太基人与努米底亚人打一大仗,迦太基军虽有马西尼萨的失意军官带着六千骑兵来增援,并且兵多

于敌，竟被击破。兵败以后，迦太基人情愿向马西尼萨割地付款，西庇阿受他们的请求，企图结成一个协定；可是迦太基的爱国党不肯交出逃兵，和平计划成为画饼。然而哈兹德鲁巴被敌军紧紧包围，不得不对敌人的要求一概允诺——交出逃兵、被逐者回国、缴出武器、由枪拱门下走出去，以后五十年每年缴款一百塔兰特。不过就是这个协定，努米底亚人也不遵守，迦太基被缴械的残军在归国途中被他们打得落花流水。

罗马人曾刻意不用适时的调停防止这个战争，现在他们得其所愿：即一个适用的宣战口实——因为条约规定迦太基人不得与 33
罗马的同盟作战，也不得在其境外作战——和一个先已战败的敌人。意大利的助战兵调到罗马，船只集合起来，宣战书随时可以发出。迦太基人想避免这临头的打击，不遗余力。可是就在同时，利比亚腓尼基人的第二大城乌提卡也有使者到罗马，他们有全权把那民社整个献给罗马，与这种殷勤恭顺相比，迦太基人仅止于不待吩咐即下令处决其最尊显的人物，便似乎近于傲慢。元老院声言迦太基人的解说实嫌不足；那么，如何始能满足，这问题所得的答复是迦太基自己知道。当然，他们也许知道罗马人的愿望，可是他们似乎不能相信他们所爱的祖城已届末日。迦太基的使者——这次为数三十人，并且有无限权力——又奉派到罗马。他们来到时，战事业已宣布(605 年即前 149 年年初)，两执政官的军队业已登船。甚至到了现在，他们还想借着完全顺从以消弭这场风波。元老院回答道：两执政官刚向西西里出发，如果迦太基民社能在一个月内把贵族子弟三百人送到执政官所在的利利拜乌姆为质子，并且能遵行执政官依所受训令而再发布的命令，罗马便愿对迦太基民社保证它的领土、它的市府特权、法律、它的公私财产。人尝以为这答语措辞含糊，其实大谬不然，就是当时有灼见的迦太基人也曾指明此点。迦太基人所能请求的，除本城一项外，样样都有保障，并且关于停止运兵到非洲的话一字不提，这很明白地表示罗马人的用意何在；元老院的手段非常苛刻，可是不假作让步。然而迦
34 太基人仍不觉悟，又没有一个政治家力能左右城中那些多变的民众，或使他们完全抵抗，或使他们彻底死心。他们听得可怕的开战令，同时又听得尚可忍受的索质要求，便立刻遵办后者，因为事先向势不两立的仇敌屈服，听其随意处置，他们没有勇气来充分领略这事的意义，所以仍抱着希望。两执政官把质子由利利拜乌姆送到罗马，并且告迦太基使者道，将来的事在非洲再说。登陆完成，未遭抵抗，所要求的粮饷也不乏供应。迦太基的元老院全体到乌提卡的总部来听新命令，两执政官首先要求迦太基解除武装。迦太基人提出问题：果若是，甚至对他们自己的亡命徒——哈兹德鲁巴以逃走得免死罪，听率军队已增至两万人——谁来保护他们？答复是罗马人将筹备此事。因此，迦太基议会奴颜婢膝地来到两执政官面前，献出全部的造舰材料、公仓里的一切军用品、私人所有的一切武器——石弩达三千具，衣甲二十万套——，并问是否尚有其他要求。于是执政官卢奇乌斯·马尔奇乌斯·森索里努斯(Lucius Marcius Censorinus)起立，向迦太基议会宣布说：据元老院所发的训令，这座现存的城市须拆毁，居民在其领土内可随意移居，不过须在距海至少十六公里之处。

这个可骇的命令激起腓尼基人的全部热心——雄伟呢？还是狂激呢？——与往昔推罗人对亚历山大，以后犹太人对维斯帕西

安(Vespasian)所表现的无异。这民族虽以盖世无双的耐性忍受奴役和虐政，可是现在所争的不是国家和自由而是他们所钟情的祖城土地、他们所景仰尊重的海滨家乡；这航海经商的人民便发出盖世无双的震怒。希望和解救都谈不到；若依健全的政策，就是到了今日，他们仍应无条件地屈服。少数人以为事已无可避免，主张
顺受，可是如飓风中引港人的呼声，他们的议论为群众的愤激叫嚣 35
所淹没；群众愤怒欲狂，把本城主张交出质子和武器的官吏捕捉在手，使胆敢把消息带回本国的无辜人士为噩耗抵罪，肢解偶寓本城的意大利人，以预先报复——至少在此等人身上——祖城被毁之仇。至于自卫的方法，却无所决定；他们既无武器，自当如是。他们关闭城门，把石头搬运到业已拆去石弩的雉堞上，委马西尼萨之孙哈兹德鲁巴为元帅，宣告全体奴隶自由。迦太基全境除东岸各邑，即哈德鲁梅图姆(Hadrumetum)、小勒普蒂斯、塔普苏斯(Thapsus)和阿丘拉(Achula)以及乌提卡城为罗马人所占领外，其余全在逃将哈兹德鲁巴所率的叛军之手，迦太基人吁请他们当此危急存亡之秋，莫对国家拒绝援助。同时他们以真正腓尼基人的方式，用谦卑逊顺来掩饰无限的仇恨，想借此欺骗敌人。他们通知两执政官，请求休战三十日，以便遣使至罗马。迦太基人深知两将军不愿也不能允许这已遭拒绝的要求，可是两执政官自然设想此城毫无防御，绝望一行发作，便将屈服，迦太基人的请求使他们自信益坚，于是缓期进攻。迦太基人却利用这宝贵的期间来造石弩、制衣甲；一切不分老少男女，昼夜从事于装配机械、打造武器；公共建筑被拆毁，以取其木料和金属；妇女剪断头发以供石弩所不

可少的弓弦之用；在难以置信的短期内，城墙和兵士又复武装起来。这种神奇的举动起于真诚的其实超于人力的举国同仇；两执政官距此城不过数里，这一切作为竟能丝毫不为他们所知，也可谓神奇举动中非同小可的奇事。后来两执政官终于不耐守候，由乌提卡拔营而进，以为必能梯登那赤裸裸的城墙，他们却发现雉堞上
36 又冠有石弩，他们原希望像占领一座不设防的村落那样占领这人口众多的大城，而今却发现它能够而且准备扼守至最后一人，于是又惊又惧。

迦太基原为天然形胜之地，[①]居民又常常赖城墙为保障，加以人工的经营，所以坚固异常。突尼斯湾水面宽阔，西有法里那角(Cape Farina)，东有崩角(Cape Bon)为之界限，一条东西方向的地岬伸入湾内，地岬三面临海，仅西面与大陆相连。地岬最狭处仅阔三公里左右，大体平坦，向海湾逐渐扩张，在湾内达到尽头，成为两座高地，一名札贝尔-哈维(Jebel-khawi)，一名席底·卜赛伊(Sidi bu Said)，两高地之间伸展着埃尔·莫萨(El Mersa)平原。平原南部尽于席底·卜赛伊，是为迦太基城之所在。这高地向海湾之处崖岸颇陡，又多礁石浅滩，所以此城近海一面得自然的地利，这里有一道简单的围墙即已足用。反之，向西即向陆一面没有天然的屏障，所以对于这一方面的城墙，种种设施只要是当时的筑城术力

① 在许多世纪的过程中这条海岸线已大改旧观，所以古代当地的关系仅能在旧址上约略辨识。此城的名称仍保存于迦太基角(Cape Cartagena)——因此处有一座圣贤墓，所以又名拉斯·席底·卜赛伊(Ras sidi bu Said)——一名中，此为半岛伸入海湾的东岬，其最高点海拔三百九十三英尺。

所能及的，无不应有尽有。此城晚近出土的遗址与波利比乌斯所叙述的若合符节，由其遗址看来，此城有一层厚六英尺半的外郭，外郭背后有极大的棱堡，可能沿外郭全线处处如是；棱堡与外郭之间有宽六英尺的甬道一条，若不把棱堡前后各宽三英尺的墙计算在内，棱堡便阔十四英尺①。这座巍峨的墙垣全以凿来的大石块 37
砌成，除睥睨和四层高的碉楼不计外，其高达四十五英尺，②，棱堡下部为能容三百匹象的象厩和刍秣房，上部为马厩、武库和兵

① 柏勒(Beulé)所举的尺寸合公尺和希腊尺(一希腊尺合零点三零九公尺)如下：

外墙	二公尺即六点五英尺
走廊	一点九公尺即六英尺
地窖前墙	一公尺即三点二五英尺
地窖房舍	四点二公尺即十四英尺
地窖后墙	一公尺即三点二五英尺
城墙共厚	十公尺即三十三英尺

或如狄奥多鲁斯所云，全厚二十二肘(Ellen，希腊一肘合一点五英尺)，李维和阿庇安似乎根据另一种不甚正确的波利比乌斯书一段，谓城墙厚三十英尺。阿庇安所谓三层城墙指外墙和地窖的前后墙而言。这种巧合并非偶然，这里所说的正是那驰名的迦太基城墙的遗址，这是有目共睹的；戴维斯(Davis)的指责只表现着，就是以最高的热忱也不能驳倒柏勒的主要结论。不过我们必须主张，一切古代学者的话，我们现在所引用的，都不指子城的墙而指向陆地一面的城墙而言，因为沿着子城山南面的墙也是城墙的主要部分。与这个见解相合，发掘子城东、北、西三面，没有发现堡垒的痕迹，而在南面，却发现了这大城垣的遗址。这些遗迹，我们绝不当视为与城墙有别的子城墙的遗迹；我们可以假定，再进一步的发掘达到相当深度——比儿萨出土的城基在现今地面下五十六英尺——必能沿着整个内陆一面发现相同或至少相似的墙基；不过在有围垣的郊区马加利亚与主要城墙相连之处，堡垒也许自始便甚薄弱或早已为人所忽略。城墙的全长不能确定，可是必甚绵长，因为这里有容三百匹象的厩舍，还有刍料房和其他空间以及城门都要计及。比儿萨既包在里城之内，城郊区马加利亚又另有城墙，为与马加利亚分别起见，里城本身当然有时也称为比儿萨。

② 这是阿庇安所说的高度，已见上文；狄奥多罗斯谓高度达四十肘即六十尺，或包睥睨而言。现存残垣仍高十二至十六英尺(四至五公尺)。

房。[1] 子城所在的山名比儿萨(Byrsa,叙利亚文 *birtha*,意即子城),系一座较大的石岩,高一百八十八英尺,底部周围足有三千公
38 尺,[2]与城墙南端相连,正如克庇托尔的石壁与罗马的城墙相连。山巅有宏伟的医神庙一座,庙基周六十步。城南临水,一部分是西南方浅水的突内斯湖(Tunes),因有一条狭窄舌形的低陆由迦太基半岛向南行去,[3]此湖殆全与海湾隔绝,一部分是东南方的公开海湾。后述地点即为此城两港之所在;两港均为人工所造,外港即商港,呈长矩形、短边向海,入口处仅阔七十英尺,沿两岸一带皆为宽广的码头,圆形内港即军港名科松(Cothon)[4],中有一岛,海军统帅的官邸在其上,欲至此港,必经外港。城墙由比儿萨折而向东,行经两港之间,截舌形地和外港于外,而包军港于内,所以军港的入口想必如一层门,能加封闭。距军港不远就是市场,有狭窄的街道三条与子城向市区的一面相连贯。本城之北,市区之外,为近代埃尔·莫萨那块甚大的空地,当时名马加利亚(Magalia),就在当时,别墅和富于水利的园圃已占其大半,此地自有一重围垣嵌入市区的城墙。在半岛上与此相对的地点,即近代伽马特(Ghama-

① 在发掘时,此处曾发现马蹄形房舍,深十四希腊尺,阔十一希腊尺,入口的宽度不详。这些尺寸和走廊的大小是否足使我们认之为象厩,尚待更精确的研讨,才能决定。各房间的隔墙厚一点一公尺即三点五英尺。

② 十足的二千步即——波利比乌斯必如是说——十六斯达典(Stadien)约合三千公尺。现在圣路易(st. Louis)礼拜堂立在子城山上,此山顶周围约为一千四百公尺,山半周围约为二千六百公尺,山足周围的这种估计必不致误。

③ 迦太基半岛上现有郭勒达(Goletta)炮台。

④ 这个腓尼基词的意义是"挖成圆形的盆子",由狄奥多罗斯书和希腊人用此词表示"杯子",可以明见。如是,此词只适用于迦太基的内港,斯特拉波等人用此词,也是这种意义。阿庇安谓科松前面的长方港为科松的一部分,不甚确当。

rt)村附近的札贝尔·哈维，为墓地(*necropolis*)之所在。这三部分——老城、市郊和墓地——合起来，充塞地岬靠海湾一面的全宽，只有两条大路沿着狭窄舌形地通往乌提卡和突内斯的，可达比 39
儿萨城；舌形地虽无城垣缭绕，可是军队列阵拒敌，欲与首都互相保卫，在此却最得地利。

要攻克一座防务这样完善的城，已为难事，又有使此事难上加难的，就是这大城仍拥有八百市邑的领域，大都或为出亡派所控制，或为敌对马西尼萨的全独立或半独立的利比亚众部落所据有，此城本身的资源再加以其领域的资源，使迦太基人能婴城自守，同时也能派大军出战——因为出亡派舍生忘死的性格，努米底亚轻骑兵的善战，攻城者不能轻视这个大军。

所以两执政官现在既觉得非举行正式围攻不可，其工作绝非容易。曼尼乌斯·曼尼利乌斯(Manius Manilius)率陆军扎营于子城对面，卢奇乌斯·森索里努斯则率海军驻于湖上，在那里的舌形地带开始军事行动。哈兹德鲁巴率迦太基军驻于湖的对岸、内菲里斯(Nepheris)堡垒附近，以便由此地阻挠罗马派兵伐木以造攻具的工作，特别是骑兵良将希米尔克·法密亚(Himilco Phameas)斩杀罗马人甚多。森索里努斯在舌形地配制大攻城槌(*battering-rams*)两架，在这里城垣最弱之处打开一道缺口，但因为时已黄昏，攻打势须延缓。在夜间，守军竟做到填塞缺口的大部，并且突围出击，毁坏罗马的攻具，以致到了次日，攻具不能使用。尽管这样，罗马人仍奋勇进攻；不过他们见缺口及其附近一带的城垣和房屋守军强大，他们又贸然前进，以致败退，伤亡甚重，若非军团长官西庇阿·埃米利亚努斯预料这次鲁莽攻击的结局，把他的部下集合在

城垣前面，于是能阻截士兵的逃亡，否则罗马人必受更大的损失。曼尼利乌斯攻那坚不可拔的子城，更无成就。如是，围攻之事旷日
40 持久。夏季炎热，疠疫丛生，较有能力的将军森索里乌斯又离去，马西尼萨久已垂涎于迦太基，极不愿见其落于罗马人之手，现在心中不悦，按兵不动，不久以后（605 年即前 149 年年底），他以九十之年去世——凡此种种使罗马人的攻势全归停顿。他们无暇他顾，只是保护船舶以免遭迦太基的火攻，保护营垒以免受夜袭，筑一座港埠城堡并在附近劫粮以取得人马的食物。罗马人两次攻击哈兹德鲁巴均无功，实则第一次因领导乖方，地势崎岖，结果几至正式败北。不过战局虽为元帅和全军之耻，军团长官西庇阿却在此建立奇功。一次，敌人夜袭罗马营垒，他率几队骑兵出击，攻打敌人的后路，使敌人不得不退。第一次往攻内菲里斯时，元帅不听其言，率兵渡河，几至陷全军于覆没，退兵时，他奋勇攻敌人的侧翼，解脱了本军所受的压迫，又以忠肝义胆气把一支已陷绝境的兵救出来。迦太基许多城邑和党魁有意与罗马人接洽，见罗马军官尤其是执政官背信食言而止，独西庇阿能做到使一位最贤能的党魁希米尔克·法密亚率骑兵二千二百投归罗马军。最后，马西尼萨临终时遗命请西庇阿把他的国土分给三子，即密奇普萨（Micipsa）、古禄萨和马斯塔那巴（Mastanabal），西庇阿遵命办理，把古禄萨这个不忝厥父的骑兵将领罗致到罗马军中，于是前此所深患的缺乏轻骑得以补救。他的举止既文雅而又单纯，酷肖其生父而不类其所由得名的义父，甚至能制伏他人的忌妒，于是在军营中与在首都无异。西庇阿的名字有口皆碑，加图素不厚施赞美，甚至他也在去世之前数月间——他死于 605 年即前 149 年年底，不及见其

一生愿望，灭迦太基终底于成——引用荷马的诗句，加给这位青年军官及其无能的同僚：

只有他是个活人，其余的都是游魂。[1]

这些事正在进行之时，岁尾已届，将帅因而更换；执政官卢奇乌斯·皮索（Lucius Piso）姗姗来迟，接统陆军，卢奇乌斯·马奇努斯（Lucius Macinus）则负指挥舰队的责任。可是如果说他们的前任成绩甚少，他们便可谓毫无成绩。皮索不继续围攻迦太基或荡平哈兹德鲁巴，却从事于攻打腓尼基人沿海的小城邑，并且大半无功。例如克路庇亚把他击退，他在希波代亚利都（Hippo Diarrhytus）前面虚掷了全夏的光阴，攻具两次被毁，终于不得不含羞退兵。他固然攻取了拿波里，不过背信弃誓而劫掠此邑，却对于罗马武力的进展并无特殊的裨益。迦太基人的勇气勃然而兴。努米底亚一位地主比狄亚斯（Bithyas）率骑兵八百投归迦太基；迦太基的使者竟能企图与努米底亚和毛里塔尼亚的君王甚至与马其顿的伪王菲力普进行接洽。时局所以没有更利于迦太基的转变，或系内部的倾轧——逃将哈兹德鲁巴因为那与他同名而率兵守城的将军与马西尼萨有亲属关系，施行离间，使他在元老院中被杀——而非罗马人的勤奋所致。 41

非洲的局势引起不安，为改变这种局势计，罗马人采用非常的措置，当时只有一个人一向由利比亚平原载誉归国，而且就是他的名字已足为担任这次战事的荐书，他们就把指导此战的权交给这

① υἱος πεπνυται, τοιδὲσχιαιἀισσουσιν.

人。西庇阿原为候补市政官，他们不命他为市政官，却不待例行期间的届满，不顾与此相反的法律，便给他执政官的职位，并且以特殊法令委他指挥非洲的战事。他来到乌提卡之时(607 年即前 147 年)，正是十分紧急之日。皮索命海军统帅曼奇努斯有名无实地继续攻打迦太基城，有一座距居民区甚远而几无守御的危岩，在郊区马加利亚那几乎无路可通的靠海一面，他已把此地占据，把他部下那原不甚多的兵几乎都集中在这里，希望能由此深入外城。实则攻军已一时进到外城的门内，随营的人已蜂拥前进，希望有所掳
42 获，这时他们又被逐回危岩，并且既无粮饷，又几被切断联络，陷于极大的危机。这是西庇阿遇见的局势。他刚刚来到，便派他所带来的队伍和乌提卡的民兵由海道开往那吃紧的地点，竟能搭救守兵，把住危岩。既已转危为安，这位将军才往皮索的营中接任统帅，把军队调回迦太基城。哈兹德鲁巴和比狄亚斯乘他不在，把他们的兵营移到上面紧靠城市之处，并且重行攻打马加利亚前面危岩的戍兵；可是西庇阿率主力军的先锋队及时到来，足以施救于此据点。然后迦太基的围攻又复开始，并且更为认真。西庇阿首先肃清营中大批的随营人众和小贩，把已告废弛的纪律又复整顿起来。不久以后，他恢复军事行动，再接再厉。一次，罗马人在夜间攻打郊区，竟由一座碉楼——在城垣前面，高与城齐——度到城堞，打开一重小门，全军便由此入内。迦太基人放弃郊区和城门前面的营垒，把达三万人的城防军交给哈兹德鲁巴统率。新元帅先表现他的振奋，下令把罗马一切俘虏带到城堞，加以残酷的非刑，然后在攻军目视之下把他们投出城外；不赞成此事的呼声一起，他便也对本城公民施行恐怖政策。同时西庇阿既把守军团在城内，

便设法完全断绝他们与外界的交通。他在迦太基城与大陆相连的地脊上设立大本营，尽管迦太基人以种种企图扰乱他的行动，他仍筑成一座横跨土腰的全宽的大营，把此城向陆的一面完全遮断。然而运粮船仍能入港，一部分是为厚利所诱的大胆商船，一部分是比狄亚斯的船只，他利用每次的顺风，由突内斯湖一端的内菲里斯
运粮入城；现在无论城民受何种苦痛，守兵仍备有充足的粮饷。所 43
以西庇阿筑一道阔九十六英尺的石坝，由舌形地经湖海之间，伸入海湾，于是港口封闭。迦太基人起初认为此事不能实行，加以讥笑，及至此事告成，迦太基城似已不可救药。可是奇事之来，无独有偶。当罗马工人筑坝之时，迦太基港内已进行了两个月的昼夜工作，就是逃归敌军的人也说不出守军的用意何在。忽然之间，正值罗马人造成横阻港口的堤坝之时，迦太基的三层战舰五十艘和若干小船轻艇由那座港里行驶出来，进入海湾——敌人正堵塞港南的旧口，迦太基人却以一条向东开凿的运河取得一条新出路，因为此处海水甚深，这条路绝不至于为敌人所封。迦太基人如果不仅以示威为止足，而立刻毅然决然猛扑那半卸武装并且全无准备的罗马舰队，则罗马舰队必至覆没；他们到第三日又来挑战，见罗马人已有准备。交战结果不分胜负，可是迦太基船只于归途中在港口内外自相冲撞，造成损失，等于战败。现在西庇阿向外码头实行攻击，外码头位于城垣之外，仅有一道新筑的土垣为应急的保卫。机械安置在舌形地，一个缺口不难打开，可是迦太基人以空前的骁勇，涉过浅滩，进扑攻具，驱去作掩护的队伍——这队伍狼狈逃窜，以致西庇阿不得不命他随身的马弁砍杀他们——破坏机械。如是，他们得有填塞缺口的时间。西庇阿重建机械，纵火焚毁敌人的木

质楼橹；这样一来，他占据了码头，外港也一同为他所有。他在这里筑一道高与城齐的墙，因为内港非由外港不能达到，此城现在终
44 于在海陆两面全被封锁。为确保封锁的完全无缺起见，西庇阿命盖乌斯·莱利乌斯（Gaius Laelius）攻打内菲里斯的兵营，这里握兵权的今为迪奥吉尼斯（Diogenes）；罗马人以巧计陷此营，聚集于此的无数人众不遭杀戮，即被俘虏，无一幸免。现在冬季到来，西庇阿暂停军事行动，让饿馑和疠疫完成他那已开其端的工作。

当此期间，哈兹德鲁巴仍说大话、贪美味，这两项伟大势力却做出如何可怕的破坏工作，一到 608 年即前 146 年春间罗马进攻内城之时，便灼然可见。哈兹德鲁巴下令焚毁外港，又预料罗马人必攻科松，亲做抵抗的准备，可是守军饥饿，已不复能守城垣，莱利乌斯竟得在更上面的地点攀登，于是穿入内港。城市陷落，战斗却绝未停止。攻军占据小港切近的市场，沿着那三条由此通往子城的狭隘街道缓缓推进——缓缓的，因为许多巍峨的六层大厦须逐一攻取，兵士在高覆街衢的屋顶和横梁上，由一座这种堡垒式的建筑穿入相连或相对的另一座，遇人便杀。这样过了六天，对于城中居民是恐怖的，而对于攻军也无处不是困难和危险；他们终于攻到子城所在的危岩之前，哈兹德鲁巴和残余的军队已退居此地。为取得较宽阔的进路起见，西庇阿下令把攻下的街道付之一炬，把断壁颓垣夷为平地，这时不能作战而藏匿于室内的若干人都遭惨死。然后子城内挤作一团的劫后遗民终于请求开恩。他们只被饶了性命，来到战胜者面前，男子三万名，妇女二万五千名，不及旧有人口十分之一。只有罗马逃兵九百人和元帅哈兹德鲁巴及其一妻两子自保于医神庙，对于他们——对于临阵脱逃的兵和杀害罗马俘虏

的人——毫无条件可讲。可是其中最果敢的人不胜饥饿，纵火焚 45
庙，哈兹德鲁巴不能忍受当前的死，单身逃归战胜者，屈膝乞命。命是饶了他的，不过他的妻室和两子与其余的人同在屋顶上，见他跪在西庇阿足下，贻羞于她那亲爱而将亡的祖国，她气胀了骄傲的心胸，于是以沉痛的辞句请她丈夫慎保生命，先把两子投入烈焰，而后纵身入火。战斗告终。兵营和罗马城中无限欢乐，只有最高尚的人士见本国最近建立的功业，暗觉惭愧。俘虏大半被卖做奴隶，有几个则任其苟活于狱中；最显贵的人物哈兹德鲁巴和比狄亚斯被解往意大利内地，为罗马的国囚，待遇尚可。动产除金银和祭献品外，均委诸兵士，听其劫夺。至关于神庙宝藏，迦太基盛时由西西里各城掠来的，现在都物归原主；例如法拉里(Phalaris)的牛又还给阿格里根图姆人；其余的皆归于罗马国家。

可是此城远较广大的部分仍旧屹立未动。我们可信西庇阿愿加以保存；关于此事，他至少曾向元老院特别呈文请示。西庇阿·那西加又复企图使人听从理性和荣誉的要求，可是结果徒劳。元老院命这位将军把迦太基城和马加利亚郊区夷为平地，对于一切始终依附迦太基的地方同样办理；然后用耒耜犁平迦太基城的故址，用法定形式消灭此城的存在，并且永久诅咒这块土地和故址，使房屋和谷田不再出现于其上。这命令被准确地照办了。残垣败屋焚烧达十七天；晚近迦太基城垣的遗址被人发掘，见城垣上盖着四五英尺深的灰层，处处是半焦的木块、铁片和投射武器。五百年来勤勉的腓尼基人所忙碌经商之地，此后竟成为罗马奴隶替远方主人放牧牛羊之所。然而西庇阿原是个要做高尚事业的人，不至于做刽
子手，现在眼见他自己的作为，心惊胆战；胜利者不但没有胜利的 46

欢欣，而且忧虑萦心，以为这种罪孽必不免有报应追随其后。

此地将来的组织仍待部署。旧办法是把所得的海外领土赋予罗马的同盟，现在这办法不复为人所喜。密奇普萨及其弟兄大体仍保持旧有的疆域，包括新由迦太基人手中夺来的地方，如巴格拉达河上和恩波里亚的几个地区；他们久已抱定的取迦太基为首都的希望今已永成泡影；代替这个，元老院把迦太基的藏书送给他们。迦太基末日所有的疆域——即非洲沿岸一条与西西里直接相对的狭窄边缘，由突斯加河（Tusca．即加利塔[Galita]岛对面的塞纳河道[Wadi saine]）至德奈（Thenae，在卡贡阿[Karkenah]岛对面）——成为罗马的一省。在内地，马西尼萨的侵占已使迦太基疆土日蹙，瓦迦、扎玛和布拉均已属于努米底亚，现在努米底亚人仍保持其所有。可是努米底亚国三面包围罗马这一省，罗马把其间的疆界慎为规定，可见她许人施于迦太基的事，决不容人施之于己；另一方面，新省名为阿非利加，似表示罗马决不以现在划分的界线为定界。新省的最高行政权寄在一位以乌提卡为治所的罗马省长。新省的边疆无须经常的防御，因为新省与沙漠居民之间处处隔着罗马同盟努米底亚的国土。关于赋税，罗马的措施大致不为已甚。那些自开战以来即归附罗马的民社——即仅乌提卡、哈德鲁梅图姆、小勒普蒂斯、塔普苏斯、阿丘拉和乌萨利斯等沿海城市和内地的修达利斯（Theudalis）城——都保有它们的旧疆土，成为自由市；又有新创的逃兵民社亦复如是。迦太基城的疆土——除一段赠给乌提卡的土地外——和其他被毁城邑的疆土成为罗马的公田，拿来出租。其余城邑也在法律上丧失其土地所有权和市府特权；可是它们的
47 土地和宪法，却容其暂时存留，以待罗马政府之后命；土地既为罗

马所有，使用此项土地的民社须每年向罗马缴一笔定额的贡献(*stipendium*)，筹措贡献的方法是向那些义须纳税的个人征收产业税。然而西方第一商业城市的毁灭，真受其益的却是罗马的商人；迦太基一成灰烬，他们便成群结队地往乌提卡，由这个作为他们总部之地，他们始不但经营这个罗马省份以获厚利，而且利用以前不容他们闯入的努米底亚和盖图利亚(Gaetulia)以牟利。

马其顿差不多与迦太基同时丧失其国家地位。罗马元老院以其明智，把这个古王国分割成四个小联盟，这几个联盟既不能各在境内自安其生，又不能和平相处。有一件偶见记载的事发生于法库斯(Phacus)，由于一个名叫达马西普斯(Damasippus)的人主使，四联盟中之一的全体政府委员均被杀于此，可见这里的情形如何。元老院派委员前来(590 年即前 164 年)，马其顿人按希腊方式邀请外国人如西庇阿·埃米利亚努斯(603 年即前 151 年)做仲裁，都不能建立尚可人意的秩序。忽然之间，一个少年人出现于色雷斯，面目酷肖马其顿王波尔修，自称为波尔修与叙利亚公主劳荻斯(Laodice)所生之子腓力。他少年时，在米西亚(Mysia)的阿德拉米提乌姆(Adramytium)度日，他在那里自言尚保有其荣显家世的确证。既在本乡求人承认而不得，他便拿这些确证去找叙利亚王德米特里乌斯(Demetrius)，称他为母舅。竟有人相信或阳为相信这阿德罗米提乌姆人的话，劝叙利亚王助他恢复祖国，否则把叙利亚王位让给他，因此德米特里乌斯为制止这种愚行起见，把伪王子捉住，解往罗马。但元老院对此人极不重视，把他拘留在一个意大利城里，却不设法对他严加看管。这样，他便逃到密勒部，密勒部的市当局又捉住他，问罗马委员，这个犯人应如何处置。罗马委员

48 叫他们释放他，他们遵办。如今他在色雷斯再赌运气。说来很奇怪，他在这里不但由巴萨巴（Barsabas）及姑父色雷斯蛮族酋长泰雷（Teres）方面，而且由明慎的拜占庭人方面，都得到承认和支持。以色雷斯人的援助，这位假腓力侵入马其顿，虽则先遭挫败，不久以后便在斯台蒙（Strymon）河外的奥多曼提斯（Odomantice）区域与马其顿的民兵战，得一胜利，以后又在此河之西得一胜利，于是全马其顿为他所有。他的话虽则听起来荒诞无稽，虽则波尔修之子真腓力已在十八岁时死于阿尔巴，此人绝非马其顿王子而是阿德罗米提乌姆的浆布匠，确有实据，可是马其顿人习于王政太甚，所以对于法统一层即刻确信，欣然回复古道。色萨利人的使者到来，声言伪王已入他们境内；罗马委员那西加以为仅做一番抗议便可止住这种冒昧行动，元老院派他不带军队往马其顿，他不得不征发阿喀亚和波加蒙的军队，并且尽可能用阿喀亚人保卫色萨利以抗优越的敌人，至将军尤温提图斯（Juventius）率一个兵团来到而后已（605 年即前 149 年）。尤温提图斯以其区区兵力攻马其顿人，他的队伍几至全军覆没，色萨利的大半都落入假腓力的掌握，他在这里和马其顿都以残暴骄横的态度施行政事。以后昆图斯·凯奇利乌斯·梅特路斯（Quintus Caecilius Metellus）率较强的兵力来到战场，又有波加蒙的舰队为之助，进入马其顿。在第一次的骑兵战斗中，马其顿人仍占优势，可是不久以后，马其顿军中起了分歧和离散，伪王又犯了错误，分散兵力，派一半往色萨利，于是罗马人不难获一决定性的胜利（606 年即前 146 年）。腓力逃归色雷斯酋长拜齐（Byzes），梅特路斯追到那里，又得到一次胜利，伪王投降。

49 马其顿的四个联邦并未甘愿服从伪王，而是屈于武力。所以按一向遵行的政策，马其顿人经皮德纳一战而未失的残余独立，罗马人不应当把它夺去；然而现在元老院却命梅特路斯把亚历山大的王国化为罗马一省。这件事明示罗马政府已改变其法度，决计把附属关系变为臣属关系，所以马其顿四联盟的消灭，所有属国无不觉得是对于他们全体的直接打击。昔日罗马初得几次胜利时曾使伊庇鲁斯的几个地方脱离马其顿。此后爱奥尼亚群岛以及阿波罗尼亚和伊庇丹努斯两港一向都在意大利官吏的治下，现在罗马人又把这几处与马其顿合并，所以马其顿可能早在此时便西北达到斯科德罗(Scodro)以外伊利里亚的边界。罗马自命对于希腊本部有保护权，这保护权当然也传到马其顿新省长的身上。如是，马其顿恢复统一和与它最盛时相差无几的疆域。然而它却不复有一国的统一而只有一省的统一，它的市组织仍旧，县区组织似乎也仍旧，不过受一位意大利省长和财务官的统治，他们的姓名与地方名称同见于本地的钱币。贡赋仍为昔日鲍卢斯所定的低廉地税，即以一百塔兰特为总额。按固定比例由各民社分摊。可是此地不能忘其旧日光荣的王朝。假腓力平定以后数年，又有一个人冒波尔修之子亚历山大的名字，在涅斯图(Nestus，即卡拉苏[Karasu])河上举起叛旗，不久便聚集了一万六千人；不过财务官卢奇乌斯·特雷梅利乌斯(Lucius Tremellius)不难制止叛变，追那逃窜的冒名人，远至达尔达尼亚(Dardania，612 年即前 142 年)。二百年前，马其顿高傲的民族精神曾在希腊和亚细亚做成大事，这是此种精神的最后活动。自此以后，关于马其顿人，殆无他事可述，只有他们仍从这地方得有省组织之日起(608 年即前 146 年)计算他们屈辱的年岁而已。

自此以后，马其顿北边和东边的防务，换句话说，希腊文明对 50

蛮族的防务，传到罗马人身上。他们办理这种防务，未用充足的兵力，或通盘看来，未用相当的努力；可是最初为达到这军事目的起见，他们筑了一条埃及大道，这条路早在波利比乌斯时即已由西岸两大港口阿波罗尼亚和都拉奇乌姆（Dyrrhachium）横贯内地而至德萨洛尼卡（Thessalonica），以后又延长至赫布（Hebrus，即马里特扎[Maritza]）①。新省成为天然的军事基地，由此地一方面对好乱的达尔马提亚人采取行动，一方面对那些移居希腊半岛北部的伊利里亚人、凯尔特人和色雷斯人各部落做远征，这些事我们将于下文在其有历史关系之处加以阐明。

比起马其顿来，希腊本部较有以蒙上国施恩而自庆的理由；罗马的亲希腊派大概以为波尔修战事的遗毒已渐消灭，希腊的一般情形已渐有进步。现在优势党中最激烈的煽动家如埃托利亚的李锡斯库斯、彼奥提亚的穆那西普（Mnasippus）、阿加那尼亚的克雷玛达（Chrematas）、伊庇鲁斯的恶人恰罗普（Charops），体面罗马人甚至不许其入门的，皆已陆续入了坟墓；另一辈人长大，旧忆念和旧仇恨已归消灭。元老院以为大宥大赦的时期已至，阿喀亚的爱国志士已被囚在意大利十七年，阿喀亚公会无时不要求释放他们；到了604年即前150年，罗马人把尚未死的开释。然他们却错了。罗马人尽管亲爱希腊，却如何不能真正与希腊的爱国精神成立和解，最明显的表示无过于希腊人对待阿塔鲁斯王朝的态度。国王尤美尼二世系罗

---

① 甚至伪亚里士多德的《奇物志》（*De mirabilibus*）的作者，也晓得这条路是亚得里亚海和黑海间的商路，即科西拉的酒罍半途遇到塔梭和勒斯博的酒罍的道路。就是到了现在，此路大体仍沿同一方向自杜拉佐（Durazzo）在奥克利达（Ochrida）湖渡过拔哥罗山（Bagoro）经过蒙那斯提（Monastir）而至德萨洛尼卡。

马人之友，在希腊极遭嫉恨，可是他才与罗马不睦，便忽然成为希腊的人望，希腊怀抱希望的人士预料外国羁绊的解脱现在必来自波 51
加蒙，一如往日来自马其顿。如今罗马听任希腊各小国自理其事，社会的日益崩坏特别显见于这些小国之中。这地方成为一片荒凉，非由于战争和疠疫，而由于上流阶级日益不愿为妻子所累；另一方面，犯罪者和浪人大半仍群趋希腊，以候招兵官来此。各民社日趋下流，债台越筑越高，在经济上名誉扫地，因此信用荡然；有些城市，特别是雅典和底比斯，在经济困难时直接从事于盗匪业，劫掠邻国。各同盟内部的不睦——例如阿喀亚同盟的情愿分子与不情愿分子的不睦——绝未平息。罗马人似乎以愿望为事实，信赖那昙花一现的平静，果若是，他们不久便和，从任何方面看，希腊的后辈绝不佳于前辈或智于前辈。希腊人立即觅一机会向罗马人挑衅。

约在605年即前149年，阿喀亚同盟现任主席狄亚厄斯（Diaeus）为掩护一件恶事起见，在公会里发表主张，谓拉凯戴孟人为阿喀亚同盟一分子，同盟让与他们的特权——即免受阿喀亚的刑事裁判和有单独派人使罗马之权——并未经罗马人的保证。这是无耻的谰言，可是公会当然以愿望为事实，阿喀亚人表示要用武力证明其说之不谬，斯巴达人力弱，暂行屈服，或更正确地说，阿喀亚人所要求交出的人士离城往诉于罗马元老院。元老院照例答以将派委员团调查此事；可是两方使者不报告答语，却在斯巴达和阿喀亚一同宣布元老院已做利于他们的判决。现在阿喀亚人更觉得既为罗马的同盟，便与罗马居平等地位，又因为罗马人攻假腓力于色 52
萨利时阿喀亚同盟曾施援助，所以更自觉在政治上的重要；他们遂于606年即前148年派将军达摩克利图斯（Damocritus）率兵入拉科尼亚。罗马派往亚洲的使者路过此处，听梅特路斯的提议，警告他们维持和平，候元老院委员到来，结果无效。一场战事发生，斯巴达人阵亡了将近一千，如果达摩克利图斯为将与从政不是同样无能，则斯巴达必被攻陷。达摩克利图斯遭罢免，继任人狄亚厄斯系煽起这全部祸害的人，热烈继行战事，同时他向那为人所畏的马其顿司令保证阿喀亚同盟的十足忠实。人所期望已久的罗马委员团旋即出现，以奥勒利乌斯·欧勒斯特斯（Aurelius Orestes）为领袖；现在停战，阿喀亚公会在科林斯集会，以听取委员团的通告。这通告的性质出人意料，并且令人极感不快。把斯巴达并入阿喀亚的各国同盟，本是悖理强迫的举动，罗马人已决定把它取消，并且对阿喀亚人一概采用强硬的行动。数年前（591 年即前 163 年），阿喀亚人曾被迫使埃托利亚的普勒隆（Pleuron）城脱离同盟，现在他们又奉命放弃自第二次马其顿战争以来所得的一切领土——即伯罗奔尼撒的科林斯、奥科美努斯、阿哥斯和斯巴达以及欧埃塔（Oeta）附近的赫拉克利亚——，把他们的同盟降到汉尼拔战事结束时的状态。阿喀亚的代表一闻此事，甚至不待罗马人毕其言，便即刻跑到市场，把罗马的要求通告群众；于是在朝在野的暴徒异口同声地决定，立即把在科林斯的拉凯戴孟人尽行逮捕，因为他们遭场灾祸，不是斯巴达招来的吗？因此，捕人时的情形极为混乱，以至于一个人有拉科尼亚的姓名或一双拉科尼亚的鞋，似乎都足为被捕的理由；真的，拉凯戴孟人避难于罗马使者的寓所，阿喀亚人竟入内把避难人捉走，向罗马人发出激烈的言论，不过没有逮捕他们。罗马人愤愤回国，在元老院里苦苦陈诉，并且不免言过
53 其实；可是元老院对希腊人的一切措施总是不为已甚，所以起初只

限于建议。用极温和的形式，受了侮辱而几乎不谈赔偿，塞克斯图斯·尤利乌斯·恺撒(Sextus Julius Caesar)在埃吉乌姆(Aegium)的公会里重申罗马人的命令(607 年即前 147 年春间)。可是阿喀亚的领袖人物以新将军克里托劳斯(Critolaus，607—608 年即前 147—前 146 年为将军)为首长，他们都是精通国事、熟谙政术的人，他们仅由这种事实得一推论，以为罗马对迦太基和维里亚都的地位必甚不利，他们便立刻欺侮罗马人而不已。他们请求恺撒商洽在台介亚(Tegea)开一个双方代表会议，以解决这个问题。他照办了，可是恺撒和拉凯戴孟的代表枉在那里等候阿喀亚人很久，克里托劳斯才单独出面，通告他们说，只有阿喀亚人的大会有处理此事的资格，此事只能在公会中，换言之，就是在六个月后，才能解决。于是恺撒回到罗马。由克里托劳斯的建议，阿喀亚的新国民大会正式向斯巴达宣战。就是到了现在，梅特路斯仍试用和善的方法解决争执，派使者往科林斯；可是国民大会的分子大半是这座殷富工商业城市的百姓，他们的叫嚣压倒了罗马使者的声音，迫使他们离开讲台。克里托劳斯宣称愿罗马人做他们的朋友而不愿罗马人做他们的主人，这话受到不可言喻的欢迎；公会会员欲加干涉，他却是群众所敬爱的人，群众保护他；当时有"富人大逆不道"，"需要军事独裁"等讽刺，以及"众多民族和国王即将背叛罗马"等神秘的暗示，都博得赞赏。有两个决议明示此种运动的动机：一个是一切俱乐部都应永久存在，一个是一切债务诉讼都应搁置到恢复和平的时日。

如是，阿喀亚人有了战事，他们甚至也有了真同盟，即底比斯人和彼奥提亚人，还有喀尔基斯人。欧埃塔附近的赫拉克利亚已遵元老院的法令，脱离阿喀亚同盟，608 年即前 146 年年初，阿喀

54 亚人为使其就范，进兵入色萨利。元老院决定派执政官卢奇乌斯·穆米乌斯（Lucius Mummius）往希腊，尚未到任，所以梅特路斯负责用马其顿的兵团保护赫拉克利亚。阿喀亚-底比斯的联军一听得罗马人进兵，便不再谈作战，他们只想用最好的方法再回到安全的伯罗奔尼撒；军队急急忙忙地退去，甚至弃德摩庇莱（即温泉关）这据点而不守。但梅特路斯加速追赶，在洛克里斯的斯迦法亚（Scarpheia）附近追及希腊军，把他们击破。希腊军被俘和战死的很多，损失重大，克里托劳斯从此无声无息。残余的败军散为孤单的队伍，流浪各地，无处肯加以收容；帕特莱（Patrae）军覆没于福基斯，阿迦第亚军团覆没于契罗尼亚（Chaeronea）；北希腊全无敌踪，只有小部阿喀亚军和底比斯人结队奔逃，到得伯罗奔尼撒。梅特路斯欲以最宽和的手段使希腊人放弃其愚妄的抵抗，例如他下令除一种例外，一切底比斯人都准享自由。他这善意的努力所受的阻碍，不在人民的黾勉，而在那些首领忧虑自身的安全，拼命抵抗。克里托劳斯死后，狄亚厄斯重为元帅，号召一切能胜兵役的人到土腰，并下令把希腊籍奴隶一万二千名都编入军队；富人被勒缴贷款，爱好和平的人士是凡不肯纳贿于暴主以赎命的，都受到残酷的迫害，人数减少。于是战争不息，战争的情况也不异于前。阿喀亚的前锋四千人隶阿尔迦美尼斯（Alcamenes）的麾下，驻在梅伽拉，一见罗马的旌旗便即刻溃散。梅特路斯正要下令进攻土腰上的主力军，适值执政官卢奇乌斯·穆米乌斯带少数从人来到罗马大本营，接任统帅。同时，阿喀亚人乘罗马前哨太欠戒备，进攻得胜，胆气益壮，遂在土腰上的琉科庇特剌（Leucopetra）向兵力约多一倍的罗马军挑战。罗马人毫不迟疑，起而应战，罗马骑兵六倍于

阿喀亚的骑兵，一开始，阿喀亚的骑兵便全体溃逃；重装步兵抗拒 55
敌人，直至罗马精兵的侧击使他们队伍凌乱而后已。这便结束了抵抗。狄亚厄斯逃回家去，先杀其妻，而后服毒自尽。一切城市都投了降，毫无抵抗；甚至那坚不可破的科林斯，穆米乌斯因为怕有埋伏，迟疑三日不敢入其城内，也不战而为罗马人所占领。

现在由十位元老组成的委员会协同执政官穆米乌斯负重整希腊事务之责，穆米乌斯在这被征服的地方留下大致尚佳的名声。因为武功和胜利，他自称“克阿喀亚者”（Achaicus）并且千恩万谢地为“战胜者赫尔克勒斯”建一座庙，无疑地，这至少是他的无知妄作；可是因为他不是在贵族的奢华和贵族的腐败中长大的，而是一位“新人物”，并且比较清寒，他似乎是个正直而宽大的行政官。据说除狄亚厄斯外阿喀亚未死一人，除庇提亚（Pytheas）外，彼奥提亚也未死一人，这是修辞上的浮夸语；特别在喀尔其有惨无人道的举动；不过通盘看来，施行惩戒时尚遵守中庸之道。有人建议把首创阿喀亚爱国党的菲洛波门的造像推翻，穆米乌斯不听；各民社所被科的罚金不归于罗马库帑而归于被害的城市，并且后来大都豁免；叛徒有父母或子女的，其财产变卖后不归公用，而交给他们的家属。只有科林斯、特斯庇亚（Thespiae）和其他城市的艺术品被掠走，一部分竖立在首都，一部分竖立在意大利的乡镇[①]；又有几件赠给上腰德尔斐庙和奥林匹斯庙。希腊的具体组织，一般看来，也表现出中庸之道。固然，既改用省制，那些特殊的同盟，特别是

---

① 在萨宾的村落、在帕尔玛，甚至在西班牙的意大利迦，都曾出土泐着穆米乌斯名字的石像座，这些像座上从前必都置有转赠的战利品。

阿喀亚同盟，因此都被解散，各民社茕茕孤立；又有一条法规防范
56 他们的互相往来，即一人不能同时在两民社置地产。更有进者，各城的民主宪法全被废除，每民社的政权都置于富人组成的会议之手，如弗拉米尼努斯已试行的。每一民社须向罗马付定额的田赋；它们都隶属于马其顿省长，他以最高军事长官的资格监督行政和司法，举个例说，他可以判决较重大的刑事诉讼。然而希腊各民社仍有“自由”，就是说，仍有形式上的主权——当然，这主权受罗马霸权的影响，徒有其名——，这主权包括土地所有权和自有其特殊行政和裁判之权。[1] 几年以后，不但旧同盟又得到许可，若有若无

[1] 608 年即前 146 年时希腊是否成为罗马的一省，这问题大半流于字面的争执。的确，希腊各民社始终不失为“自由”民社。可是又有同样的确者在：当时的希腊为罗马人“所占有”；自此以后，每一民社向罗马纳定额的贡献，例如小岛介亚鲁（Gyarus）每年纳贡一百五十德拉克马；自此以后，罗马省长的“木棒和斧头”统治希腊；自此以后，罗马省长对于各城的宪法，有时也对于刑事审判，行使监督权，正如元老院素来的作为；最后，马其顿省的纪元也在希腊使用。这些事实并没有互相矛盾之处，至少所有矛盾不过是一般自由城市所处地位的矛盾，这些城市有时说起来似乎是不在省范围之内，又有时说起来似乎是隶属于省。罗马在希腊的领域诚然只限于科林斯的疆土，可能还有优卑亚的几部分，这里绝没有狭义的所谓臣民，然而如果我们考察希腊各民社与马其顿长官实际的关系，则希腊可谓包括在马其顿省内，一如马赛利亚包括在纳博省内，都拉奇乌姆包括在马其顿省内。我们甚至还发现比这更进一步的事例：665 年即前 89 年以后，阿尔卑斯山内的高卢只有市民民社或拉丁民社，然而苏拉把它改设一省；在恺撒时，我们遇见纯为市民民社所组成而仍不失为省的区域。在这些事例中，罗马 *provincia* 的基本观念甚为显而易见；这原不过指“部下”而言，所以司令官所有一切行政和裁判的职务原来都是他那军职的附属责任和自然结果。

另一方面，如果我们注目于那些自由民社形式上的主权，我们必须承认，希腊并未因 608 年即前 146 年的事而改变其地位。阿喀亚各个民社现在替代阿喀亚同盟分别在罗马属下为纳贡而受保护的国家；在马其顿设置一个罗马行省以后，此省代办首都当局监督希腊属国的工作：这些都是事实上而非法理上的区别。所以我们是否可认希腊为马其顿属下的一部分，须视事实观点与形式观点孰占优势而定；但是前者当然较为重要。

地存在着，而且那限制转让地产的苛政也被废除。

底比斯、喀尔基斯和科林斯等民社受到更为苛刻的待遇。前 57
两城被解除武装，拆毁城墙，变为不设防的村落，这都无可非难；可是繁荣的科林斯系希腊首屈一指的商业城市，竟遭到全不必要的毁灭，在罗马史上留下一个阴森的污点。奉元老院的明令，罗马人捕捉科林斯的公民，他们不被杀戮，便被卖为奴隶；罗马人不但把此地的城垣和子城拆毁——如果罗马人不想永久驻兵戍守此地，这办法诚然在所不免——而且把它夷为平地，以常用的诅咒方式禁止在这荒凉故址上的一切重建；此城疆域的一部分给与西乞昂(Sicyon)，使之代科林斯负支付土腰赛会费用的责任，不过大部分被宣告为罗马的公地。如是“希腊的眼睛”被灭，昔日希腊陆地上城市密布，而今最后的一颗珍宝也沦胥以亡。然而我们如果评论全部祸难，公平的史家必承认——当时的希腊人自己也坦白承认——罗马人并不负战争本身之咎；反之，希腊人愚妄背信，力弱而逞强，使罗马人不得不干涉。废除各同盟的虚伪自主和一切与之相连的浮泛而有害的梦想，却是此地的幸福；马其顿的罗马元帅统治此邦，无论如何不满人意，仍胜于往日希腊同盟和罗马委员的混乱和虐政。伯罗奔尼撒不复为佣兵的大渊薮；有人断言希腊受 58
罗马的直接统治以后，无处不稍稍恢复以前的安稳和繁盛，此说不难置信。地米斯托克利(Themistocles)的警句说“灭亡救了灭亡”，当时希腊人把这话应用到希腊的丧失独立，并非毫无理由。甚至到了此时，罗马人仍对希腊人特别宽大，只要与当时罗马人对待西班牙人和腓尼基人的行为相比较，这种态度便可以洞瞩靡遗。对异族施残暴似乎未尝不可，但是此时的罗马人有如以后的皇帝图拉真(Trajan),认为“把雅典和斯巴达仍保存的些许自由夺去,未免残忍和野蛮”。更可注意的是,这种普遍的宽和与对科林斯的恶毒待遇迥乎不同——此项待遇,甚至替毁灭努曼提亚和迦太基辩护的人也不以为然;就是按罗马的国际法,科林斯的街巷对罗马代表口出恶言,也绝不是为施行这种待遇的理由。然而此事绝非出自任何个人,更非出自穆米乌斯,而出自罗马元老院所考虑和决定的方略。如果我们认为此事系商人党所为,我们不至于有误;就在这样早的时候,商人党即已开始与原来贵族比肩干政,毁灭科林斯便可铲除一个商业上的敌人。如果罗马的大商人在整顿希腊上有何意见发表,我们便可明白罗马人何以独选出科林斯来施惩处,罗马人何以不但毁灭当时的科林斯,而且禁止将来有人移居那块特适于商业的地址。自此以后,罗马商人竟有很多在希腊,伯罗奔尼撒的阿尔哥斯成为他们的荟萃处。然而关于罗马的批发商业,提洛岛却更为重要;早在586年即前168年,提洛即为罗马的自由港,吸收了罗德斯大部分的营业,现在也同样承受了迦太基的遗产。由东方运至西方的商品常以此岛为主要市场,历时甚久。[①]

59 第三大洲距离较远,罗马在那里的统治不如在非洲和马其顿希腊各国发展得那样圆满,因为此等地方与意大利仅隔着一条狭窄的海面。

在小亚细亚,塞琉古王朝被逐出以后,波加蒙王国成为第一大

① 此说一个深可注意的佐证就是用来代表希腊细青铜器和紫铜器的名称,在西塞罗时代,这种铜器无论来自何处,统名“科林斯的”或“提洛的”铜器。铜器在意大利的名称当然不源于制造地,而源于出口地;可是我们自然无意否认科林斯和提洛也造同样的酒罍。

国。阿塔鲁斯王朝不为亚历山大城君王的传统所诱惑，明智而淡泊地放弃不可能的事而不为，保持宁静；他们既不想扩张国土，也不想退出罗马的霸权，而在罗马人所许的限度以内尽量增进其帝国的繁荣，提倡和平的艺术。然而他们仍不免受罗马的疑忌。既据有普罗彭提斯（Propontis）的欧洲沿岸、小亚细亚的西海岸以及远至卡帕多奇亚和西利西亚边界的内陆，又与叙利亚各君主有密切的关系——叙利亚王有一个名安条克·埃庇法尼斯的（590 年即前 164 年死）曾借阿塔鲁斯王朝的援助登位——，波加蒙王尤美尼斯（Eumenes）二世以其威力——马其顿和叙利亚日益衰落，他的威力更赫然可观——，甚至使创立它的人怀抱忧虑。在第三次马其顿战争之后，元老院如何想用无礼的外交手段挫折和削弱这个盟国，已见于上文的叙述。波加蒙君主对国内全自由或半自由商业城市的关系，以及对边疆上蛮族邻国的关系，当已感到难于应付，现在又遭上国的不悦，纠纷更多。按 565 年即前 189 年的和约，潘菲利亚和庇西底亚（Pisidia）的陶鲁山高地究属于叙利亚抑属于波加蒙，意义不明，所以英勇的塞尔金人（Selgians）似乎名义上承认叙利亚为上国，在庇西底亚那几不可通的群山中，对尤美尼斯二世和阿塔鲁斯二世做持久奋力的抵抗。亚洲的凯尔特人曾有一时以罗马的许可，委节于波加蒙，以后也背叛尤美尼斯，并与阿 60
塔鲁斯王朝的世仇比提尼亚王普鲁西亚斯联合，在 587 年即前 167 年前后，突然向他开战。波加蒙王无暇招募佣兵；他的全副智勇不足以遏止凯尔特人击败亚洲的民兵，蹂躏他的领土；罗马人如何俯听尤美尼斯的请求做奇特的调处，已见上文。可是他一得有时间，便凭借他那充盈的库帑，招募一支能战的军队，迅即把野蛮部落驱出境外；虽则加拉提亚一失而不可复得，虽则他在那里保持地位的自强不息的努力，遇到罗马势力而失败，[①]然而尽管他的邻国和罗马人向他用尽了明枪和暗箭，他死时（约在595年即前159年）仍留下一个威力无减的王国。尤美尼斯之子尚未成年，本都王法那斯（Pharnaces）欲夺取监护权，尤美尼斯之弟阿塔鲁斯二世·菲拉德尔福斯（Attalus Ⅱ Philadelphus）以罗马之助把他逐退，代其侄摄政，如安提戈努斯·多森（Antigonus Doson）那样为终身的监护人。此人富于才智，能屈能伸，不愧为一阿塔鲁斯氏，元老院
61 多疑，他竟能设法使他们深信往日所怀的忧虑毫无根据。反罗马派指责他专务为罗马守土，并且受罗马人的百般侮辱和勒索而不辞；可是确定了罗马的保护，他能断然干涉叙利亚、卡帕多奇亚和比提尼亚的继统争执。比提尼亚王普鲁西亚斯二世，别号“猎人”（572年—605年即前189—前149年），以一身而兼具野蛮和文明

① 波加蒙王尤美尼斯二世和阿塔鲁斯二世写给裴西努斯（Pessinus）祭司——始终名为阿提斯（Attis）——的信札，近来有几封复见于世，这些信札明示此等关系。其中最早的一封也是唯一有年月的一封写在尤美尼斯在位第三十四年终了以前七日，所以在590—591年即前164—前163年，这封信自请给这祭司以军事援助，以便由裴松吉亚人（Pesonggians，不见于他处）夺回为其所占的圣地；次一封信也是尤美尼斯写的，表明这位君主参加裴西努斯祭司与王弟爱奥里克斯（Aiorix）的争斗。罗马常得有报告，谓尤美尼斯企图再干涉加拉提亚的事，扶助他在那里的爪牙；无疑地，上述两事必都在590年即前134年及以后所报告于罗马的事件之列。另一方面，由其嗣君阿塔鲁斯二世的一封信看来，可见时移世易，他的愿望便也低落。祭司阿提斯似乎在阿帕米亚（Apamea）的会议中又由阿塔鲁斯得到武力援助的许诺；可是以后此王写信给祭司说，在为此事而召开的政治会议里，出席的人有阿忒纳乌斯（Athenaeus，当然就是人所共知的王弟）、索桑德（Sosandros）、米诺格内斯（Menogenes）、科洛鲁斯（Chloros）和其他亲属（*ἀvayraῖol*）。长时犹豫之后，大多数终于赞成科洛鲁斯的意见，即未先与罗马人商洽，不可有所举动，因为就算得到成功，他们也将有失其所得和引起疑忌的危险，“罗马人对于他的长兄（尤美尼斯二世）也抱着这种疑忌”。

的一切恶习，对阿塔鲁斯二世开战；甚至在这场危急的战争中，罗马的干涉也救了他——不过他已被困在都城，普鲁西亚斯置罗马的初次警告于不顾，甚至加以讥笑，罗马人始行干涉（598—600 年即前 156—前 154 年）。但他所监护的阿塔鲁斯三世·费洛梅托（Attalus Ⅲ Philometor）一登王位（616—621 年即前 138—前 133 年），国民君主和平宽大的政治就一变而为亚洲苏丹式的暴政。例如新王因其父之友屡进对他不便的言论，想加以祛除，便召集他们来宫，命他的佣兵先杀死他们，而后杀死他们的妻孥。他既行这些娱乐，同时又写文章论园艺，栽培有毒的植物，制造蜡质模型，终至猝然殒命。

阿塔鲁斯王家与他同归于尽。遇有此事，按至少在罗马属国有效的宪法，末主可用遗嘱处理继统问题。他竟用遗嘱把他的王国传给罗马人；末主如患狂疾似的一生痛恨其臣民，现在这个念头是否即以痛恨臣民为动机，抑或他的行动只是进一步承认罗马的实际主权，我们不能断定。遗嘱既成，①罗马人接受这份遗产，于是在罗马互相冲突的政党之间，阿塔鲁斯王家的土地和财宝问题忽成为一个引人争竞的金苹果。

在亚细亚，这御制的遗嘱也激起了内战。尤美尼斯二世的私 62

---

① 就在这遗嘱里，波加蒙王把“自由”给予他的波加蒙城，所谓“自由”就是δημοκρατια，就是城市的自治。依据一个在那里晚近出土而深可注意的文献，在开读遗嘱之后，可是在罗马人核准遗嘱之前，这样组成的市民团体决定对于人民中一向被剥夺公民权的阶级，尤其是详列在户籍的（Paröken）和住在城市和乡村的兵士以及马其顿人，一律给予市民权，以便在全国人民中造成一种善意的谅解。这个民社把广泛调整的既成事实摆在罗马人面前，他们意在乘罗马统治尚未开始之时，自行团结，使入主的外国人不能利用人民内部权力的不均，来破坏民社的自由。

生子亚里斯托尼库斯(Aristonicus)见亚洲人即将受外族的统治，凭借他们对于外族统治的嫉恨心，他出现于士麦那与浮开亚(Phocaea)之间的一个小城琉开(Leucae)，要求王位。浮开亚和其他城市都归附他，但埃菲苏人(Ephesians)见到只有与罗马团结不解始能保全他们的特权，便在海上把他击破，他不得不窜入内地。人们以为这运动已告消灭，他却忽然率领着“太阳城的公民”①，就是说，率领着他所整批招来享自由的奴隶，占据吕底亚的城市泰亚提拉(Thyatira)和阿波罗尼斯(Apollonis)以及阿塔鲁斯王朝属下的一部分城市，并且号召色雷斯的佣兵投他麾下。这斗争实为严重。亚洲没有罗马军队，亚洲自由城市及比提尼亚、帕弗拉哥尼亚(Paphlagonia)、卡帕多奇亚、本都、亚美尼亚等属国君主的助战兵均不能抵挡争位者；他以武力深入科洛丰、萨摩斯和明都(Myndus)，至623年即前131年终罗马军登陆亚洲之时，他父亲的王国几已全受他的统治。罗马军的元帅是执政官兼大祭司(*Pontifex maximus*)普布利乌斯·李锡尼乌斯·克拉苏·穆奇亚努斯(Pullius Licinus Crassus Mucianus)，他是罗马一个最富也最有修养的人，在演说和法学上均著盛名。他将围攻争位者于琉开，可是准备此事时过于轻敌，竟遭敌人袭击，兵败，身为色雷斯的队伍所擒。但他不许这种敌人把罗马元帅作为俘虏陈列出来，自鸣得意；擒住他的蛮族不知他是何人，被他激怒，把他处死(624年即前130年年

① 据一位朋友对我说的似属有理的见解，我们若假定这批解放了的奴隶自命为赫利奥波利斯(Heliopolis)的公民，此城之名不见于他处，也许仅存于想象中，系由叙利亚所最崇拜的太阳神而得名，则这些奇怪的“太阳城人”便不难索解。

初）。他已身死，人始识得他是执政官。卡帕多奇亚王阿里亚拉德（Ariarattes）似乎与他一同覆没。可是这场胜利后不久，阿里斯托尼库斯为克拉苏的继任人马尔库斯·波裴那（Marcus Perpenna）所攻，他的军队溃散，他自己被围在斯特拉托尼西亚（Stratoni- 63
cea），为罗马人所俘，以后不久，便在罗马城被处死。波裴那猝死以后，罗马人委任曼尼乌斯·阿奎利乌斯（Manius Aquillius）平定最后仍行抵抗的城市，并且确实地整顿此地（625年即前129年）。罗马所循的政策与在迦太基境的无异。阿塔鲁斯王国的东部被划归属国君主，以免罗马人守边因而须在亚洲常驻戍军的必要；台尔密苏（Telmisus）归于吕基亚同盟；其在欧洲的领土色雷斯合并于马其顿省；所余领土组织成罗马的一个新省，此省一如迦太基的领土，也不无计划地以其所在的大洲之名为名。此地昔日向波加蒙缴纳的赋税全部豁免；所受待遇与希腊和马其顿所受的一样宽和。如是，小亚细亚最大的国家成为罗马的一省。

西亚细亚洲其余众多的小国和城市——比提尼亚王国、帕弗拉哥尼亚和高卢的诸国，吕基亚、迦利亚和潘菲利亚诸同盟，西齐库斯（Cyzicus）和罗德斯等城市——仍守着往昔有限的关系。

在哈里斯河外，卡帕多奇亚王阿里亚拉德斯五世菲洛帕托（591—624年即前163—前130年）与其借助于叙利亚的弟兄赫洛佛尼斯（Holophernes）争位，多赖阿塔鲁斯王朝的援助，始能保其地位，以后卡帕多奇亚大体遵循波加蒙的政策，不但绝对效忠于罗马，而且倾向于希腊文化。此时以前，卡帕多奇亚差不多是个野蛮地方，阿里亚拉德斯始输入希腊文化，同时也输入希腊文化的荒淫无度，如崇奉巴克楚（Bakchos）和游行演戏团——即所谓“艺术家”——的放荡行径。与波加蒙伪王战争时，此王因忠于罗马而丧生，为报答其忠节起见，罗马人不但保护其年幼的嗣子阿里亚拉德斯六世以抗本都王的篡夺企图，而且给他阿塔鲁斯王国的东南部莱考尼亚(Lykaonien)和其东边前曾属于西利西亚的一地。

最后，在小亚细亚东北部的远处，海上的“卡帕多奇亚”，或简
64 称为“沿海国”，即本都，其疆域和重要性都有加于前。马格尼西亚之战以后不久，本都王法那斯即扩大其领域至哈里斯河外的远处，达到比提尼亚边疆上的提岛(Tius)，特别是他占据了殷富的西诺培，把这座希腊的自由城市改为本都王的驻所。因此受这种侵占之害的邻国以尤美尼斯二世为首领，对他作战(571—575 年即前 183—前 179 年)，在罗马调停之下，他被迫许诺退出伽拉提亚和帕弗拉格尼亚；但由事实的经过看来，法那斯及其嗣子米特拉达特斯五世尤厄格特斯(Mithradates Ⅴ Euergetes，598—634 年即前 156—前 120 年)在第三次布匿战争和对阿里斯托尼库斯之战中都是罗马的忠实同盟，他们不但仍据有哈里斯河外之地，而且实际对帕弗拉格尼亚和伽拉提亚的诸国仍保持其保护权。只有在这个假定之下，我们才能说明下列事实：何以表面上因为他在对阿里斯托尼库斯之战英勇立功，实则因为他纳巨额款项于罗马将军，阿塔鲁斯王国瓦解之后，米特拉达特斯竟能由罗马将军之手领得弗里吉亚地方。另一方面，此时前后，本都王国向高加索和幼发拉底河源方面扩张到何等限度，我们不能断定；但亚美尼亚西部恩得雷斯(Enderes)和迪维里基(Diwirigi)附近之地即所谓小亚美尼亚似乎已包括在本都王国之内，为其属郡，至于大亚美尼亚和梭芬(Sophene)则自成独立的王国。

小亚细亚半岛上的政治既大体受罗马的支配,虽则有许多不愿或违反罗马志愿的事,占领的方式却也大致由罗马来决定,可是陶鲁斯山和幼发拉底河上游以外下至尼罗河谷的辽阔地域,则多半仍听其自主。诚然,565 年即前 189 年调整东方时所本的原则,即哈里斯河和陶鲁斯山应为罗马藩属的东界,并未为元老院所遵守,而且以其性质而言,也无法遵守。自然界的地平线是个幻觉,政治上的地平线也一样是个幻觉;如果叙利亚王国可有的战船数和战象数均为和约所规定,如果叙利亚军听罗马元老院的吩咐,退出那已半入其手的埃及,此中便有完全承认霸王与属国的关系在。因此,叙利亚和埃及的继统争执也都请罗马政府来解决。在叙利 65
亚,安条克·埃庇法尼斯死后(590 年即前 164 年),塞琉古四世之子德米特里乌斯(Demetrios,以后改名梭托[Soter])正为罗马质子,与前王安条克·埃庇法尼斯未成年之子安条克·尤帕托(Antiochos Eupator)争王位;在埃及,自 584 年即前 170 年以来,托勒密·菲洛梅托(573—608 年即前 181—前 146 年)即与其弟托勒密·尤厄格特斯二世,别号"肥王"的(死于 637 年即前 164 年)共掌国政,至 590 年即前 117 年菲洛梅托被其弟逐出本国,亲到罗马谋复位。元老院处理这两件事,完全用外交方法,并且大致以罗马的利益为准绳。在叙利亚,德米特里乌斯较为有理,却遭废弃,于是安条克·尤帕托被承认为王;元老院使罗马元老格涅乌斯·屋大维(Gnaeus Octavius)担任幼王的监护,我们可想而知,他为罗马的利益来施政,按 565 年即前 189 年的和约来削减海军和象军,有完成此国的军事毁灭之势。在埃及,不但菲洛帕托的复辟告成,而且——一方面要消灭两兄弟的争端,一方面要削弱埃及那依然巨大的势力——把昔兰尼由埃及分出，作为尤厄格特斯的分地。不久以后，一个犹太人写道："罗马人愿使何人为王，便立何人为王；他们不愿何人为王，便把何人逐离其国土和人民。"可是往日罗马与腓力、安条克和波尔修发生纠纷时，元老院一概显出才能和魄力，这次用同样的才能和魄力毅然干涉东方的事，却是长久期间中的末次。虽则政府内部的腐败最晚影响到外事的处理，可是终久必影响外事。政治动摇无定；他们让那才入掌握的纲纪归于废弛，几至失坠。叙利亚的监国被害于劳第恺亚（Laodikeia），被废的伪王德米特里乌斯竟逃出罗马城，胆敢以得有罗马元老院的充分许可为口实，废去幼君，篡夺其祖国的统治权（592 年即前 162 年）。不久以后，埃及王与昔兰尼王争夺塞浦路斯岛，双方开战，元老院
66 先把此岛断归长兄，后又把它断归幼弟，结果与罗马最近的裁判相反，此岛终于仍属埃及。如是，在罗马政府权力极盛之时，在国内外极为太平之日，其政令却为东方弱国所讪笑，其声名受人侮辱，其所监护的人和委员均被杀害。七十年前，伊利里亚人曾这样杀害罗马使者，当时的元老院曾为殉难人立碑于市场，并以陆海军问杀人者之罪。此时的元老院也命人按旧习惯为格涅乌斯·屋大维立碑，可是他们不运兵到叙利亚，却承认德米特里乌斯为叙利亚王。现在，当然他们十分强盛，似以自保声誉为多事。同样，不但不顾违反元老院的法令，埃及仍保有塞浦路斯，而且菲洛梅托死后（608 年即前 146 年），尤厄格特斯继其位，因此两国又合而为一，元老院对于此事也听其发生，不予反对。

此等事发生以后，罗马在这些国家的势力实际土崩瓦解，于是这里世事的推移现在与罗马无关；不过为正确了解下文起见，我们

务须不全忽略近东甚至远东的历史。埃及四面阻塞，现状不甚容易改变；至于亚洲，无论是幼发拉底河的东面或西面，在罗马暂停其监督期间，一部分民族和国家大改旧观。亚历山大以后不久，在伊朗大沙漠之外，华氏城国（Palimbothra）在旃陀罗笈多（Tschandragupta，即 Sandrakottos）的治下勃兴于印度河畔，强盛的大夏国（Baktrien）勃兴于乌浒（Oxus）河畔，两国均由当地文化与希腊文化的最东支相混而成。

两国以西，首为亚细亚国；在安条克大王治下，此国虽已缩小，却仍庞然由赫勒斯滂迤至米底亚和波斯各省，包有幼发拉底河和底格里斯河的全部盆地。此王仍耀武扬威于安息和大夏境内；只是在他治下，这泱泱大国始渐瓦解。不但西亚细亚因马格尼西亚 67
一战而失去，而且两卡帕多奇亚和两亚美尼亚——即东北的亚美尼亚本部和西南的梭芬地带——完全解放，由叙利亚的属国一变而为独立国，也在此时。这些国家，特别是大亚美尼亚在阿达克西亚王家（Artaxiaden）治下，旋即达到强大的地位。又有使其帝国受害尤烈的，即其嗣子安条克·埃庇法尼斯（579—590 年即前 175—前 164 年）施行荒谬的划一政策。虽则他的国家诚然有如众地的总合而不类一个单纯的国家，臣民中民族性和宗教的差异成为政治最大的障碍，可是把希腊-罗马的风俗和崇拜输入全国，使各种不同的民族不但在宗教上而且在政治上归于一致，这无论如何是个荒谬举动；而况就其个人而言，这位变本加厉的“约瑟夫二世”（Joseph Ⅱ）绝不配做这样伟大的事业，至于是用最坏的方式，极大规模的劫掠神庙和极无理的迫害异教徒来推行其政策，更不必论。

这种政策造成一个结果，与埃及交界的边省居民即犹太人以前原是柔顺得卑躬屈节、非常活泼和黾勉的人民，至是遭到有计划的宗教迫害，竟至公然叛变（约在 587 年即前 167 年）。此事闹到罗马元老院；当时元老院正饶有理由地怀怒于德米特里乌斯·梭托，又忧虑阿塔鲁斯王家与塞琉古王家联合，同时在叙利亚与埃及之间成立一个中等国家，无论如何，总利于罗马，所以元老院不难即刻承认这叛变民族的自由和自治（约在 593 年即前 161 年）。然而除不劳而成的事以外，罗马没有替犹太人做任何事；尽管罗马人与犹太人所结的条约有后者若受攻击罗马人誓必援助一款，尽管罗马人禁叙利亚王和埃及王在犹太境内行军，罗马人当然完全听任犹太人自守其土以抗叙利亚王。对于他们，有比强大盟国的一
68 纸文书更有裨益的，马迦白氏（Makkbäer）一门英雄，既勇敢而又明慎地领导举兵；叙利亚国内又四分五裂。当叙利亚两王特利枫（Triphon）与德米特里乌斯·尼迦托（Demetrios Nikator）交争的期间，把自治和免税正式许给犹太人（612 年即前 142 年）；不久以后，马迦白氏的族长名马塔提亚（Mattathias）之子西蒙（Simon）的，为全国和叙利亚大王所承认，做以色列的大祭司和君主（615 年即前 139 年）。[1]

比这次以色列人叛变更饶后果的是当时东部各省的运动，运动的起因或亦与上无异。安条克·埃庇法尼斯洗劫波斯神庙一如

① 古钱镌有“以色列的歇克尔”（Shekel Israel）和“圣耶路撒冷”或“郇山解放”的日期的，都由此人而来。又有相似的古钱镌着以色列王（Nessi）西蒙的名字的，却不属于他而属于哈德良（Hadrian）时代的叛党首领拔·科克巴（Bar-ko-chba）。

其洗劫耶路撒冷的神庙，当然对待阿胡罗摩子陀（Ahuramagda）和密多罗（Mittra）的信徒不优于其对待耶和华的信徒。正如在犹太——不过范围较广，规模较大——，结果是本地风俗和本地宗教反抗希腊风气和希腊神祇；促进这运动的人是安息人，由这种运动兴起了强大的安息帝国。

安息人（Parthwa，即帕提亚[Parther]）早见于涵容在波斯大帝国的无数部落之中，最初居于里海东南近代呼罗珊（Khorasan）之地，至500年即前250年后，始出现为一独立国，受塞种人即图兰人（Turan）的安息王朝（Arsakiden）的统治。然而一百年后，此国始由隐而显。安息王朝第六君米特拉达特斯一世（Mithradates Ⅰ，579—618年即前175—前136年）是大安息国的真正开创者。大夏帝国本比它强大远甚，但半因为其与图兰塞种的马队和印度河上的诸国寻仇构衅，半因为内部混乱，国基已呈动摇，竟为米特拉达特斯一世所灭。在大沙漠以西各地，他也有几乎相等的成功。当时叙利亚帝国，一方面有安条克·埃庇法尼斯企图希腊化而失败，又一方面有他死后发生的继统之乱，极为骚扰不安，内地各省正进行与安条克和沿海地带脱离关系。例如在卡帕多奇亚边界 69
上，叙利亚极北一省科马干（Kommagene）的省长托勒密（Ptolemäos）自行独立，幼发拉底河彼岸北美索不达米亚即俄斯隆（Asrhoene）的埃迭萨（Edessa）王子，重要的米底亚省省长提马尔克斯（Timarchos）亦然；后者的独立竟得罗马元老院的核准，并有同盟亚美尼亚为助，其领域南达底格里斯河上的塞琉凯亚（Seleukeia）。这种骚乱在亚细亚帝国中无时不有；各省在其半独立或全独立的省长治下不断起兵造反，首都桀骜顽梗的群众与罗马城和亚历山大城的群众无异，亦复骚动不息。邻国君主成群结伙——埃及王、亚美尼亚王、卡帕多奇亚王、波加蒙王——干涉叙利亚事不已，助长继统的事执，以至于同室操戈和实际由两个以上的争位者分握政权，殆成为此国永不可疗的痼疾。罗马居保护主地位，即使不怂恿这些邻国，也不免袖手旁观。此外再加以新安息帝国不但挟其物质的力量，而且以其民族语言和宗教以及民族军制和政制的全副优势，由东方进逼这侨居异地的叙利亚国。对于这亡后复兴的“居鲁士”帝国，这里尚非加以叙述之所；我们仅略举一个事实就够了：希腊风气虽为构成此国强有力的成分，可是与塞琉古国相比，安息国却以民族上和宗教上的反动为基础：伊朗古语、僧侣阶级、密多罗的崇拜、东方的封建制度、沙漠中的骑兵和弓箭，最初皆以优越的势力复与希腊文化相遇。叙利亚王遭此一切，实处于可怜的地位。塞琉古王家绝不像，举个例说，拉吉德王家那样懦弱，其中几人不乏勇气和才干；叛徒、伪王和多管闲事的人难以数计，他们诚然能使其中一二人就范；不过他们的政权极乏坚固的基础，以至于就是仅想暂时遏止无政府状态，也办不到。其结果是必然的结果。在无保护甚至起兵造反的省长治下，叙利亚东部各省
70 沦为安息的臣属；波斯、巴比伦和米底亚永久脱离叙利亚帝国；安息新国横跨大沙漠的两旁，由乌浒河和兴都库什山至底格里斯河和阿拉伯沙漠——一如波斯帝国和一切亚洲古代大国，又复纯是个大陆君主国，也正如波斯帝国，又复一面对图兰民族，一面对西方民族，永久战争不已。叙利亚国除沿海地带外，至多只能包有美索不达米亚，于是多由于内部的混乱而少由于疆域的缩小，此国永远丧失其大国的资格。如果安息人屡次濒于全灭其国而竟未果，

这不是由于塞琉古王家末期君主的抗御，更不是由于罗马的影响，而是由于安息国内的种种不靖，尤其是草原人民的入侵东部各省。

这次亚洲腹地各民族关系的剧变是上古史的转折点。迄今民族运动的高潮系自西方流向东方，以亚历山大王为其最后最高的表现，现在继其后的却是低潮。安息国一经建立，不但仍或能保存于大夏和印度河畔的希腊文化沦胥以亡，而且西伊朗也重蹈数百年来已废而尚未泯的故辙。罗马元老院把亚历山大政策的首要结果牺牲掉，因此引起倒退的运动，这运动最后蔓延到格兰那达(Granada)的红堡(Alhambra)和君士坦丁的大回教寺而后已。由拉盖(Ragä)和波斯波利斯(Persepolis)至地中海的一带地方，只要仍隶属于安条克王，罗马的势力便也能伸张到大沙漠的边缘；安息国永不能居地中海帝国的属国之列，并非因为它甚为强大，而是因为它的中心在亚洲内地，距海岸辽远。自亚历山大时代以来，世界专听命于西方，东方对于西方的关系，似乎只是以后美洲和澳洲对于欧洲人的关系。有了米特拉达特斯一世，东方便复入政治活动的场所。世界又有了两个主人。

还有当时海上的情形需加以考察；不过除了处处不复有一个 71
海权国存在外，殆无可言。迦太基沦亡，叙利亚的战舰队依约毁灭，埃及昔日那样强大的海军，今在其偷惰君主的治下陷于衰落。小国尤其是商业城市诚然有几只武装运船，可是这些船甚至不足以担任地中海上的难事——剿除海盗。罗马既为地中海的领袖大国，此事必然落在它身上。一百年前，罗马人曾以可嘉的特殊果决态度挺身来做这事，并且以后行保护公益的海上警备为其称霸东方的开场，而正在本期之始这种警备竟完全无效，由此可以显见，贵族政府非常迅速地趋于衰落。罗马不复自有舰队，她仅止于在似有必要之时向意大利、小亚细亚和他处的沿海城市征发船只。结果所届，海盗业当然成为有组织有联合的事业。在罗马势力能直接达到之处，在亚得里亚海和第勒尼安海，或稍有剿办海盗的事，不过尚嫌不足。本时期罗马人远征达尔马提亚和利古里亚海岸，即特以剿办意大利两海的海盗为务；也因为这个缘故，631年即前123年，罗马人置戍兵于巴利阿里群岛。反之，在毛里塔尼亚和希腊的洋面，沿海居民和舟子只得设法与海盗自谋妥协，因为尽可能地置远方于度外，是罗马政策所遵守的原则。这样，沿海各国无人照料，其离乱破产的民社当然成为海盗的渊薮；尤其是亚洲不乏这种渊薮。

在这方面，克里特岛上的状况最为恶劣，此岛既得地利，又遇东西两方的大国软弱或宽纵，在希腊人所有的居留地中，独能保其独立。罗马委员当然也在这岛上来往，可是他们在这里的成就甚
72 至比在叙利亚和埃及的尤为稀少。这好像命运把自由留给克里特人，专为的是表明希腊人独立的结果如何。那是一幅可骇的景象。古代多利安式严格的民社制度，正如在塔兰托一般，已变为荒淫的民主政体，人民的豪侠心肠已变为好战喜劫掠的蛮性；一位体面的希腊人宣称唯有在克里特，一事只要有利，便不认为可耻；甚至使徒保罗也用赞成的口气引起克里特一位诗人的话：

克里特人一概是骗子、懒骨头、污秽的畜生。

尽管罗马努力求取和平，这“百城古岛”上的内战却连绵不绝，繁盛

的都市相继化为瓦砾堆。其居民流浪于国内国外，水上陆上，成为盗贼；自募兵的秕政不复见容于伯罗奔尼撒之后，此岛成为四周各国的招兵场，尤其是海盗业的适当处所；例如此时前后，西弗诺斯岛（Siphnos）被克里特的海盗舰队洗劫一空。罗德斯自失去大陆上的领土，商业上受了打击以后，虽不能再振，却自以为不能不对克里特人作战，把最后的力量都用在剿除海盗的战事（约在 600 年即前 150 年）；罗马固然欲加调停，可是缺乏诚意，似乎也缺乏成功。

不久以后，西利西亚始与克里特并列，成为海盗业的第二场所。这里的海盗得势，不但因为叙利亚王的无力，而且因为僭王狄奥多图斯·特利枫（Diodotos Tryphon）自奴隶起家为叙利亚王（608—615 年即前 146—前 139 年），欲用海盗以固其王位，竭力奖励海盗业于其主要的巢穴，即险阻的西利西亚。海盗既为捉捕奴隶又为出卖奴隶的主要人物，与海盗交易非常有利，所以在商人大众之中，甚至在亚历山大城罗德斯和提洛岛，海盗都得享某种的容忍，就是政府也至少以不取行动参与某事。这种弊害极为严重，以至于在 611 年即前 143 年前后，元老院派它最贤能的人西庇阿·埃米利亚努斯赴亚历山大城和叙利亚，以便就地考察应付的方法。可是外交上的抗议不能化柔弱政府为强有力的政府；现在别无他法，只有直接在这些海上保持一个舰队；要做这事，罗马却又缺乏 73
精力和毅力。所以一切事都一仍旧贯，海盗舰队是地中海唯一的大海军，掳掠人口是地中海唯一兴隆的商业。罗马政府是个旁观者；可是罗马商人既为奴隶市场最大的主顾，海盗头目又在提洛岛和他处为此种货品最重要的批发商，所以双方维持频繁而友善的交易。

罗马和整个罗马-希腊世界对外关系的转变,由皮德那之战起至格拉古兄弟时代止,自塔古斯河和巴格拉达河至尼罗河和幼发拉底河,我们已略述其梗概。罗马负统治这罗马-希腊世界之责,不免遇到一个艰巨的问题,他们未尝完全误解这问题,不过没有把它解决。加图时代的思想主张把国家范围限在意大利,仅用保护制统治意大利以外之地,后一辈的领袖人物诚然已看出这思想不足取;立刻以罗马的直接统治代替保护制而保留各民社的特权,他们也诚然承认有此必要。可是他们不坚毅迅速而一贯地实行这个新办法,却为机会、意气、次要的利益和偶然的事件所诱,兼并了这些孤立的省份,而大部分的属国却仍居旧日那不可忍受的不安地位,或竟至叙利亚那样,脱离罗马的势力。就是政府本身也日益陷于懦弱而短见的自私主义。他们仅由今天秉政到明天,即以为足,只是遇有必要,才办理日常事务。他们对于弱者是严厉的主人翁。623 年即前 131 年的执政官普布利乌斯·克拉苏要求迦利亚的自由城迈拉萨(Mylasa)送一根梁木给他,以供造撞城机之用,梁木与他所要的不合,此城长官便受鞭挞之刑。克拉苏并非恶人而是一位严正的长官。另一方面,在当用严厉之处却不见严厉,例如对待边疆上的蛮族和海盗。中央政府既对于外省事务放弃一切督导和
74 监察,便不但把百姓的利益也把国家的利益完全舍给当日的省长。那些发生在西班牙的事虽本身无关重要,却在这方面足以启人心智。在那里,政府不如在其他省份那样能自限于旁观资格,罗马省长不但简直地视国际法如土芥,以无与伦比的食言弃信,肆无忌惮地破坏降约和条约,屠杀已降的人民,唆使他人行刺敌方的将军,

使罗马永远名誉扫地，而且违背罗马最高当局的明令，擅自开战媾和，以稀有的合刚愎与无耻而为一，把无关轻重的事件，例如努曼提亚人的抗命，扩大为国家存亡所系的危机。而对于这一切事，罗马城竟无人想加以重罚。关于最重要职位的补缺和最重要政治问题的处理，不但元老院各党各派的同情和竞争有助于其决定，而且就在此时，外国君主的钱财已找到罗马元老的门路。叙利亚王安条克·埃庇法尼斯（死于590年即前164年）的使臣狄麻古（Timarchos）据说是试行纳贿于罗马元老院而成功的第一人；不久以后，外国君主向有势力的元老送礼物，成为常事，以至于西庇阿·埃米利亚努斯在努曼提亚城下营次收到叙利亚王的馈赠，把它投入军需库，人皆诧为异事。“统治的报酬专在统治，统治既是个权利和利益，也同样是个义务和责任。”这个古老原则已全遭废弃。如是，一种新财政学兴起，这财政学不注目于向市民课税，而却认臣民阶级为民社肥渥的产业，一方面为民社的利益剥削臣民，一方面把臣民交给市民去剥削。不但罗马商人那肆无忌惮的贪婪行为受到非法的纵容，在省行政上得有自由活动的余地，而且罗马商人所不喜的商业对手，政府就用国家的军队加以铲除；于是邻国最壮丽的城市并未牺牲在残酷的贪权，而牺牲在远较凶狠的残酷投机。古代 75
军制确乎加重负于市民，国家又毕竟唯其兵力优越是赖，古军制一旦毁坏，国家便不啻自坏其栋梁。他们让舰队趋于消灭，陆战组织沦于难以置信的衰颓。他们把保卫亚洲和非洲边境的责任卸给属国；凡不能这样卸责的，例如意大利、马其顿和西班牙的边防，都办得非常恶劣。

上流阶级始在军队中甚不多见，以至于西班牙军所需的军官已难召集满额。罗马人特别厌恶西班牙兵役的心与日俱增，又加以征兵时长官态度偏私，所以到了602年即前152年，他们不得不废止旧制，即听任军官由应服兵役的男子中自由选取所需的兵士，而代之以用抽签法由应服兵役的男子中拔取兵士——这当然不利于军队的团结精神，也不利于每队兵的作战效率。当局不以严厉态度求贯彻，却把献媚人民的可怜行径推广到这里；每逢一位执政官恪尽其职，厉行征兵往西班牙服役，平民保民官便运用其宪法上的权力制止他（603年即前151年，616年即前138年）。上文已述，西庇阿要求许他征兵一次以进行努曼提亚的战事，元老院立予驳斥。因此，罗马围攻迦太基或努曼提亚的军队，已使人忆及那面包师、厨师、伶人及其他非战斗员五倍于所谓兵士的叙利亚军队；罗马将军的覆军本领已不亚于其迦太基的同业；战争无论在非洲或在西班牙，无论在马其顿或在亚洲，开头总是败仗；格涅乌斯·屋大维的被害现在不声不响地过去了；维里亚都的遭暗杀现在成了罗马外交的杰作；努曼提亚的攻克现在是一件大功。曼奇努斯以其忠心爱国自豪，亲自使人在罗马竖起他赤身被缚的造像，这一
76 针见血地表明罗马人的民族自尊心和个人自尊心已如何荡然无存。我们无论着眼何处，都看见罗马的内部精力和外部势力同在迅速地没落中。由巨大斗争赢得的地盘，在这和平时期并未加扩，甚且未能保持。全世界的统治难于达到，更难于保持；罗马元老院已做成前者，可是一遇后者，便告失败。

第二章　改革运动与提比略·格拉古

皮德纳之战以后的三十余年间，罗马国家享极端平静的幸福，无论何处，表面上几乎不见一点微波。罗马领域横跨三大洲；罗马势力的辉煌和罗马声名的光荣有增无减；一切人注目于意大利，一切才智、一切财富都流向意大利；一个享太平的幸福和精神的生活乐趣的黄金时代似必始于此地。当时的东方人惊异佩服，彼此以西方这个强大的共和国相告："此国灭了远近各地的许多国家，以致人一听得它的名字无不战栗；可是它对于友邦和属国，却维持善意的和平。罗马人既有这样的光荣，却无一人自戴王冠，无一人炫耀紫袍；他们每年无论使何人为国主，便无人不听国主的命令，他们之间既没有忌妒心，也没有冲突。"

由远处看，似乎如此；由近处看，局势便迥然不同。贵族的政府大有自毁其成绩的趋势。并不是坎尼败者和扎玛战胜者的子孙这样完全不肖其父和祖父；这区别不甚在出席于元老院的众人而在时代。在数目有限、拥有固定财富而世负政治声望的旧家执政之处，当危急之秋，他们必显出无可比拟的坚韧一贯和英勇的自我牺牲，而在平静时也必显出无可比拟的眼光短浅、自私自利、怠忽政事——二者都在本质上脱胎于世袭制和同僚制。病根久已存在，可是须有幸运高照，始能发荣滋长。加图的问题："罗马若不复有足畏的国家，则将成何状态？”实有深长的意义。现在他们已达到这种地步。每个可以使它畏惧的邻国都已在政治上沦胥以亡；而且那些生长于旧制度之下、受过汉尼拔战争的严格锻炼、一息尚存仍发出伟大时代的遗响的人士，已被死神一个又一个地召了去，
78 到后来，其中最末一个老加图的声音也终至不复闻于元老院和罗马广场。一辈少年当权，对于那位爱国老人所提出的问题，他们的政策却是个恶劣的答复。在他们治下，属国的统治和对外的政策如何，已见上文。在内政上，如果可能，他们更听任国家随风飘荡；如果我们认为内政不只是办理日常公事，则本期的罗马可谓毫无政治。统治阶级唯一的念头便是维持其所篡夺的特权，并且如果可能，把它增大。国家无权取得适当而最贤的人充任最高官吏，可是每一朋党中人都有居国家最高职位的天赋权利——同阶级者不公平的竞争或被排斥者的侵越都无损于这种特权。因此，这个朋党决定以限制再度当选执政官和排斥“新人物”[①]为其最重要的政治目标；到603年即前165年前后，竟能取得禁止前者的法令，自安于使贵族无能之辈掌握政权。无疑地，就是政府在对外关系上

① 537年即前217年，那限制再度当选执政官的法律在意大利战事未完期间（所以直至551年即前203年）停止使用。可是到了546年即前208年马尔凯卢斯死后，如果我们不把592年即前162年退位的执政官计算在内，再度当选执政官的事只见于547年即前207年、554年即前200年、560年即前194年、579年即前175年、585年即前169年、586年即前168年、591年即前163年、596年即前158年、599年即前155年、602年即前152年等；所以这五十六年中的再度当选不多于401—410年即前353—前344年的十年。其中只有一次即最后一次违反那前后须隔十年的规定；马尔库斯·马尔凯卢斯在588年即前166年和599年即前155年为执政官，又被选为602年即前152年的执政官，这件奇事的详细情形我们不知，它却无疑促成全禁再度当选执政官的法律；尤其因为这个建议曾得到加图的支持，必在605年即前149年以前提出。

的不取行动，也与贵族这种排斥平民和不信任本阶级各个分子的政策有关。平民的功业是他们的贵族证，欲使平民不能入纯粹贵族界，可靠的方法莫过于不使任何人立功；对于一律凡庸的现政府，就是征服叙利亚和埃及的一位贵族也可以十分不便。

诚然，现在也不乏反抗，而且反抗竟也稍有效果。司法行政得 79
到改善。元老院对各省长官有行政裁判权，由元老院亲自行使，或偶然由特殊委员团行使，这种裁判权公认为不敷所需。有一种改良对于罗马民社的全部公共生活关系重大，即605年即前149年，依卢奇乌斯·卡尔普尔尼乌斯·皮索(Lucius Calpurnius Piso)的建议，设立一个永久的元老委员会(*quaestio ordinaria*)以便用司法方式审问省民控告罗马官吏勒索的案件。人们努力于解放人民大会，使之脱离贵族的优越势力。罗马民主政治的"万应丹"是市民大会中的秘密投票，最初关于选举长官的，始于伽比尼乌斯法(Gabinische Gesetz，615年即前139年)，以后关于民众法庭的，始于卡西乌斯法(Cassische Gesetz，617年即前137年)，最后关于表决立法建议的，始于帕皮里乌斯法(Papirische Gesetz，623年即前131年)。同样，不久以后(约在625年即前129年)，一道人民法令命元老于入元老院时交出马匹，于是放弃其在十八骑士百夫队的投票权。这些措置意在解放选举人，使之不受贵族统治阶级的支配，在建议的一派人看来，这或可为复兴国家的初步；实则罗马民社的合法最高机关那种空虚无用和缺乏自由，并未因有这些办法而丝毫改变；的确，那种空虚无用反而更昭然为与此有关或无关的人所共见。与此同属饰外观而无意义的事，是因为承认市民的独立自主，便把市民大会的集会场所由元老院下面的旧会场移至罗马广场(609 年即前 145 年)。

但这种形式上的民权对实际而永久的宪法的冲突,系似是而非的性质。各党派的口号甚嚣尘上,在真正直接的实事上,党派本身却无迹可寻。历整个的罗马纪元第七世纪(即公元前一世纪),
80 每年民社选举市民长官,尤其是选举执政官和监察官,成为当日经常的问题和政治活动的焦点;不过只在单独而罕有的情形下,不同的候选人才代表相反的政治主张;在平时,这纯粹是人的问题,大多数选民归附恺西乌斯氏或科尔涅利乌斯氏,与国事的进行无关。如是,罗马人缺乏那足以抵偿政党生活之害的事——即民众自由普遍,向所认为正当的目标运动——,他们却专为便利主政派的小小游戏而忍受这一切。罗马贵族以财务官或平民保民官的资格较易进入宦途,可是他要达到执政官和监察官,却非多年大为努力不可。彩头很多,不过真值得一提的却很少;竞赛的人,一位罗马诗人曾说,好比竞走于一条起点很宽而渐渐变狭的跑道上。在长官职是所谓"荣耀",而长于军事、政治或司法的人共争这难得的桂冠之时,这自属正当;可是现在贵族实际上垄断政界,竞争没有利益,所余的只是竞争的弊害。属于掌权门第的少年人几无例外,都蜂拥着入政界,他们抱着躁进和过早的野心,不久便在谋公众利益的有用行动之外寻得更有效的方法。强有力的瓜葛成为入宦途的首要条件,所以这一途非如往日那样的始于军营,而始于有权人士的前厅。从前只是门客和解放人做的事,即清晨来侍奉主人,随着他出现于公共场所,现在都移到新兴的上流门客。可是民众也是个大主人,因此也要受人尊敬。群众始当作他们的权利来要求:将来的执政官应承认街头每一衣衫褴褛的人为至上人民,加以敬礼,每

一候选人在游行（*ambitus*）中应称姓名招呼每一投票人并同他握
手。上流阶级欣然赞成这种屈辱的求官方法。道地的候选人不但 81
在宫中胁肩谄笑，在街头亦然；他们向群众自荐的手段是献殷勤、示宽容和或雅或俗地讲客气。高唱改革和鼓动人民都受到利用，以博得公众的注意和爱护；他们所攻击的愈是个人而非事物，他们便愈收效果。按照习惯，生长名门的无须少年为入政界时显得光彩起见，常以其幼稚口才表现不成熟的情感，重演加图的把戏，以国家的律师自命，如果可能，控诉一个地位很高而很不得民心的人；罗马竟听任刑事审判和政治纠察那些严肃制度成为一种求官的工具。备办壮丽的人民娱乐，而更坏的，先承诺举行这种娱乐，早已成为取得执政官职的先决条件俨然如法定的事；现在选民的票始直接用金钱来收买，595 年即前 159 年前后，发布的对于此事的禁令可以为证。当权的贵族经常献媚于民众以求其爱护，其最恶的结果成为乞求和谄媚的行动与政府对被治者应处的地位不相符合。如是，政府原是人民之福，现在一变而为人民之祸。他们不复敢依需要来支配人民的财产和生命，以谋国家的利益。他们让市民习于一种危险的念头，以为市民依法应免纳直接税，甚至贷款式的直接税——波尔修之战以后，政府不再要求人民贷款。他们宁可让军备衰落而不强迫市民服这可恶的海外兵役；一二长官企图按法律的严格条文实行征兵制度，他们的结果如何，已见上文。

在本时期，罗马既有一种腐败的寡头政治，又有一种尚未发展而萌芽已遭腐蚀的民主政治，两股祸害交织而成为凶险的定数。两党的名称此时已见于载籍，一个是欲行上流人士所愿的“贵族
党”（*optimaten*），一个是欲行民众所愿的“平民党”（*popularen*）， 82

可是实际说来，那时的罗马既没有真实的贵族，也没有真能自觉的民众。两党所争的都是水月镜花，两党所有的分子都不过是些痴迷者或伪君子。两党均不免腐败，两党实同样空虚。两党当然都不得不拘泥现状，因为任何一方都没有超越现状的政治理想，更无论政治计划，所以两党完全一致，在手段和目的上也步步相同，党派的变迁多系战略的转移而非政治主张的改变。如果贵族政治直接创行一种世袭轮流制以代市民选举，或者民主政治自己产生真正人民领袖的政府，则全国必受其利。但是第七世纪初年的贵族和平民相需甚殷，彼此不做生死的赌斗，他们不但不能相灭，而且即使可能，他们也必不愿为。同时，在政治和道德上，国家日益解体，渐濒于完全崩溃的地步。

罗马的革命起于一种危机，这危机却不源于上述琐屑的政治冲突，而源于经济和社会的情形；罗马政府简直听任一切事自由发展，对于经济和社会情形亦复如此，于是这种情形得有机会使酝酿已久的病症以可惊的速度和强度臻于成熟，毫无阻碍。自达古以来，罗马的经济既基于两个永远相求却又永远相争的因子，一个是小农人的农业，一个是资本家的金钱。后者与大规模的地产所有权密切联合，已对农民阶级作战了几百年，这场争斗似非终于先毁灭农民而后毁灭全国不可，可是因为罗马屡战屡胜，使广大的公地分配成为可能，所以争斗的胜负未决，即告停顿。上文已经指明，贵族（*patrician*）与平民改变名称复行对立之日，即为资本过分堆
83 积、准备再攻农业之时。诚然，这次的方法不同。往昔残害小农人的是贷款，贷款实际把他降为债主的管家；现在把他压倒的是海外粮食尤其是奴隶生产的粮食的竞争。人们与时俱进；资本向劳动

即向个人的自由作战时，永远遵守最严格的法律形式，现在也当然如此，不过不再取那使人难堪的方式，因债务而把自由人变作奴隶，却根本用正式收买和价购奴隶的方略；昔日首都放债的老板应时变形，成为大农场的主人。可是两者究竟的结果却无异，都是降低意大利农民的地位；先在各省的一部分而后在全意大利，以大地产代替小农业；以意大利的地产畜养牛养和种植橄榄葡萄，蔚成风气；最后，不但意大利以奴隶代替自由劳工，各省亦然。正如显贵族比贵族更为可畏，因为贵族可随宪法的变动而被废，显贵族则不然，所以资本的新势力比第四、第五世纪的资本势力更为可畏，因为改变国法，对他们仍是无可奈何。

我们在叙述第二次劳资大冲突以前，须在这里略示奴隶制度的性质和规模。我们现在所说的不是旧日那种不甚有害的农村奴隶制度；在那种制度之下，农民或与其奴隶共同耕田，或有田过多，不能亲自管理，便使一个奴隶管一份田产，奴隶不是做管家，便是做缴纳一部分产物的租户。固然，这种关系无时不有——例如在帝国时期，科穆（Comum）周围仍以此为准则——，但这是例外情形，只见于特受优待的地域和慈心经营的地产。我们现在所说的是大规模的奴隶制度，在罗马一如昔日之在迦太基，这制度起于资本的占得优势。较早之时，战争获得的俘虏和世袭的奴隶身份已 84
足维持奴隶的数目，现在的奴隶制度却与美洲的制度相似，以有计划地猎取人口为基础；因为人们使用奴隶时不顾及其生命和繁殖，所以奴隶人口永在减少，战争固常以大批新奴隶供给市场，甚至战争也不能补其不足。是凡有这种猎物可打的地方无一得免于难；甚至在意大利，一个可怜的自由人被雇主置在奴隶之列，也绝不是件罕闻的事。不过当时的黑奴产地却在西亚细亚洲[①]，克里特和西利西亚的海盗即专以猎取奴隶和出卖奴隶为业的人，劫掠叙利亚的沿海和希腊的岛屿；罗马的包税商与他们竞赛，也在这一带的属国里举行掳掠人口，把所掳的人并入他们的奴隶群。这事的规模非常广大，以致 650 年即前 100 年前后，比提尼亚王声言不能派遣所需的补助兵，因为一切能做工的人都已被包税商曳出境外。德洛斯的奴隶大市场是小亚细亚卖奴隶的商人向意大利投机家脱售货物的所在，在这里，一日之间据说早晨下船的奴隶多至一万，不到晚间即一概卖出——这既足以证明运来的奴隶如何众多，又足以证明奴隶仍是供不应求。这不是怪事。上文叙述第六世纪的罗马经济，我们已说明它与上古的一切大事业无异，也以使用奴隶为基础。无论投机事业的方向如何，总以在法律上降为牲畜的人为工具，毫无例外。手工业大部用奴隶来做，所以利益为主人所有。低级国税的征收也经常由社团的奴隶办理。奴隶的手从事于采掘矿产，制造沥青和其他同类的事；送一群奴隶到西班牙矿场，早已蔚成风气，矿场的理事欣然收留他们，并且愿出高额租金。意
85 大利葡萄和橄榄的收获并非由田庄的人自办，却由拥有奴隶的人立约包办。放牧牛羊普遍是奴隶的工作。上文已述意大利大畜牧区那些武装而常骑马的畜牧奴隶。不久以后，这种畜牧业也成为罗马在各省投机时所喜的对象——例如达尔马提亚刚被征服（599 年即前 155 年），罗马资本家便按意大利的方式在这里从事大规模

① 甚至那时就有人说那地方的人类有特别的忍耐力，所以最适合做奴隶。普劳图斯称赞叙利亚人说："他们比任何别种人都和气。"

的畜牧业。可是还有在任何方面较此恶劣远甚的，就是田庄制度——用一群奴隶耕田，奴隶常身烙铁印，足戴脚镣，白日在监工督察之下做田里的工作，夜间一齐被关在常位于地下的工人牢里。这种田庄制度由东方传到迦太基，迦太基人似乎把它输入西西里；田庄制度在西西里似乎比在罗马领土的其他部分发展较早也较为充分，或者即因此故。[①] 莱翁蒂尼（Leontinische）的疆土共有可耕之地约三万尤格，监察官把它作为罗马公地出租，在格拉古兄弟以后数十年，我们见分租这块土地的不过四十八人，那么，每人平均拥有三百六十尤格，而其中仅有一个莱翁蒂尼人；其余都是外国的投机家，罗马人居大多数。由这个例，我们可见罗马投机家以如何的热心步前人的后尘；罗马的和非罗马的投机家在这座美丽的岛上遍设牧场和田庄，用西西里的牲畜和西西里的奴隶做如何广大的生意。然而大体看来，现在意大利仍能暂免于这种最恶劣的奴隶经济。在意大利，埃特鲁里亚为田庄制首先出现之处，至少四十年后为此制流行最广之处，虽则此地现在已极可能不乏劳工狱（*ergastula*），可是意大利本时期做农业工作的仍大半是自由人，至少仍 86
是不戴枷锁的奴隶，而较大的工作常用合同交给包商去做。有一件事极明白地表示意大利奴隶制度与西西里奴隶制度的不同，玛末丁民社的奴隶行意大利式的生活，在619—622年即前135—前132年的西西里奴隶之乱，只有玛末丁的奴隶不曾参加叛变。

---

① 希腊文一个指工艺所而言的混成词（*ergastulum*，依 *stabulum* 和 *operculum* 的例，源于 ἐργάζομαι）可以表示这种营业由用希腊语的地方传到罗马，可是在还未达到完全希腊文化以前的时候。

这悲惨绝伦的无产阶级不啻是一片苦海，展开在我们的眼前，谁敢向这样深的地方看，我们便让谁加以探求；与罗马奴隶的苦痛相比，黑奴一切苦痛的总和很可能只是沧海中的一粟。这里与我们有关的不是奴隶所受苦难的本身，而是苦难对于罗马国家造成的危局，和政府应付这种危局的举动。很明显的，这个无产阶级不是政府所造成，也非政府所能即刻废除；要做这事，只有用比疾病尤为有害的治疗，始能有成。奴隶劳动阶级有威胁国民生命财产的危险，政府的责任一方面是以严厉的保安警察制排除这种直接的危险，另一方面是提倡自由劳工以达到尽量限制无产阶级。我们试看罗马贵族如何实行这两件事。

警察办得如何，可见于到处爆发的奴隶叛变和奴隶战争。在意大利，昔日混乱的情形是汉尼拔战争一种直接的余痛，现在似又复起；忽然之间，罗马人不得不在首都捕杀奴隶一百五十名，在明图尔纳捕杀四百五十名，在西努萨（Sinuessa）捕杀的竟达四千名（621年即前133年）。我们可以想见，各省情形更为恶劣。在提洛岛的奴隶大市场和阿提卡的银矿，奴隶几乎同时叛变，罗马人不得不用武力把他们剿平。那次小亚细亚阿里斯托尼库斯及其“太阳城民”的战争，实质上是地主对叛奴之战。可是最恶劣的情形当然见于田庄制的圣地西西里。盗匪业久已成为此地的经常祸害，
87 在内地尤甚；现在盗匪业始蔚为反叛。恩那（Enna，即卡斯特罗焦万尼［Castrogiovanni］）有一个殷富的田庄主人名达摩菲洛（Damophilos），他在实业上所投的活动资本足与意大利的贵族相抗衡，因为触怒了他的农村奴隶，被他们攻击杀害；于是这一群暴徒冲入恩那城，又把那事在城里大规模地重演一次。奴隶一齐起

来反抗主人，把他们杀戮或夷为奴隶，并且请来一位叙利亚阿帕米亚(Apamea)的魔术家率领这已甚强大的叛军。这位魔术家善于吐火和预言休咎，昔为奴隶时名恩奴(Ennus)，今做叛党的首领，号称叙利亚人之王安条克。这有何不可？几年以前，叙利亚另有一个奴隶，他还不是个先知师，竟在安条克城内头戴塞琉古王家的王冠。希腊奴隶亚恰(Achaeus)为新王的骁勇"将军"，横行全岛，不但野蛮的牧人由远近各地群集于他的麾下，而且自由劳工因为对田庄主人不怀好感，也与叛变的奴隶联合起来。在西西里另一个地方，一个西利西亚的奴隶名克里昂(Cleon)的，昔在本乡时曾为悍匪，现在也按照成例，占据阿格里根图姆；各首领既取得相互的谅解，他们便先获得种种的小胜，而后终能把将军卢奇乌斯·希普塞乌斯(Lulius Hypsaeus)亲率的军队——大部系西西里的民兵——完全击破，并且攻陷他的营垒。这样一来，差不多全岛都落在叛党的掌握之中，按最低的估计，叛党能战的兵据说有七万人之多。罗马觉着不得不在连续的三年中(620—622年即前134—前132年)派执政官和执政军往西西里；在几次不分胜负甚至失利的战斗以后，罗马人终于攻下陶罗梅尼乌姆和恩那，平定叛乱。叛党中最果敢的人入守恩那，他们对于救援和赦免一概无望，只是守住这难于攻克的据点以自保；而执政官卢奇乌斯·卡尔普尔尼乌斯·皮索和普布利乌斯·卢皮利乌斯(Publius Rupilius)屯兵于城下两年，最后多赖饥馑之力而非赖武力，始把它攻下。[①]

① 甚至今日在卡斯特罗焦万尼(Castrogiovanni)的前面山坡最不陡绝的地点，还常找到罗马人发射的武器，上面镌有621年即前133年执政官的姓名。

88 在意大利和各省，罗马元老院及其官吏运用保安警察制，其结果如此。要消灭无产阶级，政府须尽力竭智地去做。就是这样，不幸的是也常不能达到目的；反之，任何大国用警察压服无产阶级，却较易为力。如果无产阶级对于国家的危害不过如熊罴豺狼对它的威胁，实为国家的幸事；只有怯夫和借着民众的无故惊慌以牟利的人，会预言普通秩序将为奴隶叛变或无产阶级起事所毁灭。不过尽管时局极为太平，国家拥有无穷的财力，罗马政府却仍不足以做那较为容易的工作，即管束被压迫的民众。这就表示它的软弱，可又不仅仅表示它的软弱。按理罗马省长应负责肃清道路，把落网的盗贼，如果他是奴隶，钉在十字架上；他当然如此，因为没有恐怖手段，奴隶制度便不可能。在这时期的西西里，当道路上太不平靖之时，省长必偶然举行一次清剿；但是为不得罪意大利的田庄主人起见，当局常把捉得的盗贼送交原主，让他们随意惩治；那些主人都是吝啬之徒，如果他们的畜牧奴隶要衣服穿，他们的答复是一顿箠笞和一句问话：经过此地的行人是否都是赤身裸体的？因此，这样纵容的结果是，平定奴隶之乱以后，执政官普布利乌斯·卢皮利乌斯命人把生擒的奴隶——据说在两万以上——一概钉在十字架上。现在要顾惜资本，诚然不复可能。

政府注意提倡自由劳工因而注意限制奴隶无产阶级，这事可望有远较难得也远较可贵的结果。不幸在这方面一事未做。在第一次社会危机时，政府曾以法律勒令地主按其奴隶劳工的数目，雇
89 用相当数目的自由劳工。现在经政府的鼓励，一本论农业的布匿著作，无疑的是迦太基式田庄经营的指导书，译成拉丁文，以供意大利投机家使用——元老院鼓励的写作事业以此为创例，也以此

为唯一的例。这种倾向也见于一件更为重大的事，换句话说，见于罗马的生存问题——即殖民事业。人不必用特别的智慧，只须回忆罗马第一次社会危机的经过，便可见对于农业无产阶级的唯一地道验方是广大而经常的移民政策；罗马的对外关系给这事一个最顺利的机会。实际看来，迄第六世纪将终时为止，意大利小地主的不断减少总有新分田的不断成立与之相抵。固然，这事没有做到能做和应做的程度，不但自昔为私人所占的公地没有收回，而且新得的土地也准人再行占据；其他很重要的新获领土如卡普亚的土地，虽未任人占据，却也不拿来分配，仅作为可享收益的公地出租。然而分田制却饶有降福人民的作用——它拿救助给许多人，拿希望给一切人。但在创设卢那（Luna）城（577 年即前 177 年）以后，除 597 年即前 157 年在奥克西姆（Auximum，即奥西莫[Osimo]）设立皮琴尼亚（Picenian）的殖民地外，却长久不见再行分田的形踪。原因很简单。罗马征服波伊部和阿普亚人以后，除甚不可爱的利古里亚山谷外，未尝在意大利获得新地，所以除租借的和被占的公地外没有土地可供分配；动用这种公地，我们不难想象，现在正如三百年前，必为贵族所不愿。要把在意大利境外获得的领土拿来分配，因为政治上的缘故，也在所不惜；意大利须永为上国，意大利主人和外省奴仆的界限不可打破。除非政府愿抛弃高远政策的顾虑甚至抛弃他们阶级的利益，现在实无他途，只好坐视
意大利农民阶级的毁灭，于是这种事竟至发生。资本家继续购买 90
小地主的产业，他们若仍然顽抗，也好，便不要买契，把它夺去；遇到这种情形，我们可以假定，结果不常是和平了事。一种特为人所爱用的手段是乘着农民正在田间，把他的妻室子女赶出家外，而后

用“既成事实”的理论使他让步。地主仍旧大部不用自由劳工而用奴隶，因为奴隶不能像自由劳工那样被征去从军；如是，自由的无产阶级也陷于与奴隶一样悲惨的地步。他们仍旧仅按贱得可笑的价格出卖西西里奴隶所生产的粮食，把意大利出产的粮食排出首都市场，把它在全半岛的价格贬低。在埃特鲁里亚，早在620年即前134年，本地旧贵族与罗马资本家相联合，便做到当地不复有一个自由农民的地步。在首都的市场上，人可以厉声说，兽类各有其巢穴，可是市民除空气和日光外却一无所有，以世界的主人见称的，不复有一个土块在他名下。罗马市民的调查册给此说一个注释。由汉尼拔战争末年至595年即前159年，市民的数目永在增加。究其原因，大半在不断地大量分配公地；反之，595年即前159年的调查得能胜兵役的人三十二万八千名，以后即经常减少，在600年即前154年的名册，能胜兵役的人共三十二万四千名，在607年即前147年为三十二万二千名，在623年即前131年为三十一万九千名——在国内外极为太平之时这是骇人的结果。如果长此不变，市民团将分解为田庄主人与奴隶，罗马国或将终须到奴隶市场去买兵丁，如安息国一般。

以上是罗马内外的情形。当其国祚始入第七世纪之时，人无论向何处看，所见的无非弊病和腐败，每一明智仁厚的人都不禁有
91 一个念头突起于胸中：这里是否有法挽救或改良？罗马不乏这种人士，可是最适于做这种政治和社会改革的大事业的，似无过于非洲英雄普布利乌斯·科尔涅利乌斯·西庇阿·埃米利亚努斯(Publius Cornelius Scipio Aemilianus Africanus，570—625年即前184—前129年)，此人系埃米利乌斯·鲍卢斯的爱子，伟人西庇阿

的义子，他不仅凭借继承权也凭借他个人的权力，戴上他义父“非洲英雄”的徽号。与其父无异，他为人饮食有节，十分健康，永无疾病缠身，对于即刻必要的行动永不犹豫。就是在少年时，他已远避新入政界者的常业——即在高贵元老院的前厅伺候和作法律上的演说。另一方面，他爱打猎——十七岁时，他在其父麾下参加对波尔修的战争，功绩卓著，他所要求的报酬是在四年无人过问的马其顿王的鹿苑中自由打猎——，他特别喜好以余暇享受科学和文学上的乐趣。由于他父亲的照管，他早年已有纯粹希腊文化的门径，所以他超脱于粗俗希腊化的那种时髦皮毛的文明之上；这位罗马人能严格而又恰当地辨识希腊风气的好处和坏处，又有贵族的仪表，所以东方的宫廷和好施讥笑的亚历山大人都钦佩他。他那言谈中精妙的讽刺和他那典雅的拉丁文，是我们特别认识他的希腊风的所在。他虽不是个真正的作家，却有如加图，把他的论政演说词写下来——这些演说词和他义姊妹（格拉古兄弟的母亲）的书札同为后世文学家所珍重，认为模范散文的杰作——并且喜欢交结罗马、希腊的优秀文人；元老院那些专赖高贵门阀以为荣的同僚见他与平民互相往还，当然疑心不小。他在道德上坚贞可靠，无论对朋友和仇敌一概守信；他远离建筑和投机；在金钱事务上，他的行为不但诚实无私，而且仁慈慷慨，由他同时人那种商业精神看来，这似乎是件怪事。他善于作战和领兵，由非洲戴荣誉冠回国，按照习惯，此冠只赠给那些奋不顾身以救国民于危难的人；他以军官身 92
份开始的战争，他又以主帅的身份把它结束；时势没有给他机会，使他遇到真困难的工作，一试其做主帅的本领。西庇阿的父亲不是天才，西庇阿本人也不是天才——他特喜好那位沉着军人和工稳(*correct*)作家色诺芬(Xenophon),就可以为证——他却是诚实忠贞,似乎特适于实行根本改革以遏止初步的腐败。更饶意义的是他竟舍此不为。诚然,遇到他有力量和机会的时候,他助人纠正或防止弊害,特别致力于司法的改良。主要由于他的帮助,那位谨严正直有古人风的贤人卢奇乌斯·卡西乌斯(Lucius Cassius)始能冒着贵族党极猛烈的反对,通过他那投票法,在那仍包括刑事审判最重要部分的人民法庭创行秘密投票法。同样,他虽不愿参加童子举行的弹劾,到壮年时,却把贵族中最有罪的几个人拉到法庭去受审。在迦太基和努曼提亚城下统兵时,他以同样的精神把妇女和僧侣逐出军门,使那群乌合的兵再受旧军纪的严厉约束;为监察官时(612 年即前 142 年),他肃清贵族中那些颏下无须的纨绔子弟,用热烈的言辞勉励国民更笃守祖先诚实的习惯。可是无人不见,他自己更不能不见,对于国家所患的膏肓之疾,司法的加严和偶尔的干涉甚至不足称为初步的治疗。对于这些膏肓之疾,西庇阿没有动手。盖乌斯·莱利乌斯(Gaius Laelius,614 年即前 140 年的执政官)是西庇阿的长辈朋友,并且是他的政治导师和心腹,曾拟出一个计划,建议把那未曾发放而暂时被占的意大利公地没收,然后把这种公地分配出去,救济那些显见衰落的意大利农民;可是他看到将惹起何等的风波,便放弃了他的计划,从此得到"达人"的称号。西庇阿的意见与他一致。他十分深信弊害的巨大,以一种可敬的勇气,撇开人的问题,加以无情的攻击,在他以一己为孤注之处,也能达到目的;不过他也深信只有以第四、五世纪
93 因改革问题而起的那种革命为代价,始能援救国家;并且无论他的见解是否正确,在他看来,这种治疗更恶于病症。所以他和他的少

数朋友居贵族与民党之间的中介地位。贵族因为他拥护卡西乌斯法，永不饶恕他；至于民党，他未尝使他们满意，也未尝愿使他们满意；他在世上时孤立无援，死后却受两党的赞美，有时做贵族的护法，有时做改革的赞助人。迄他那时代为止，监察官卸任时，常吁请神灵给国家更大的威力和光荣：监察官西庇阿却祈祷神灵降恩保国。他的全副宗教信条尽在这一声苦痛的呼吁之中。

可是在这位曾两次率罗马军由沉沦而跻于胜利的年长人灰心之处，一个没有勋业的少年人却敢自命为意大利的救主。他的姓名是提比略·森普罗尼乌斯·格拉古(Tiberius Sempronius Gracchus，591—621年即前163—前133年)。他的父亲(577年即前177年和591年即前163年的执政官，585年即前169年的监察官)与他同名，是罗马贵族的真正典型。他那辉煌的市政官赛会，非肆虐于属国不能成其壮丽的，曾惹起元老院严厉而正当的申斥；西庇阿氏对他有私仇，不幸被控，他出面干涉，可见他的侠义心肠，或也可见他的阶级观念；他做监察官时对解放人雷厉风行，可见他的守旧性格。再者，他做埃布罗省长时，他的骁勇尤其是他的公正替国家立下永久的勋业，同时又在属国人心中挣得不可磨灭的敬爱忆念。

他的母亲科尔涅利娅(Cornelia)是扎玛战役战胜者的女儿，只因那次慷慨侠义的调停，他选昔日的对手为子婿；她本人是个高雅不凡的女子，在那远较年老的丈夫死后，曾拒绝埃及王的求婚，为纪念她的丈夫和父亲，抚养她那三个尚存的子女。二子中的长子是提比略，为人善良守礼，面貌温和，性情沉静，表面上似乎最不适为民众的煽动家。就他一切的关系和见解而言，他属于西庇阿一 94

派，西庇阿在希腊文化和本国文化上的精深造诣为他和他的弟兄姊妹所同具。西庇阿·埃米利亚努斯既是他的表兄弟，又是他的姊夫，十八岁的提比略在他麾下即已参加迦太基的攻城战，以其英勇挣得那位严肃将军的褒奖和军士的荣誉。国家自上至下无不腐败是这派人流行的见解，提高意大利农民的地位是这派人的理想。这位聪明的少年人当然以他青年时期那活泼而又太嫌严刻的全副精神接受他们的见解和理想，并且加以发扬光大；可是对于莱利乌斯的不敢实行他的改革主张，认为非但有欠明达而且未免懦弱的，不仅少年人而已。曾任执政官(611 年即前 143 年)和监察官(618 年即前 136 年)的阿皮乌斯·克劳狄乌斯(Appius Claudius)在元老院里居最受敬重者之列，他以克劳狄乌斯氏家传特有的激烈态度指斥西庇阿派的骤然放弃其分配公地计划；又显然因为他与西庇阿·埃米利亚努斯在竞选监察官时发生冲突，所以指斥得更加厉害。还有当日的大祭司，普布利乌斯·克拉苏·穆奇亚努斯，他是元老院和国民一致崇敬的人物和法学家，也表示同样的意见。甚至他的弟兄普布利乌斯·穆奇乌斯·斯恺弗拉(Putlius Mucius Scaevola)，那首创科学的法学于罗马的，似乎也不反对这个改革计划；又因为他有点不沾党派，所以他的意见更为有力。征服马其顿和阿喀亚的昆图斯·梅特路斯也有相似的见解，可是他的受人尊敬，却不甚因为他的战功，而因为他无论在家庭或公众的生活上总是旧礼法和旧习俗的典型。提比略·格拉古与这班人特别与阿皮乌斯和穆西亚努斯有密切的关系，他娶阿皮乌斯的女儿为妻，他的弟弟娶穆西亚努斯的女儿为妻。无怪他怀抱一个志向，想一旦身居一种在宪法上许他创制的地位，必亲自执行那个改革计划。私人的动机也许加强了这种决心。617年即前137年，曼奇努斯与努曼提亚人所结的和约实质上是格拉古的工作；元老院竟把它作废，那位将军竟因为它的缘故被交给敌人，只因格拉古较受市民的爱护，他和其余的高级军官始免同遭此难：此等事不会使这年少公正而自负的人更对掌政权的人发生好感。他喜欢与希腊修辞家米蒂利尼(Mytilene)人狄奥法尼斯(Diophanes)和库迈人盖乌斯·布洛修斯(Gaius Blossius)谈论哲学和政治，他们在他心灵里培养他所孕育的理想；他的志向知者渐多，不乏加以赞许的论调，许多公开的揭帖请非洲英雄的外孙垂念贫民和拯救意大利。 95

620年即前134年12月10日，格拉古就平民保民官之职。历来失政所造成的可骇结果，市民在政治、军事、经济和道德上的腐败，正昭然为有目共睹。本年的两位执政官，一位在西西里对叛变的奴隶作战，不能取胜，另一位是西庇阿·埃米利亚努斯，数月来所从事的不是征服而是剿灭一座西班牙的小乡镇。这种时局使每个爱国志士满腹莫名的忧虑，如果格拉古仍需要一种敦促来实行他的决策，这就是个敦促。他的岳父允诺在议论和行动上给他帮助；不久以前，法学家斯恺弗拉已被选为621年即前133年的执政官，他的支持也有可望。所以格拉古在就职之后即刻提议制定一种土地法，就某种意义而言，这法律不过是387年即前367年李锡尼-塞克斯法的翻新。按这法律，一切国有土地被占有和被管业者无代价利用的——出租的公地如卡普亚的疆土不受这法律的影响——均须为国收回；不过有个限制，即每一占有者得自留五百尤格并为每个儿子留二百五十尤格(但总数不得超过一千尤格)，作为永久而有保障的产业，否则得要求相当土地的报偿。关于以前

占有者所做的改良如建筑和田庄等，政府似乎准予补偿。这样收回的公地应分成若干份，每份三十尤格；这些土地一部分应分给市
96 民，一部分分给意大利盟邦的人，不作为他们自有自主的产业，而作为不能转卖的市传租地，执有这种土地的须负责用之于农耕并负责以小额租金缴纳国库。收回和分配土地的事务由三人共同负责办理，三人被目为日常永久的国家官吏，每年由人民大会选举；以后除收回和分配土地外又加上一个重要繁难的职务，即依法决定何者为公地，何者为私产。所以分配土地依计划要进行不息，直至意大利那极辽阔而又难于辨认的公地全部整理就绪而后已。与李锡尼-塞克斯的土地法相比，森普罗尼乌斯土地法的创新是：一、有利于世世占有者的条款；二、建议享有新分地应以世世相传、不得转卖为条件；三、尤为重要的是永久性的执行机关，旧土地法所以终无长久的实用，主要因为缺乏这种机关。

这样一来，不啻是对大地主宣战。大地主的喉舌，现在亦如三百年前，还是元老院。经过多时，又有一个长官挺身而出，严厉反对贵族政府。政府应战的方式是应付这种事件常用的方式，即以长官职本身制止长官的侵越权限。格拉古的同寅马尔库斯·屋大维(Marcus Octavius)是个坚毅的人，深信现在建议的公地法毫无可取，当这法律将付表决之时，他提出抗议，因此依照宪法，把这建议打消。格拉古这方面现在停止行政和司法，用他的印章封闭国库；政府默然忍受——这自属不便，不过一年也有走到尽头的日子。格拉古不知所措，又把他的法案提出表决；屋大维当然再提抗议，他的同寅和故友力劝他不要阻碍拯救意大利的工作。他或可答道，关于如何拯救意大利这问题，意见不一，可是他对他同寅的

建议运用否决权，却毫无疑义的是他在宪法上应有的权利。现在元老院企图为格拉古开一条尚可的退路；两位前任执政官要求他再在元老院讨论此事，这位保民官热烈赞成。他想把这个提议当 97
作元老院对分配公地已在原则上让步的表示；不过提议既不含此义，元老院也绝无意让步，讨论终于没有结果。宪法的途径已穷。往昔遇有这种情形，人们无妨今年暂把建议搁置，以后年年再把它提起，直至要求的不止和舆论的压迫打破抵抗而后已。现在的人较为急躁。格拉古自以为已到一种地步，他若不完全放弃改革，便须起来革命。他选择后者。他来到市民面前，宣称他和他的同寅屋大维必须有一人引退；至于二人中市民愿把谁罢免，他要求屋大维把这问题付市民表决。屋大维当然拒绝这种奇怪的决斗，否决权所以存在正为的是给同寅意见不合的余地。于是格拉古不再与他的同寅讨论，向集会的群众提出一个问题：平民保民官做反对人民的事是否应当免职？人民大会久惯赞成一切向他们提出的建议，并且他们大部分是由乡间蜂拥入城的农业无产阶级，对于通过这种法律有切身的利害关系，所以他们几乎一致地做肯定答复。格拉古命法警把马尔库斯·屋大维由保民官座位移去，然后在全场欢呼中，土地法通过了，首次的分地官员也选了出来。当选的是这个法律的制定者，还有他的年仅二十的弟弟盖乌斯和他的岳父阿皮乌斯·克劳狄乌斯。这种一家当选更增加贵族的愤慨。新长官照例向元老院请发购买设备和供日用钱的款项，前者遭拒绝，日用钱按二十四阿司给他们。争斗蔓延日广，仇恨更深，对私人的攻击更甚。解释、没收和分配公地的繁难工作把这争斗传播到每一市民民社，甚至传播到意大利盟邦的城市。

98 贵族并不讳言,他们虽然或因不得已而默认这种法律,这位越职的立法家却不能逃脱他们的报复;昆图斯·庞培(Quintus Pompeius)宣称他要在格拉古退职那一天弹劾他。对这位保民官发出来的恫吓,这还绝不是最厉害的。格拉古或者具有理由,以为他个人的安全岌岌可危,没有三四千人的扈从他不再出现于罗马广场,因此他不得不在元老院里听到怨言,甚至那不反对改革的梅特路斯的怨言。全盘看来,如果他原想他的土地法一经通过,便达到终点,现在他必晓得他刚刚站在起点。“人民”对他应当感激;不过假使他除人民的感激外没有别的保障,假使他不永为人民所不可少的人,用其他更广大的建议使他自己与日新月异的利益和希望相结合,则必致生命难保。正在那时,阿塔鲁斯王家的疆土和财富依波加蒙末主的遗嘱归于罗马人;格拉古向人民建议波加蒙的财宝应分配给新业主,以供购置所需农具和牲畜之用,并且违反成例,他完全主张,并于新省,市民有做明确决定之权。据说他曾草拟更进一步的利民方案:缩短兵役时间,扩大上诉权,取消元老独充市民陪审员的特权,甚至许意大利盟邦的人为罗马公民。他的计划实际到如何程度,我们不能断言;只有一件事是确实的,即格拉古晓得为他的安全计,只有使市民在第二年仍给他这保身的职位,并且为做到这种不合宪法的延长起见,他使人希望更进一步的改革。如果他在起初自冒危险来救国,他现在不得不以国为孤注来谋他自己的安全。

部民集会选举次年的保民官,起初表决,人民都投格拉古的
99 票;可是敌党终用否决权取得优势,至少使大会无结果而散,延到次日再做决定。次日,格拉古运用一切合法与不合法的手段:他身

穿丧服出见人民，把他的幼子托付他们；预料选举必再为否决所扰乱，他准备用强力把贵族的党羽由卡庇托尔庙前的会场驱逐出去。于是第二日的选举来到，表决的结果与第一日无异，否决又继之而来，骚动突然发作。市民散去，大会实际解散，卡庇托尔庙门关闭；城中有时谣传提比略已废除所有的保民官，有时谣传他决定不经再选，继续任职。

元老院在朱庇特庙近旁的信义神(Fidelity)庙集会，最激烈反对格拉古的人在会中发言；在人声鼎沸之中，提比略举手指前额，向人民表示他有生命的危险，他们便说他已向人民要求头戴王冠。有人劝执政官斯恺弗拉立刻置这卖国贼于死地。这位执政官是个温和人，绝不反对改革的本身，所以愤然拒绝这既无理而又野蛮的要求；于是前任执政官普布利乌斯·西庇阿·那西加，一位残忍凶暴的贵族，号召他的同志尽量身带武器，随他之后。乡间几乎无人来城里选举；城里的人见贵族怒目横眉、手执凳脚和木棒冲来，便胆怯逃散。格拉古与少数从人企图逃走。可是在飞奔中他跌倒在卡皮托的山坡，追赶的狂徒有一个——普布利乌斯·萨图雷乌斯(Publius Satureius)和卢奇乌斯·鲁孚斯(Lucius Rufus)以后互争杀人的光荣——用木棒打他的太阳穴，一棒把他打死在信义神庙七王像的前面；另外有三百余人与他一同被害，一个也没有受铁器伤。到了晚间，死尸被投在台伯河中；盖乌斯请领他哥哥的尸首来埋葬，没有结果。罗马从未见过这样的日子。在第一次社会危难的期间，党争亘一百余年，却没有引起第二次开始时这样的惨剧。贵族大部分的人或许对这事深恶痛绝，可是不复有退步的余 100
地。他们不把大批最忠实的党羽舍给群众的报复，便须全体负这种暴行的责任，只有这两条路可供选择；他们便采用后者。他们正式承认格拉古欲取王位的说法，引用阿哈拉的原始罪案证明这最近罪案的正当；真的，他们竟委一个特别委员会负追究格拉古同党的责任，并命委员长普布利乌斯·波皮利乌斯(Publius Popillius)刻意判决大批下级人的死罪，以便在格拉古的凶杀案上追加一种法律的形式(622 年即前 132 年)。群众特别表示要向那西加报复，那西加至少有胆量在人民面前公然自认他的作为并且加以辩护，贵族借一个冠冕堂皇的托词派他赴亚洲。不久以后(624 年即前 130 年)，在他离国期间，任命他为大祭司。在这些事上，温和派也未与其同僚分裂。盖乌斯·莱利乌斯参加追究格拉古同党的事；普布利乌斯·斯恺弗拉曾企图防止凶杀，以后又在元老院替它辩护；西庇阿·埃米利亚努斯由西班牙回国(627 年即前 132 年)以后，人们要求他当众宣布他是否赞成他妹夫的被杀。他的回答至少模棱两可，说道：就提比略想居王位而言，他应当被杀。

让我们对这些关系重大的事做个论断。一个官府须运用国家所能支配的一切意大利土地，广泛成立新的小地产以消弭农民阶级缩小之害，这个机关的设立当然不是民族经济上一个健全的现象，不过在当时政治和社会情况之下，这是个适宜的举动。其次，公地分配本身不是政党问题，这事可以实行到最后一块土地而不改宪法或毫不动摇贵族的统治。在这里，我们也谈不到侵犯权利。
101 大家公认国家为被占土地的主人；执有此项土地的只是受容忍的占有者，通常甚至不能自谓有真正的租地所有权，如果他是例外，能自谓有此权利；还有一件事对他作梗，即依罗马法，时效不能与国家相抗。分配公地并非取消财产权而是运用财产权；关于这事在形式上的合法，一切法学家都意见一致。可是分配公地虽不违现行宪法，亦无侵犯权利之事，这却不能在政治上证明此次实现国家的合法权利之不误。当今之世，一个大地主若突然维护法律上属于他而事实上久未提起的权利，毫不让步，常引起我们的非难；我们对于格拉古的提案也可用同样而更为确切的非难加以反驳。无可否认的，这些被占的公地有一部分为私人所世世掌有，已历数百年；就其本质而言，国家的土地所有权比私人的较易丧失其私法性质；对于这些土地，国家的所有权实已荡然无存，并且现时业主的所有权一概由购买或其他繁难的营求而来。法学家可以信口开河；由实行家看来，这种办法却不啻是逐出大地主以利农业无产阶级，任何政治家都不能加以他种名称。加图时代的领袖人物如何对待那发生于他们时代的类似事件，很明白地表示他们也抱同样的见解。543 年即前 211 年，卡普亚及其邻邑的疆土辟为公地，在以后不靖的期间，大部分为私人所占有。到第六世纪末叶，人们为各方面特别是加图的影响所左右，政府的约束加紧，市民议决收回坎帕尼亚的土地，把它出租，以裕国库（583 年即前 172 年）。这种产业也以占有为基础，占有的理由不是事先的要求而至多只是当局的默认，占有的时间没有很超过一世的；然而市政执政官普布利
乌斯·伦图卢斯（Publius Luntulus，约 589 年即前 165 年）仍奉元 102
老院的命令向业主支付一笔赔偿费，始取其土地。① 新分土地为

① 这件事一向仅略见于西塞罗书，现在有李锡尼（Licinianus）书的残本把它证实。两书的叙述联合起来如下：伦图卢斯夺去占有者的产业而按他所自定的数目赔偿他们；可是对于真正地主，因为他既不可夺他们的产业，他们又不肯把它出卖，他却一事无成。

世世相传的租借性质，不可转卖，这种规定或许不那样可疑，不过仍是不无可疑。罗马所以滋大，因其有最宽大的关于买卖自由的原则；现在这些新农民受严厉的束缚，必须以限定的方式经营其所分得的田地，政府对于他们的分地又规定取消权和与限制买卖相连的一切管理条例：这与罗马法制的精神极不相符。

上述对于森普罗尼乌斯土地法的非难，必被认为不可轻视。然而此等非难却没有决定作用。这样实际上夺取公地业主的产业，当然是件大恶事，可是农民阶级的没落却是件更大得多甚至能直接毁灭国家的恶事，要防止至少长久防止这个大患，实以此为不二法门。所以我们不难了解，何以最负名望的爱国人士甚至属于守旧派的，在盖乌斯·莱利乌斯和西庇阿·埃米利亚努斯领导之下，都对于分配公地本身表示赞成和愿意。

可是虽则大多数的明智爱国者以提比略·格拉古的目标为正当而有益，有名望或爱国心的人士却没有，也不能有一个赞许他所采取的方法。在本时期前后，元老院统治着罗马。任何人反对元老院的大多数，通过一个行政方案，便是举行革命。格拉古把公地问题提交人民，这是对于宪法精神的革命；保民官的否决权是国家机构的调节器，元老院的统治受到干涉，可以借这种权利依宪法来解除它，现在格拉古用不合宪法的手段黜退他的同寅，又用不伦不类的诡辩为此事辩护，因而不但一时而且将来永久摧毁保民官的否决权：这是对于宪法条文的革命。然而格拉古的行为在道德和政治上所犯的错误尚不在此。历史上没有定型的叛国案，任何人
103 鼓动国内一种势力与他种势力相冲突，他就当然是个革命家，不过他同时也可以是个明智可嘉的政治家。格拉古革命的主要缺点厥

在一个不幸常遭忽略的事实——即当时市民大会的性质。斯普里乌斯·卡西乌斯的土地法与提比略·格拉古的土地法内容大致相同，目的也大致无异，可是二人行动的差别却与罗马市民团今昔的差别相等，昔日罗马市民与拉丁人及赫尔尼基（Hernici）人共分弗尔斯契（Volscian）的战利品，今日罗马市民则把亚洲和非洲设为行省。前者是个城市民社，能在一处聚会和共同行动；后者是个大国，把此国的分子集合在同一大会，并且把决定权交给它，其所产生的结果不免既可怜而又可笑。上古政治的根本错误即在其不能由城市制度充分进到国家制度，换句话说，即在其不能由全体大会制进到议会制，这种错误在这里自食其果。假使英国的最高会议不是代表而是英国全体选民聚在议院里开会，便与罗马的最高会议无别——一个庞大的群众，受一切利害关系和一切感情的狂烈激荡，没有丝毫理智；这个群众既不能综观全局又甚至不能自做决断；尤其是在这群众中，姑不论罕见的例外情形，偶然由首都街市拉来的一两百或一两千人便可以用全体市民名义采取行动和做表决。市民普遍觉得，他们在部落会（*tribes*）和百夫会（*centuries*）里的实际代表足以代表他们，在区会（*curies*）里依法代表他们的三十名法警也差不多同样的足以代表他们；正如所谓区会法令不过是召集法警开会的官吏的法令，所以大体看来，当时部落会和百夫会的法令也不过是提出议案的官吏的法令，由一些不得不唯唯诺诺的人们认可的。可是这些表决大会（*comitia*）虽对于资格问题不大认真，出席的大致只是市民；反之，在纯粹的人民大会（*contio-* 104
nes），是凡有两条腿的，无论他是埃及人或犹太人，流氓或奴隶，一概有出席喊叫的权利。用法律的眼光看，这样的“会”当然没有意

义；它既不能表决，也不能议定。不过它实际上统治街市，街谈巷议在罗马已是一种势力，所以这群叫嚣之徒对于所听的报告静默或喧哗，对于演讲人拍掌欢呼或叱斥吼叫，都有点重要关系。人有西庇阿·埃米利亚努斯那种勇气来制伏群众的实居少数；群众听到他对于他妹夫惨死所发表的言论，加以叱斥，他便说："你们，意大利不是你们的生母而是你们的继母，你们应当闭口！"群众怒吼更烈，他又说，"你们难道以为我会怕那些人解放出来，那些我锁起来送到奴隶市场的人？"

表决大会的陈腐机构竟作为选举和立法之用，已甚有害。可是这种群众——主要的是表决大会，实际也是人民大会——竟可以干涉行政，元老院借以防御这种干涉的器具又被夺去；所谓全体市民竟可以用法令由公帑里把土地及其附属品拨给自己；任何人只要乘着时势，利用个人在无产阶级的势力，控制街市数小时，便能在他的计划上加盖最高人民意志的法定印记：这样一来，罗马所处的地位已非人民自由的开端而是人民自由的末路，罗马所达到的不是民主政治而是君主政治。因为这种理由，前一时期的加图和他的同志未尝把这些问题向市民提出，而只在元老院里加以讨论。因为这种理由，与格拉古同时的西庇阿一派的人认为522年即前232年的弗拉米尼乌斯土地法——那走入祸灾之途的第一步——是罗马由盛而衰的开端。因为这种理由，他们让那分配土地的祸首覆没，仿佛以他的惨死作为抵御将来同类企图的堤防，可是他们竭力保持和利用他所实行的分配公地法——罗马的情况非
105 常悲惨，以至于正直的爱国志士不得不做可骇的伪君子，一方面弃罪人而不顾，一方面却取其罪行的结果为己有。也因为这种理由，

就某种意义而言，格拉古的反对党控告他想戴王冠，并非诬赖。至于他自己可能不怀着这种念头，却是他另外的一个罪状而不足为他辩护。贵族政治那样彻底腐败，若有一个公民能废元老院而自代其位，他对于国家或许利多而害少。

不过提比略·格拉古不敢这样孤注一掷。他是一位略有才干的人，满腹怀着好意，以守旧的态度爱护国家，简直不晓得他所为何事；他十分相信所号召的是人民，却唤起了一个嚣张的群众，他手攫王冠而不自知，以至于无情的事势以莫之能御的力量逼他走上奸雄、暴主的途径。于是一家任职、干涉公家财政、迫于迷惘沮丧而不得不做更进的"改革"，由街市选拔扈卫和在街市上起冲突，这位可哀的僭主一步一步地对他自己和他人昭然露出真相，终至脱了羁绊的革命精神把这无能的术士拿来一口吞下。那可耻的屠杀置他于死地，既自定己罪，也定了行凶的一伙贵族的罪；可是舍身殉道的光荣，一向点缀着提比略·格拉古这个姓名的在这里也照例是张冠李戴。他同时最高明的人所抱的见解与此有异。西庇阿·埃米利亚努斯一听得这件惨案，便诵荷马的话道：

> 每个人做这类的事，必得这样的死！

提比略的弟弟似有再蹈覆辙的倾向，他自己的母亲写信给他道："那么，难道我家的疯狂没有穷尽吗？到何处是个止境？我们已经把国家搅得乱七八糟，还不够可耻的吗？"说这话的不是一位担忧的母亲而是征服迦太基者的女儿，她深知灼见一个比儿子死亡还大的不幸。

第三章 革命与盖乌斯·格拉古

提比略·格拉古死了,可是他的两种工作:分配土地和革命,却不与其创始者同归于尽。在奄奄待毙的农业无产阶级面前,元老院能冒险行凶,可是不能利用这凶杀来取消森普罗尼乌斯土地法;由于这次激烈党争如狂的发作,土地法本身不但未被动摇,而且更加强固远甚。贵族党倾向改革、公然赞成分配公地的人士——以普布利乌斯·斯恺弗拉和当时(623 年即前 131 年)正做监察官的昆图斯·梅特路斯为首领——协同至少不反对改革的西庇阿·埃米利亚努斯一派人,甚至在元老院里也一时占得优势;元老院一个明令命三委员开始工作。按森普罗尼乌斯法,三委员应每年由民社推举,这事或见于实行;不过由于他们工作的性质,中选的屡次是那几个人,只在旧人身死出缺时才有真正的新选举。如是,当选代替提比略·格拉古的是他弟弟的岳父普布利乌斯·克拉苏·穆奇亚努斯;到了 624 年即前 130 年,穆奇亚努斯阵亡,阿皮乌斯·克劳狄乌斯也死了,行动党最活跃的两个领袖,一个是马尔库斯·福尔维乌斯·弗拉库斯,一个是盖乌斯·帕皮里乌斯·卡尔博(Gaius Papirius Carbo),与年少的盖乌斯·格拉古共同办理分配土地的事。这两人的姓名就是个保证,那收回和分配被占公地的工作必进行得热烈有力;并且由事实看,也不乏这方面的证据。早在622年即前132年，那年的执政官普布利乌斯·波皮利乌斯，即主持检举提比略·格拉古同党的，已在一座公共纪念碑上记载着，他“首先由公地逐出牧羊人而纳于农夫补其缺”；另外有个传说，说分地之事普及全意大利，在旧有的民社中田园的数目无处不见增加——因为森普罗尼乌斯土地法的目的就在不以创造新民社而以加强固有民社来提高农民阶级的地位。罗马量地术有许多方法都由格拉古分田制而来，可见这种分配的规模和深远效 107
果；例如界石须安置在相当地位以免将来的错误，这似乎首创于分配土地和格拉古的勘界法庭。可是市民清册的数字举出最明白的证据。623年即前131年公布的民情调查可能实际举行于622年即前132年的岁首，据调查结果，能服兵役的市民不过三十万九千人，而在六年以后（629年即前125年），不但不像以前的缩减，人数反增到三十九万五千人，即增加七万六千人——毫无疑义，这完全由于分地委员会替罗马市民所做的工作。至于这种工作是否也按同一比例增加意大利人的田园，却属可疑；无论如何，其所达到的结果已可谓伟大而多利。固然，做到这个结果，对于可尊重的利益和现存的权利不无种种的侵犯。分地委员会系最坚决的党人所组成，并且绝对独断独行，进行工作时，未免不顾一切，甚至骚扰纷乱；他们发出公告，要求人人尽力对公地的范围各举所知；他们追溯旧地籍，毫不留情；不但被占土地不分新旧一概收回，而且往往有真正的私产，因业主不能充分证明他的所有权，也被没收。怨声虽高并且大都确有理由，元老院仍让分地委员继续进行工作；显然地，如果公地问题要解决，没有一些这类不客气的鲁莽行动，便不能贯彻。

不过这种容忍有其限度。意大利公地不全握在罗马市民之手；人民和元老院的法令已把大块公地划给特殊的同盟民社，让他们独享其收益；拉丁市民也不论许可与否占有其他部分。三委员终于对这些占有地也着手没收。由重形式的法律看，仅为非市民
108 所占有的部分可以收回，元老院法令甚至国家条约所交给意大利民社的公地大半也可以收回，因为国家并不因此而放弃所有权，并且由一切方面看，对民社无异于对私人，租借单以收回为条件。可是这些同盟或附属民社发出怨言，说罗马不遵守现行有效的条约；罗马公民受分地委员的侵害而发怨言，人简直可以置若罔闻，同盟或附属民社所发的怨言却不可置之不理。以法律而言，同盟或附属民社的怨言未必比公民的更为有理，可是后者是本国人民私人利益的问题，而关于拉丁人的占有地却另发生了一个问题：这些民社在军事上那样重要，并且受法律上和实际上的蔑视甚多，已对罗马很有贰心，现在又以这种物质利益上的严重损害伤他们的感情，在政治上是否相宜？决定权操在中间派之手；格拉古覆亡以后，此派与格拉古派联合，维护改革，抵抗寡头政府，现在只有此派能协同寡头政府来限制改革。拉丁人亲谒此派最尊显的人西庇阿·埃米利亚努斯，请他保障他们的利益。他允许照办；625 年即前 129 年，主要由于他的影响，①一个人民法令撤销分地委员会的裁判权，把何为公地、何为私产的决定权交给执政官，在无特殊法律另

① 属于此事的有他的演说词 *Contra legem Judicianiam Ti. Ghacchi*，人常以为这演说词指刑事审判（Quästionengeciehte）的一种法规而言，其实不然，所指的却是他所建议的土地法的附加条例：*ut triumriri Judicrent, qua pullious ager, qua priritus esset*。

做规定之处，这种决定权依宪法应属于执政官。这不啻是停止再行分配公地，不过取一种缓和的形式而已。执政官图狄塔努斯(Tuditanus)在见解上不是格拉古派，不愿从事于管制土地的困难工作，乘着机会往伊利里亚军中，没有完成那交给他办的任务。分地委员会固然继续存在，可是公地的司法管制既陷于停顿，分地委员会也被迫停止活动。改革党深为愤慨。甚至普布利乌斯·穆奇乌斯和昆图斯·梅特路斯一流人都不赞成西庇阿的干涉。

其他各界的人却不以表示不赞成为已足。不久以后的一天，109
西庇阿宣布要讲演拉丁人的状况，次日早晨，有人便发现他死在床上。他只有五十六岁，身体十分强健，前一天他曾当众讲演，以后到了晚间，为预备次日讲演的纲要起见，他比平常早回寝室。毫无可疑，他已成为政治暗杀的牺牲品；不久以前，他自己也曾当众说起有人谋害他的话。这位当代第一流的政治家和军事家在夜间死于何种刺客之手，永没有追究出来；当时罗马城谣诼纷起，历史若重述这些传到今日的谣言，或从事一种孩气的尝试要从这些材料探求真相，便不成其为历史。只有这是彰明较著的，此事的主使人必属于格拉古一党；西庇阿的遭暗杀是平民党对于贵族那次在信义神庙所做的血案的报复。法庭不加干涉。平民党当然恐怕他们的领袖盖乌斯·格拉古、弗拉库斯和卡尔博，无论有罪与否，或被检举牵连，所以对于举行侦查极力反对；西庇阿死后，贵族不但失一盟友，并且去一敌人，所以也非不愿息事。民众和温和派都大吃一惊，而以昆图斯·梅特路斯为尤甚；他原来不赞成西庇阿的干涉改革，可是现在却骇然背弃这样的同志，命令他四个儿子把他那伟大政敌的灵统抬到火葬场。丧葬忽忽了事；扎玛战胜者一家的最后苗裔被蒙着头抬出去，先不许一人看见死者的面目，而后火葬场的烈焰把这大人物的遗骸和罪恶的踪迹一齐烧化。

罗马史里所见的人物比西庇阿富于天才的实繁有徒，可是说到道德纯洁、在政治上毫不自私、赤心爱国，却没有一个及得他，宿命使人扮演的角色也没有一个比他所扮的更饶有悲剧性。他自觉
110 用意极佳，才具不凡，却迫于定命，不得不眼见本国的陷于毁灭；因为分明晓得救国仅使灾祸更烈，不得不压服他胸中救国的热忱；他不得不既赞成像那西加所做的那类暴行，又对杀人者保护被杀者的工作。然而他可以自谓不虚此生。罗马公民所以能添加将近八千块的新农田，他的功劳至少与森普罗尼乌斯法的制作者的完全相等；土地分配已产生其所能产生的利益时，也是他制止了土地分配。固然，土地分配是否已届结束之期，就是善意的人士也一时议论纷纷；可是按森普罗尼乌斯法可分配而尚未分配的占有地，盖乌斯·格拉古并未认真把它们收回，这很可证明西庇阿的作为大致切合时宜。两次的法令都是从政党手里夺来——第一次夺自贵族，第二次夺自改革派；两次法令的创制者都为它们付出生命的代价。西庇阿的定命就是在许多战场上为国征战，归来无恙，以便在本国死于刺客之手；可是如果他死在迦太基城下是为罗马而死，死在静谧的室内也同样是为罗马而死。

土地分配告终，革命却在进行。革命党仿佛以分地委员会为其法定的领导，甚至在西庇阿生存之时即已常与现存政府起冲突。特别是卡尔博，他是当时最著名的演说家之一，623 年前即 131 年为平民保民官时给元老院不少的麻烦；他通过一个议案，规定在人民大会未用秘密投票之处也采用秘密投票；他甚至提出一个饶有

意义的建议，要使平民保民官随意重行候选下一年的同一职位；这样一来，便扫除了那使提比略·格拉古失败的主要障碍。这个计划那时为西庇阿的抗拒所阻，几年以后，似乎是在他死后，这个法律又被提出和通过，不过加了一些限制的条款而已。[①] 然而这党的主要目的却在恢复分地委员会那事实上已归停顿的活动；领袖 111
们郑重谈论，要给意大利人公民权以免他们阻挠这种计划；他们就大致向这方面活动。到了 628 年即前 126 年，为抵制这种活动计，元老院使平民保民官马尔库斯·尤尼乌斯·裴努斯（Mareus Junius Pennus）建议把首都没有市民资格的人一概逐出；民党尤其是盖乌斯·格拉古尽管反抗，这可恶的法令尽管在拉丁民社引起骚动，这个建议竟得通过。次年（629 年即前 125 年），马尔库斯·福尔乌斯·弗拉库斯为执政官，以另一建议为报复，他提议给盟邦的人取得罗马公民权的便利，并且就是对于未获得此权的人，也准许他们在受刑事判决之时上诉于人民大会。不过他几乎处在孤立的地位——当时卡尔博已改变色彩，现在是一位热心的贵族党，盖乌斯·格拉古任撒丁的财务官，不在罗马——，市民不甚愿把他们的特权再推广到更大的范围，于是这计划不但遭元老院而且遭市民的抵抗，竟告失败。弗拉库斯离开罗马，担任征讨凯尔特人的最高统帅；这样一来，他能借着阿尔卑斯山外的胜利筹备民党的大计划，同时他又能退出窘境，不必手持武器去打他本人鼓动起来的盟邦。

---

① “无其他适当的候选人时始得连任”的限制不难规避。这法律本身似不属于较古的法制而为格拉古派所首创。

弗雷格莱位于拉丁姆与坎帕尼亚的交界处，当利里斯河的主要渡口，居一大片肥沃地域的中央，在当时或可谓意大利的第二大城，并且遇有对罗马的交涉常为全体拉丁殖民地的喉舌；因为弗拉库斯所提出的建议被拒，此城对罗马开战——这个反对罗马霸权的重大叛变非由外国所促成而起于意大利的，实为一百五十年来的首次。可是这一次火势尚未蔓延到其他的同盟民社，便被成功
112 扑灭。非由于罗马武力的优越而由于一个弗雷格莱人昆图斯·努米托里乌斯·普卢斯(Quintus Numitorius Pullus)的变节，这座叛城很快地落在将军卢奇乌斯·奥皮米乌斯(Lucius Opimius)的掌握中，于是这城丧失其市自治权和城垣，与卡普亚无异，成为一个村落。630 年即前 124 年，罗马人以其领域的一部分建法布腊泰里亚(Fabrateria)殖民地，把其余的土地和城址分配给四周民社。这个迅速而可畏的惩罚震惊了同盟各邦，并且罗马人不但对于弗雷格莱人而且对于罗马平民党的领袖一概用无穷尽的弹劾治其罪，因为贵族党当然以他们为这次叛乱的同谋。同时，盖乌斯·格拉古又出现于罗马。贵族起初想用不照例派人接替的手段把他们所怕的人留在撒丁，然后当他不顾这一层而竟归来之时，传讯他主使弗雷格莱叛变的罪(629—630 年即前 125—前 124 年)。不过市民却把他释放；于是他现在也不辞一战，成为平民保民官的候选人，在到会人非常众多的选举大会中当选为 631 年即前 123 年的平民保民官。战争就这样宣布了。平民党一向缺乏贤能的领袖，不得不实际休息了九年；而今休战状态告终，这次领导的人比卡尔博正直，比弗拉库斯才高，由一切方面看来，适于居领袖地位。

盖乌斯·格拉古(601—633 年即前 153—前 121 年)与比他约

大九岁的长兄很不相同。他与其兄相似，也不喜鄙俗的娱乐和鄙俗的行为；他也是个极富修养的人，又是个骁勇善战的武士；他曾在努曼提亚城下受他姊夫的指挥，以后又在撒丁，均立有战功。可是说到才略、性格，尤其是热情，他确实在提比略以上。这位少年人以后制定很多的法律，要见诸实行，他自须做极庞杂的工作，他在工作繁忙之中仍显出神志清明、态度镇定，可见他有地道的政治天才；他的亲密朋友热烈忠诚地依恋他，至死不变，可见这位英才的可爱。他受过患难的磨炼，在最近九年之间又被迫韬光养晦，这都增长他意志和行动的能力；对于那毁坏国家而且与他有杀兄之
仇的一党，他的愤恨深深地抑郁在胸中，在那里光焰不减，而只是 113
更加炽烈。由于这种凶猛热烈的情感，他成为罗马所有演说家的魁首；若没有这种情感，我们或可把他算在古今第一流的政治家之列。在他那稀少残缺的讲演笔录里，[1]还有一些就像现在的破碎，仍不失其感动人心的力量；我们很可以想见，无论谁听了甚或读了这些讲演，如何为他那字句的狂流所激荡而心动神移。然而他虽擅长辞令，他自己却往往为怒气所控制，以至于这位灿烂的演说家有时语无伦次或格格不吐。这正足以反映他在政治上的作为和烦恼。他长兄那种有点多情善感却很欠远见而含混不清的忠厚心肠，想用央求和眼泪劝化一个政敌的，非盖乌斯天性中所有；盖乌斯十分坚定地走入革命一途，力求达到报仇的目标。他的母亲写

① 他宣布他的法律建议时，其语如下："如果我向你们说，向你们请求，因为我出身高门，为你们的缘故丧失了我的哥哥，现在除了我和一个男孩外，非洲英雄普布利乌斯和提比略·格拉古的后嗣无一存者，请许我暂时休息，使我们的宗族不致绝灭，使此家仍存一支，那么，你们对于这个请求，或将欣然许可。"

信对他说:“我也以为美丽光荣的事无过于对仇人施报复,只要这事不至于毁灭国家。可是如果这不可能,那么,我们的仇敌可以仍其旧贯,这比使国家覆灭胜过千倍。”科尔涅利娅深知她的儿子;他的信条正与她的相反。他要对这可怜的政府报仇,不惜任何代价来报仇,就是他自己甚至国家因此覆灭亦在所不顾。他忧虑他自己也像他哥哥那样的必遭厄运,这只驱迫他赶快进行,犹如一个受了致命伤的人猛扑其仇敌。他母亲的思想较为高尚;可是后世对于这个儿子,这个深受刺激、热情高涨而具有纯粹意大利性情的儿子,却少加非难而多致哀悼;后世的判断实属不谬。

提比略·格拉古向人民提出一件行政上的改革,盖乌斯在一
114 套建议里分别提出的,不啻是一个全新的宪法。新宪法的第一块基石似乎就是前已通过的新法,即平民保民官应随意请求下一年的再度当选。这个步骤既使人民领袖能得到一个护身的永久位置,次一目标便是使他取得实权,换句话说,就是使首都民众——那些时时来到城市的乡民已充分证明其毫不可靠——的及时利益与人民领袖固结不解。为达到这个目的,第一,始在首都施行分配粮食。以前国家由各省什一税所收的粮食已时常以极低的价格分给市民。格拉古规定此后每一亲到首都的市民得每月由公仓里规定量的粮食——似乎是五牟底(modii,即罗马斗,相当于四点五四六公斗[bushel])——每牟底价六点三阿司,不及平均廉价的一半;为达到这个目的,他建筑森普罗尼乌斯新仓,以扩张公仓。这种分配不免把住在首都以外的市民除外,势必把全体的无产市民一概吸引到首都;首都的无产市民一向大半倚赖贵族,这种分配的用意就在使他们变为行动党领袖的门客,因此,国家的新主人不但

得到一班护卫，而且在人民大会中握着稳固的大多数。更有进者，为使后者更加稳固起见，他取消那仍存于百夫大会里的表决次序，即每部落按财产分成的五级依次表决的办法，而代之以新法，即将来一切百夫会须依每次抽签所定的先后次序来表决。这些规程的用意，虽大致在借市内无产阶级之力，使国家的新领袖能完全统治首都因而完全统治国家，使他们能极为自由地支配人民大会的机构，使他们能在必要时对元老院和官吏施行恐怖，同时这位立法家也当然着手救治现存的社会弊害。固然，就某种意义而言，意大利 115
的公地问题已告解决。提比略的土地法甚至分地委员会在法律上仍旧有效；盖乌斯所通过的土地法不能有新规定，只把委员会所失的裁判权归还原主而已。由公民清册看来，629 年即前 125 年和 639 年即前 115 年的人数完全相等，可见这事的目的仅在保全一个原则，就是真有重行分配公地之事，所做的也只是甚为有限。无疑地，盖乌斯不再进行此事，因为他哥哥所要分配的公地已大体分配完毕；至于拉丁人所享用的公地问题，如果重提，便非连带着重提扩大罗马公民权那很困难的问题不可。另一方面，他又取一个超出提比略土地法以外的重要步骤，他建议设立殖民地于意大利——特别在塔兰图姆，尤其是在卡普亚——，这些公地为国家所出租，迄今不在分配之列，现在这样一来，这些公地也一同被拿来分配，然而这次分配却不按那不想创立新民社的旧章而按殖民制度。这些殖民地既由革命而获得生存，便应永久援助那保护革命的工作。又有一事更饶意义，也更为重要，即盖乌斯·格拉古首先在国家的海外领土替意大利的无产阶级筹生计。他派六千移民到迦太基的故址，这批人不仅选自罗马公民，也选自意大利同盟，他把罗马公民殖民地的权利给这新城朱诺尼亚(Junonia)。这个创设关系重要,可是它所奠定的海外移民原则却更关重要。这事替意大利的无产阶级开一条永久的出路,实是个不只限于暂时的救济;可是迄今有效的政治法,那专视意大利为统治国、专视各省为被统治地的,却当然归于废弃。

当时的宪法既陈旧而又苛刻,一般趋势是注重较为宽大而合时宜的原则,所以除上述直接有关无产阶级大问题的法令外,又添
116 加一套源于这种趋势的规程。属于此类的有军制的改革。关于兵役的年限,古代法律除"公民未满十六岁或已满四十六岁的不得服兵役"外,没有其他限制。以后因为戍守西班牙,兵役始成为永久性质,那时似乎首次制定一种法规:任何人已连续出战六年,便因此有退伍的权利,不过这次退伍不能保他以后不再被征发。更在以后或在本世纪初年左右,又兴起一条规则,即一个人在步兵队服务二十年或在骑兵队服务十年,应免再服兵役。[1] "市民不到十七岁不得从军"的规则或许常常大受破坏,格拉古又把它恢复起来;他似乎也把全免兵役所需的战役数目加以限制。此外还有兵士的衣装费迄今由兵饷里扣除,自此以后,国家供给军服,不取分文。

属于此类的又有一个常见于格拉古立法中的趋势,就是死刑如果不废,至少须受尤甚于往日的限制;甚至在军事审判,这种趋

① 如是,阿庇安的话"一个人服六年的兵役便可以要求退伍",或可不与波利比乌斯有名的说法相冲突,关于此事,马夸特(Maquardt)所见不谬。两种修正起于何时,我们不能确定,我们只知道第一个可能在603年即前151年即已存在,第二个当然早在波利比乌斯的时候。格拉古减少兵役的法定年限一事似乎是根据阿斯克尼乌斯(Asconius)推断而来。

势也有一部分势力。自始行共和制以来，官吏即失去不问民社而加公民以死刑之权，只有用军法时为例外。因为在格拉古时代以后不久，市民上诉权似乎在军营中也可应用，并且将军执行死刑的权利似乎仅限于对待盟国和属国的人，这种变化的渊源可能就在盖乌斯·格拉古的上诉法（*de provocatione*）。民社对于死刑的判决权或宁可谓为核准权也间接可是根本地受了一种限制，即关于最常引起死刑判决的普通罪——一般毒杀案和凶杀案——，格拉古撤销市民的审判权而把它交给永久的法庭。这些法庭异于人民 117
法庭，不能因保民官的干涉而解散；这里不但没有由此上诉于民社之权，而且他们的判决一如古代传来的民事陪审团的判决，也不能为民社所推翻。固然，在人民法庭里，尤其关于狭义的政治案件，早已有一条规则，即被告在受审期间仍然自由，他若放弃他的市民权便至少可以保全他的生命和自由；然后被放逐的人也可以遭到没收财产和民事判决。不过关于这种案件，预先扣押和完全执行定谳至少有法律上的可能性，并且就是对达官贵人仍然有时生效；例如 612 年即前 142 年的副执政官卢奇乌斯·霍斯提利乌斯·图布卢斯（Lucius Hostilius Tubulus）因犯了重大的死罪而被控，人不许他得到放逐权，便把他逮捕处决。另一方面，这些法庭导源于民事诉讼，似乎自始就不能干犯公民的自由或生命，至多只能宣告放逐；对于被判有罪的人，放逐一向是个减刑办法，现在始成为正式的惩罚。然而这种强迫出境与自愿出境无异，被放逐者的财产，只要在满足赔偿和罚金的要求以后仍有盈余，得由原主保存。

最后，关于债务，盖乌斯·格拉古诚然没有革新；可是据很可重视的记载，他使负债者有减低或蠲免要求的希望；如果此说不谬，这也可以算在激进的利民法令之列。

格拉古既这样倚赖民众的援助，使民众地位的确实改善一部分在期望中，一部分已得到手，又用同样的力量从事于摧毁贵族。他明知一国元首的权力若专靠着无产阶级，这权力便如何不稳，所以特别致力于分裂贵族，吸引其一部分做他的同志。这种分裂的
118 要素已经存在。富豪贵族起来反抗提比略·格拉古时似为一体，其实是两个迥不相同的集团所合成，这两个集团略可与英国的爵位贵族和城市贵族相比。一个集团包含那一班实际垄断政权的元老家族，他们置身于直接投机事业之外，把他们的无量资本一部分投在地产，一部分以匿名社员的方式投在大商号。另一集团的核心是投机家，他们以这些商号的经理资格或为本人的利益，在罗马霸权所及的全部范围内办理大规模的商业和钱业。后一阶级，特别在第六世纪，如何渐与元老贵族并驾齐驱，格拉古的先驱盖乌斯·弗拉米尼乌斯创制克劳狄乌斯法令，在法律上不许元老经营商业，这法令如何在元老与商人和钱业家之间划了一道表面上的界限，都已见上文。在本时期，商人贵族始以“骑士”(*equites*)的名义在政务上发生决定的力量。这个名称原来专属于现役的市民骑兵，以后渐被移用于——至少在平常的语法如此——一切拥有至少四十万塞斯特财产、普通有当骑兵义务的人；于是罗马社会的整个上流阶级，无论其为元老与否，一概包括在这个名称之内。可是在格拉古时代以前不久，法律已宣告元老院的一席与充当骑兵不能两全，于是元老与能当骑兵的人判然划分；因此，整个看来，骑士阶级，与元老院相对而言，可视为代表投机家的贵族。然而未入元老院的贵族分子，尤其是少年分子，却并非不再充当骑士，所以也

非不再用这个名称；实则市民骑兵本身——就是说，那十八个骑兵百夫队——因为是监察官编制的，仍大半由元老贵族的少年人来补充。

这个骑士阶级——大体看来就是富商阶级——与握政权的元老院发生许多不客气的接触。尊显的贵族与赖金钱而取得地位的人彼此间有天然的反感。当权的贵族，特别是其中较优秀的分子， 119
置身于投机事业之外，正如专务实利的人漠然于政治问题和党派纠纷。两党已常常发生激烈的冲突，在各省尤甚；因为省民虽远较罗马资本家有抱怨罗马官吏不公的理由，可是元老院当权的贵族却不迁就贪婪不法的钱商的愿望而完全绝对地助他们剥削属国的人。这两党尽管认提比略·格拉古为公敌，一致抵抗，有爵贵族与有钱贵族之间却赫然开着一条深沟；盖乌斯的才能在他哥哥以上，他把这条深沟扩张起来，以至于联盟解体，商人阶级站到他这方面来。隶骑士籍的人以后享有外表的特权以示其与众不同——戴金戒指而不戴普通的铁戒指或铜戒指，在市民节日独居较佳的位置——，据说最初是盖乌斯·格拉古赠给骑士阶级的；这不是定论，不过非不可能。因为无论如何，这些特权必起于此时前后；把这些素来大半属于元老的特权推广到他所提拔的骑士阶级，既完全合于格拉古的作风，所以他的目标也正是使骑士有一种介于元老贵族与平民大众之间的阶级的特色，对外也不开放，也有特权；这些阶级标志本身虽属琐细，许多骑士阶级的人虽或不用它们，它们却很能有助于达到目标，非许多在本身上更为重要的法规所能及。可是实利派虽不藐视这些荣典，仅用这些荣典却不能罗致他们。格拉古深知此党当然归于出价最高的人，可是所出的价也要巨大而坚实；所以他把亚洲岁入和陪审法庭献给他们。

罗马的财政管理制度是无论间接税和公田赋税都由经纪人经
120 手征收，这制度本身就牺牲义当纳税的人而给罗马资本阶级莫大的利益。可是直接税却有两种，一种见于大多数省份的是民社应缴的定额款项——这根本不容罗马资本家居间——，另一种见于西西里和撒丁的是什一田赋，每一民社的田赋征收权各在本省出租，所以本地的什一税一律由本省富人承租，也常常由纳赋的民社自己承租，因此挡住了凶险的罗马经纪人。六年前，亚细亚省落在罗马人手里，元老院曾大体按照第一种制度把它组织起来。盖乌斯·格拉古[1]现在用一道人民法令推翻这种办法；这省以前差不多全免赋税，他却不但使它负担最广泛的间接税和直接税，而且规定全省的赋税应公开拍卖并且在罗马拍卖；这个规则实际使省籍人士不得参加，又把一批经营亚细亚省的什一税、放牧费和关税的经纪人造成一个规模极大的资本家会社。再者，格拉古力使资本阶级不依赖元老院，他的企图特见于下列规程：元老院不得再如以前随意允许免纳租金的全部或一部，这事应在具体的条件之下依法办理。

一个金矿既这样替商人开发出来，新会社的社员又形成一个使政府也起敬的财政大势力——一个“商人元老院”——，同时他们又在陪审法庭里得有参加公共事务的确定场所。刑事诉讼程序按理应在人民面前办理，在罗马人中，它的范围自始就很狭窄，而

① 这个法律的制定者非提比略而是他，现在有弗隆托(Fronto)致维鲁(Verus)的信件为证。

如上文所述，格拉古使它的范围更为狭窄。大多数的诉讼，无论是普通刑事诉讼或民事案件，不是由一个陪审团判决，便是由一部分经常、一部分特殊的委员会判决。前后二者的人员素来都专从元 121
老院里遴选；格拉古把陪审的任务——无论在狭义的民事诉讼或在经常和特殊的委员会——移到骑士阶级，命人每年仿照骑士百夫队的办法，从一切有骑士资格的人士里编造出一个陪审新表，这个表直接把元老排出法庭，又借着某种年龄限制的规定把元老家门的少年人也排出法庭。[①] 又有一件未必不确的事：陪审人员的选择大半使大商业会社尤其是亚细亚等地包税商人的领袖入选，正因为这班人对于出席法庭有切身的利害关系；这样，陪审团的名录与包税商会社的名录在首领方面归于一致，我们因此更能明了这样组成的反元老院有何意义。这事的真实效果是，国家一向只有两种权威，政府代表行政权和监察权，市民代表立法权，法庭分属于二者；现在金钱贵族不但在物质利益的坚实基础上联合起来，成为一个紧密而享有特权的阶级，而且以司法和监察的权威资格参加国政，立在秉政的元老院旁边，几乎与它平等。自此以后，商人对于望族所怀的一切旧仇势必在陪审团的判词中得到可惜过于实际的表现；特别是各省长官受责问时，元老须听候大商人和银行家决定他的市民生活，而不复如往日听候于其同列。罗马资本家与罗马省长的斗争现在由省政府转移到责问手续的险地。不但富豪贵族分裂为二，而且有人刻意使双方的争端层出不穷，容易

① 原来法官的人选既有变更，关于勒索事件也制定了新规程，新规程名塞尔维利乌斯法或阿奇利乌斯法的《关于勒索钱财法》(*de repetundis*)。

表现。

122 用这样准备就绪的武器——无产阶级和商人阶级——,格拉古进行他的主要工作,即推翻秉政的贵族。所谓推翻元老院,一方面是用立法上的改革夺去他们的重要职务,另一方面是用一种个人性质的临时规程摧毁当时的贵族。格拉古两样都做。特别是行政权一向专属于元老院,格拉古从他们手里夺去此权;他的办法是:一、以人民大会通过的法律,换句话说,实际凭着保民官的谕旨来解决最重大的行政问题,二、在例行事务上尽可能使元老院受限制,三、把范围极广的公事揽到自己手里。属于第一类的法规已见上文。这位新国主分配粮食使国家财政上加了永久而沉重的负担,这是他不问元老院便干预国帑;他不按照往日的例以元老院和人民的法令而单以人民的法令派出殖民团,这是他干预公地;他以一个人民法律推翻元老院给亚细亚省的财政制度而用完全不同的制度代替它,这是他干预省行政。元老院最重要的例行事务是任意规定两执政官的权限,这种事诚然未被夺去;可是最高官吏素来受这种办法的间接压迫,现在元老院奉命在有关的执政官选出以前先规定他们的权限,于是这种压力归于消灭。最后,盖乌斯以无比的黾勉把政府最庞杂、最繁复的职务集中在他的一身。他亲自监督着粮食分配,亲自选择陪审人员,他尽管做依法不许离罗马城的官职,却仍亲临创立殖民地,整顿公路业务,缔结建筑合同,主持元老院的讨论,解决执政官的选举——总而言之,他使人民习见一切事都由一个人为首,他那强有力而灵巧的个人统治使元老院那松弛迟缓的同寅政治黯然失色。

格拉古干涉元老院的裁判万能比干涉行政更加猛烈。他废除元老充陪审员的资格，已如上述；元老院为最高行政当局，原在例外案件上操裁判权，现在这种裁判权也被废除。他哥哥被杀以后，元老院下令设立一个惩治叛逆的特殊委员会来裁判他哥哥的同党，现在盖乌斯用重罚禁止——似乎在他所恢复的上诉法[1] 123
中——这类的事。这些法令的效果是，元老院完全失去监察权，至于行政权，它所保持的也只有国家元首认为可以留给它的那些。可是这些关于组织的法令尚嫌不足；当时秉政的贵族也受到直接的攻击。他取一个纯粹报复的行动，使上述的法案有追究既往的效力，因此强迫普布利乌斯·波皮利乌斯——那西加死于此时，现在民党所恨的以这个贵族为主——离开国境。可注意的，是这个建议仅以十八票对十七票在部落大会通过——这表示贵族的势力在民众中仍有何等的能为，至少在有关个人利益的问题如此。又有一个与上相似可是理由远较薄弱的法令：他意在攻击马尔库斯·屋大维，建议“无论何人因人民法而被免职便永不能任公职”，以后他听从母亲的请求把这法令撤销；如是，他得免于公然蔑视法纪和对一位大丈夫施卑鄙报复的耻辱；因为这个法令是化显然违反宪法为合法，屋大维又未尝说过一句怒语来攻击提比略，只是依照宪法和职责——他所谓职责——行事而已。可是盖乌斯有一种计划，其重要性迥异于这些法令，当然未见实行：他想用三百位新元老，即几乎与旧元老数目相等的人加强元老院，并且使人民大会从骑士阶级里选举他们；这是个规模极大的册封贵族的办法，结果必致使元老院完全依赖国家的首领。

[1] 这个或者就是 *ne quis iudicio circumreniatur* 法。

这就是盖乌斯·格拉古所计划的政治体制，在他为保民官的两年中（631—632 年即前 123—前 122 年），这体制最主要之点已见于实行，据我们所知，未尝遇到值得称述的抵抗，也不必用武力
124 就达到他的目的。至于这些法令通过的次序则因传至今日的记载残缺不全，我们不能再加辨认，并且许多切近的问题，我们也不得不置而不答。可是虽有缺漏，许多重大的要素似乎未逃出我们的洞鉴；因为关于主要事实，我们有十分可靠的史料，盖乌斯也不像他哥哥那样受时事潮流的驱迫而欲罢不能；他显然有一个仔细考虑的详密计划，并且把这计划的精髓完全表现在一串特殊的法律中。

许多古代和近代的忠厚人以为盖乌斯·格拉古愿把罗马共和立在民主的新基础上，现在由森普罗尼乌斯的宪法本身看，每一能见而且愿见的人无不明明看到他绝无此意；反之，他却想废除共和制而代之以僭主制（*tyrannis*）——用近代语来说，就是不用封建式或神权式的君主政体而创行拿破仑式的专制君主政体——，其形式为经过连年重选而终身任职的官，其权力因绝对控制那形似至尊的人民大会而成为专制，这就是一位威权无限、终身任职的平民保民官。真的，格拉古如果像他的言语所明示、他的行为所更明示的，志在推翻元老院的统治，则在贵族政治覆亡以后，在一个已不适用全体大会而尚未知议会政治的国家，除僭主制外还有何种政体可用？像他前任那样的梦想家，像后世所生的恶棍，或许不以此说为然；可是盖乌斯·格拉古却是个政治家，虽则这位大人物替他那大事业所规划的定式没有传到今日，我们对它可以有很不同的看法，然而他却毫无疑义地自知其所事为何。他想篡取君主权的

志向昭然若揭。一个人只要能综观全局，也不至于因此指责格拉古。专制君主政体是一国的大不幸，可是专制寡头政体却是个更大的不幸；一个人使国家受小害以免其受大害，历史不能责备他，对于盖乌斯·格拉古那样热诚、那样不沾一毫鄙俗气的人，历史更不能加以责备。不过尽管这样，历史却不能隐讳一个事实，即他的全部立法无处不有一种为害极大的矛盾现象；因为在一方面，他的 125
立法以公众福利为目的，而在另一方面，却作为统治者达到私人目的甚至为他个人报仇之用。格拉古热心努力地想寻出一个良方来救社会的弊病，制止那日益蔓延的贫穷状态，然而他同时却以分配粮食的方法故意在首都培养出一班最坏的街市无产阶级，粮食分配原欲给一切懒惰而饥饿的城民做奖金，而竟成为他们的奖金。格拉古用极刻薄的话指元老院的纳贿，他特别以无情的严正态度揭穿曼尼乌斯·阿奎利乌斯(Manius Aquilius)与小亚细亚各省所行的可耻交易。[①] 然而使首都的至尊民众赖全体属国人民的赡养以酬报其关心政治，却也是这个人的作为。格拉古热烈反对那种侵渔各省的无耻行径，不但使人用有益的严峻手段干涉单个的事件，而且，因为元老法庭全不敷用，就是西庇阿·埃米利亚努斯赌他全副的名望欲把极确定的罪犯拉到那里去受罚，也终于无效，格

① 关于这次弗里吉亚领土的交易，格拉古的一篇演说词仍有一大段存在。罗马人合并阿塔鲁斯王国以后，曼尼乌斯·阿奎利乌斯一向比提尼亚王和本都王兜售弗里吉亚领土，结果后者出价最高，买得此地。在这个演说词里，他说没有一个元老关心国事而无所贪图，又说关于现在讨论的法律(即关于把弗里吉亚让给米特拉达特斯王的法律)，元老院可分为三派，一派是赞成的，一派是反对的，又一派是缄默的；第一派受了米特拉达特斯的贿赂，第二派受了尼科弥底(Nikomedes)的贿赂，第三派最狡猾，因为他们收了两国王的使者所赠的金钱，使两方各以为他们为他的利益而守缄默。

拉古把这法庭废除。然而他同时却设立商人法庭，把各省的人民缚住双手，交给实利派，因而把他们交给比贵族政治更无忌惮的虐政；他又在亚细亚行一种税制，与之相比就是仿迦太基的模范而在西西里建立的税制也可谓宽大仁慈——正因为一方面他需要财阀，另一方面需要广大的财源以供他的粮食分配和其他财政上新
126 加的负担。无疑地，格拉古愿有巩固的行政和正规的司法，如许多明智的法规所明示；可是他的新行政系统却基于一连串仅表面上得到认可的篡夺行为；每一井井有条的国家无不竭力使司法系统，即使不超然于政党之上，至少离开政党，他却故意把司法系统拉到革命的旋涡中。固然，盖乌斯·格拉古这些矛盾的倾向，其咎不在他个人而大部分在他所处的地位。这里，正在僭主政治的开端，他便遇到一个道德上和政治上的凶险窘境，就是同一个人同时既须以可谓匪首的资格保持他的地位，又须以国家第一公民的资格领导国家——，伯里克利、恺撒和拿破仑也都须对这种窘境做重大的牺牲。可是这种必要不能完全说明盖乌斯·格拉古的行为；除必要外还有猛如烈火的愤怒、炽热的报仇心驱迫他，使他自料必死，把火种投到仇人的家里去。对于志在分裂贵族的陪审法规和其他法令，他曾亲自表示他的意见，他称呼这些法令为匕首，他把这些匕首投在罗马广场，以便公民——当然是上流公民——用它们自相残杀。他是一个政治上的纵火犯；不但从他开始的百年革命，只要是一个人的作为，就是他的作为，而且那可畏的城市无产阶级受上流阶级的谄媚和金钱的，也特以他为真正的创始人；这个无产阶级群集于首都——这是布施粮食的当然结果——，因而既完全丧失其道德，又自知其具有威力，以其有时愚妄有时狡猾的要求，以

其贪得无厌的人民至尊权，好像一个恶魔附在罗马国家的身上，历五百年之久，仅与之同归于尽。可是这个政治上的罪魁却是个复兴祖国的功臣。罗马君主政治的积极观念几无不导源于盖乌斯·格拉古。由他而来的有一个定律，即属国的全部土地应视为国家 127
的私产；就某种意义而言，这定律必基于古代相传的战争法精义，可是它在这时所有的范围和实际应用却为古政治法所无；这定律原来的用途是证明国家有随意征税于属国土地之权，如在亚细亚，或证明国家有用这项土地设立殖民地之权，如在非洲；以后在帝国时代，这定律成为法律上一条基本原则。由他而来的又有奸雄和僭主所用的策略，他们应用这个策略，凭借实利派的援助，打破当权的贵族，可是后来一概以严明的政治代替往日的失败，因而化政体的改革为合法。特别是君主政体一行建立起来，罗马与各省必不免归于平等，这事的初步也由格拉古而来；迦太基既与意大利竞争而被灭，他企图重建此城并开一条意大利向各省移民的路，是为那一长串重要而多利的事件的第一着。在这位奇人和这灿若列星的政治奇观里，合法与非法、幸与不幸呈交互错综之势，无怪历史应当在这里做不当常做的事，把判断保留起来。

格拉古既大致完成了他替国家计划的新政体，他便从事于第二个困难工作。关于意大利同盟的问题仍是悬案。民党领袖对这事的见解如何，上文已说得十分明白。他们当然愿尽量扩大罗马的公民权；如是，则不但拉丁人所占的公地可以拿来分配，而且特别是这伙无数的新市民可以用来加强他们的党羽；有特权的选民团可以日益扩大，因而人民大会的机构可以日益完全受他们的控制；总之，他们要废除因共和颠覆而今已全失其真意义的一种区别。不过在这里，他们遭到抵抗，这抵抗来自他们的同党，特别来自那往常对于懂与不懂的一切都欣然给个至尊许可的一伙人。原因却很简单：据这些人看来，罗马公民资格好像是一个股东资格，
128 使他们能分享种种直接和间接的利益，所以他们绝不愿扩大股东的名额。629 年即前 125 年，福尔维乌斯法的被否决和因此而起的弗雷格莱人的叛乱都是前车之鉴，既足见那统治市民大会的一部分人如何坚持己见，又足见同盟国如何迫不及待。格拉古第二次为保民官，将近任满之时（632 年即前 122 年），他或迫于对同盟所负的义务，冒险做第二次的尝试。马尔库斯·弗拉库斯虽是前任执政官，现在为通过他往日提议而未成功的法案起见，又就平民保民官之职；格拉古与他协同提出一个建议，把完全公民权给拉丁人，把拉丁人以前所享的权利给意大利其他盟邦的人。可是这个建议遭到元老院和首都群众的联合抵抗。执政官盖乌斯·凡尼乌斯（Gaius Fannius）向市民演讲，反对这建议，由偶得保存的零星演说词，我们可以彰明较著地看见这种联军的性质和战略。这位贵族说："那么，你们想，如果你们把公民权给予拉丁人，能像现在站在我前面这样，在市民大会、赛会和民众娱乐里找到位置吗？你们不宁可相信一切地点都要被那些人占去吗？"第五世纪的市民能一日把公民权赠给全体萨宾人，如果有人对他们这样说，他们或许报以嘘气；第七世纪的市民却觉得他的道理非常明白，格拉古给他们的代价是分配拉丁公地，他们觉得这代价太低得远。元老院请准在投决定票的日子以前先把非市民一概逐出城外，竟得通过，由此可见盖乌斯的建议将遭如何的命运。付表决以前，格拉古的一个同寅李维乌斯·德鲁苏斯（Livius Drusus）否决这个法律，人民对

这个否决的态度使格拉古不敢再进，甚至也不敢用对待马尔库斯·屋大维的手段对待德鲁苏斯。

似乎就是这次的成功使元老院胆气更壮，试行推翻这胜利的奸雄。攻击的武器与格拉古往日所运用的大致相同。格拉古的力 129
量基于商人阶级和无产阶级，尤其后者在这双方都没有武力支持的冲突中，可说是处于军队的地位。很明显，元老院的力量不足以夺去商人或无产阶级的新特权；任何侵犯粮食法或新陪审制度的企图必致惹出街市上的暴动，无论其形式稍为粗暴或稍较文明，元老院对于它毫无自卫的能力。不过也一样明显的是，格拉古本人与这些商人和无产阶级只因相互的权利而团结起来；实利派乐于由任何他人手里领受位置，狭义的民众也乐于由任何他人手里领受做面包的粮食，正与乐于由格拉古手里领受一样。格拉古的制度，至少在一时，屹然卓立，不可动摇；只有一个例外，就是他自己的元首资格。后者有个弱点，就是在格拉古的政体里首领与部下之间完全没有矢忠的关系；新政体虽有其他一切适于生存的要素，独缺乏一个要素，即统治者与被统治者之间的道德维系；没有这个维系，任何国家都不啻立在泥土的基础上。允许拉丁人享公民权的建议被否决，这分明表示民众实未尝为格拉古投票，而永是仅为他们自己投票。贵族拟订计划，要在这首创布施粮食和分配土地的人的得力处，对他挑战。

当然，元老院献给无产阶级的利益不但等于格拉古在粮食和他物上已向他们担保的利益，而且更多。平民保民官马尔库斯·李维乌斯·德鲁苏斯奉元老院的命令，建议使受田于格拉古的人免纳所负担的租金，并且宣布他们的分田为自由而可以出让的产业；更有进者，为赡养无产阶级起见，不在海外而在意大利设立殖民地十二处，每处殖民三千人，人民可以指定相宜的人实行此事，不过德鲁苏斯本人——与格拉古氏的一家委员完全相反——谢绝
130 参加这种光荣的任务。行这计划时被牺牲的可能指定为拉丁人，因为现在的意大利似乎除去拉丁人所享用的公地外，没有很大的被占公地。又有德鲁苏斯定的几个法规——举个例说，有一条规定，鞭挞之刑只许拉丁军官而不许罗马军官施之于部下拉丁兵士——由一切方面看来，它们似乎意在补偿拉丁人的他种损失。这计划并不十分精细。竞争的企图太鲜明；他们以联合肆虐于拉丁人为手段，努力使贵族与无产阶级间的美妙联系更加紧密，这种努力太显而易见；一个疑问也太容易引起来：现在意大利的公地已经大部分发放出去，就算把分给拉丁人的全部公地一概没收，半岛上何处可以找到被占的公地足供十二批众多而稠密的新公民团的需要呢？最后，德鲁苏斯宣称他绝不参加执行他所制定的法律，这话狡猾得非常讨厌，以致几乎到了荒谬绝伦的地步。可是对于他们所要捕捉的蠢物，这种粗笨的陷阱却十分适用。又加上一件或许有决定性的事：一切都依赖格拉古个人的影响。这时格拉古却正在非洲建设迦太基殖民地，他在首都的代理人马尔库斯·弗拉库斯暴躁而无能，给敌人一个有利的机会。因此，人民欣然核准李维乌斯法，正如其往日核准了森普罗尼乌斯法。于是他们为报答其最近恩人起见，照例给较早恩人一个轻轻的打击，他第三次候选633 年即前 121 年的保民官，他们不肯再选他；然而在这一次，据说主持其事的保民官与格拉古有旧怨，所以做事不公。这样一来，他那君主专制政体的基础土崩瓦解。执政官选举又给他第二个打

击,这选举的结果不但一般地不利于民党,而且使卢奇乌斯·奥皮米乌斯为国家元首,这人做 632 年即前 122 年的将军时曾征服弗雷格莱,他是狭义贵族党中最坚决最横暴的一个首领,他毅然决定乘最早的时机铲除他们那个危险的敌人。

不久就有了这个机会。632 年即前 122 年 12 月 10 日,格拉古交卸了平民保民官的职务;633 年即前 121 年 1 月 1 日,奥皮米乌 131
斯就职。第一个攻击目标当然是格拉古那个最有用,也最不得民心的法规,即重建迦太基。海外殖民地一向只因人们为意大利殖民地所惑而受到间接的攻击,现在相传非洲的鬣狗掘出迦太基新立的界石,罗马祭司应人们的请求,证明这种灾异和预先应为一个炯戒,示人不可在神所诅咒的地址上重建城市。元老院于是觉得受良心的驱迫,不得不建议一个法律,禁止设立朱诺尼亚殖民地。格拉古与其他被指定创设这殖民地的人士正在挑选移民,到表决这法律的一天,他们来在市民大会的召开地点卡庇托尔,意欲用同党的力量达到废弃此法。他愿避掉强暴举动,以免亲贻敌人以其所觅的口实;可是他的忠实党徒不忘提比略的惨祸,并且深知敌人的计策,所以格拉古不能阻止他们大部的武装到场;在双方非常愤激的时候,争斗在所难免。执政官卢奇乌斯·奥皮米乌斯照例在卡庇托尔的门庭献火祭,陪祭的一个法警名昆图斯·安图利乌斯(Quintus Antulius),手里拿着神圣的脏腑,傲然命令"坏公民"离开门庭,似乎甚至要向盖乌斯动手;于是一个热烈的格拉古党抽出刀来,把他砍倒。一场可骇的骚乱起来了。格拉古企图对市民说话,想替自己解脱这侮慢神灵的凶杀责任,结果无效;他只贻给敌人一个正式的新罪状:一位保民官正向人民演讲,格拉古在混乱中打断他的话头而不自知——这个罪过，按一条起于古代阶级交争之时而今已作废的法律条文，应受最严厉的处罚。贵族故意称本日的事为倾覆共和政体的叛变，执政官卢奇乌斯·奥皮米乌斯采取用武力剿平叛乱的步骤。他本人在罗马广场的卡斯托尔庙内过夜；天刚破晓，卡庇托尔庙里便满是克里特的弓手，元老院和罗马
132 广场里满是政府党的人——元老和归附他们的一部分骑士——，这些人奉执政官的命令一律武装出场，每人有两个武装奴隶跟随着。贵族无一不到，就是年高可敬的昆图斯·梅特路斯，虽倾向改革，也拿着盾牌和刀来了。一个有才能并且在西班牙战争中有经验的军官，名德奇姆斯·布鲁图斯(Decimus Brutus)的被奉委为武装部队的统帅；元老在元老院里集会。灵车载着安图利乌斯的尸身停在元老院前面，元老们似乎吃了一惊，全体走出门来看死尸，然后再回去决定办法。民党领袖已由卡庇托尔回家；马尔库斯·弗拉库斯彻夜在街市上准备战事，而格拉古则似乎不屑与运命争。次早，他们听得敌人在卡庇托尔和罗马广场的准备，两人前往阿文廷山，这就是昔日贵族与平民斗争时民党的堡垒。格拉古默然无语，不带兵器，走到那里；弗拉库斯号召奴隶武装起来，固守戴娅娜庙以自保，同时又派他的幼子昆图斯(Quintus)到敌营，以便如果可能，商量一个和解办法。昆图斯归来，声言贵族要求无条件投降；同时，他从元老院带来传票，召格拉古和弗拉库斯到元老院去解释他们侵犯保民官威严的罪。格拉古愿依传票行事，不过弗拉库斯阻住他，而后再度做那既错误而又示弱的尝试，想劝说这样的敌人成立和解。两个被召的首领不到，只有少年的昆图斯再来，执政官便视他们的拒不见面为公然背叛政府的开端，命人拘押

来使，发出攻打阿文廷山的号令，同时使人在街市上传呼说：任何
人把格拉古或弗拉库斯的头拿来，政府愿给他与人头不差毫厘的
黄金，并且任何人在开战前离开阿文廷山，政府担保给他完全的赔
偿。阿文廷山上的队伍不久就稀疏了；英勇的贵族联合克里特人 133
和奴隶猛攻那几天防御的山，见人便杀，杀了二百五十人，大都是
下级人。弗拉库斯与他的长子逃到一个藏匿的地方，不久以后便
被寻出杀死。格拉古在战事开始时退入弥涅尔瓦（Minerva）庙，在
那里要用刀自刺，他的朋友普布利乌斯·莱托里乌斯（Publius La-
etorius）抓住他的臂膀，恳求他竭力保身待时。格拉古受他的劝
告，想逃到台伯河的彼岸；可是他急忙下山时跌倒在地，扭伤足骨。
他的两个从人为给他逃脱的时间起见，转身抵挡追兵，让自己遭砍
杀，马尔库斯·庞波尼乌斯（Marcus Pomponius）死在阿文廷山下
的退介明门（Porta Trigemina），普布利乌斯·莱托里乌斯死在台
伯河桥上，就是相传昔日霍拉提乌斯·科克里斯（Horatius Co-
cles）单身拒埃特鲁斯坎军队的地方；所以格拉古只有他的奴隶尤
波鲁斯（Euporus）跟随他，达到台伯河右岸的城郊。在这里弗里那
（Furrina）的丛林中，以后发现这两人的尸体，这看来似乎是奴隶
先杀死主人而后自杀。两个已死领袖的头遵命交给了政府，贵族
卢奇乌斯·塞普图穆勒（Lucius Septumuleius）交出格拉古的头，
得到约定的赏金而有余，反之，杀死弗拉库斯的却是些下贱人，空
手被人遣散。死尸都被投在河里，首领的住宅都被舍给群众，任凭
他们去劫掠。于是对格拉古党的诉讼战开始，规模极大；狱中被绞
死的据说有三千人之多，中有十八岁的昆图斯·弗拉库斯，他未尝
参加战斗，因为他年少可爱，人人都哀悼他。往昔国内和平恢复以

后，卡米卢斯曾在卡庇托山麓的空旷处奉献了一座神坛，以后遇到相类的时机，人们又在这里为和睦神建了几处祠宇，现在这些小庙都被拆毁；被杀或被判罪的国贼的产业全遭没收，甚至妻室的嫁妆也不能免，执政官卢奇乌斯·奥皮米乌斯奉元老院的命令以这种产业建一个壮丽的新和睦神庙和附属于庙的廊房。现在扎玛战胜
134 将军的三个孙子——最先是提比略·格拉古，其次是西庇阿·埃米列亚努斯，最末是最年少，也最雄健的盖乌斯·格拉古——都已葬身于革命，在三人的遗迹上铲除旧和睦的标志而建设新和睦的纪念，诚然符合时代的精神。格拉古氏的纪念永为官方所禁，科尔涅利娅甚至不得为她的末子穿丧服。不过在这两位杰出的昆仲，尤其是盖乌斯生存之时，很多人热烈地眷恋他们，在他们死后，这些人的眷恋也以动人的方式表现为几不亚于宗教的崇敬；尽管警察极力防范，民众仍对于他们的纪念和他们丧生的地点，永远致其崇奉之意。

第四章　复古政治

盖乌斯·格拉古树立的新体制，在他死后即呈土崩瓦解的局面。诚然，他的死无异于他哥哥的死，原只是一种报复举动；不过在君主制正成立之时，君主本人遂丧其身，所以他的死同时也是趋于政体复旧的重大步骤。现在的情形尤其如此，因为格拉古既遭惨祸，奥皮米乌斯又厉行彻底的迫害，当时与已死国主有关系或才能出众的人，绝对没有一个自以为依法可以企图取得遗缺。盖乌斯去世而无子，提比略遗下的儿子又未成年而夭折；整个的所谓平民党简直无一人可被推为领袖。格拉古的体制类似一座没有主帅的堡垒；城垣和守兵依然无恙，可是将军则付阙如；除了以前被推翻的政府外，无人能承其乏。

所以这事果然发生。盖乌斯·格拉古死而无后，元老院的政府仿佛自动恢复旧位；又因为严格说来，盖乌斯未尝正式把这政府废除，而只是以例外举动使它实际等于虚设，这事更属势所必至。然而如果我们认为这个复旧不过是政治机构又陷入数百年来践踏成蹊的故道，我们便大错特错。复旧永远也是革命；可是就比例而言，所恢复的却不是旧政治而是旧统治者。僭主政治已被推翻，寡头政治出现，新佩上僭主政治的军装。元老院既已用格拉古的武器把格拉古打出战场，所以它在最重要的地方仍用格拉古的制度来治国;不过他们确是心存暗想,即使不全废格拉古的制度,至少要在相当时候把它那真与掌权贵族不相容的成分彻底肃清。

136 起初,这种反动大抵以私人为目标。政府取消有关普布利乌斯·波皮利乌斯的法令,把他从放逐中召回(633 年即前 121 年),又发动对格拉古同党的检举战;反之,卢奇乌斯·奥皮米乌斯解职之后,平民党企图治他叛逆的罪,却遭政府党的反对而失败(634 年即前 120 年)。贵族在见解上如何渐进于明达,我们由此可以灼见这个复古政府的特性。盖乌斯·卡尔博原为格拉古弟兄的同党,早已变节,只在不久以前,他还显出他的热心和有用,为奥皮米乌斯做辩护。可是他始终是个叛徒;平民党控告他的罪状与控告奥皮米乌斯的无异。政府却并非不愿让他覆败,卡尔博见两党均不相容,自杀而死。如是,在个人问题上,反动派显然是纯粹的贵族。反之,分配粮食、亚细亚省的课税和格拉古关于陪审团和法庭的法令,反动派却不立即加以攻击,他们不但饶恕商人阶级和首都无产阶级,而且仍如昔日提出李维乌斯法时那样崇奉这两种势力,特别是他们对于无产阶级的决然尊崇,胜于格拉古弟兄所行的远甚。他们采取这种办法,不仅因为格拉古弟兄的革命余波远长久激荡于同时人的胸中,足以保护其所创的事业,贵族的至少促进和爱护群众的利益,实完全合于他们自己的利益;行这种政策,所牺牲的不过是公众福利而已。

盖乌斯·格拉古为增进公众福利而规定的法令——正是他所立法律中最好的,不过不难想象,也是人所最不喜的——,贵族都使它们作废。其中受最迅速最有效的破坏的,无过于他那最宏伟的计划,即先使意大利与罗马市民团,而后使各省与意大利在法律上归于平等；这样一来，国内仅从事统治和消费的人便与仅从事服役和工作的人没有分别，同时又用历史上最广大、最有系统的移民政策解决社会问题。寡头政府既复其位，便尽量发挥其衰老残年 137
的乖戾执拗性情，再厉行已往各代的原则于当日——即意大利须永为主国，罗马城须永为意大利的主城。当格拉古生存之时，意大利盟邦的要求已被断然拒绝，海外殖民的大计划已受很严重的攻击，格拉古覆败的近因即在于此。在他死后，政府党不难废弃那重建迦太基的计划；可是那里已经分配的各块土地仍留在受地人之手。诚然，平民党又在他处成立一个同类的殖民地，他们不能阻止；马尔库斯·弗拉库斯始从事于征服阿尔卑斯山外之地，至636年即前118年，在进行此事时，设立了纳博(Narbo，即纳尔傍[Narbonne])殖民地，这是罗马帝国最古的海外市民城，尽管受政府党的多方攻击，尽管元老院直接建议把它取消，此城大概受分享其利的商人势力的保护，却仍永久存在。可是若把这个因孤立而不甚重要的例外置而不论，政府对于分配意大利境外土地的防止，无不成功。

意大利的公地问题，也以相似的精神解决了。盖乌斯设立的意大利殖民地，特别是卡普亚，都被取消；其中业已成立的又被解散；只有塔兰图姆的殖民地存而不废，新城与旧希腊民社并立，名为内普图尼亚(Neptunia)。公地非因殖民而分配的仍为受田人所保留；格拉古顾到国家的利益，对他们加以限制——收地租和禁转卖——，这些限制已为马尔库斯·德鲁苏斯所废除。另一方面，关于那些凭占领权而仍为人所据的公地——除拉丁人享用的公地外，大部分必都是田庄主人依格拉古法的最高额所保持的土

地——，政府决定使一向的占有者确保这项土地，并且杜绝将来分配的可能性。无疑地，德鲁苏斯所承诺的三万六千块新农田必多
138 半要由这些土地来形成；不过何处可寻那千千万万尤格的意大利公地，他们却不屑置问，于是悄悄把那已尽其用的李维乌斯殖民法束之高阁，只有一个小殖民地斯科拉基乌姆（Scolacium，即斯奎拉切[Squellace]）或源于德鲁苏斯的法律。另一方面，平民保民官斯普里乌斯·托里乌斯（Spurius Thorius）奉元老院的指示通过一种法律，依法于635年即前119年废止分地委员会，对占有公地的人征收定额租金，以这项收入嘉惠首都的民众——分配粮食似以此款为其一部分基金；更进一步的建议或是增加所施的粮食，被拒于明达的平民保民官盖乌斯·马略（Gaius Marius）。八年以后，即643年即前111年，他们采取最后的步骤，一个新的人民法令①把被占的公地直接变为原占有者不纳租的私产。他们又加上一条，将来的公地或拿来出租，或开放为公共牧场，绝不得有人占据；若开放为公共牧场，他们规定一个很低的限度，大牲口至多不得过十头，小牲口至多不得过五十头，以使大牧群主人不至于实际排挤小牧群主人。占地制度久已作废，在这些明智的规程里，官方终于承认其有害，可是不幸这制度已夺去国家公地的大半，官方始采用这些规程。如是，罗马贵族既自谋己利，使仍在其手的占有土地变为他们的私产，同时也抚绥意大利盟邦，所用手段当然不是使盟邦人，尤其是他们的市府贵族得有其所享拉丁公地的产权，而是使他

① 这法令至今犹存，以三百年来讹传的名目“托里乌斯土地法”（Thorischen Ackergesetzes）。

们关于公地的权利受有条约的保证的，仍得保持无恙。反对党最大的不幸，就是在最重要的实际问题上，意大利人的利益正与首都反对党的利益相冲突；真的，意大利人与罗马政府成立了一种联合，请求并获得元老院的保护，以抗许多罗马奸雄的狂妄计划。 139

复古政府虽这样用心根绝格拉古制度中所有进步的萌芽，可是对于格拉古所唤起而不为全国之福的敌对势力，它却毫无能力。首都的无产阶级仍有公认的得食权；至于由商人阶级遴选陪审团，贵族中较高较傲的一部分人虽深恶这种束缚，元老院却仍予以默认。贵族所受的羁绊有害于其庄严，可是我们不见贵族郑重其事地谋摆脱。632 年即前 122 年马尔库斯·埃米利乌斯·斯考鲁斯(Marcus Aemilius Scaurus)的法律至少实行对解放人表决权的宪法限制，这是长期内元老院政府再想控制暴民政治的唯一举动，也是很无魄力的举动。骑士法庭创立后十七年(648 年即前 106 年)，执政官昆图斯·恺庇欧(Quintus Caepio)提出一个建议，要把审判权归还元老院的陪审团，这明示政府的愿望所在，可是也明示政府的能力如何，当问题不在滥施公地而在对一个有力阶级通过法令之时。在这事上，政府竟告失败。[①] 政府不能摆脱那与它共掌政权的可恼伙伴，可是掌权贵族与商人阶级和无产阶级间原没有真诚的谅解，这些法令更有助于破坏他们的谅解。商人阶级和无产阶级都深知元老院做一切的让步，无不由于畏惧，出自勉强，

① 以后的事，如人所熟知的证明此种情形。有人反对这种见解，注重瓦列里乌斯·马克西姆斯(Valerius Maximus)书中昆图斯·恺庇欧被称为元老院的恩主一事，可是一方面，这段的证明不够，另一方面，这里所叙的与 648 年即前 106 年的执政官不相合，所以不是人名有误，便是所述的事实不确。

而阶级既无感戴心又无利害关系使之永久依附元老院政府，所以任何另外的主人对他们所施较多或甚至相等，他们也很乐于侍奉，并且对于乘机欺骗和妨碍元老院的事，绝不反对。如是，复古政府
140 的统治既仍遵正统贵族的志愿和意见，又沿用僭主政治的法制和手段。这种政府不但与格拉古的同立在一个基础上，而且它的有欠稳固与格拉古的不相上下，甚且过之；它与民众联合起来推翻有用的制度时强健有力，可是它对付街市群众和商人势力时却毫无力量。这政府坐在空虚的宝座上，良心不安，希望分歧，痛恨其治下国家的制度，然而竟不能有计划地破坏它们，在一切行动上游移不定，它对自己和反对党的无信、内部的自相矛盾、极可怜的无能、极卑鄙的自私，均不愧做个榜样——一个不善为政的绝妙模范。

这是势所必至；全国人的智力和道德都在堕落，而以上流阶级为尤甚。在格拉古弟兄时代以前，贵族中的人才诚然并不太多；一群怯懦浪荡的贵族挤满了元老院的座位；然而西庇阿·埃米利亚努斯、盖乌斯·莱利乌斯、昆图斯·梅特路斯、普布利乌斯·克拉苏、普布利乌斯·斯恺弗拉和很多可敬的才智之士却都坐在那里，一位抱着善意的观察者或以为元老院在违法害理中还保持一点分寸，在失败中还保持一点体面。贵族被推翻而后又复位；自此以后，他们便永不能摆脱复位的遗毒。往昔贵族专诚治国，历一百余年之久，未遭任何可见的抵抗，现在他们经过一个危机，这个危机像黑夜里一道闪电，使他们灼见在脚前面张开的无底深坑。又何怪旧家豪族的贵族为政，永远特著愤恨，并且在他们敢行恐怖政策之处也特著恐怖手段？又何怪统治阶级成为团结一致的党，以远

较苛刻横暴的态度对待那非统治阶级的民众？又何怪家庭政治现在又复流行，正如贵族专政最恶劣的时代，以至于，举个例说，十五年内（631—645 年即前 123—前 109 年）昆图斯·梅特路斯的四个儿子和（可能的）两个侄儿——除一人外都是无足轻重的人，而且有几个受命为官，正因为他们的鄙陋——都达到执政官之职，除一 141
人外，也都得到凯旋，至于子婿等等还不具论？又何怪他们同党的任何人对敌党的态度愈凶狠横暴，便愈受人断然的尊敬，对于真正贵族，一切罪行、一切无耻均在饶恕之列？又何怪统治者与受治者之间只有一端不似交战的双方，即他们的战争不承认任何国际法？不幸而太嫌明显的是，旧贵族如果是用棍棒敲打人民，这个复旧的贵族便可说是用毒蝎惩治人民。贵族回来了；可是他们回来，不比以前明智和优良。复古时期介于格拉古的革命与秦纳的革命之间；自古以来，罗马贵族未有如在此时期这样全无为政和将兵的人才的。

足为此事明证的是当时元老院党的党魁马尔库斯·埃米利马斯·斯考鲁斯。他的父母是高等贵族，可是不富，所以他不得不运用他那不低的天资，进身到执政官（639 年即前 115 年）和监察官（645 年即前 109 年）的职位，久为元老院的首领和本阶级的泰斗，他的名垂不朽，不但因为他是个演说家和写作家，而且因为他是本世纪所造几座主要公共建筑的发起人。可是如果我们仔细考察，他那大受歌颂的功业不过如下：他做将军，在阿尔卑斯山攻打乡村，得到几次便宜的胜利；他做政治家，制定关于表决和奢侈的法律，对当时的革命精神也赢得差不多一样重大的胜利。他的真本领就在他虽则和蔼可亲、不辞贿赂、与其他可敬的元老毫无二致，却颇有机智，能体察出危机将起的时刻，尤其是他有赫奕庄严的外貌，在公众面前能装出法布里奇乌斯的模样。由军事的观点看，我们诚然见有几个可钦佩的例外，属于最高贵族的良将；可是就常例看，当贵族领主将要率兵时，他们便急忙读希腊的兵书和罗马的年史，以搜集些军事谈话所必需的材料，然后在军营时，最好把指挥的实权交给一个出身微贱可是经过考验的贤能军官。实际说来，
142 如果二百年前元老院类似一个众君的集会，这些继承他们的人做王子的本领并不为劣。可是复位贵族的无能完全不亚于他们在政治和道德上的卑鄙。即使宗教状况（待下文再续）不映出本期荒淫生活的真相，即使本期对外的历史不昭示罗马贵族的极端堕落为历史最主要的一个元素，单是那些最可骇的罪行络绎不绝地见于罗马的最高社会，便足以表示这班人的性质。

对内和对外的政治状况在这种政府之下可想而知。意大利的社会破产蔓延日广，速度可惊；自从贵族使人在法律上许他们收买小业主的产权，自从他们在新有的骄横中任意驱逐小业主的事日益屡见不鲜，农田便如雨点落在海里一般，消灭不见。经济上的寡头制度至少与政治上的寡头制度齐驱并驾，有650年即前104年前后卢奇乌斯·马尔奇乌斯·菲力普（Lucius Marcius Philippus）的话为证。这人的见解属于温和的平民党一流，他说，在全体市民中富户不到两千。奴隶叛变是这种情形的实际注解，在辛布里人战争的最初几年，意大利年年发生这种叛变，例如在努塞里亚、在卡普亚、在图里境内。最后这一次的叛乱极为重大，以至于罗马城市副执政官须率一个兵团出发征讨，可是平服叛乱，不是用武力而

是用奸诈的背信。并且有一个严重的现象，即这次叛变的首领不是一个奴隶而是罗马骑士提图斯·维提乌斯(Titus Vettius)，他为债务所逼，采取疯狂的步骤，把他的奴隶解放而且称为奴隶之王(650年即前104年)。自611年即前143年以后，便有人替罗马政府经营维克图姆莱(Victumulae)的淘金事业，由与此有关的预防法规看来，可见政府如何忧虑大批奴隶聚在意大利，承租人起初约定所用劳工不得超过五千名，以后奉元老院的法令把这事业完全停止。在现今这样的政府之下，如果——这是很可能的——有一支阿尔卑斯山外的军队侵入意大利，号召那些大都与他们同种的 143 奴隶起兵，实在尽有可畏。

比较起来，各省受害更大。假设英国的贵族与当日罗马的贵族相似，我们试想东印度的状况将如何，便可知当时西西里和亚细亚的情形。立法把官吏的监察权交给商人阶级，使官吏不得不多少与商人朋比为奸，以对省内资本家无条件的纵容，换取他们横征暴敛的无限自由和免受弹劾的保障。这些官方和半官方的强盗以外，又加上陆盗和海盗劫掠地中海的一切地方。特别在亚细亚水面，海盗的暴行非常厉害，以至于到了652年即前204年，罗马政府也觉得非派一个舰队往西利西亚不可，这舰队的组织以属下商业城市的船只为主，隶在副执政官马尔库斯·安东尼(Marcus Antonius)麾下，他们给他总督的权力。这舰队不但夺得若干海盗船，毁坏几座要塞，而且罗马人竟做久居此地的计划；海盗的主要巢穴在险阻的西西利西亚，为扑灭他们于此处起见，罗马人占据强固的军事据点——是为成立西利西亚省的初步，自此以后，这地出现于罗马省份之列。[①] 这事用意可嘉，计划本身也很合适，可是在亚细亚尤其是西利西亚的海面，海盗的祸害依然如故，而且尤甚于前，这不幸而表明由新获据点攻打海盗的力量如何不足。

144 可是在奴隶无产阶级的叛变上，罗马各省行政的无能和乖谬特别赤裸裸地暴露无遗；奴隶叛变的恢复原状似乎以贵族的复位正在同时。这些由暴动而扩大为战争的奴隶叛变，起于 620 年即前 134 年前后，正是格拉古革命的一个原因，或最近的原因。现在死灰复燃，并且千篇一律地再三重演，令人伤心。又像三十年前那样，罗马帝国的全体奴隶处处骚动。上文已述意大利的纠众造反。阿提卡的银矿工人起而叛变，占据苏尼昂(Sunion)岬，从这里去劫掠附近的地方，历时颇久。他处也有相似的运动。最重要的，这些可怕事件的主要出事地点又是西西里，那有田庄和小亚细亚奴隶群集的西西里。一次，政府企图制止蓄奴人最不公平的举动，这竟成为新叛变的直接原因，可见祸害之大。在这方面，西西里的自由

① 许多人假定西利西亚省的设立只在 676 年即前 78 年普布利乌斯·塞尔维利乌斯(Pullius Servilius)远征西利西亚之后，此说不确；因为早在 662 即前 92 年有苏拉，在 674—675 年即前 80—前 79 年有格涅乌斯·多拉贝拉(Gnacus Dolabella)为西利西亚省长——因此除置此省的成立于 652 年即前 102 年外别无他法。这个见解又有一事为证：此时罗马的远征海盗——例如巴勒利群岛、利古里亚和达尔马提亚等处的远征——似乎无不以占据海盗所自出的沿岸地点为务；这是当然之理，因为罗马人既无常备的舰队，占据海岸是唯一有效的方法。再者，我们须切记，*provincia*(省)一字的意义不绝对包含着据有其地的意义，其本身的含义不过是一个独立的军事统制权；很可能的，罗马人起初在这些险恶的地方，除航站和兵站外没有占据任何地方。

直至征梯格兰(Tigranes)之时，东西利西亚的平原一向属于叙利亚帝国；陶鲁斯山北各区往昔算是属于西利西亚的——即所谓卡帕多奇亚的西利西亚和迦陶尼亚(Kataonien)——都属于卡帕多奇亚，前者始于阿塔鲁斯王国瓦解之时，后者或甚至始于与安条克结和之时。

无产阶级并不良于奴隶，已有他们在第一次奴隶叛变时的态度为明证；他们被荡平以后，罗马投机家施行报复，把本省的大批自由人降为奴隶。因为元老院于650年即前104年发布一个严禁此事的法令，西西里当时的省长普布利乌斯·李锡尼乌斯·内尔瓦(Publius Licinius Nerva)在叙拉古设立了一个审判自由权的法庭。这法庭认真工作，在短期内判决了八百个案件，都不利于蓄奴人，并且悬案的数目与日俱增。田庄主人起了恐慌，急忙赶到叙拉古来，强迫罗马省长废止这种破天荒的司法制度；内尔瓦懦弱，受了他们的威胁，便用粗暴的言语向请求裁判的不自由人说：他们应 145
放弃这种关于正义和公理的烦难要求，谁自称为他们的主人，他们便应回到谁的家里去。那些被他这样发放的人，不遵他的命令行事，却定计造反，往山里去。省长没有准备军事办法，甚至岛上可怜的民兵队也不近在手头；所以他与岛上一个最著名的匪首结下联盟，以赦免他个人的诺言，诱他出卖反叛的奴隶，使他们落在罗马人的掌握中。这样，他把这群人控制住。可是另外一群逃亡的奴隶竟能打败恩那的一支守兵，这个初步胜利使叛徒得到他们特别需要的东西——武器和援兵。他们的敌人阵亡或逃走，遗下的武装成为他们军队组织的基础，不久以后，叛党的数目增加到几千名。这些寄居异地的叙利亚人与他们的前人无异，自以为不愧受君主的统治，如他们同国的人在本土一般，并且戏拟本土那位褴褛君主，甚至戏拟到他的名字，他们立一个奴隶名萨尔维乌斯(Sarvius)的为首领，称他为特利枫王(König Tryphon)。这些股匪的大本营设在恩那与莱翁蒂尼(即伦蒂尼)之间，这一带的乡间完全落在叛党的手里，莫甘蒂亚(Morgantia)和其他有城垣的城市已为他们所围攻，这时罗马省长带着仓促集合的西西里和意大利队伍突然来到莫甘蒂亚前面，袭击奴隶军。他占据了无备的兵营；不过奴隶虽被奇袭，却拒战不退。战斗发生，本岛的民兵不但一交锋就退却，而且因为奴隶放行每一抛弃兵器的人，不加阻碍，民兵都乘这个好机会逃走，几无例外，于是罗马军全部溃散。如果莫甘蒂亚城内的奴隶愿响应他们在城门前面的同伴，这座城便会失守；可是他们宁愿由主人领受合法的解放，以他们的英勇助主人保全这座城市——主人原来以郑重的诺言许给予奴隶自由，事后罗马省长宣布这项诺言系由违法胁迫而来，在法律上无效。

146 叛变既这样惊人地蔓延于西西里岛的内地，同时又有一个叛变爆发于西海岸。这叛变的首领是阿泰尼翁(Athenion)。他从前正如克里昂，在他本乡西利西亚时是个可畏的匪首，被人由那里运到西西里，做了奴隶。也正如克里昂，他用预言和其他训世的谰言取得希腊人尤其是叙利亚人的归附。他虽然善战而明智，却不像其他领袖那样把大批来归的人全部武装起来，而只把能战的人编成一个有组织的军队，同时指定其余的人做和平的事业。因为他以森严的纪律制止他部下军队里一切的游移和抗命举动，又因为他对待和平的乡民甚至俘虏都很温和，所以他得到迅速而重大的成功。罗马人希望两个领袖不睦，这次却失败了；阿泰尼翁自动地服从那才略远不及他的特利枫王，于是保住叛党的团结一致。他们不久便以等于专制君主的威力统治平原地方，平原上的自由无产者又增或多或少公开的归附奴隶；罗马当局不能与他们野战，不得不止于用西西里的民兵和急忙调来的非洲兵来保护城市。城市的状况极为可惨。全岛的司法处处停顿，武力是唯一的法律。因为城内的农夫不敢再出城门，乡下人也不敢再入城，极可怕的饥荒发生了，这个岛往日赡养意大利，现在罗马当局须运粮来赡养此岛城市的居民。再者，无论何处，遇有叛变奴隶攻城之时，城市奴隶即有在城内发动叛变之势；甚至梅萨那也险些为阿泰尼翁所克。

罗马这时正对辛布里人有严重的战事，政府虽不易派第二支军队出征，却不能不在651年即前103年，派副执政官卢奇乌斯·卢库卢斯（Lucius Lucullus）率一支军队往西西里，此军有罗马兵和意大利兵一万四千名，海外民兵不在此数。奴隶联军驻在斯奇亚迦（Sciacca）上面的山中，卢库卢斯向他们挑战，他们便应战。罗马人的军事组织较佳，获得胜利；阿泰尼翁留在战场，人以为他已 147
阵亡，特利枫不得不入守特里奥迦拉（Triocala）山案，叛党郑重讨论能否继续再战。可是有一派断然主张坚持到最后一人，他们仍占优势；阿泰尼翁以神奇的方式得救，又来到他的军队里，他们衰颓的勇气又振作起来；最重要的，不知何故，卢库卢斯竟毫不采取乘胜进攻的步骤；真的，据说他故意解散军队，烧毁辎重，为的是遮掩他在治军上的毫无成绩，并且使自己不至于对后任相形见绌。无论这话真实与否，他的继任人盖乌斯·塞尔维利乌斯（Gaius Servillius，652年即前102年）也没有得到更好的结果；两位将军后来均以溺职受检举和判罪——当然，这绝不是他们有罪的铁证。特利枫死后（652年即前102年），阿泰尼翁独掌兵权，做一个大军的首领，屡打胜仗；到653年即前101年，曼尼乌斯·阿奎利乌斯（Manius Aquillius）为执政官兼省长，他去年在马略部下，对条顿人作战，功绩卓著，现在奉命指挥西西里战事。两年苦战以后——据说阿奎利乌斯曾亲自与阿泰尼翁作战，在单身决斗中把他杀死——,罗马将军终于打平那拼命的抵抗,并且用断绝粮道的方法把最后藏匿处的叛党制伏。岛上的奴隶被禁佩武器,西西里又恢复太平,换句话说,旧暴主接替了新暴主;在本时期许多有魄力的强盗官中,这位战胜将军特别占一个显赫地位。第二次西西里奴隶战争历五年之久,若有人仍要求复位贵族内部情形的证据,我们可以请他看这次战争的起源和领导。

可是在罗马行政的广大范围内,我们无论向何处着眼,都看见同样的原因和同样的结果。如果西西里奴隶战争表明政府如何连控制无产阶级这个极简易的事都不能做,非洲当时发生的事件又
148 显出罗马人现在统治属国的伎俩。约当西西里奴隶战争爆发的时候,一幕戏剧,表演在惊以为异的世人眼前:一个强大的共和国曾以其雄伟的臂膀一举打碎了马其顿和亚细亚两个王国,现在一个不重要的属国君主竟能不用武力而仅因为上国人的卑鄙可耻,对这个共和国实行了十四年的篡夺和背叛。

努米底亚王国位于摩洛恰特河(Molochat)与大锡儿第斯湾之间,一面与毛里塔尼亚的丁吉斯(Tingis,近代的摩洛哥)交界,另一面与昔兰尼加和埃及接壤,由西、南、东三面围绕着那一条狭窄的海岸,即罗马的阿非利加省。除努米底亚酋长的旧有土地外,这王国又拥有迦太基盛时所有非洲领土的绝大部分——包括几座重要的老腓尼基城市,如希波-雷介(博纳)和大勒普蒂斯等——,全是北非洲肥美海岸最大最好的区域。毫无疑问,努米底亚是次于埃及的罗马最大属国。马西尼萨死后(605 年即前 149 年),西庇阿曾把这位君主的职务分给他的三个儿子,照这个分法,长子密奇普萨王取得首都和国库,次子古禄萨王担任军事,三子马斯坦那巴

王管理司法。现在两弟已死，马西尼萨的长子密奇普萨①独掌政权，他是一位孱弱好静的老人，宁愿研究希腊哲学而不愿从事国政。因为他的儿子尚未长大，政柄实际操在他的私生侄儿之手，这 149
人就是王子朱古达（Jugurtha）。朱古达不愧为马西尼萨的孙儿。他是个美男子，又是个娴熟而勇敢的骑士和猎人；他同国的人很景仰他是个清明的行政家，他又以努米底亚助战队的统领资格，在努曼提亚的前面，在西庇阿的眼底下，表现了他的军事才能。他既在国内占那样的地位，又借着许多朋友和战侣有运动罗马政府的力量，密奇普萨王以为应该把他认为义子（633 年即前 121 年），并且在他的遗嘱里，规定他两个亲生长子阿德赫巴（Adherbal）和希穆普萨（Hiempsal）应与义子朱古达三人共同继承和统治这个王国，正如他自己与他两个弟弟所行的那样。为更加可靠起见，他把这种规定置在罗马政府保证之下。

不久以后，在 636 年即前 118 年，密奇普萨王去世。遗嘱发生效力；不过密奇普萨的二子认为他们的堂兄是闯入正统的人，不久

---

①　下表显示努米底亚君主的世系：

马西尼萨 五一六—六〇五年（前二三八—前一四九年）
- 马斯坦那巴 死于六三六（前一一八）年前
  - 朱古达——奥金达（Oxyntas） 死于六五〇（前一〇四）年
  - 高达——希穆普萨二世——尤巴一世——尤巴二世 死于六六六（前八八）年前
- 古路萨——马西瓦 死于六三六（前一一八）年前　死于六四三（前一一一）年
- 密奇普萨 死于六三六（前一一八）年
  - 密奇普萨
  - 希穆普萨一世 约死于六三七（前一一七）年
  - 阿德赫巴 死于六四三（前一一一）年

便与他陷于争执，激烈的希穆普萨比他的哥哥软弱尤甚，以至于三
王合治的念头必须放弃。他们试行瓜分遗产；可是对于土地和财
宝的份额，三个君主互相争执，意见不能一致，决定权按理应属于
握保护权的国家，此国却照例不管这些事。他们竟至决裂，阿德赫
巴和希穆普萨欲目其父遗嘱为私造品，完全不承认朱古达的共同
继承权，另一方面，朱古达起而要求全国的领土。瓜分交涉仍在进
行之时，希穆普萨为雇用的凶手所刺杀，于是一场内战起于阿德赫
巴与朱古达之间，努米底亚全国参战。以其为数较少可是纪律和
指挥较佳的队伍，朱古达克服和夺得全部国土，那些依附他堂兄弟
的酋长受极暴虐的迫害。阿德赫巴逃到罗马省境，往罗马去诉冤。
朱古达已料到这事，并且已经做好准备以应付将来的干涉。昔日
150 在努曼提亚的营中，他从罗马学得的已不只是战术；这位努米底亚
的王子被介绍到罗马的贵族社会，也被传授了罗马各党的阴谋诡
计，他从源头上探求由罗马贵族方面有何事可以预期。甚至就在
那时，在密奇普萨死前十六年，他已与高贵的罗马友伴就努米底亚
的继统问题做个不义的磋商，西庇阿不得不郑重警告他说，外国王
子应与罗马国家友善，而不当与罗马公民订私交。现在朱古达的
使者来到罗马，带来的不只是言辞：由结果看，可见他们已选得外
交游说的适当手段。阿德赫巴有其正当的权利，拥护这权利最热
烈的人现在也以难信的速度被说服，以为希穆普萨因暴虐而为臣
民所杀，继位战争的祸首不是朱古达而是阿德赫巴。甚至元老院
里的领袖人物也为这丑事吃一惊；马尔库斯·斯考鲁斯想加以制
止，可是徒劳无功。元老院默然不问既成的事实，发个命令说：两
个见于遗嘱而尚生存的继承人应平分国土，为防止新争执起见，分

割应由元老院一个委员团负责办理。他们来了，前任执政官卢奇乌斯·奥皮米乌斯以扑灭革命的功劳著名，现在乘着这个机会领取他爱国的酬报，使人推他为委员团的首长。分割的结果完全对朱古达有利，对委员团也没有不利；首都锡尔塔（Cirta，即康斯坦丁[Constantine]）与其海港鲁斯喀特（Ruscate，即菲力普维尔[Philippeville]）诚然分给了阿德赫巴，不过正因为这样，落在他手里的一份是此国的东部，这块地方几乎尽是沙漠；反之，朱古达却分得富庶的西部，即以后的毛里塔尼亚恺萨里亚和西蒂非（Sitifensische und Cäsariensische Mauretanien）。

这是不好，不久又变得更坏。为的是能假装自卫，以夺阿德赫巴的分地，朱古达向他挑战；可是这软弱的人由阅历学得聪明，却让朱古达的马队蹂躏他的领土，不加阻止，仅以在罗马提出控诉为止足，于是朱古达不耐烦顾到繁文缛节，竟至无所借口，便开战衅。
在今日的菲力普维尔区，阿德赫巴完全被击破，入守他那即在近旁 151
的首都锡尔塔。锡尔塔城中住着很多意大利人，他们防守此城比非洲人尤为努力。罗马元老院接到阿德赫巴第一次的控诉之后，派一个委员团到非洲，围攻正在进行，朱古达的军队正在天天与意大利人交锋，这时委员团来到；当时政府恒用少不更事的人担任国家的普通使命，这个委员团的组织当然也是如此。使团对朱古达的要求是准许他们入城，因为他们是上国派到阿德赫巴那里的，可是一般的要求是停战和接受他们的调停。朱古达率然拒绝这两项要求；这使团本是一群孩子，现在也像孩子一样，急回本国，向罗马城的父老报告。父老听了这番报告，便让他们在锡尔塔的本国人随意久战下去。一直到围城的第五个月，阿德赫巴的一个使者始偷偷度过敌人的壕堑，阿德赫巴一封充满极迫切的请求的信始达到元老院，以至于元老院抖擞精神，居然议决——不是宣战，如少数人所要求的，而仅是派一个新使团——，然而这使团的首领却是马尔库斯·斯考鲁斯，是那征服陶利斯克人（Taurisker）和解放人的将军，贵族阶级的堂堂英雄，他只要一露面，便可以使那位抗命的国王幡然悔悟。就事实说，朱古达遵命来到乌提卡，以便与斯考鲁斯办理交涉；他们举行了无限的讨论，到会议终于结束时，竟毫无结果。使团回国，没有宣战；国王回去，又复攻打锡尔塔。阿德赫巴自知陷入绝境，不再希望罗马的援助；更有进者，锡尔塔的意大利人也倦于久受围攻，并且以为罗马的威名必能保他们的安全，力促投降。于是这城便立约投降。朱古达下令把他义弟在残酷的刑法中处决，把城中的成年男子，不问他是非洲人或意大利人，一概用刀杀死（642 年即前 112 年）。

一片愤慨的呼声传遍了全意大利。元老院里的少数派和元老
152 院外的一切人都异口同声地责骂政府，说政府把国家的荣誉和利益只当作货物出卖；商人阶级的责骂声最高，因为锡尔塔的罗马商人和意大利商人被屠杀，他们受到最切身的损害。诚然，元老院的多数派现在仍然挣扎；他们诉诸贵族的阶级利益，发动同僚制的一切阻挠法和拖延法，意欲再行保持他们所爱的和平。可是盖乌斯·梅米乌斯（Gaius Memmius），一位活泼而有口才的人，被选定为次年的平民保民官，他把这事向大众提出来，并且恫吓说要以他的平民保民官资格把罪大恶极的人传到法庭问罪，元老院始准许对朱古达宣战（642—643 年即前 112—前 111 年）。他们似乎认真做事。朱古达的使者不得觐见，即被遣出意大利；新执政官卢奇乌

斯·卡尔普尔尼乌斯·贝斯蒂亚(Lucius Calpurnius Bestia)至少在他本阶级中以明达和敏捷著名，努力从事备战；马尔库斯·斯考鲁斯自任非洲军的一个统帅之职。不久，一支罗马军来到非洲，沿巴格拉塔(Bagrada，即梅遮达 Medscherda)河上行，开入努米底亚国境内，那些离京城最远的城邑如大勒普蒂斯等自动上书请降，同时毛里塔尼亚王博库斯(Bocchus)虽系朱古达的岳父，也向罗马人自请修好结盟。朱古达本人也失去勇气；遣使往罗马总部请求停战。战争的结束似不在远，并且来得比人所预期的尤为迅速。罗马与博库斯订约的事失败了，因为这位国王不谙罗马的习惯，以为这条约对于罗马人既这样有利，他可以不费分文便把它订妥，所以他的使者不曾带着与罗马联盟的市价。朱古达固然较比明了罗马的制度，没有忘记用相当的金钱辅佐停战的请求，可是他也受了蒙蔽。初步交涉以后，他才知道在罗马的总部里不但可以买得一个停战协定，而且可以买得一个和约。御库里仍饶有自马西尼萨以来的积蓄，双方不久便商得同意的条款。为顾到形式起见，罗马人 153
先把条约提交一个军事会议，在一场不规则而极为潦草的讨论以后，得到会议的同意，而后结成条约。朱古达无条件投降，可是战胜者施恩，把他的王国丝毫不灭地归还他，而以他支付一笔小额赔款、交出罗马逃兵和战象为条件(643 前即前 111 年)；以后朱古达又与罗马的将帅和军官个别交涉，把战象大半赎回。

这和约的消息传来，罗马城的风潮又复发作。和约如何得来，全世界无人不知，就是斯考鲁斯也不辞贿赂，只不过他的价格高于普通元老的平均价格而已。和约的合法性在元老院里大受攻击；盖乌斯·梅米乌斯宣称，如果朱古达真是无条件投降，便不能拒绝亲来罗马，所以元老院应把他召来，听取缔约双方的口供，以便查究这违法议和的真相。他们依从这不便的要求；可是同时他们给朱古达一张护照，这是违法的，因为他来罗马，不是个敌人而只是一个投降人。于是朱古达果然来到罗马，立在集会的人民前面听审，人民要把这在锡尔塔杀戮意大利人的凶手当场碎尸万段，经人劝解，才勉强尊重护照。可是盖乌斯·梅米乌斯刚向朱古达提出第一个问题，他的同僚便用他的否决权施干涉，命朱古达闭口。在这里，非洲的黄金也强于至尊人民和最高官吏的意志。同时，关于这样缔结的和约是否有效一问题，元老院进行讨论，有人建议取消和约，新执政官斯普里乌斯·波斯图米乌斯·阿尔比努斯(Spurius Postumius Albinus)热烈赞成，希望这样一来，非洲元帅一职便会落在他手。因此，马西尼萨一个孙儿马西瓦当时住在罗马，便向元老院要求补努米底亚王国的遗缺；于是朱古达王一个亲信名鲍密尔迦(Bomilcar)的，必受有他的指使，刺杀了主人的仇敌，他因此罪被控时，又借着朱古达的帮助，逃出罗马。

154 这个在罗马政府目视之下所犯的新罪，至少足以使元老院取消和约，并遣国王离开罗马(643—644 年即前 111—前 110 年冬季)。于是战争又起，执政官斯普里乌斯·阿尔比努斯受任为统帅(644 年即前 110 年)。不过非洲军自上而下直到最低阶层都极为混乱，在这种政治和军事的督导之下，自当如是。不但纪律荡然，在停战期间，掳掠努米底亚的城邑甚至罗马省境成为罗马兵的主要事务，而且有不少的军官和士兵以及他们的将帅竟与敌人成立默契。我们不难见到，这种军队在战场上任何事也不能做，以后罗马人在法庭里数朱古达的罪，说他贿买罗马将帅，使之按兵不动，果若是，他实在是多此一举。所以斯普里乌斯·阿尔比努自安于不做一事。反之，他去后，他弟弟奥卢斯·波斯图米乌斯(Aulus Postumius)暂时代理元帅。他是个既鲁莽而又无能的人，在仲冬时候，忽想以大胆的袭击夺取国王的财宝，财宝藏在那既难行近更难攻克的苏图尔城(Suthul，以后改名卡拉马[Calama]，今名盖尔马[Guelma])。军队向那里出发，走到那个城市；不过围攻不能取胜，并且没有取胜的希望。朱古达先率兵在城下停留了一时，而后进入沙漠，罗马将军竟采用追击的策略。这正合了朱古达的用意；一次夜袭，努米底亚人得力于地势险阻和朱古达与罗马军中一些人的默契，攻陷了罗马的兵营，罗马人有许多未带武器，受敌人的追逐，全军溃散得极为可耻。结果是订约投降，其条件为罗马军自牛轭下走去，即刻退出努米底亚全境，恢复元老院所取消的条约。这些条件都是朱古达所指示，罗马人都加以接受(645 年即前 109 年初)。

这事太难堪了。非洲人欢声雷动，他们曾认为推翻外族统治殆不可能，现在这事忽然露出了一线希望，于是众多自由和半自由
的沙漠人部落都闻风投归这得胜王的麾下；同时意大利的舆论也 155
对那既腐败而又有害的掌权贵族沸腾起来，爆发为一场起诉风潮；愤怒的商人阶级又推波助澜，结果是最高贵族界有一班人被刷去，做了牺牲。经平民保民官盖乌斯·马米利乌斯·李梅塔努斯(Gaius Mamilius Limetanus)的建议，尽管元老院有阻挠刑庭的胆怯企图，一个特殊陪审委员团还是成立，追究那有关努米底亚继位问题的卖国事件。陪审团的判决把两位前任元帅，一个是盖乌斯·贝斯蒂亚，一个是斯普里乌斯·阿尔比乌斯，还有领导第一次

非洲委员团并且杀死盖乌斯·格拉古的卢奇乌斯·奥皮米乌斯,连同许多不甚知名、有罪或无罪的政府党人一概放逐。由于无人敢攻击那罪魁祸首,那狡猾而有势力的斯考鲁斯,我们灼见这些起诉的用意只在牺牲几个最有干系的人以平息激昂的舆论,尤其是资本家方面的舆论,并且其中毫无人民愤怒,起而反抗那无法无耻的贵族和贵族政府本身的形迹。反之,正在这时前后,斯考鲁斯被选为监察官,并且说起来似乎难信,他也被选为治卖国罪的特殊法庭的一个主席。至于干涉政府的职权,甚至没有人做这种企图,他们一任政府用对贵族最温和的方式制止努米底亚的丑事,因为这事的不容再缓,就是最有贵族习气的贵族大概也开始晓得了。

元老院首先又取消第二次和约——三十年前的办法是把结约的元帅送交敌人,现在按照条约神圣的新观念,这似乎不复必要——并且这次真心诚意地决定再战。他们当然委一个贵族担任非洲的最高统帅,可是由军事和道德的观点看来能胜此任的贵族寥寥无几,他们所委任的却是其中之一。中选的就是昆图斯·梅特路斯。他出自有权有势的家庭,全家皆是以严酷横暴为原则的
156 贵族,他本人自亦如是;他做官吏,当然把雇用刺客以利国家当作光荣,他可能讥笑法布里奇乌斯对皮鲁斯的行为,谓为迂腐荒唐,但他却是个既不知惧又不受贿的强硬政治家,又是个有见识有经验的军人。在这方面,他也摆脱他那阶级的成见,不选贵族而择取普布利乌斯·鲁提利乌斯·鲁孚斯(Publius Rutilius Rufus)和盖乌斯·马略(Gaius Marius)做他的副将;鲁孚斯是个绝好军官,以他那足为模范的练兵和首倡一种改良操法,为军界所重;马略是个出身拉丁农家、起自行伍的勇士。有这两个和其他贤能官佐陪伴

着，梅特路斯在 645 年即前 109 年，以执政官和元帅的资格，来到非洲军中。他见到非洲军非常混乱，以至于统帅一向不敢率领他们入敌境，并且除罗马省份的不幸居民外无人畏惧这种军队。这军队经过严厉而迅速的整顿，到了 646 年即前 108 年春季①，梅特路斯率领他们越过努米底亚的边界。朱古达一见时势转变，便自 157
觉大势已去；战事尚未开始，他便恳切提出和解的建议，到了最后，他所要求的不过是保证他的生命。然而梅特路斯却立有决心或甚至受有指示：除非这大胆的属国君主无条件投降而被明正典刑，便不停战；实际看来，只有这个结局才能使罗马人满意。利比亚人受

---

① 萨卢斯特对这一战有饶趣味而又多妙语的描写，可是在描写中他太忽略了年代。此战终于 649 年即前 105 年夏季；如果马略于 647 年即前 107 年始以执政官的资格指挥这个战事，他在那里便为三个战役的元帅。不过仅有两个战役见于他的描写，这自属正当。由一切方面看，梅特路斯早在 645 年即前 109 年即已来到非洲，可是因为他到得迟并且军队的整理耗费时间，他只到次年始做军事行动；同样，马略也因为筹备军务在意大利耽搁多时，他若不以执政官资格在 647 年即前 107 年末季即战役结束之后才就元帅职，便是仅以续任执政官资格在 648 年即前 106 年就元帅职；所以这样一来，梅特路斯的两次战役在 646 年即前 108 年和 647 年即前 107 年，马略的两次战役在 648 年即前 106 年和 649 年即前 105 年。有一事与此说相符，即梅特路斯凯旋于 648 年即前 106 年。又有一事与此说相符，即穆图尔之战和扎玛的围攻，由其与马略候选执政官的关系看来，势须置在 646 年即前 108 年。无论如何，作者对于有欠精确的罪都不能辞；例如，甚至在 649 年即前 105 年，他便已称马略为执政官。

萨卢斯特所云元老院延长梅特路斯的元帅任期，由这话所在的地位看，仅能指 647 年即前 107 年而言；当 646 年即前 108 年夏间，按森普罗尼乌斯法应确定当选为 647 年即前 107 年执政官的权限时，元老院指定的是其他两省，这样便把努米底亚留给梅特路斯。萨卢斯特所述的人民法令推翻这个元老院的法令。下面由两家最精抄本流传的残阙文字，*Sed paulo... decreverat*：*ea res frustra fuit* 必系列举元老院指给执政官的省份——大概是 *sed paulo*〔*ante uti consulibus Italia et Gallia provinciae essent senatus*〕*decrverat*——或按福尔伽达（Vulgatha）抄本来补其阙漏：*sed paulo*〔*ante senatus Metello Numidiam*〕*deereverat*。

他们所恨的外族的统治，自从朱古达战胜阿尔比乌斯以来，他被认为使利比亚脱离这种统治的救主；因为他肆无忌惮，狡黠难信，罗马政府又行动不灵，他可以在任何时候，甚至在和约结成之后，重开战衅于其本地；朱古达若不死，和平便不可保，非洲军便不能去。公开地，梅特路斯对朱古达的建议给予推诿的答复；暗地里，他却怂恿使者把他们的主人，或死或活，献给罗马人。可是罗马将军若欲在行刺上与这非洲人比赛，他却遇到了宗匠；朱古达看穿这种计策，并且因为别无办法，所以他准备拼命抵抗。

罗马人入内地的路线经过一条完全光秃秃的山脉，过了山脉，便是一片宽三十公里的大平原，直抵与山脉平行的穆图尔河。除在紧靠河流的地方，这平原无水无树，只有一道由许多丘陵排成的山脊把它纵断为二，上面荆棘丛生。朱古达在这山脊上等候罗马军。他的兵列成两个集团：一个是一部分步兵和象队，由鲍密尔迦指挥，布阵于山脊与河流相接之处；另一集团为步兵的精锐和全部骑兵，布阵于面对山脉的较高处，以荆棘为掩蔽。罗马军开出山岭之后，见敌人的阵地完全控制他们的右翼，他们又绝不能停留在光
158 秃无水的山岭，并且非达到河流不可。这时他们须解决一个难题：他们在敌方骑兵监视之下，本军没有轻骑兵，却要走过这宽三十公里全无遮蔽的平原。梅特路斯派鲁孚斯率一支队一直向河走去，以便在那里安营下寨；主力军却由山岭的出口斜趋山脊，目的在把敌人逐出此地。可是这种在平原上的行军有陷全军于覆没之势，因为罗马人一走出山口，在罗马军后路的努米底亚步兵便把山口占据，罗马进攻的纵队见敌军蜂拥的骑兵从山脊上冲下，四面八方一齐来攻。成群的敌军突击不休，阻罗马军的前进，战事有化为若

干分头混战的趋势，同时鲍密尔伽率领所部牵制住鲁孚斯麾下的队伍，使其不能急行赴援那吃紧的主力军。然而梅特路斯和马略带领二千人，竟能达到山脊的脚下，罗马兵团以急行军的步伐向山上仰攻，防守山巅的努米底亚步兵虽人数较多而且得有地利，却几乎没有抵抗，即行逃窜。努米底亚的步兵抵御鲁孚斯的，也一样不能据守阵地；罗马军一加以突击，他们便四散逃走，战象在平地上也或被砍杀，或被捕捉。罗马两军各自获得胜利，各忧另一军的命运，到深晚时始在两战场的中间地带相遇。这一战既可证明朱古达非常善于用兵，又可证明罗马步兵的坚不可破，这次战略上的失败翻为胜利，全赖这种步兵。战后，朱古达派他军队的大部回家，他以后只以做游击战为限，他的游击战也打得很是巧妙。

罗马两个纵队，一队由梅特路斯率领，一队由马略率领——马略的门第和班位虽极卑微，自穆图尔河上一战以后却在高级干部里占第一位——遍历努米底亚领土，占据城邑，遇有任何不愿开城门的，便把那里的成年男子一概处死。不过巴格拉塔河谷的最大城扎 159
玛对罗马人做严重的抗拒，朱古达又努力加以支持。他甚至能奇袭罗马的营寨，罗马人终于觉得非解围而入冬营不可。为更易于赡养他的军队计，梅特路斯留兵戍守所克的城邑，而把大军移至罗马省境内，利用停战的机会来举行新交涉，表示欲给朱古达一个尚好的和约。朱古达欣然同意，他已约定缴纳白银二十万磅，甚且献出他的战象和人质三百名以及罗马逃兵三千名，逃兵立即被处死刑。可是就在同时，梅特路斯却说服了这位国王最亲信的大臣鲍密尔迦；他原是杀马西瓦的凶犯，现在不无理由，恐怕和议一旦告成，朱古达会把他献给罗马法庭，梅特路斯保证免他那次杀人之罪并且许给他重赏，诱他承诺把国王无论死活交到罗马人手里。但那公开的交涉和这种阴谋却无一达到所望的结果。梅特路斯一提出国王应舍身为俘虏的要求，国王便中止交涉；鲍密尔迦的通敌被发觉，被捕正法。这些最卑鄙的外交诡计无可辩护，可是罗马人却有一切理由以获得敌人的正身为务。战事已达到进退两难的地步。努米底亚的民心如何，可见于646—647年即前108—前107年冬季瓦伽(Vaga)[①]的背叛，这是罗马人所占据的最大城市；在这次，罗马所有戍兵将士，除司令官提图斯·图尔皮利乌斯·西拉努斯(Titus Turpilius Silanus)外，一概被杀；以后西拉努斯因与敌人有谅解，罗马军事法庭判他死罪，把他正法；至于正当与否，我们不得而知。此城于背
160 叛之次日就遭到梅特路斯的奇袭，受尽残酷的军法；不过，如果巴格拉塔河岸上交通便利而且较为驯顺的居民竟有这样的民心，则再入内地到沙漠地带的游徙部落中，其情形将如何？朱古达是非洲人的偶像，他们以他为民族的解放者和报仇者，欣然忘其两次杀弟之事。二十年后有一个努米底亚兵团在意大利为罗马人作战，当朱古达之子出现于敌军时，罗马人不得不急忙把这兵团遣回非洲；由此，我们可以推知他本人在他的人民中间有何等伟大的势力。在一个地域，特殊的人民与特殊的地势打成一片，使一个曾得全国同情的领袖能把战事拉成无尽无休的游击战，甚或暂时休战以便在相当时刻有新力量重整旗鼓，在这种地域，如何能有结束战事的希望？

到了647年即前107年，梅特路斯再出兵征战的时候，朱古达绝不据守一地抵抗他；他有时出现于一地，有时出现于相距辽远的

---

① 今为梅热达河上的贝贾(Beja)。

他地；仿佛他们若欲制伏这些沙漠中的马队，与制伏狮子一样困难。一次仗打了，一番胜利获得了，可是胜利有何裨益，却属难言。国王已遁到渺茫难知的远方。在近代突尼斯（Tunis）的内地，紧靠大沙漠的边缘，流泉汩汩的绿洲中间有一座坚城，名为达腊（Thala）[①]，朱古达已带了他的子女、他的财宝和他的精锐部队退到这里，以待较好的时机。梅特路斯胆敢横渡那须从七十四公里外用皮囊带得水来的沙漠，追击这位国王；罗马人到了达腊，围攻四十天以后，把城攻陷；可是不但罗马逃兵于城陷时自焚，把他们所在的建筑物和最有价值的战利品一并烧毁，而且更重要的，国王朱古达也带了他的子女和宝藏逃脱。固然，努米底亚差不多全在罗马人的掌握中，可是他们不因此而达到目的，战争反似乎只是日益扩大其范围。在南方，沙漠中独立的介都尔部（Gätuler）响应朱古达 161
的号召，对罗马人发动了民族战争。在西方，罗马人昔曾藐视毛里塔尼亚王博库斯的友谊，现在博库斯似乎不无与其婿联合抵抗罗马人之意；他不但收容朱古达，而且把他那无数马队与朱古达的队伍并在一处，然后率领着他们开到锡尔塔，即梅特路斯安营度冬之所。双方开始谈判；显然，朱古达如今在他这里，他手中握有罗马人的真正战利品。可是他的目的何在，是待高价把他的女婿卖给罗马人呢，还是与他的女婿共同从事于民族战争呢？罗马人不晓得，朱古达不晓得，或者就是博库斯本人也不晓得；他又绝不急于

① 这地点不复可考。我们以前假定其所指的为泰勒普特（Thelepte，即在菲里亚那[Feriana]附近），迦普萨（卡斯帕[Caspa]）以北，未免武断；认此地就是今日在迦普萨以东亦名达腊（Thala）的地方，也没有适当的根据。

放弃他这暧昧的态度。

嗣后梅特路斯为一道人民法令所迫，把省政移交他从前的副将而今为执政官的马略，离开这省；在下次648年，即前106年的战役中，马略担任最高统帅。他的得任此职，多少受到一番革命之赐。倚仗他所立的功劳同时又信赖那向他宣示的谶语，他决定出头，做执政官一职的候选人。这位能干的人绝没有反对政府的意思，他的候选既合宪法又在其他方面完全合理，如果贵族予以支持，结果不过是在执政官表中登记一个新兴的家族而已。而竟不然，这位非贵族出身而想居最高尊位的人遭到整个贵族阶级的辱骂，说他是个无耻的维新派和革命党，正如昔日贵族对待平民的候选人那样，可是现在却无正式的法律根据。梅特路斯用尖刻的言辞讥笑这位英勇的军人——他告马略说，他的候选可以候到梅特路斯那年幼无须的儿子能做他的同僚之时——差不多到了最后一刻，才极不客气地允许他到首都去做647年即前107年的执政官候选人。在首都，他对他的将军大报其所受的耻辱；他在一群无业游民的面前，以不合军人身份而且极不公平的口吻，指责梅特路斯在非洲的作战和行政，
162 甚至不齿于向那群亲爱的民众——这民众无时不在交头接耳，谈论高贵主人方面那些极空前而又极确凿的阴谋诡计——进献平凡的谣言，说梅特路斯故意延长战事，以便尽可能久做元帅。对于街市上的游民，这事完全昭然若揭；许多人因为正当或不正当的理由而与政府为敌的，尤其是那当然愤慨的商人阶级，正想望找个机会来伤害贵族最敏感的地方，这正是个再好没有的机会。于是马略不但被绝大多数人选为执政官；而且，往常按盖乌斯·格拉古的法律，两执政官的权限由元老院决定，元老院命令梅特路斯留任，人

民法令却把命令取消，把非洲战事的最高指挥权给予马略。

于是马略在647年即前107年继梅特路斯的职位，担任次年战事的统帅；不过他那自信的诺言，说他的成绩必优于前任，他必把朱古达缚住手脚而尽速送到罗马城，却说得容易，实践很难。他与介都尔部做时发时止的战斗，他攻下几座未被占领的城市，他远征此国东南极边的迦普撒(Capsa，即迦弗萨[Cafsa])，其困难更甚于远征达腊，他以约降取得此城，却不顾协定，把城内的成年男子一概杀死——要预防这座在沙漠里的辽远城市的再叛，这当然是不二法门。摩洛恰特河划分努米底亚与毛里塔尼亚的疆界，朱古达已把他的财宝运到这条河上的一座山寨，马略攻打此寨；正当他感到成功无望，要停止围攻时，几个大胆的人攀登袭击，幸而取得这易守难攻的坚城。如果他的目的只在以大胆的寇抄来训练军队，为士卒取得战利品，甚或以更远的行军使梅特路斯的沙漠行军相形见绌，这种战术或可不受非难；可是这样一来，主要的目的，即梅特路斯所坚持到底的捉拿朱古达，便全被抛在脑后。梅特路斯的远征达腊是切合这种目的的冒险，马略的远征迦普萨是无目的的冒险，可是他的远 163
征摩洛恰特河，即使不穿过毛里塔尼亚的边疆，也须沿着那里走去，却是直与目的相反的举动。使战事得到对罗马人有利的结束或延长到无尽无休，其权操在博库斯王的掌握；他现在与朱古达订立一个条约，朱古达把一部分国土割给他，他承诺积极援助朱古达来抗罗马。罗马军正由摩洛恰特河归来，一天晚间，忽见毛里塔尼亚和努米底亚的无数骑兵把他们团团围住；他们须就着队伍原有的地位和形式来作战，不暇列成正当的阵势，也不暇听从统帅的指挥军队伤亡很重，他们居然能到两座彼此相距不远的小山上，夜里得有一时的安全，便引为幸事。可是非洲人为胜利所迷醉，全不为备，因而丧失了胜利的效果；在夜间，罗马军多少经过一番整理，到晨光熹微、非洲人沉睡的时候，乘其不备来袭，侥幸把他们击溃。于是罗马军继续前进，这次秩序较佳，戒备较严；可是他们又复四面同时被攻打，甚为危急，后来骑兵官卢奇乌斯·科尔涅利乌斯·苏拉(Lucius Cornelius Sulla)先击溃当前的敌骑，而后再追赶他们的时候迅速折回，遇见朱古达和博库斯亲率兵攻打罗马步兵的后面，又就地向他们猛扑。如是，这场攻势幸被打退；马略率兵回锡尔塔，在那里驻营度冬(648—649 年即前 106—前 105 年)。

对于博库斯王的友谊，罗马人起初加以蔑视，以后至少没有特别追求，到了博库斯发动战事以后，罗马人始极热心努力地加以争取；这事似乎奇怪，可是当然不难了解。这样一来，罗马人所得的利益是毛里塔尼亚王不正式宣战。博库斯王非不愿恢复他旧日那种暧昧的态度；他不取消与朱古达成立的协定，也不把他遣去，便
164 与罗马将军举行交涉，谈判与罗马联盟的条件。当双方得到同意或似乎如此时，博库斯王要求马略派卢奇乌斯·苏拉到他那里去，以便缔结条约、接收被擒的朱古达；一部分因为苏拉往日曾以元老院的使者资格来在毛里塔尼亚的宫廷，又一部分因为苏拉曾于毛里塔尼亚使者往罗马的途中，对他们效劳，他们称赞他，所以他为博库斯所知并且中博库斯之意。现在马略处在困恼的地位。他若拒绝这个要求，或致引起破裂；他若接受这个要求，便把他部下最高贵族勇敢的军官送在一个太不可靠的人手里，这人，如众所周知的，对罗马人和朱古达一律反复无常，他拟订这个计划，似乎差不多意在取朱古达和苏拉为双方的人质。可是结束战事的愿望重于

一切别的顾虑，马略请苏拉担任这件危险的工作，苏拉同意，便以博库斯王之子弗卢克斯（Volux）为向导，奋勇出发，甚至弗卢克斯引导他穿过朱古达的兵营，他的决心也不动摇。他的随从请他逃走，他拒绝这个胆怯的提议，与王子并肩前进，经过敌人中间，竟未受害。与国王讨论时，这位大胆的军官也显出一样的坚决，终于使国王郑重选择应取的途径。

朱古达做了牺牲。阳为准许他一切的要求，他的岳父诱他到一队伏兵里，他的从人被杀，他自己也被擒住。如是，这个大奸贼亡于他至亲骨肉的奸计。卢奇乌斯·苏拉锁住这狡猾好乱的非洲人，把他连他的子女一同带到罗马大本营，于是七年的战事告终。这场胜利大部归在马略名下；650 年即 104 年 1 月 1 日，朱古达王入罗马城，身穿王者的服装，系着锁链，同他的二子在得胜将军的凯旋车前行走；几天以后，由于马略的命令，这位沙漠子孙死在地下的城牢中，这城牢就是古代卡庇托尔山的井房（Tullianum），就是这位非洲人走进门庭，不被绞杀便须冻饿至死时所谓“浴冰室”。不过我们不能否认，在真实成绩上，马略的功劳最少；征服努米底亚直抵沙漠边 165
缘是梅特路斯的功劳，擒获朱古达是苏拉的功劳；在二人之间，马略所居的地位颇有损于这位野心暴发户的体面。他的前任采用“征服努米底亚者”的称号，马略勉强加以容忍；以后博库斯王在卡庇托尔奉献一件黄金雕刻，做把朱古达交给苏拉之状，马略勃然大怒；然而由无成见的批评家看来，这两人的功绩实使马略的将略大为减色——特别是苏拉那辉煌的沙漠远征，使这元帅和全军都承认他的镇定、他的明智和他的领袖才能。就其本身而论，这些军事的竞争无关轻重，如果其中不混杂着政党的冲突，如果反对党不以马略代替元老院的将军，如果政府党不故意惹人恼怒，赞美梅特路斯而更赞美苏拉为军界泰斗，偏爱他们而不喜那徒有其名的得胜将军。这些敌对行为的恶果，我们须在下文叙述内政史时再加阐明。

在其他方面，这次努米底亚藩国的叛乱过去了，在一般政治关系上甚至在阿非利加省的政治关系上，没有产生任何可注意的变化。罗马人违背当时在别处遵行的政策，不把努米底亚改成罗马的一省，这显然因为若无军队保护边疆以御沙漠的野蛮人，此地便不能守，罗马人又无意在非洲保持一个常驻的军队。所以他们仅止于把努米底亚最西的区域，大概是由摩洛恰特河至萨尔代港(Saldae，即布吉[Bougie])一带地方——即以后毛里塔尼亚恺萨里亚(Mauretanien von Caesarea，即阿尔及尔省[Provinz Algier])——合并在博库斯的王国，把这样缩小的努米底亚王国交给朱古达的异母弟高达(Gauda)，高达是马西尼萨最后一个仍存的合法孙儿，身心俱欠健全，他在 646 年即 108 年，就听马略的劝说，
166 向元老院要求他的继位权。[1] 同时，非洲内地介都尔各部落被容

① 萨卢斯特叙述朱古达战争的这幅写生画——在本时期那些完全褪色而变白的传说中只有这幅画仍保存其鲜明的色彩——终于朱古达的覆灭，忠于他那是诗歌而非历史的作风；他处对于努米底亚所受的待遇也没有连贯的叙述。高达成为朱古达的继位人，见于萨卢斯特和他的书中，有伽达介那一个铭文为证，铭文称他为王，并称他为希穆普萨二世之父。由恺撒书和以后的省组织看来，可见在东面，努米底亚对罗马属下阿非利加省和昔兰尼加的疆界仍旧不变；另一方面，由事理和萨卢斯特的话看来，博库斯的王国大为扩张；毛里塔尼亚原限于丁吉斯(Tingis，今摩洛哥)一地，以后伸展到恺萨里亚(即阿尔及尔省)和西蒂非(Sitifis，即今康斯坦丁省的东部)等地，必与此事有连带关系。毛里塔尼亚两度为罗马人所扩大，第一次在交出朱古达以后的 649 年即前 105 年，第二次在分裂努米底亚以后的 708 年即前 46 年，第一次扩大所增加的大约是恺萨里亚，第二次扩大所增加的大约是西蒂非。

纳在与罗马订有条约的独立国之列，作为自由同盟国。

朱古达战争或毋宁谓朱古达的叛乱，其政治的效果虽常被过于重视，却调整非洲属国尤为重要。固然，在这次战事中，政府的一切弊病赤裸裸地暴露无遗，现在有一件不但驰名而且好像法定的事实，即在罗马当权的贵族中间，无论和约和调停权、兵营的壁垒和士卒的生命，一切都是出卖品；那位非洲人的话不过是单纯的实话，当他离开罗马时，宣称只要他有充足的黄金，他负责购买这座城市。不过这时期全部对内对外的政治都沾染着这种卑污鬼祟的色彩。在当时军务和政治的事件中，非洲战役有较佳的记载，使我们看得格外亲切，因此对于我们，这种偶然情形揭露了当时的真相；至于当代的人，这些启示所昭告他们的不过是人人早已晓得、每个爱国勇士早已能用事实证明的事情。然而这些事情现在却有了几个更有力、更无法辩驳的新证据，证明复位的元老政府卑鄙龌龊——其卑鄙龌龊仅亚于其无能；如果那时有使政府不得不应付的反对党和舆论，这种情形也许关系重大。可是这次战争不但揭 167
露政府的腐败，也显出反对党的完全无用。政治的恶劣无过于637—645年即前117—前109年复古政府的政治；缺乏武备和孤立无援也无过于645年即前109年的元老院；如果罗马有一个真正的反对党，就是说，有一个愿意并且力主根本改革政体的党，现在这党必至少要企图推倒那复位的元老院。这事竟未发生；政治问题化为个人问题，将军被更换，一两个无用而不重要的人被放逐。这样造成的定局是：所谓平民党本身既不能治国，又不愿治国；罗马只能有两种政体，一种是僭主政体，一种是寡头政体；只要凑巧没有一个即使不甚重要却甚为知名的人物足以自跻于国家元首的，最恶的失策至多危害到寡头政府的个人，却从不危害到寡头政体；另一方面，这种僭主一旦出现，便没有比摇劝那些腐朽法座更容易的事。在这方面，马略的出头饶有意义，正因为这事本身的毫无来由。如果在阿尔比乌斯战败之后，市民便攻打元老院，这即使不算正当，也还可解；可是在梅特路斯转变努米底亚的战局以后便再谈不到措置乖方，更谈不到对于国家的危害，至少在这方面如此；然而第一个才能出众的野心军人竟能做出老非洲英雄往日对政府所要做的事，违反政府党明白表示的意志，自行取得一个主要统帅的地位。在所谓平民党手里，舆论是无用的，可是一到了罗马未来君主的手里，舆论便成为一个不可抵御的武器。我们不是说马略有做僭主的意思，至少当他运动人民选他为非洲最高统帅时是这样；可是无论他对于自己的行为了解与否，当人民大会机构开始任命将军，或者，差不多相同的，每个得民心的军官都能以合法的形式自荐为将军之时，这复位的贵族政府便显然到了末日。这种初步的转机只出现了一个新要素，这就是军人和武力加入了政
168 治革命。马略的挺身而出，是再想以僭主政体代替寡头政体的直接序幕呢，还是如种种相类的情形，只是偶尔侵害政府的特权，没有更进一步的结果便过去了呢？现在尚无法断言；可是有很可预知的就是，如果第二次僭主政体的这些根苗得以发展，为这政体的领袖的必不是一个像盖乌斯·格拉古的政治家，而是一个军人。同时，马略编制他部下要到非洲的军队，创行改革的军制，他不顾一向要求的财产资格，甚至极贫的人，只要在其他方面堪服兵役，也可以入兵团为志愿兵——始创者计划这种改革也许纯由于军事见地，不过尽管如此，政治上却因此发生了一件重大的事：即军队

不复如往昔以多有资财，或甚至如近代以稍有资财、可受损失的人来构成；军队渐变成除武装和将军所给他们的东西外一无所有的人群。贵族在 650 年即前 104 年专制国政，正与其在 620 年即前 134 年无异；可是惨祸将临的预兆已日积月累，在政治的天平线上，刀剑始与王冠一同出现。

169 第五章　北方民族

自从罗马纪元第六世纪末年，罗马民社就统治着由北大陆伸入地中海的三大半岛，至少大致如此。然而就在这里——在西班牙北部和西部、在利古里亚的亚平宁山和阿尔卑斯山谷、在马其顿和色雷斯的山岳地带——，全自由和半自由的部落仍反抗那松懈的罗马政府。再者，西班牙与意大利和意大利与马其顿间只是极肤浅地成立了陆上交通，比利牛斯山、阿尔卑斯山和巴尔干山脉以外的地方——罗讷河、莱茵河和多瑙河的盆地——，大半都在罗马人的政治范围以外。现在我们须叙述罗马在这方面取何步骤以巩固和完成她的帝国，同时在这圆屏似的大山背后，大批循环起伏的民族如何开始敲打北山的门户，不客气地警告希腊-罗马世界说，他们自以为独掌大地，即是错了。

让我们先看自西阿尔卑斯山至比利牛斯山的一带地方。马赛利亚是罗马属下一个最早、最忠实、最强大的同盟民族，罗马久已假手于这个藩属城市来控制地中海这部分的海岸。马赛利亚的海站，向西有阿伽达（Agatha，即阿格德[Agde]）和罗达（Rhoda，即罗萨斯[Rosas]），东方有陶伦提乌姆（Tauroentium，即西约塔[Ciotat]）、奥尔比亚（Olbia，即耶尔[Hyères]）、安提波利斯（Antipolis，即昂蒂布[Antibes]）和尼凯亚（Nicaea，即尼斯[Nice]），巩固自比利牛斯山至阿尔卑斯山的沿海航业和陆路；马赛利亚在商业和政治上的关系远达内地。600 年即前 154 年，一方面应马赛利亚人的请求，另一方面也为他们自己的利益，罗马人举行远征，入尼凯亚和安提波利斯以上的阿尔卑斯山，讨伐利古里亚的奥克西比部(Oxybier)和德奇替部(Dekieten)；战事激烈，有几次伤亡很多，然后这个山区被迫以后向马赛利亚人常遣质子，年年纳贡。约在此 170
时，这个区域模仿马赛利亚的榜样，种植葡萄和橄榄甚盛；据说现在为意大利地主和商人的利益计，在阿尔卑斯山外马赛利亚属下的整个地域，葡萄和橄榄的种植都同时被禁，此说未必不确。[①] 又有一场战争也以财政的投机为特色：611 年即前 143 年，因为维图穆莱(Vietumulae)的金矿和淘金场，执政官阿皮乌斯·克劳狄乌斯率罗马兵对萨拉西人作战。这些淘金场规模甚大，以致夺去下游居民灌田的水，先引起调停的企图，而后惹得罗马人武力干涉。在这时期，罗马人在开战时常打败仗，这次虽亦如此，最后却平定萨拉西人，把产金区割给罗马国库。几十年之后(654 年即前 100 年)，罗马人在这里所取得的领土上设立了埃波雷底亚(Eporedia，即伊夫雷亚[Ivrea])殖民地，主要目的大概是控制阿尔卑斯山的西方孔道，一如阿奎莱亚控制阿尔卑斯山的东方孔道。

到了盖乌斯·格拉古的忠实同志马尔库斯·福尔维乌斯·弗拉库斯为 629 年即前 125 年的执政官，就这方面的元帅之职，阿尔

---

① 西塞罗使非洲英雄早在 625 年即前 129 年说这话，他若无意自陷于时代错误，则本书所举的见解或仍是唯一可能的见解。这个法规不适用于北意大利和利古里亚，因为在 637 年即前 117 年热那亚人还种植葡萄，可以为证；这法规也不适用于马赛利亚的直辖地。七世纪时，油和酒由意大利大量输出到罗讷河区域，是人所共知的。

卑斯山的战事才较为严重。他第一个从事拓地于阿尔卑斯山外。这时凯尔特民族四分五裂，比图里吉邑已失其真霸权，而徒拥盟主的虚名；自比利牛斯山至莱茵河，自地中海至大西洋，实际做首领的是阿维尔尼邑，[1]所以有人说此邑能出战的兵达十八万人之多，似乎并非十分过分。在这里，埃杜伊人（Häduer，在欧坦［Autun］附近）与阿维尔尼人争霸权，势力不敌，同时高卢东北部苏埃西翁人（Suessionen，在苏瓦松［Soissons］附近）的君主统一比利其（Bel-
171 gen）部落同盟，领域跨海而至不列颠。关于阿维尔尼王卢埃里乌斯（Luerius）的壮丽宫廷，当时希腊旅行家多所称述：华丽的本族侍从，手牵成群猎犬的虞人和行歌的诗人如何簇拥在他前后左右；他如何乘一辆银镶车遍历国内的城市，把满手的黄金撒在群众中间，特别用这阵光闪闪的雨取得诗人的欢心。在一块一千五百双步见方的广场里，他公开设宴，任何人路过此处，皆被延入座。这段叙述使我们想见喀马科（Camacho）的结婚筵席，历历如在目前。

然而弗拉库斯先攻打的不是阿维尔尼部而是阿尔卑斯山与罗讷河之间一带地方的小部落，这里土著的利古里亚人已与后至的凯尔特部落互相混合，产生一种可与凯尔特伊比利亚人相比的凯尔特利古里亚人。他战胜（629年即前125年，630年即前124年）埃克斯（Aix）和迪朗斯河（Durance）流域的萨利耶部（Salyer或Salluvier），和他们的北部沃康蒂都（Vocontier，在今沃克吕兹［Vaucluse］和德龙［Drôme］两省地）；弗拉库斯的继任人盖乌斯·

[1] 在奥弗涅（Auvergne）。他们的都城纳梅图姆（Nemetum，又名纳莫苏斯［Nemossus］）距克勒蒙（Clermont）不远。

塞克斯提乌斯·卡尔维努斯(Gaius Sextius Colvinus,631 年即前 123 年、632 年即前 122 年)也战胜阿洛勃罗根部(Allobrogen),此部是伊泽尔(Isère)河肥饶流域凯尔特人的强大部落;萨利耶王图托莫图卢斯(Tutomotulus)既出奔,此部应他们请求来助他克复国土,可是在埃克斯地方为罗马人所败。虽然如此,阿洛勃罗根人拒不交出萨利耶王,格涅乌斯·多米提乌斯·阿赫诺巴布(Gnaeus Domitius Ahenobabus)继卡尔维努斯之位,深入他们的境内(632 年即前 122 年)。迄今为止,凯尔特的领袖部落对于其邻国意大利人的侵略一向袖手旁观;阿维尔尼王贝退图斯(Betuitus)为上述卢埃里乌斯之子,其东各邑,或对他有散漫的藩属关系,他似乎很不愿因为这种关系而从事冒险的战争。可是当罗马人有攻阿维尔尼人于其本土之势时,他便提出调停,调停被拒,他随即调出全副兵
力来援阿洛勃罗根部;埃杜伊部则依附罗马方面。罗马人得了阿 172
维尔尼人起兵的消息,便派 633 年即前 121 年的执政官昆图斯·法比乌斯·马克西姆斯(Quintus Fabius Maximus)与阿赫诺巴布共御来临的攻势。在阿洛勃罗根邑的南边伊泽尔河与罗讷河交汇之处,在 633 年即前 121 年 8 月 8 日,两方交战,决定了南高卢的主权。贝退图斯王见属下部落无数的队伍经跨越罗讷河上的浮桥向他开来,又见不及其数三分之一的罗马军列阵与他们对抗,据说曾大声喊道:罗马人尚不足以喂饱凯尔特军的狗。然而马克西姆斯是皮德那战胜将军的孙子,却得到一个决定的胜利;因逃兵众多,浮桥折断,阿维尔尼军大半覆没。阿维尔尼王向阿洛勃罗根部说不能再援助他们,并劝他们与马克西姆斯媾和,阿洛勃罗根部便降于这位执政官;自此以后,马克西姆斯被称为"克阿洛勃罗者"

(Allobrogicus)。于是阿维尔尼战争结束之日不远,他回意大利,他留下阿赫诺巴布办理结束事宜。阿赫诺巴布因为贝退图斯王使阿洛勃罗根人向马克西姆斯投降,而不向他投降,私人对他怀恨,用奸计捉住贝退图斯王,把他解到罗马,元老院虽不赞许背信弃义,却不但留住这被陷遭擒的人,而且命令把此人之子康贡纳提亚库斯(Congonnetiacus)也解到罗马。阿维尔尼战争已近结束,其所以复发,似乎就因为这个缘故,于是在索格(Sorgue)河与罗讷河汇合之处文达利乌姆(Vindalium,在亚维农[Avignon]上游)地方再决一次胜负。这次的结果无异于第一次,这次击溃凯尔特军,多赖非洲象队之力。于是阿维尔尼部屈服讲和,凯尔特人之地复归平静。①

173 这些军事行动,结果在沿海阿尔卑斯山与比利牛斯山之间设一新省。阿尔卑斯山与罗讷河之间的一切部落无不成为罗马人的属国,因为他们不向马赛利亚进贡,现在大概也成为向罗马进贡的国家。在罗讷河与比利牛斯山之间的一带地方,阿维尔尼部仍不失其自由,没有向罗马人进贡的义务;不过他们须把直接或间接领土的南部割给罗马——即由塞文(Cevennes)河南抵地中海,由加龙(Garonne)河上游至托洛萨(Tolosa,即图卢兹[Toulouse])之地。罗马占领这些地方,既以建立自意大利至西班牙的陆路交通为主要目的,所以此后即刻筹备修筑沿岸的道路。为达到这个目

① 李维书提要的作者和奥罗斯(Orosius)把文达利乌姆之战置在伊萨拉河之战以前,可是弗洛鲁斯和斯特拉波所主张的次序却与之相反;相反的次序有两件事为证:按李维书的节要和普林尼的《博物志》(*Historia Naturalis*),马克西姆斯为执政官时战胜高卢人,更重要的是按卡庇托尔的年历,马克西姆斯的凯旋不但早于阿赫诺巴布的凯旋,而且前者战胜阿洛布罗根部和阿维尔尼部的战事必早于独对阿维尔尼部的战事。

的，罗马人把由阿尔卑斯山到罗讷河的一条宽一点六公里至二点七公里不等的海岸地带，割给马赛利亚人，马赛利亚人已在这里沿岸有一串航站，罗马人使他们负维持这条道路的责任；同时罗马人又自修一条军用大路，自罗讷河至比利牛斯山，以其创始者阿赫诺巴布之名称之为多密提亚(Via Domitia)。

新堡垒的修建照例与筑路并进，在东部，罗马人所选的地点是盖乌斯·塞克斯提乌斯击破凯尔特人的地方，那里风景宜人，土壤肥沃，又有温泉和冷泉多处，使他们乐于居住——一座罗马城市起于此地，这就是"塞克斯提乌斯浴场"阿奎-塞克斯提亚(Aquae Sextiae，即埃克斯)。在罗讷河之西，罗马人殖民于凯尔特的古城纳博，此城位于可以通航的阿塔克斯(Atax，即奥德[Aude])河上，距海不远，已见于赫喀泰俄斯(Hecataeus)的叙述，甚至在被罗马人占领以前，已是一个与马赛利亚争雄的热闹商埠，并且参加不列颠的锡矿贸易。阿奎没有得到市权，仍旧是个常设的军营；[①]反之，纳博在创设时虽原来也是一个对凯尔特人的前哨，后来却以玛斯市(Mars'town)的资格成为罗马的市民殖民地，阿尔卑斯山外凯尔特地的新省，或用更常用的名词说，纳博省，常以纳博为省会。 174

这些在阿尔卑斯山外扩张领土的事，原是格拉古党提议的，他们显然想在那里开辟一块无限大的新土地来行他们的殖民计划——这块土地与西西里和非洲有同样的便利，并且由土人之手

① 如李维所云，阿奎不是个殖民地而是个堡垒(Castatlum)。意大利迦和其他地方亦复如是，例如文多尼萨(Vindonissa)在法律上未尝不是个凯尔特村落，也是一座罗马设防的营垒，一个很重要的地方。

夺取这块土地，易于由意大利资本家之手夺取西西里和利比亚的农庄。无疑地，盖乌斯·格拉古的覆败在这里也造成对于略取领土的限制，更造成对于创设城市的限制；可是这项计划虽没有尽量实行，却至少也没有完全成为泡影。所获的领土，而更重要的，纳博的创设——元老院想使纳博殖民地与迦太基殖民地遭同样的厄运，结果徒劳——仍屹然为未完成的结构的两部，劝勉将来继承格拉古的人继续经营。显然，罗马商人阶级只能在纳博与马赛利亚竞争高卢-不列颠的贸易，所以保护这殖民地，使免受贵族党的攻击。

意大利东北有与西北相类的问题，也须处理；这问题也同样没有全被忽略，可是解决得比西北问题更欠圆满。阿奎莱亚既经设立(571 年即前 168 年)，伊斯特里亚半岛为罗马人所有，罗马人久已统治伊庇鲁斯的一部和斯科德拉君主的领土。可是他们的统治却无一处达到内地；甚至在海岸上，他们的统治也不过徒有其名；自伊斯特里亚至伊庇鲁斯一带海岸地势险恶，一层高似一层，梯子般的山峡错综森列，既没有河谷也没有沿海平原横断其间，又有成串的石岛纾逦于沿海，不但不是意大利与希腊的联络；而且是两地的隔阂，这里德尔米尼乌姆城(Delminium，在特里格尔[Trigl]旁边的科提纳[Cottina]河上)是德尔马提亚(Delmater)或达尔马提亚(Dalmater)联盟的中心，这民族风俗的粗野不亚于他们所居的山岳。邻近的民族已达到高度文明之时，达尔马提亚人却仍不识金钱为何物，对于土地不承认任何所有权，每隔八年把他们的土地
175 重新分给民社各分子一次。陆盗和海贼是土人唯一的职业。在早年，这些部落与斯科德拉的君主有散漫的属国关系，因此罗马征讨条达(Teuta)女王和法罗的德米特里乌斯时，他们也受了惩戒；不

过甘提奥斯王即位以后，他们背叛，于是马其顿帝国灭亡时南伊利里亚受其连累而遭厄运，他们独得脱免，永久为罗马的属国。这地方极不可喜，罗马人欣然听其自便。不过罗马属下的伊利里亚人，特别是住在达尔马提亚人纾南纳伦塔河（Narenta）上的道尔西人（Daorser），和在大陆上有特拉吉里乌姆（Tragyrion，即特劳[Trau]）和埃佩甸（Epetion，在斯帕拉托[Spalato]附近）两个站大受土人之害的伊萨岛（Issa，即利萨[Lissa]）上居民，都向罗马政府控诉；罗马政府不得不派使团往土人处；他们带回的答复是达尔马提亚人一向不顾虑罗马人，将来也不顾虑。罗马政府又不得不于598年即前156年，派执政官盖乌斯·马尔奇乌斯·菲古卢斯（Gaius Marcius Figulus）率兵往那里去。他侵入达尔马提亚，可是又被逐回罗马境内。到了599年即前155年，菲古卢斯的继任人普布利乌斯·西庇阿·那西加（Publius Scipio Nasica）攻取了大而且坚的德尔米尼乌姆地，这个同盟才就范，自认附属于罗马人。但这块地方贫瘠，只是表面上平定，其重要性不足以独设一省来治理；罗马止于按照伊庇鲁斯较重要属地所已行的办法，与阿尔卑斯山内的凯尔特地一同由意大利治理；就是到608年即前146年，已设立了马其顿省，此省的边界已定在斯科德拉以北，这个办法仍存而不废，至少大致如此。①

可是把马其顿化为罗马直辖的一省，罗马与东北民族的关系便较前重要，北面和东面的边界处处裸露，罗马人须负保卫这个边

---

① 德林（Drin）河流域的庇鲁登部（Piruten）属于马其顿省，可是流浪到邻地伊利里库姆去行劫。

界以抗邻近部落的义务；同样，不久以后（621年即前133年），罗
176 马又获得原属阿塔鲁斯王国的色雷斯-切索尼斯即加利波利（Gallipoli），于是波加蒙王一向所负的义务，即在这里抵御色雷斯人以保卫希腊人，也传到罗马人身上。波河流域和马其顿成为两个基地，现在罗马人由这些基地向莱茵河的发源地和多瑙河认真前进，占据北方的山岳，至少以南方的安全所需的为限。

那时上述各地最强有力的民族也是凯尔特大民族，据当地传说，这民族原住在西方海洋，以后约在同时，从那里迁徙入阿尔卑斯山主脉以南的波河流域，和阿尔卑斯山主脉以北的莱茵河上游和多瑙河一带。他们部落繁多，赫尔维蒂部（Helvetier）既强且富，占据莱茵河上游两岸，没有一处与罗马人直接接触，所以与他们和平相处，订有条约；这时他们似乎已由日内瓦湖（Genfersee）伸张到美因河，占据了今日的瑞士、施瓦本（Schwaben）和弗兰肯（Franken）。与赫尔维蒂部接壤的是波伊部，他们居住的所在大约在今日的巴恩（Bayern）和波希米亚（Böhmen）。[①] 在波伊部的东

① 塔西佗说："赫尔维蒂部居于荷恺尼亚森林（Hercynia Walde，大概就是罗亨亚尔伯[Rauhen alb]）莱茵河和美因河；再远就是波伊部所居之地。"波赛冬（Poseidonios）说：波伊部击退辛布里部之时，住在荷恺尼亚森林，就是由罗亨亚尔伯到别麦森林（Bomer wald）一带。恺撒把他们移到"莱茵河外"，与上说并不冲突，因为他在那里以赫尔维蒂部的观点说话，他很可以指勃登湖（Boden see）东北之地而言。斯特拉波谓昔日波伊部之地滨临勃登湖，与上说亦完全相合，所不合者只是斯特拉波不甚精确，说波伊部居于勃登湖时，与文底利克部（Vindeliker）并称，因为文底利克部只在波伊部退出之后才把此地占据。甚至在波赛冬以前，所以在650年即前104年以前，玛科曼部（Marcomanen）和其他日耳曼部落已把波伊部逐出这些地方；在恺撒时代，波伊部的别支流浪于喀儿登（Kärten），由那里走到赫尔维蒂，入西高卢；另一伙在普拉登湖（Plattensee）上创立新居留地，到了700年即前54年为盖塔部（Geten）所灭。可是那个区域——即所谓"波伊沙漠"——仍保存着这最受侵害的凯尔特民族之名。

南，我们遇见凯尔特的另一部族出现，在施泰尔马克（Steiermark）区和克恩腾（Kärnten）的名为陶里斯克部（Taurisker），以后改名为诺里克部（Noriker），在夫利奥尔（Friaul）、克伦（Krain）、伊斯特伦（Istrien）的名为喀儿诺部（Karner）。这一带产铁矿，就在此时人已热烈地加以冶炼，他们的城市诺莱亚（Noreia，在克拉根福[Klagenfurt]以北距圣法伊特[St. Veit]不远）即因这些铁矿繁盛起来，远近驰名；这时此地又有丰富的金矿层发现，意大利人更受 177
其引诱而来，直到土人排斥他们，把这当日的“旧金山”（California）收回自管而后已。这些凯尔特部落沿着阿尔卑斯山两边流动的，按照他们的风尚，大半只占据平地和丘陵地；他们未占据阿尔卑斯山本部也未占据埃施（Etsch）河流域和波河下游，这些地方仍留在较古的土著人手里。土著人究属于何种民族，到现在远没有能研究出个确实来，于是他们见于东瑞士和第罗尔山中的名为雷特人（Räter），在帕度亚（Padua）和威尼斯（Venedig）附近的名为攸伽纳人（Euganeer）和维内特人（Veneter）；所以在最后这个地方，两大股凯尔特人几乎互相接触，布雷斯奇亚（Brescia）附近的凯尔特人塞诺马尼部（Cenomaner）和夫利奥尔的凯尔特人喀儿诺部只隔着一条狭窄的土人地带。攸伽纳部和维内特部久已成为罗马的安静臣民，而阿尔卑斯山本部的人民不但仍然自主，而且常常下山寇掠阿尔卑斯山与波河间的平原，他们在这里不以征收战费为已足，并且在他们攻陷的地方做凶暴可怕的事，往往杀死一切男子，下至摇篮里的婴儿——罗马人曾侵掠阿尔卑斯山谷，这大概是对罗马的实际报复。由一个事实可见雷特人的入寇如何危险：660年即前94年前后的一次寇掠，一座大乡镇科蒙成为一片砾场。

这些住在阿尔卑斯山上和山外的凯尔特部落和非凯尔特部落如果已有形形色色的互相混合，那么，在多瑙河下游地势异于偏西的地域，没有高山做天然的阻隔，我们可以想见这里人民的混合更为普遍。伊利里亚的初民，阿尔巴尼亚人，似为其存于今日的最后纯种，处处与凯尔特分子大相混合，至少在内地如此，于是凯尔特的甲胄和凯尔特的战术可能普遍输入此地。与陶利斯克交界的是耶派德部(Japyder)，他们的住处在攸里(Julisch)阿尔卑斯山上今日克罗地亚(Kroatien)远至阜姆(Fiume)和曾格(Zeng)——这部落必原是伊利里亚人，可是深与凯尔特相混。与此等部落接壤而在沿海一带的，就是上述的达尔马提亚部，他们那险恶的山地，凯尔特人似乎没有渗入；反之，在内地，特里巴利部(Triballer)原来
178 特为强大，后为凯尔特的斯科底斯克部(Skordisker)所灭，在远征德尔斐的凯尔特人中斯科底斯克部居主要地位；在此时前后，沿萨瓦(Save)河下游一带远至今日的波斯尼亚(Bosnien)和塞尔维亚(Servien)的莫拉瓦(Morawa)河，皆以此部为霸主。他们远远地向默西亚(Mösien)、色雷斯和马其顿侵掠，关于他们那野蛮的胆气和残暴的风俗，有可怕的传说。他们的主要堡垒是那强固的塞吉斯提卡(Segestica，又名西斯奇亚[Siscia])在库尔帕(Kulpa)河流入萨瓦河之处。当时住在现今匈牙利、锡本贝尔根(Siebenburgen)、罗马尼亚和保加利亚的民族仍暂时在罗马人的视野以外；罗马人只在马其顿东界的罗多裴(Rhodope)山脉与色雷斯人发生接触。

若有一个政府强于当日的罗马政府，要对这些广大的蛮区设立一种有组织并且敷用的边防，也必不是容易的事；在复古政府主持之下，对这重要目的，所做的事尚不能赶上最低的要求。远征阿

尔卑斯山居民的事似乎并不缺乏；636 年即前 118 年，有征斯托诺部(Stoner)的凯旋，此部或居于维罗那(Velona)以上的山中；655 年即前 95 年，执政官卢奇乌斯·克拉苏(Lucius Crassus)使人广事搜索阿尔卑斯各山谷，杀戮那地方的居民，然而他所杀戮的人还不足以使他举行一番乡村凯旋，使他以战胜者的桂冠配合他那善辩的名望。这种寇抄只是激怒土人而不能使之无害，罗马人仍以此为满意，每次入侵之后似乎都又把兵撤退，所以波河以外地带的局势大致不改旧观。

在色雷斯的边界上，罗马人对于邻国似乎漠不关心，在马其顿与色雷斯交界的山中只是 651 年即前 103 年，有对色雷斯人的冲突，657 年即前 97 年有对米底人的冲突，见于记载。

在伊利里亚地方，发生了较为严重的冲突，这里的达尔马提亚人嚣张好乱，他们的邻国和亚得里亚海上的舟子无日不对他们有
怨言；马其顿的北边全无屏蔽，据一位罗马人饶有意味的话，这条 179
边界以罗马刀枪所及之处为限，沿这条边界，罗马人与蛮族的冲突无时或息。619 年即前 135 年，罗马人远征阿代尔部(Ardyäer，即瓦尔代部[Vardaer])和普勒雷尔部(Pleräer，即帕拉利[Paralier]部)，这个部落原居于纳伦达河(Narenda)河口以北沿海一带，不断在海上和对岸为非作歹；他们奉罗马人的命令由海岸迁居内地，即今日的黑塞哥维那(Herzegowina)，他们始在这里耕治土地，可是他们既不惯于经营这种新事业，便在这块贫苦的地方日渐衰萎。同时罗马人又由马其顿攻斯科底斯克部，大概此部曾响应海岸被攻的居民。不久以后(625 年即前 129 年)，执政官图狄塔努斯(Tuditanus)与战胜西班牙喀勒克人(Kalläker)的良将德奇姆斯·

布鲁图斯(Decimus Brutus)联合作战,挫耶派德部,又于开场战败之后,终能扬罗马的兵威于达尔马提亚的腹地,远至下距阿奎莱亚一百八十四公里的凯喀(Kerka)河;自此以后(635 年即前 119 年),达尔马提亚人又复起兵,又与斯科底斯克人共取行动。执政官卢奇乌斯·科塔(Lucius Cotta)征讨斯科底斯克人,似乎进到塞吉斯提卡(Segestica),同时他的同僚卢奇乌斯·梅特路斯(Lucius Metellus,即克努米底亚者的哥哥以后称为"克达尔马提亚"的)进攻达尔马提亚人,击败他们,在萨洛那(Salona,即斯帕拉托[Spalato])度冬,此后这座城似为罗马人在这区域的主要堡垒。那条伽比尼大道(Via Gabinia)由萨洛那向东通到安德特里乌姆(Andetrium,在穆赫[Much]附近),由此再通至腹地,这路的修筑未必不在此时。

639 年即前 115 年的执政官马尔库斯·埃米利乌斯·斯考鲁斯(Marcus Aemilius Scaurus)远征陶里斯克部[1]之役,较饶征服战的色彩。罗马人在的里雅斯特与莱巴赫(Laibach)之间渡过东阿尔卑斯山脉最低处的,他是第一个,并与陶里斯克人成立宾主关系,这使罗马人得有非不重要的商业往来;正式降服会把罗马人牵
180 入阿尔卑斯山以北各族的骚乱,这种关系却使他们免受牵累。关于对陶里斯克人这次殆已遗忘的战争,不久以前,有一块罗马纪元 636 年即前 118 年的石碑出土于德萨洛尼卡附近,因而一页虽孤立而却明白的历史又见于世。据石碑所记,本年在阿哥斯(Agos,

① 在凯旋年历,他们似名为 Galli Karni,在维克托(Victor)书中名为 Ligures Taurisci(因为沿用的 Liguresent Caurisci 应照这样改正)。

在阿克西奥[Axio]河或瓦尔达尔[Vardar]河上游，距斯托比[Stobi]不远)，马其顿省长塞克斯图斯·庞培(Sextus Pompeius)对这些凯尔特人作战阵亡，以后他部下的财务官马尔库斯·安尼乌斯(Marcus Annius)率麾下兵来到，稍能控制敌人；不久以后，这种凯尔特人与米底部(Mäder，在斯特里蒙[Strymon]河上游)的君长提帕斯(Tipas)结合，兵力更大，又复入寇；对于这些侵入的蛮族，罗马人煞费气力仅能自保。① 凯尔特人不久便有咄咄逼人之势，以至于非遣一支执政军往马其顿不可。② 数年以后，在塞尔维亚的山中，640 年即前 114 年的执政官盖乌斯·鲍奇乌斯·加图(Gaius Porcius Cato)为上述的斯科底斯克人所袭击全军覆没，他本人却带着几个随从踉然逃去。将军马尔库斯·狄狄乌斯(Marcus Didius)勉强保卫罗马的边疆。他的后任盖乌斯·梅特路斯·卡普拉里乌斯(Gaius Metellus Caprarius，641 年即前 113 年、642 年即前 112 年)、马尔库斯·李维乌斯·德鲁苏斯(Marcus Livius Drusus，642 年即前 112 年、643 年即前 111 年)和昆图斯·米努奇乌斯·

---

① 为祝贺马其顿财务官马尔库斯·安尼乌斯，勒特城(Lete，即埃瓦蒂[Aivati]在德萨洛尼卡西北一公里)于省历二十九年，罗马历 636 年即前 118 年立这个石碑，马尔库斯·安尼乌斯之名不见于他处；这个碑说到将军塞克斯图斯·庞培的阵亡，这庞培不能是他人，必是与恺撒争权的庞培之祖父，又是诗人卢奇利乌斯(Licilius)的姻兄弟。敌人名为 Γαλατῶνεθυος。碑文谓安尼乌斯为体恤省民起见，不征发他们的补助兵，专用罗马军队击破蛮族。由各方面看，马其顿在那时即已需要实际常驻的罗马军队驻守。

② 如果执政官昆图斯·法比乌斯·马克西姆斯·埃布尔努斯于 638 年即前 116 年赴马其顿，他必在那里吃西塞罗在皮松所说的败仗：*ex (Macedonia) aliquot practorio imperio, consulari quidem nemo rediit, qui incolumis fuerit, quin triumpharit*。因为马其顿的凯旋见于这时期的凯旋表的，只有 643 年即前 111 年梅特路斯，644 年即前 110 年德鲁苏斯和 648 年即前 106 年米努奇乌斯所举行的。

鲁孚斯(Quintus Minucius Rufus,644—647 年即前 110—前 107 年)战运较佳;[1]德鲁苏斯是第一个达到多瑙河的罗马将军,鲁孚
181 斯沿摩拉瓦河进兵,大破斯科底斯克人。可是尽管如此,以后不久他们又与密第人和达尔达尼人(Dardaner)联合侵入罗马领域,甚至劫掠德尔斐圣地;就在此地,卢奇乌斯·西庇阿(Lucius Scipio)才结束了这三十二年的斯科底斯克战事,把这部落的残众驱逐到多瑙河的左岸。[2] 自此以后,上述达尔达尼部(在塞尔维亚)始代斯科底斯克部而兴,称雄于马其顿北边与多瑙河之间一带地方。

可是这场胜利却有得胜者料想不到的结果。多年以来,沿着凯尔特人所占多瑙河西岸地域的北边,已有一种"无定民族"往来游徙,他们自称为辛布里人(Kimbrer),意即"武士"(Chempho),或如其敌人所译"强盗";由一切方面看来,在他们出发迁徙以前,这名目已成为这民族的称号。[3] 他们来自北方,就我们所知,首先与

---

① 据弗隆提努斯、维莱乌斯(Velleius)和尤特罗皮乌斯(Eutropius)所说,米努奇乌斯所战胜的部落是斯科底斯克部;弗洛鲁斯言希布罗部(Hebros,即马里扎部[Maritza])而不言马尔哥部(Margos,即摩拉瓦部[Morawa]),只能认为是弗洛鲁斯的错误。

② 关于这次灭斯科底斯克部而准米底部和达尔达尼部与罗马订约,阿庇安有所叙述;实际自此以后,斯科底斯克部不复见于此地。如果最后的胜利发生在第一次征凯尔特后三十二年,这似乎只能认为罗马人与斯科底斯克部打了三十二年的仗,开战的时候大概在设立马其顿省(608 年即前 146 年)以后不久,上文所述战事(636—647 年即前 118—前 107 年)为其一部。据阿庇安的叙述,这次征服显然在意大利内战爆发不久以前,或至迟发生于 663 年即前 91 年。如果这次继以凯旋,这胜利在 650—656 年即前 104—前 98 年之间,因为此时前后的凯旋记录都完备无缺;可是因为一种人所不知的缘故而不行凯旋,亦属可能。战胜者不见于他处;或者这不是别人而就是 671 年即前 83 年的执政官,因为受秦纳与马略之乱的影响,这位执政官当然延期就职。

③ 据说北海岸上大片的土地被洪水冲去,因此辛布里部全体迁徙;记录此说的人以为是荒唐话,我们固然不这样想,不过此说的根据是传说还是揣测,却不能断言。

他们发生接触的凯尔特人是波伊部，两族相遇的地方可能在波希
米亚。至于他们迁居的原因和方向，当时的人没有较为确切的记
载，我们也不能用揣测来补其缺，因为那时波希米亚和美因河以北
以及莱茵河下游以东的局势完全在我们的知识以外。罗马人起初
把辛布里部算在凯尔特民族之列，可是有人以为辛布里部和以后 182
与他们联合的同种条顿部大体都不属于凯尔特民族而属于日耳曼
民族，此说有极明确的事实为证：有两个与上同名的小部落，由一
切方面看来，他们是留居原处的遗民，辛布里族在今日的丹麦，条
顿族在德意志东北邻近波罗的海（Ost see）的地方；亚历山大大帝
同时的人皮西亚斯（Pytheas）已在谈到琥珀贸易时提到他们；辛布
里部和条顿部均见于日耳曼民族表中，与乔克部（Chaukern）同列
在印盖沃内部（Ingävonen）之内；亲见许多辛布里人，以他的见解，
把他们包在日耳曼人之内；最后，这两个民族的名称本身和关于他
们的体态、习惯以及其他方面的传说，虽适用于一般的北方人，却
特别适用于日耳曼人。另一方面，我们可以想见，这样一个人群或
已流浪多年，他们行近或走入凯尔特人之地，无疑必欢迎每个入伙
的武装弟兄，结果必稍有凯尔特分子在内；所以辛布里部竟有用凯
尔特名字的首领，罗马人竟雇用操凯尔特语的间谍探听他们的情
报，并不足怪。这是一个奇异的运动，罗马人未曾见过这一类的
事；这不是一群骑马武士的远行剽掠，也不是一群少年人远逝异国
的献身春祭（Ver Sacrum），而是一个迁徙的民族携着妇女和儿童，
带着一切所有的东西，去寻觅一个新家。在尚未完全定居的北方
民族中，车辆的重要处处与希腊人和罗马人的迥不相同，凯尔特人
在他们的帐篷中也普遍随带车辆；至于辛布里人，车辆仿佛是他们

的家宅，车顶张着皮篷，车篷之下不但有家具什物的地位，而且妻室和儿女甚至看家狗也都有地可容。那些瘦长的身材、深黄色的卷发和光芒四射的碧眼，那些强壮、宏丽、身材和体力皆不亚于男子的妇女和那些——如吃惊的意大利人称呼淡黄头发的孩子——发如老人的北方儿童，南方人见了都称奇道怪。他们的战术大体
183 无异于此时的凯尔特人，从前意大利的凯尔特人作战时光着头，只带长刀和匕首，现在不复如是，他们头戴常有富丽装潢的铜盔，用一种特别的投射武器，名为 *materis*（标枪）；大刀仍存而不废，他们除狭长的盾牌外可能也身披一领锁子甲。他们不乏骑兵，可是这种武器，罗马人优于他们。他们的阵势仍旧是一种粗糙的方阵，纵行和横列据说数目相等，在危急的战斗中，第一排兵士的金属腰带常用绳索结在一处。他们的风俗粗野。他们常吃生肉。全军之王是个最英勇的男子，如果可能，也是个最高大的男子。他们常常按照凯尔特人和一般蛮族的方式，预先与敌人约定交战的日期和地点，有时也在战斗以前指名叫出一个敌人来单身决斗。战斗开场时，他们用种种丑态侮辱敌人，并且做可骇的声音——男子发出战斗的呼喊，妇孺敲打车辆的皮篷以壮声势。辛布里人勇于作战——他认为人只有死在"光荣床"上才不愧为自由人——，不过胜利以后，他的自慰方法却是极野蛮的暴行，有时预先许下把战胜者得自胜利的一切都献给战神。于是敌人的动产打碎了，马匹屠杀了，俘虏不被绞死，便只留作祭神的供献。举行这种供献的是女祭司，那些头发斑白、身穿白麻纱衣、不穿鞋子的妇人，她们有如斯恺底亚的伊菲格涅娅（Iphigeneia im Skythenland），行此祭礼，以战俘或犯人为牺牲，借着他们流出的血预示将来的吉凶。这些风

俗之中究有多少是北方蛮族的普遍习惯，有多少是由凯尔特人传来，又有多少是日耳曼人所特有，我们无法考察；只有军队不用男祭司而用女祭司随从指导的办法可称为日耳曼的习俗。辛布里人就这样向陌生的地方前进——一群来自种种民族的无数人，以波罗的海的日耳曼移民为核心，聚在一处——，这颇与我们今日大批出洋的移民相似，也有那种的负担，也是那样的混杂，并且目标的渺茫也不相上下；他们用久经移从生活所得的技巧，驾着他们笨重的“车寨”逾山渡水；对于较为开化的民族，其凶猛有如狂风巨浪，184
可是其喜怒无常和不可捉摸亦如狂风巨浪，有时急速前进，有时突然停止，转变方向或退后。他们来击，好像闪电；他们消逝，也像闪电；不幸他们出现在一个呆板的时代，没有一个观察家认为这颗神奇的流星值得精确的叙述。日耳曼人的运动触到上古文明的轨道的以此为首次，这次迁徙不过是一条长链的一环，到后来人们探讨这条长链时，此事的直接而生动的知识早已荡然无存。

这个无家的辛布里民族一向为多瑙河上的凯尔特人尤其是波伊部所阻，不得南进，现在却由于罗马人攻打多瑙河的凯尔特人，便冲破这道障碍；这或是因为多瑙河的凯尔特人吁请其敌人辛布里部的援助以抗进攻的罗马军，或是因为罗马的攻势使他们不能保卫其素所捍御的北边。辛布里部穿过斯科底斯克部的领域，进到陶里斯克部境内，到了641年即前113年，行近阿尔卑斯山的克蓝诺(Krainer)山隘，罗马执政官格涅乌斯·波皮利乌斯·卡尔博(Gnaeus Popilius Carbo)为保卫这个山隘起见，已驻扎在距阿奎莱亚不远的高处。在这里，七十年前，凯尔特人曾想定居于阿尔卑斯山以南，不过遵罗马人的命令，未做抵抗便退出他们已经占领的土地；就是现在，阿尔卑斯山外各民族也很显然地畏惧罗马的声威。辛布里人不进攻；真的，卡尔博以陶里斯克部与罗马有主客关系，命辛布里部退出其境——对陶里斯克部的条约并没有给他发这命令的义务——，他们依命办理，卡尔博派出向导来护送他们出境，他们便随着向导走去。可是这些向导实受有训令，要把辛布里人诱入埋伏，执政官就在伏兵之地等候他们。于是在距现今克恩滕不远的诺莱亚(Noreia)地方起了战斗，受欺的战胜了欺人的，使他大受损失；一阵暴风急雨把交战的双方拆开，否则罗马人必致全
185 军覆没。辛布里人可以立刻向意大利进攻，他们却宁愿转身向西。他们不用武力而与赫尔维蒂部和塞夸诺(Sequanern)部订立条约，便能假道走到莱茵河的左岸，越侏罗山；卡尔博败后不过数年，他们又在那里距罗马疆域极近，加以威胁。

645 年即前 109 年，为保护莱茵河边界和直受威胁的阿洛布罗根部疆土起见，马尔库斯·尤尼乌斯·西拉努斯(Marcus Junius Silanus)率罗马军来到南高卢。辛布里人请罗马人分土地给他们，使他们可以和平定居——这个请求当然不能允准。执政官以攻击代替答复，他全被击败，罗马营垒也被夺去。这场灾难的结果是征集新兵，新兵的征集已十分困难，以至于元老院做到废止那——大概源于盖乌斯·格拉古——限制从军义务时间的法律。可是辛布里人不乘胜继进，却遣人到罗马城的元老院，重申给田的请求，同时似从事于荡平附近凯尔特人的邑落。

如是，罗马此省和罗马新军得暂免日耳曼人的扰害，可是在凯尔特境内又崛起了一个新敌人。赫尔维蒂部与其东北邻国战无虚日，甚受其害，见辛布里部的榜样而感兴奋，也想在高卢西部寻找

较安静而肥沃的居地，或者就在辛布里部行经其地之时；已抱这个宗旨，与他们结成同盟。如今在狄维科(Divico)领导之下，图介诺部(Tougener，位置不详)和提哥里部(Tigoriner，在姆尔登[Murten]湖上)的队伍越侏罗山，达到尼提奥布罗根部(Nitiobrogen，在加龙河上的阿让[Agen]附近)的领域。[①] 他们在这里遇到执政官卢奇乌斯·卡西乌斯·朗吉努斯(Lucius Cassius Longinus)所率的罗马军。罗马军竟被赫尔维蒂人诱入伏中，将军本人和副将使前执政官盖乌斯·皮索(Gaius Pico)连同士卒的大半均中伏殒命；残兵逃归营垒，以盖乌斯·波皮利乌斯为临时元帅，赫尔维蒂人以罗马军缴纳所带财物的一半并且交出人质为条件，许罗马元帅由 186
牛轭下退去(647 年即前 107 年)。罗马人的局势非常危急，以至于在他们自己的省份，一个最重要的城市托罗萨起兵反抗，把罗马戍兵锁拿起来。

可是因为辛布里部继续从事于他处，赫尔维蒂部又一时不再侵害这个罗马省份，罗马新元帅昆图斯·塞尔维乌斯·恺庇欧有充分时间用奸计克复托罗萨城，并且这里有一座凯尔特人的阿波罗驰名古庙，里面积累着无数财宝，他也能从容不迫地把它们掠取一空。对于拮据的国库，这是一种可欲的收获；可是不幸护卫薄弱，金银器皿在由托罗萨到马赛利亚的途中，被一群强盗劫去，完全失踪；据说执政官本人和他的部下官吏是这次寇抄的主使人

① 寻常假定图介诺部和提哥里部与辛布里部同时并进，侵入高卢，这种见解不能用斯特拉波为佐证，又与赫尔维蒂部的单独出现也不相符。而且这一战的传统记述非常破碎，所以正如坎尼战争那样，一个连贯的历史叙述只能求其大致不差。

(648 年即前 106 年)。同时,对于主要敌人,罗马人只以取极严格的守势为限,用三支强有力的军队看守这个罗马省份,以待辛布里部自愿重取攻势之时。

到 649 年即前 105 年,辛布里王鲍里克斯(Boiorix)率领他们来了,这次认真想侵入意大利。省长恺庇欧在罗讷河右岸抵御他们,执政官格涅乌斯·马利乌斯·马克西姆斯(Gnaeus Mallius Maximus)和他的副将前执政官马尔库斯·奥勒利乌斯·斯考鲁斯(Marcus Aurelius Scaurus)在左岸共同抵御他们,斯考鲁斯别率一军受马克西姆斯的节制。斯考鲁斯首当其冲,全被击破,他本人被俘往敌人的大营;被俘的罗马将军傲然警告辛布里王,劝他不要率兵冒险入意大利,辛布里王大怒,把他斫死。于是马克西姆斯命他的同僚把军队带过罗讷河;恺庇欧勉强从命,终于来到河左岸的阿劳西奥(Arausio,今奥朗日[Orange]),罗马全副兵力在这里与辛布里军对阵,据说罗马军人数众多,敌心动摇,以至于辛布里部开始商谈。不过两位领袖相处,争执极烈。马克西姆斯出身微贱,又乏才干,他的同僚、省长恺庇欧较为自负,出身较高,可是性情却不较佳,马克西姆斯以执政官的资格,在法律上是恺庇欧的上司;不过恺庇欧不肯与他同住一个军营,也不肯与他共拟作战的计
187 划,仍旧保持他那独立的兵权。罗马元老院派来的代表想使他们和解,徒劳无功;军官们力主两位将军亲自会商,结果只是增广两人的嫌隙。恺庇欧一见马克西姆斯与辛布里的使者商谈,便以为他想独得征服辛布里人之功,于是急忙亲率部下的军队单独攻打敌人。他部下全被歼灭,以至于他的营垒也落在敌手(649 年即前 105 年 10 月 6 日);他既覆灭,罗马第二军也随即一样地完全破

败。据说罗马兵死了八万，大群束手无策的随营人员死了四万，只有十人逃出性命。实情是这样，因为罗马人背水作战，两军仅有少数人得免于难。这个灾祸，由物质上和精神上看，远甚于坎尼之战。意大利人对于卡尔博、西拉努斯和朗吉努斯的败衄都淡然置之，未曾在心中留下永久的印象。每战之始，他们惯吃败仗；罗马武力的无敌已成为不可动摇的定规，所以例外虽多，也似乎不足介意。可是阿劳西奥之战，辛布里军以吓人的方式走近阿尔卑斯山无备的隘口，阿尔卑斯山外的罗马领域和卢西塔尼亚人又都再叛并且声势更加浩大，意大利没有武备，这些事却忽然把他们从梦中惊醒。第四世纪凯尔特人的侵入、阿利亚湖上之战和火烧罗马，还没有尽归遗忘，现在人们又想起那种境况：高卢人之祸便带着最旧记忆和最新恐怖的两重势力来到意大利；整个西方的人民似乎都晓得罗马帝国正在开始动摇。现在也像坎尼战后一样，元老院下令缩短居丧的时间。[①] 由于再行召兵入伍，人丁的痛感缺乏始昭然若揭。一切能服兵役的意大利人须发誓不离意大利；泊在意大利港口的船只，其船主均奉命不准适于兵役的人登船。如果辛布里部在一双胜利之后即刻前进，经阿尔卑斯山的门户而入意大利， 188
则后事如何，实不可知。可是他们却先蹂躏阿维尔尼部的领域，阿维尔尼人尽力在堡垒中自卫抗敌；不久以后，辛布里人疲于围攻，由那里出发，不到意大利，却向西往比利牛斯山去了。

罗马史饶有神奇的幸事，现在就是一个，危险迫在眉睫，足以激励市民的一切精力和爱国心，然而危险也不那么突如其来，以至

① 无疑地，狄奥多罗斯的残书所叙的与此有关。

于这些力量没有发展的余地；如果罗马政治的麻木有机体还能自己达到一个有利的转机，则这个转机必见于此时。不过四年前在非洲战败后所发生的现象，现在又重演一番。确实说来，非洲和高卢的祸事大致属于同一种类。也许探本究源地说，非洲祸事应由整个寡头政府多负其咎，高卢祸事却由官吏个人负其咎；不过舆论当然由这两件事特别认识出政府的破产，这政府在其进展之中先使国家的荣誉成问题，而后竟使国家的存在也成问题。关于真正症结所在，人们古今如一，绝不自欺，不过他们也是古今如一，竟不试行对症下药。他们深知咎在制度；不过在这一次也仍墨守旧法，向个人问罪。但这第二次的风潮当然在寡头政府身上发泄得更重，因为以规模和危险而言，649 年即前 105 年的灾难大于 645 年即前 109 年的。公众原有一种本于良知的确切感觉，以为对待寡头政府，除僭主政治外，没有别的办法，现在这个感觉又复显现，他们每见著名的军官缚住政府的双手，和无论在何种形式之下以独裁制倾覆寡头政治，便欣然同意。

他们攻击的第一目标便是昆图斯·恺庇欧；这是公平的，因为阿劳西奥之败主要由于他的抗命所致，至于他吞没托罗萨战利品的罪案，可能确有根据，但未经证明，姑置不论；可是大使反对党对
189 他怒上加怒的却是他为执政官时胆敢想夺去资本家的陪审员地位。那古道可风的原则，就是即使极坏的人居官位，官位的神圣性也应受尊重，现在为恺庇欧的缘故遭了破坏；昔日造成坎尼败衄的人应受谴责，人把谴责闷在胸中；现在这个造成阿劳西奥败衄的人却被一道人民法令违法革去他的续任执任官之职，并且——自从君主制灭亡以后未曾有过——把他的财产充公（649 年即前 105

年)。不久以后,依第二道市民法令,他被逐出元老院(650 年即前 104 年)。可是这还不够;人还要更多的牺牲者,特别是恺庇欧的性命。若干袒护反对党的平民保民官以卢奇乌斯·阿普莱乌斯·萨图宁(Lucius Appuleius Saturnius)和盖乌斯·诺尔巴努斯(Gaius Norbanus)为首领,于 651 年即前 103 年建议为那发生在高卢的侵吞公款和卖国一案,成立一个特殊审判所;尽管先拘禁而后审讯和因政治罪而受死刑的事均已实际作废,恺庇欧仍被逮捕,并且公然有对他宣布和执行死刑的话。政府党想用保民官的干涉来打消这个建议;可是实行干涉的保民官横被逐出大会,在喧嚣扰攘之中,元老院的首领被人投石打伤。他们不能阻止侦查,651 年即前 103 年的检举运动也像六年前那样自由进行;恺庇欧本人和他的同僚最高统帅格涅乌斯·马利乌斯·马克西姆斯以及其他名人甚多都被判有罪;一位平民保民官是恺庇欧的朋友,他煞费力气,牺牲了自己的公民权,才能至少保全主要被告的生命。①

① 大概在阿劳西奥之战(649 年即前 105 年 10 月 6 日)以后,人民大会立刻宣布省长恺庇欧被革职,连带着把他的财产没收。从这次革职到他真正的倾覆,中间还隔着一些时候,试看 650 年即前 104 年针对恺庇欧而发的建议,即革职的人应丧失元老院的议席,便显然可见。现在李锡尼(Licinianus)的残书告诉我们说,卢奇乌斯·阿普莱乌斯·萨图宁所提议的法案造成这个祸害。这显然就是阿普莱乌斯法损害罗马国威罪的法律,就是萨图宁建议设一个特殊委员团来调查辛布里部作乱时的卖国行为。调查托罗萨黄金案的委员团源于阿普莱乌斯法,正如侦查那可恶的贿买法官案的特别法庭——那一段又举出来——源于 613 年即前 141 年的穆奇乌斯(Mucius)法,侦查维斯塔圣女案的特别法庭源于 641 年即前 113 年的裴杜凯(Peducae)法,侦查朱古达战事案的特别法庭源于 644 年即前 110 年的马米利乌斯(Mamilius)法。我们拿这些案件互相比较,也看到这些特别法庭——在这方面与普通法庭不同——甚至可以施行有关生命和身体的惩罚,并且常常施行。他处又有一说,谓平民保民官盖乌斯·诺尔巴努斯发动对恺庇欧的控案,以后因此事而受审讯;此说与上文所列的见解,并不冲突;因为建议照

190 有一个问题比这个报复政策尤为重要：阿尔卑斯山外的危险
战事如何继续进行，最重要的，此战的最高统帅一职应交给谁？若
191 由胸无成见的人处理这事，他不难做出适当的选择。与早年相比，
罗马固然没有很多的名将，然而昆图斯·马克西姆斯曾率兵立功
于高卢，马尔库斯·埃米利乌斯·斯考鲁斯和马尔库斯·米努奇
乌斯曾率兵立功于多瑙河区域，昆图斯·梅特路斯、普布利乌斯·
鲁提利乌斯·鲁孚斯和盖乌斯·马略皆曾率兵立功于非洲；并且
所要做的事不是击破一位皮鲁斯或一位汉尼拔，而又是对北方蛮
族证明罗马武力和罗马战略常经试验的优势——这事不需要一位
英雄，而只需要一个严肃而有能力的战士。不过这个时期正是任
何事都比行政问题易于解决的时期。政府在舆论中已达到了势所

(接上页)例由几个平民保民官提出，以后到贵族党能想施行报复之时，萨图宁已死，所以他们便拿住他的同僚。至于第二次即最后一次惩治恺庇欧究在何时，寻常假定为659年即前95年即阿劳西奥之战十年以后，这个假定很欠考虑，已归废弃。这假定的根据仅是克拉苏为执政官时，所以就在659年即前95年，曾替恺庇欧说好话；然而他做这事，显然不是替他辩护，而是当普布利乌斯·苏尔皮奇乌斯·鲁孚斯问诺尔巴努斯659年即前95年害恺庇欧的罪案之时。往昔我们把第二次控诉列在650年即前94年，现在我们晓得这事源于萨图宁的建议，我们只能在两个年份上有所踌躇：一个是他第一次为平民保民官的651年即前103年，一个是他第二次任此职的654年即前100年。我们没有史料来把这一点完全确定，可是以很占优势的可能性说来，在前的年份较妥，一方面因为这一年距高卢的败仗较近，一方面因为萨图宁第二次为保民官时，记载颇详，并未言及老昆图斯·恺庇欧和对他所做的暴行。侵吞托罗萨战利品一案判决以后，款项缴回国库，萨图宁在其第二次为平民保民官时曾要求把这笔款充作他那殖民计划的经费；这事本身没有决定性，并且这种情形或不难由萨图宁第一次的非洲法律误转到他第二次一般的土地法。

以后诺尔巴努斯受弹劾，而他所受的弹劾正以他参加提议的法律为理由：这是本时期罗马政治的诉讼常有的笑话，我们不当为这事所误而以为阿普莱乌斯法与后日的科尔涅利乌斯法一般，也是治卖国罪的通用法律。

必至的威信扫地，并且朱古达战争已证明它的威信扫地，以至于政府最贤能的将军也须在圆满的胜利途中退位，只要一个有名的军官想起在大众面前毁谤他，并且使他自己以反对党候选人的资格被选居元首的地位。无怪昔日在梅特路斯战胜以后所见的现象，再见于格涅乌斯·马利乌斯和昆图斯·恺庇欧战败以后。盖乌斯·马略又复挺身而出，不顾那禁人充任一次以上的执政官职的法律，做最高官职的候选人；他竟不但当选，当他仍在非洲率兵之时被任为高卢战争的元帅，而且连续五年之间(650—654 年即前 104—前 100 年)，竟年年被重选为执政官。对于此人，贵族曾尽量表示其愚昧浅见的排斥精神，他的连任仿佛是故意嘲弄这种精神，并且这在共和史上并无前例，实与罗马的自由政治绝对不合。罗马军制由市民军变为募兵队的改革始于非洲战役，马略在他连任五年的最高统帅期间，多因时局危急而非因任期长短，握有无限的权力，于是又继续完成这个改革；特别在罗马军制上，这第一个平民党将军违法任元帅职的事留下深刻的痕迹，永久显然可见。

新元帅盖乌斯·马略于 650 年即前 104 年来到阿尔卑斯山外，随他来的有若干富于经验的军官——其中有奋勇擒住朱古达的卢奇乌斯·苏拉，不久又立新功——，又有意大利和盟邦的很多军队。起初，他找不到他所奉命来讨的敌人。这奇怪的民族已战胜于阿劳西奥，同时如上所述，他们既劫掠罗讷河以西的地方，便越过比利牛斯山，这时正在西班牙，与北岸和内地的英勇居民交战；仿佛在他们初见于历史舞台之时日耳曼人便愿表现他们那“不事夺取”的本领。所以马略绰有余暇，一方面迫使背叛的台克托萨根部(Tektosagen)再来归顺，使属下疑贰的高卢人和利古里亚人 192

各部再立忠贞，由罗马省份内外的盟邦与罗马人同受辛布里部之害的，例如马赛利亚人、阿洛布罗根人和塞夸诺人，取得辅助和援兵；另一方面，他以严厉的纪律和对一切人不分贵贱的大公无私，来训练那交给他的军队，以行军和大规模的掘壕来预备士兵做更重的战斗工作——特别是造一条通罗讷河的运河以便利来自意大利的军需品的运输，以后把这运河移交马赛利亚人。他严取守势，不越罗马省份的界线。

似乎在 651 年即前 103 年间，辛布里部的波涛既在西班牙遇到土人部落尤其是凯尔特伊比利亚人的英勇抵抗而遭挫折，终于又越过比利牛斯山流回来，似乎从那里沿着大西洋岸北上，于是由比利牛斯山至塞纳(Seine)河，一切都随顺了这里可怕的侵军。到那里，到英勇的比利其联盟的边界，他们始碰到真正的抵抗；不过也正在那里，当他们在维利奥喀塞部(Veliocasser，在鲁昂[Rouen]附近)境内时，有大批的增援到来。不但赫尔维蒂部的三部，内有往日与罗马人战于加伦河上的提哥利诺部和图介诺部，似乎在此时与辛布里部合了伙，而且又有同种的条顿部由他们的王条托包
193 德(Teutobod)率领着与这些部落会师，条顿部原居奥斯特海(即波罗的海)上，为古籍所不载的事件所迫，离开本土，如今出现在塞纳河上。① 但就是这些部落联合起来，也不能制伏比利其部的抵抗。因此，众首领见自己人数这样地增多，决定真心诚意地从事于屡经

① 此处发表的意见大半都根据李维书节要和戒律书(Obsequens)中较为可靠的叙述；至于较不重要的典籍，谓条顿部出面与辛布里部合作较早，有的如阿庇安竟谓其早在诺莱亚之战的时候，我们置而不论。恺撒的记载与此有连带的关系；因为所谓辛布里部侵罗马省份和意大利只能指 652 年即前 102 年的远征而言。

考虑的远征意大利。为的是不受一向所掠财物的累赘，他们把战利品留在后面，命六千人保护它们，以后这六千人多次流浪，造成桑布尔(Sambre)河上的阿度亚图克部(Aduatuker)。但不知是因为阿尔卑斯山路上难于得食，还是因为别的缘故，这伙人又分成两军；一军是辛布里部和提哥利诺部，他们要重渡莱茵河，经过东阿尔卑斯山那些641年即前113年已经探知的隘口，侵入意大利；另一军是新到的条顿部、图介诺部和安布伦部(Ambronen)——这部落是辛布里军的精锐，在阿劳西奥之战已试其锋——，他们要经过罗马的高卢和西方隘口侵入意大利。就是这第二军于652年即前102年夏季重渡罗讷河，未遭阻碍，先停了将近三年，而后又在左岸与罗马人战斗。在伊泽尔河与罗讷河交汇之处，在一个择地优良而积粮丰富的营垒里，马略候着他们。当时可用的通意大利的军路只有两条，一条是越过小圣本哈德山的路，一条是沿海的路，马略的阵地正截住经任何一路的蛮族。条顿部攻打这碍路的营垒；连续三日，蛮族像疾风暴雨似的扑罗马人的壕堑，可是他们的大胆蛮干遇到罗马优越的守城战和罗马将军的谨慎小心，竟告失败。既受了重大的损失，这骁勇的联军决定舍此不攻，向前迈过军营，开入意大利。他们连绵不绝地鱼贯而进，历六日之久，这可见他们人数的众多，更可见他们辎重的笨重。罗马将军让他们前进， 194
不加攻击。敌人用侮辱的态度高声询问罗马人有没有信带给他们在家的妻子，他也不为所惑，其故安在，我们不难了解；可是蛮族纵队鲁莽的行径集中在罗马队伍前面，他竟不利用这机会来取攻势，这表明他如何不信任部下未经熟练的士卒。

蛮族的队伍既已过完，他才拔营，追随敌人的脚步，严守秩序，一夜复一夜地留意巩固本军的营防。条顿部奔向沿海路线，沿罗讷河岸下行，抵阿奎-塞克斯提亚地方，罗马人追蹑其后。罗马军的利古里亚轻骑兵于汲水之时，与敌军殿后部队即安布伦人在这里发生冲突；不久，冲突蔚为普通的战斗；一番激战以后，罗马人得胜，把败退的敌人追到他们的车寨。第一战得胜，将军和士卒都精神百倍；战后第三天，马略在山上布起阵势，要做一场决定胜负的战斗，罗马营垒就在山顶。条顿部久已不甘宁耐，想与敌人比拼一番，现在立刻冲向山上，开始交锋。这次战争既激烈而又长久：直到正午，日耳曼人仍像一堵墙似的屹然矗立；不过他们受不惯普罗文卡尔(Provencal)太阳的炎热，精力衰懈，又有罗马的辎重兵原来埋伏在林丛里的现在高声呐喊着跑出来，这个由背后来的虚惊使那动摇的行列不得不完全瓦解。他们全部溃败，并且因为他们身在外国，未免不遭杀戮，即被俘虏。俘虏中有条托包德王；被杀的人有很多是妇女，她们对于前途的奴隶待遇不无知悉，便在车上拼命抵抗，自招杀戮，或者在俘获后，请求舍身事神和做维斯塔的神圣侍女，不获允准，便寻个自尽(652 年即前 102 年夏季)。

如此，高卢免于日耳曼人之患，平安无事；这正是时刻，他们的武装弟兄已到阿尔卑斯山南面。辛布里部与赫尔维蒂部联合起来，未遭困难，即由塞纳河走到莱茵河源地带，已取道布伦诺隘口
195 (Brennerpaβ)过阿尔卑斯山脉，已由那里渡爱萨克河(Eisack)和埃迪杰河南下而入意大利平原。在此地，执政官昆图斯·鲁塔提乌斯·卡图卢斯(Quintus Lutatius Catulus)本应守住隘口；不过既不十分熟识地势，又恐怕侧面受敌，他不敢进入阿尔卑斯山内，仅驻扎在埃迪杰河左岸特兰托(Trient)以下的地方，并且已造成一

座桥来保障有万一时通到右岸的退路。然而，当辛布里部由山里蜂拥向前冲来之时，罗马军大吃一惊，步兵和骑兵一齐逃窜，骑兵有向首都，步兵则往最近处似乎可保无虞的高地去。敌人控制着埃迪杰河的上游，已漂下树木和栋梁来撞桥梁，卡图卢斯煞费苦心，用一种诈术，始能在敌人毁桥因而切断罗马军退路以前，至少把他部下的大半带回河岸，渡过河桥。可是这位将军不得不把一个兵团留在彼岸，一个胆小的军团长官率领这个兵团，已有立约投降的意思，这时百夫长，阿提那的格涅乌斯·裴特雷乌斯（Gnaeus Petreius von Atina）把他打翻，然后由敌人中间杀开一条血路，达到埃迪杰河右岸的主力部队。如此，这一军得救，甚至他们的军誉也多少得救；不过忘守隘口和退兵太快所致的结果却仍贻害甚大。卡图卢斯不得不退到波河右岸，让辛布里部掌握波河与阿尔卑斯之间的整个平原，以至于与阿奎莱亚的交通只有用海道来保持。这事发生在 652 年即前 102 年的夏季，约与条顿人和罗马人在阿奎-塞克斯提亚决胜负的战事同时。如果辛布里部继续进攻不休，罗马也许陷在一个很危急的局势；可是这次辛布里人也坚守他们冬季休兵的习惯，又因为这里地方富饶，他们——异于寻常——有房屋住，有热水浴，有新鲜而丰富的饮食，为其所惑，享乐一时，所以更坚守冬季休兵的习惯。因此，罗马人取得时间，以联合起来的军队在意大利抵挡他们。征服高卢的计划大概是盖乌斯·格拉古拟订的，若在他时，那位平民党的将军或者要重做中断的事业，现在却非为此之时。军队由埃克斯的战场被调到波河；马略先在罗 196
马城小住一时，人们请他行凯旋礼，他说非尽灭蛮族不行此礼，而后亲到联军里去。653 年即前 101 年春季，执政官马略和省长卡图卢斯率罗马军五万人又渡波河，进攻辛布里人，辛布里人似已沿河上行，意欲在发源之地渡此大河。

两军相遇于韦尔切利（Vercellae）南面距塞西亚（Sesia）河流入波河处不远的地方，正是昔日汉尼拔初次作战于意大利的场所。[1]辛布里人愿战，按他们的习惯，遣使与罗马人商定战期和战地；马略准其所请，指定次日——就是653年即前101年7月30日——和劳底（Raudiseh）平原，这是一片旷野，便于罗马优势骑兵的运动。在这里，罗马人攻打那期待着他们的敌人，可是敌人却措手不及；因为在浓厚的晨雾中，辛布里骑兵尚未料到被攻，便忽觉与较强的罗马骑兵肉搏起来，因此被驱回步兵的阵地，步兵正在排列作战的阵势。罗马人伤亡不多，获得全胜，辛布里人被歼。作战阵亡的居多数，英勇的包奥利克斯王也在其内，他们还算幸运；有些人以后在绝望中自杀，或须在罗马奴隶市场里寻个主人，而因为北方人胆敢未到其时便贪得美丽的南国，个人受到主人的报复，这些人至少比他们更为不幸。提哥利诺部逗留在阿尔卑斯山的隘口，意欲将来再追随辛布里部，一听到兵败的消息，便逃回本土。这伙人像雪山崩坠似的闹了十三年，自多瑙河至埃布罗河，自塞纳河至波河的一切民族无不因这事担惊受怕，现在这伙人或长眠于地下，或
197 做奴隶的苦工；日耳曼移徙运动的先锋已尽其职；辛布里部无家的

[1] 我们不当违背传统的记载而把战场改到维罗那（Verona）；那样一来，我们便遗漏了一件事实，即埃迪杰河之战以后，经过一个全冬和许多军事运动才到了决战，并且据明白的叙述，卡图卢斯退到波河的右岸。人谓辛布里部败于波河上，又谓他们兵败之地就是后来斯提利科（Stilicho）击败盖塔部之处，就是说在塔那罗（Tanaro）河上的切拉斯科（Cherasco），此两说虽都欠精确，至少指韦尔奇利而不指维罗那。

人及其伙伴均已一去不回。

世界史伟大篇章的第一页展开了，罗马的政党却不介意这伟大的篇章，甚至也不流露一种纯正的感觉来承认这一天罗马贵族和平民都能尽其职，反而在死尸上继续他们那无聊的争吵。战事一过，两位将军的竞争——两人不但是政敌，而且因为去年两场战役的结果迥异，在军事上也互不甘心——立刻极可恶地发作起来。卡图卢斯可以公平主张，他所率的中军决定了胜负，他的队伍夺得旌旗三十一面，而马略的队伍却只获得两面；他的兵甚至带领着帕尔玛城的代表走过死人堆，以便指示他们，说马略杀人以千计，卡图卢斯却杀人以万计。尽管这样，马略被目为真正战胜辛布里人的将军，并且不谬；不但因为他的班位较高，在决胜的一战握最高指挥权，以军事天才和军事经验而言确在他同僚之上，而且特别因为就事实看有第一次阿奎-塞克斯提亚的胜仗，才能有第二次韦尔切利的胜仗。不过在那时期，救罗马于辛布里人和条顿人之难的光荣所以归在马略名下，却非因为上述的理由，而是因为政党的关系。卡图卢斯是个文雅聪明的人，是个很悦耳的演说家，以至于他那和美的词句听起来近似雄辩，又是个过得去的传记家和偶吟一首的诗人，又是个极高明的艺术鉴赏家和艺术批评家；但他绝不是属于平民的人，他的胜利又是贵族的胜利。反之，那位粗俗的农夫是平民抬举起来的，并是率领着平民去打胜仗，他的战事不但是辛布里部和条顿部的失败，也是政府的失败。系在这些战事上的希望绝不是希望能不受扰害，再到阿尔卑斯山的彼方经营商业，再在山的此方从事耕田。自从盖乌斯·格拉古血淋淋的尸首被投在台 198
伯河里，到现在已二十年；二十年来，人无日不忍受和咒骂那复兴的寡头政府的统治，替格拉古报仇的人，第二个大匠（*master*）继续他所创始的建筑的，仍不见兴起。许多人怀恨和想望，有许多是最好的国民，也有许多是最坏的国民；晓得如何报仇和偿愿的人，毕竟见于这个阿尔皮努姆的短工身上吗？他们真行近他们所很畏惧又很想望的新革命了吗？

第六章　马略的革命企图与德鲁苏斯的改革企图

盖乌斯·马略是一个贫苦短工的儿子，于599年即前155年生在当时属于阿尔皮努姆的村落恺雷太(Cereatae)，这村落以后改为恺雷太-马里亚奈(Cereatae Marianae)，获得市自治权，到现在仍名为“马略之家”(Mariusheimat，即卡萨玛尔[Casamare])。他生长在耒耜旁边，家境非常贫寒，以至于他似乎连阿尔皮努姆市的官职也不得充任；他在早年便学得——甚至他为将军时还加以实行——忍耐饥渴，忍受炎夏和寒冬，睡在坚硬的地上。他一到相当的年龄便入军队，在西班牙战争的艰苦历练中迅速自跻于军官地位。在西庇阿的努曼提亚战役中，他当时年二十三岁，不但在作战时骁勇，在营中行事可敬，而且把马匹和兵器都弄得清洁整齐，引得那位严厉将军的注目。他带着光荣的创痕和武士的勋章回到本国，极力想在他光荣开始的前程上自树声名；不过按照当时的情形，一个人即使功劳极高，没有钱财，没有姻亲，也不能得到那唯一能度到高等军职的政务官职。这位少年军官以侥幸的商业投机取得钱财，以婚娶古贵族尤利氏(Juli)的女子取得姻亲。于是借着大大的努力并且先遭多次的失败，他在639年即前115年竟能达到副执政官之职，做副执政官时，他为远西班牙省省长，又复有表现其军事才能的机会。他以后如何不顾贵族，于 647 年即前 107 年领执政官职，以续任执政官资格（648 年即前 106 年，649 年即前 105 年）结束非洲战事；如何在阿劳西奥败衄以后，他被召为对日耳曼人战事的最高统帅，自 650 年—653 年即前 104—前 101 年连任执政官四年，开共和史上未有的先例，结果在阿尔卑斯山外的高卢破灭了辛布里部，又在阿尔卑斯山内的高卢破灭了条顿部——均已在上文叙述。他做军官时，人见他是个勇敢正直的人，执法不
200 偏不倚，处置战利品非常公正无私，可想他必不纳贿；人见他长于组织，整顿那稍嫌腐朽的罗马兵制机构，使之又复可用；人见他善于将兵，能保持士卒的纪律，但也能保持他们的欢心，同时又与他们往来如伙伴，赢得他们的友情，可是对于敌人却悍然正视，择相当的时机与他们交锋。就我们所能判断的来说，他不是个才能卓越的军事家；不过在当时情况之下，他所有的那些可敬的品质很足以替他博得这样一个名誉，靠着这种名誉，他在执政官和“凯旋将军”之中居尊荣无比的地位。不过这种情形不能使他更适于处那辉煌的场面。他的声音永远是粗大的，他的面容永远是凶猛的，仿佛他眼前仍是利比亚人和辛布里人而不是温文尔雅、芬芳四溢的同僚。他的迷信无异于一个纯粹的佣兵；使他第一次候选执政官的不是天才的驱迫，而主要的是一个埃特鲁斯坎人的预言；他与条顿人作战时，有一个叙利亚的女先知以神谶辅助作战会议——这些，严格地说，并非不合贵族身份；在这种事上，社会的最高层与最低层殊途同归，一切时代如此，当时也是如此。但政治修养的缺乏却不可恕；他有击破蛮族的本领，固属可嘉，可是若一位执政官那样不懂礼节，以至于身穿凯旋的装束到元老院里来，则人当以为何

如！在其他方面，他也不脱平民的色彩。他不但——按贵族用语——贫寒，而且更坏的，他也知足，并且誓与一切行贿和通同作弊为敌。他依军人习惯，不甚考究饮食，欢喜喝酒，到晚年尤甚；他不晓得设宴请客，养一个恶劣的厨师。又有一件坏事，这位前任执政官除拉丁语外一概不懂，不得不谢绝希腊语的谈话；他的厌倦希腊戏剧可以宽恕——厌倦希腊戏剧的可能不只他一个——，可是自认他的厌倦，便不免幼稚。如是，他终身是个误入贵族群中的乡下佬，听得他同僚刻薄的讽刺和更刻薄的同情；他虽藐视他们，却 201
没有藐视这种话语的自制力，未免懊恼。

马略站在交际场外，也差不多站在党派以外。他做平民保民官时（635 年即前 119 年），通过几种法规——改良送选举票的监察法以免除由此发生可恨的欺诈，防止滥给人民赏赐的建议——这种法规不带党派的色彩，更不带平民党的色彩，而只表示他嫉恨不公平和无理性的事；这样一个人，论出身是个农夫，论兴趣是个兵士，何能自始即是一个革命家？贵族的敌对行为以后诚然逼他投到反政府党的壁垒；在这里，他骤然见自己先升为反对党的将军，以后或者还有做更高事业的一日。不过这事最大的原因还是时势的逼迫和反对党的普遍需要首领，而非他自己的作为；至少自从 647—648 年即前 107—前 106 年他赴非洲之后，路经首都时，连一个短时期也没有停留过。到了 653 年即前 101 年下半年，他既战胜条顿人，又战胜辛布里人，才回到罗马，现在把他那延期的凯旋礼成双举行——他确是罗马的第一人，但同时在政治上还是一把新手。马略不但救了罗马，而且只有他能救罗马：这是确定的事实，毫无疑义；他的姓名挂在人人的嘴边，贵族也承认他的功绩；在人民中间，他所受的爱戴真是空前绝后，无论他的长处短处，无论他那非贵族的无私和他那乡下人的粗鲁都成为爱戴的对象；民众称他为第三个罗慕洛和第二个卡米卢斯，对他像对神灵似的行祭酒礼。这位农家子受到这一切的光荣，无怪他有时头昏脑晕；无怪他以其由非洲到凯尔特地的行军比拟狄奥尼西乌斯渡越几个大陆的胜利游行，使人按巴库斯（Barchus）酒杯的式样造一只不很小的
202 酒杯供他使用。人民的狂热含有感谢，也含有同等的期望；就是一位比他头脑冷静而有更成熟的政治经验的人，遇到这事，也会误入歧途。在赞美马略的人看来，他的工作绝未完成。丑恶政府的祸国殃民尤甚于蛮族；他既是罗马的第一人，又受人民的爱戴，又是反对党的首领，应当担任重救罗马的工作。固然，对于一个半农夫半武夫的人，罗马城的政治活动似乎非所素习，使人不安；他善于发号施令，却不善于当众演说；敌人的刀枪当前，他还是极为镇定；群众在他面前喝彩或嘘气，他却露出惊慌失措的态度；不过他的倾向，无关重要。期望就是个约束力。他在军事和政治上所处的地位如此，所以他若不想断绝他那光荣的过去，他若不愿辜负本党甚至全国的期望，他若不肯背弃他的责任心，他便须制止那失政害公的行为，废除复旧的政府；只要他有做人民元首的内在本领，他当然可以省去做人民领袖所缺的特性。

他手中握着一个可畏的武器，即新编制的军队。在他以前，塞尔维乌斯制的基本原则——征兵全限于有财产的市民，专依财产的等级规定兵种的区分——已不得不在许多方面任其废弛。最低产额原为一万一千阿司，有这些财产的人便有入市民军的义务，今已降到四千阿司。昔日的财产等级原分六等，各属于不同的兵种，

当时已缩为三等；因为，按塞尔维乌斯制，他们从最富的应服兵役人中拔取骑兵，从最贫的应服兵役人中拔取轻装兵，他们却不再按财产等级而只按服役的年限把中产阶级——真正的战斗步兵——编成前卫、中军和殿后三部。再者，他们早已使意大利盟邦大规模地参加兵役；可是说到意大利盟邦，正与罗马民社无异，当兵的义务也大半加在有产阶级身上。然而迄马略时为止，罗马兵制永以原始民兵制为主要基础。不过时移世易，此制不复适用。一则高等社会阶级日益规避兵役，二则罗马和意大利的一般中产阶级渐 203
归绝灭；反之，一方面，意大利以外的盟邦和属国有很大的武力可供运用，另一方面，意大利的无产阶级，只要用得适当，至少可供军事上很有用的兵源。市民骑兵原应由富人阶级来组成的，甚至在马略时代以前，已实际不再服务于战场。最后一次说到骑兵真成个军团，是在 614 年即前 140 年的西班牙战役，那次骑兵骄横抗命，把将军逼到绝望的地步，骑兵竟与将军开战，双方在作战时均不顾道义。在朱古达战役中，骑兵已似乎仅是将军和外国君主的一种仪仗兵，此后就完全绝迹。同样，用有相当资格而应服兵役的人来补充兵团，在平常已证明是件难事，所以要保持现行兵役规程，像阿劳西奥之战以后所必要的，或许实在滞碍难行。另一方面，甚至当马略之时以前，特别在骑兵和轻步兵中，罗马已日益兼用意大利境外的属国人——色雷斯的重骑兵、非洲的轻骑兵、灵活的利古里亚人做很好的轻步兵，还有巴勒雷（Baleares）的轮索手——到他们本省以外作战；同时，合格的市民新兵虽然缺乏，不合格的贫寒市民却不待征召，踊跃从军；按实情说，因为罗马市中有大批无业游民或游手好闲的人，又因为服罗马的兵役有很大的利益,招募志愿兵并不困难。所以兵制由征发市民军改为用属国补助兵和招募制,只是国家的政治和社会变迁必然的结果;骑兵和轻步兵大半由属国的补助兵组成——例如在辛布里战争中,补助
204 兵的征发远至比提尼亚;至关于战斗步兵,兵役义务的旧制虽未取消,同时却准许每一自由出身的市民自动从军,如 647 年即前 107 年马略首创的办法。

此外,使战斗步兵一概平等,这也源于马略。迄今为止,罗马贵族分级的方法也通用于兵团中。先锋、前卫、中军和殿后——亦可谓先锋、第一线、第二线和第三线等四部素来各有其关于财产和服役年龄的特别资格,关于各异的武装也大半如是;每部在战斗序列中各有其永久不变的确定位置;每部各有其确定的行列和自用的旗帜。这一切现在都被分别废弃。任何人只要一入兵团,便可入任何部分当兵,无须再有其他资格;他的位置专靠军官的意见来决定。一切装备的分别都作废,所以一切新兵也都受一致的教练。无疑地,许多源于马略的改良如装配和辎重运输等都与此有关,这些改良足证其深明战斗工作的详细实情和顾念部下的士卒,实堪敬佩;又有马略在非洲战争时的同伴普布利乌斯·鲁提利乌斯·鲁孚斯(649 年即前 105 年的执政官)拟订一种新操法,尤其如此。饶有意味的是这种操法大大提高各个兵士的军事训练水平,并且所倚赖的是当时常见于军事学校而造成将来角斗士的训练。兵团的编制全部改观。往日的三十连(*manipuli*)重装步兵——每连分为两队(*centuriae*),一队在第一第二两列各六十人,一队在第三列三十人——素为作战的单位,现在改为十营,每营各有其旗帜,各分为五六队,每队一百人;因此,虽然兵团中的轻骑兵同时作废,节

省了一千二百人，可是一个兵团的总额却由四千二百人增至六千
人。列成三部来作战的习惯仍存而不废，不过以前每部自成一个
战斗部队，将来却听将军的意见来决定麾下各营应属于三线的何 205
线。行列专视兵士和分部的数目顺序而定。兵团各部的四种旗
帜——狼旗、人头狐旗、马旗和野猪旗——往日大概举在骑兵和三
部重步兵的前面，现在消灭了，新营的旗帜代之而兴，即马略颁给
全兵团的银鹰新旗。如是，在兵团中，平民和贵族的旧有区分毫无
踪迹可寻，自此以后，兵团各个分子中间只有纯粹军事上的分别；
可是几十年前，一些偶然的原因已造成一个与兵团并行而特受优
待的部队，这就是将军的亲兵。那时以前，罗马人选盟邦助兵的精
良队伍做元帅的卫队，这强大民社的严厉约束不许用罗马兵团中
人或甚至自告奋勇的部队来替元帅个人服务。可是努曼提亚战事
养成一批空前不守纪律的军队，西庇阿·埃米利亚努斯奉召制止
这种混乱，政府又不能通过召集全新军队入伍，只许他除属国君主
和国外自由市的若干队伍听他调遣外，可以由志愿的罗马市民中
编成卫队五百人。这营兵一部分来自高等阶级，一部分来自元帅
私人的低级门客，有时称为“朋友营”，有时称为“总部营”（*praetoriani*），他们在总部（*praetorium*）服务，因而得免去筑垒掘壕的
工作，并且享受较高的饷金和较大的尊重。

这次罗马兵制的完全革命，大体看来，确似乎起于纯粹的军事
动机；并且一般说来，这不是一个人的作为，更不是一个处心积虑
的野心家所为，而是已不足取的制度迫于时势不得不变。马略创
行的国内募兵制在军事方面救国家于灭亡，数百年后阿波伽斯特
（Arbogast）和斯提利科（Stilicho）创行募外籍兵制，也延国祚于一 206

时；二事可能正相类似。尽管如此，这事含有一种十足的政治革命，不过尚未发展而已。共和政体便告完结。新操法势必造成这种结果，因为它借用职业角斗士的课程，使兵役渐成专业。影响远较迅速的是准许——虽然尚有限制——无产阶级参加兵役，尤其是与一条原始法则相关联的事，依这条法则，将军只要不违背很坚固的共和制度便可任意奖赏部下的兵士，多才而有功的兵士得向将军要求共分动产战利品，向国家要求所克土地的一部。在征兵制度之下，被召的市民或农夫认为兵役仅是一种为公益而承受的负担，认为他因服兵役而受绝大的损失，战利品仅是绝大损失的微薄赔偿。从军的无产阶级却不然。不但他全靠饷金，而且因为退伍以后既没有伤兵疗养院甚至也没有济贫院收容他，他当然愿先留在麾下，不建立他的市民地位便不离去。他唯一的家是兵营，他唯一的技术是战斗，他唯一的希望是将军——这事的意义不言而喻。劳底平原交战以后，因为意大利盟邦的两营兵作战骁勇，马略便违背宪法，在战场上把罗马公民资格赠给他们全体；他以后解释说，在嘈杂的战斗声中，不能辨别法律的声音。如果在较重要的问题上军队和将军的利益有一次一致要求违反宪法，谁能担保以后人在叮当的刀剑声中还能听得其他法律的声音呢？他们现在有常备军、有兵士阶级、有亲兵；在军事组织与在民政组织一样，将来君主政体的一切台柱均已树立；所缺的只是君主。十二只鹰绕帕拉
207 廷山飞翔时，把王政呼唤出来；盖乌斯·马略授予兵团的新鹰宣告帝制的来临。

殆无疑义，马略走上他那军事和政治地位替他开辟的一条灿烂的前途。当时是个混乱艰难的时代。人民得到和平，可是得不

到和平的乐趣；往昔北方民族第一次猛扑罗马以后，危机一旦过去，人便有恢复健康的新感觉，全副精力又复振作起来，发荣滋长，迅速而十足地弥补了损失；现在的情形不是这样。人人觉得虽然良将还能一再挽救目前的危亡，国家在复古的寡头政府之下却只是更难免于沦丧；可是人人也觉得，遇到这种情形，市民团起而自救的时代已成过去，盖乌斯·格拉古的位置一日虚悬，时局便一日不得改善。那两位打开革命门径的英俊少年去世以后，民众如何深感他们所留下的空隙，他们也确是如何孩气地琢磨任何虚妄的替身，可见于一个人假冒提比略·格拉古之子的事，虽有格拉古的姊妹在罗马广场上公开指责他的欺诈，可是只因为他的冒名，人民在 655 年即前 99 年仍举他为保民官。民众也以同样的意义向盖乌斯·马略欢呼，这有何不可！如果有一个适当的人，他似乎就是此人——他至少是第一流的将军，当时最得民心的名人，其勇敢正直为人所公认，他那超脱党争的地位正使他有再造国家的资格，人民以为他是这种人，他也自以为是这种人，有何不可！舆论倾向反对党，极为明确。这有一个明证：609 年即前 145 年，有人建议最高僧院若有缺额应由市民而不由僧院选人替补，政府在人民大会中提出些宗教的疑虑，打消这个建议；到了 650 年即前 104 年，格涅乌斯·多米提乌斯(Gnaeus Domitius)把它通过，元老院竟不敢认真抵抗。通盘看来，仿佛只欠一个首领，一个使反对党有固定中心和确实目标的首领；而今这个首领在马略身上发现了。

为实行他的工作，马略有两种办法：他或做带领军队的皇帝，或依宪法所规定的方式改变宪法，都可以推翻寡头政治；他自己的过去趋向前一种办法，格拉古的前例趋向后一种办法。他为何不 208

采用前一种计划，或者竟没有想到采用它的可能，我们不难了解。元老院真是或似乎是那么无力和无办法，那么受人的怨恨和轻蔑，以至于马略自以为单靠他那绝大的声望就可以对付它，无须他种援助；但他希望军队虽已解散，遇有必要，仍可以在退伍候赏的兵士中得到这种援助。共和政体已历四百年，与那组成复杂体系的国家以及形色繁多的习惯和利益已密切结合起来，马略可能鉴于格拉古那容易而好像近于圆满的胜利，又鉴于他自己那远胜于格拉古的实力，误认为这种政体极易推翻。可是马略似乎未深究此事的困难，任何比他加以深究的人便可想到，军队虽正由民兵渡到佣兵，在过渡期间，仍不适用为造成政变的盲目工具，要企图用武力来排除反抗分子，结果可能增加敌党的反抗力。把有组织的武力牵连在这种斗争中，初看，似乎多余，再看，似乎危险；人们正在危机的开端，反抗力还远没有达到最后最短和最简单的表现。

所以马略在凯旋以后，按照现行法规解散他部下的军队，走入盖乌斯·格拉古所标出的途径，就是以担任合宪法的国家官职为手段取得国家元首的地位。要做这事，他觉得须倚赖所谓平民党的援助，并且因为这位得胜将军绝没有控制街市的天才和经验，他更须暂时在平民党的领袖中寻求同志。于是平民党的长期失势以后，忽然又得到政治上的重要地位。自盖乌斯·格拉古至马略的
209 漫长期间，平民党已大为退步。现在对于元老政治的不满或许不减当年；可是几种希望昔曾吸引人来做格拉古弟兄最忠实的党徒的，此时已被目为幻想，许多人心中同时也起了疑虑，恐怕不满意的人大都不愿遵从格拉古运动所趋的目标。在二十年的迫害和骚乱中，革命初期所表现的新鲜热情、坚如岩石的信念和纯粹道德的

努力实已消磨甚多。但如果平民党不复如在盖乌斯·格拉古主持下的光景，在他以后的领袖如今却深居党下，一如昔日盖乌斯·格拉古的高居党上，这是自然之理。直到一个人再起来像盖乌斯·格拉古那样敢攫取国家元首的地位，领袖只能是些充数的人；他们或者是政治上的新手，把年少喜欢反抗的精神发泄出来，而后成为热情洋溢的激烈分子和得人喜好的演说家，受到正式的承认，以多少有点巧妙的方式退到政府的壁垒去；否则他们毫无财产和势力可丧失，并且往往在荣誉方面也绝少所谓得失，只因为私人的仇恨甚或只因为喜欢叫嚣，专以阻碍和搅扰政府为事。属于前一类的，举例来说，有盖乌斯·梅米乌斯和名演说家卢奇乌斯·克拉苏(Lucius Crassus)，他们先在反对党之列赢得演说的桂冠，然后加以利用，成为热烈的政府党。

可是约在这时，平民党最著名的领袖是后一类的人。属于此类的有盖乌斯·塞尔维利乌斯·格劳奇亚(Gaius Servilius Glaucia)，即西塞罗所谓罗马的海波勃洛斯(Hyperbolos)，他是个出身极低的粗俗人，有极无耻的市井口才，可是因为他那尖刻的诙谐，很能动人，甚至超人畏惧；他的同伴卢奇乌斯·阿普莱乌斯·萨图宁比他才德俱优，甚至据他敌人所说，也是个热烈感人的演说家，至少不为卑鄙的自私心肠所左右。他做财务官时，元老院下令把照例应归他管的粮政夺去，这事的原因或不在他的渎职，而在要把 210
这当时正得民心的官职给予政府党的一个领袖马尔库斯·斯考鲁斯，而不给一个不属于权门的无名少年。这位既有大志又有魄力的人遭了这场侮辱，便投归反对党，到了651年即前103年，他做平民保民官，便把他所受的加上利息来施行报复。那时丑事接踵而来。他在市场上公布米特拉达梯王的使者在罗马行贿——此种对于元老院极有关碍的披露几乎送掉这位大胆保民官的性命。克努米底亚的昆图斯·梅特路斯候选652年即前102年的监察官职时，萨图宁激起一场对他的暴动，把他围困在卡庇托尔，直至骑士非不流血地救他出来；监察官梅特路斯施行报复——修正元老名籍时加萨图宁和格劳奇亚以恶名，把他们逐出元老院——，只因梅特路斯的同僚偷惰怠忽，始告失败。萨图宁是主脑人物，冒政府党的激烈反对，通过审判恺庇欧及其同党的特别法庭，652年即前102年重选马略为执政官的事争执极烈，他又与政府为敌，通过此案。萨图宁确是反对元老院最力的人，又是盖乌斯·格拉古以后最活跃最有口才的平民党魁；当然，他的暴横也超越前人，他永远预备下街，以斗殴代替言语来反驳敌党。

所谓平民党的两个领袖如此，他们现在与得胜将军取共同的行动。这是当然的，双方的利益和目的互相吻合；甚至在马略从前候选时，至少萨图宁曾极坚决极有效地拥护他。他们商妥654年即前100年的计划：马略候选第六次的执政官，萨图宁候选第二次的保民官，格劳奇亚候选副执政官，为的是据有这些职位，他们便可以实行所拟定的政治革命。格劳奇亚为害较小，元老院默认他的提名，可是竭力阻止马略和萨图宁的当选，或则至少使马略与其坚决的对头昆图斯·梅特路斯同为执政官。一切手段，不问合法
211 与否，两党无不加以运用，不过元老院不能做到锄乱谋于萌芽之时。马略不耻亲拉选票，据说甚至不耻贿买选票；真的，选举保民官时，政府的名单已有九人宣告中选，一个同样色彩的体面人昆图斯·努尼乌斯(Quintus Nunnius)似已有得到第十席的把握，一群

乱民竟把他打杀，据说这群人多半是马略的退伍兵。于是谋乱者得偿所愿，可是用了极强暴的手段。马略被选为654年即前100年的执政官，格劳奇亚被选为同年的副执政官，萨图宁被选为同年的平民保民官；取得第二个执政官职的不是昆图斯·梅特路斯而是一个无足轻重的卢奇乌斯·瓦勒里乌斯·弗拉库斯(Lucius Valerius Flaccus)；联合派现在可以进行实现他们所拟的第二步计划，完成633年即前121年中断了的工作。

让我们回想盖乌斯·格拉古所追求的目标和他达到目标所用的手段。他的目标是由内外两面打破寡头政治；所以一方面，他要使完全附属于元老院的官职权力恢复其固有的最高权，把元老会议由统治机关再化为评议机关；另一方面，贵族政治分国家为专政的市民、意大利盟邦和属国等三级，他要使那与非寡头政治不合的差别渐归一致，以废除这三个等级。三人党又把这些思想纳入殖民法，萨图宁前次做平民保民官(651年即前103年)，已创立这种法律的一部，现在(654即前100)又创立一部。[①] 早在651年即前103年，中断的迦太基土地分配又复着手进行，主要目的是为马略的士卒——不但市民而且也似有意大利盟邦的人——谋利益，许 212
这些老兵每人在阿非利加省分得一百尤格的土地，约五倍于一份意大利的普通田产。现在为罗马、意大利的移民计，他们不但尽量

① 何者属于萨图宁第一次为保民官之时，何者属于第二次，不能分得精确，又因为他两次都遵循格拉古的方针，所以更不能分得精确。《名人传》(*De Viris ILL.*, 73.1)把阿非利加土地法具体地置在651年即前103年；这个日期与朱古达战争刚完不久的日期相合。第二次土地法属于654年即前100年，实无可疑。卖国罪法和粮食法的日期仅出于揣测，前者在651年即前103年，后者在654年即前100年。

要求各省已可支配的土地，而且利用一种法律上的借口——即罗马人既征服了辛布里部，按法理说，此部所据的一切土地均应为罗马人所有——要求阿尔卑斯山外仍在独立的凯尔特部落所有的土地。盖乌斯·马略奉召来主持分田事务和因此而似有必要的其他措置；托罗萨庙中被侵吞的财产已由犯罪的贵族赔偿或将来赔偿的，划分新受田人的补助费。阿尔卑斯山外和海外的征服计划原是盖乌斯·格拉古和弗拉库斯拟订的，现在这种法律不但以极大规模恢复他们的计划；而且，意大利人要与罗马人居平等地位的要求虽难于实现，却终究不能拒绝，现在这种法律使意大利人和罗马人共同参加移民，并且无疑地规定一切新立的民社皆为市民殖民地，是为满足意大利人要求的初步。然而最重要的，如果这个法律通过，马略奉命独立施行那拓地授田的绝大计划，他便实际成为罗马的君主，直到计划实现而后已，又因为计划无穷无限，他或可终身为罗马的君主；因此我们可以假定，马略愿年年当选执政官，一如格拉古的年年当选保民官。但大体看来，盖乌斯·格拉古与马略所处的政治地位虽在其他要点均相符合，却因前者纯居公民地位而后者兼居军人地位，授田的平民保民官与授田的执政官实大不相同；二人自跻于国家元首的个人情形仅是这种差别的一部分原因，而非其唯一的原因。

213 马略和他的同志自拟的目标性质如此；下一问题是他们拟用何种手段来破除政府党的抵抗，那可料必甚顽强的抵抗。盖乌斯·格拉古的斗争曾借用资本阶级和无产阶级的力量。他的继承人诚然不忘向这两种人献殷勤。他们不但让骑士仍据有法庭，而且大增骑士的陪审权：一方面关于惩治国家官吏在各省勒索的常务委员会——这对于商人特关重要——格劳奇亚大概在本年通过一种较严厉的法规；又一方面关于辛布里部作乱于高卢时所发生的侵吞公款和其他渎职行为，经萨图宁的建议，早在651年即前103年无疑地即设立了一个特殊法庭。再者，首都分配粮食给无产阶级，无产者素须付出不及成本的价钱，即每牟底六点五阿司，现在为他们的利益计，减价至每牟底六分之五阿司，这不过是一种“承认费”而已。但他们虽不鄙薄与骑士和首都无产阶级联合，三人党执行政策的真实力量却不在二者，而在马略部队的退伍兵，就因为这个缘故，殖民法才那么过分地替他们谋生计。在这事上也显见此次与上次革命企图的主要区别，就是这次军事性质特占优势。

于是他们进行工作。我们可以想见，粮食法和殖民法遭到政府最激烈的反对。他们在元老院里拿显著的数字来证明，粮食法必使国库破产；萨图宁却不管这事。对这两种法律，他们发动保民官的否决权；萨图宁却令人进行投票。他们通知主持投票的官吏说，听得一声霹雳，按旧信仰，神灵用这种示兆命人民大会散会；萨图宁却对差人说，元老院最好保持安静，否则雷响以后，很容易继之以冰雹。最后，市财务官昆图斯·恺庇欧（大概是三年前被罪的将军的儿子）[①]与他父亲一样，也是平民党的激烈对头，带一群忠 214

① 一切迹象都趋向这个结论。老昆图斯·恺庇欧为648年即前106年的执政官，小昆图斯·恺庇欧为651年即前103年或654年即前100年的财务官，所以前者大概生于605年即前149年左右或以前，后者生于624年即前130年或627年即前127年左右。前者死而无后一事并不与这见解相冲突；因为小恺庇欧死于664年即前90年，老恺庇欧被逐到士麦那，在那里终其余年，很可能死在他儿子之后。

实党徒用暴力驱散了人民大会。可是这次马略的劲兵成群结队来罗马城投票，迅速集合起来，驱散市内的群众，就在夺回的投票场上顺利完成了阿普莱乌斯法的表决手续。这是一件很可耻的事；可是阿普莱乌斯法的一条规定：法律通过后五日内每一元老应宣誓谨守这个法律，否则受丧失元老院议席的惩处，人们问元老院是否服从这一条，一切元老除昆图斯·梅特路斯宁愿出国外，都举行宣誓。这位最善战的将军也是马略和萨图宁最有本领的敌人，他们并非不愿见他以自甘放逐，离开本国。

他们似乎达到了目的，但由明眼人看来，他们的企图现在已有失败的景象。失败的主要原因就在不长于政治的将军与市井的奸雄成立不方便的联合，这位奸雄有才，可是激烈得不顾一切，满腹怒气，却无政治方针。只要问题专在他们的计划，他们便极为融洽。可是一旦计划要见于实行，一些情形便很快显露出来：这位名将在政治上只是个无能之辈，他的野心是一个农人而非一个政治家的野心，他要使他的名位赶上贵族，如果可能，超过贵族，而他想望秉政，并非因为他自觉有秉政之才；每种企图与他的政治个性为基础的，就是在最顺利情形之下，也必至坏在他自己之手。

他既不晓得如何劝化他的政敌，又不晓得如何约束他自己的党羽。与他和他的同伴为敌的反对党本来已很强大；因为属于此党的不但有政府派的全体人士而且有大部分的市民，市民用嫉视的态度自保特权，与意大利人相抗；而时事进展所循的途径又迫富人阶级投归政府。金钱贵族并不反对偶尔利用群众来制裁元老
215 院，可是不喜欢街上的骚乱和重大的暴行，萨图宁和格劳奇亚自始就是无产阶级的主人和奴仆，所以与金钱贵族绝不亲善。早在萨

图宁第一次做保民官时，他的武装队伍已与骑士有冲突；他当选654年即前100年的保民官时，遇到激烈的反对，可见拥护他的一派人如何寥寥无几。这种同伴的援助实不可靠，马略的本务应为仅少利用他们的援助，并应使人一概相信他们将来不主政，却为主政者的他服务。他所行的正与这个相反，仿佛他的目的不在使一个聪明强干的人主政而在使一群流氓当权，实利派人士见这种混沌的前途吓得要死，便在共同危险当前之时再与元老院密切结合起来。昔日盖乌斯·格拉古深知只用无产阶级不能推翻任何政府，曾特别务使有产阶级归附己方，现在要继续他那事业的人却开场便造成贵族与有产阶级的弃嫌修好。

可是有比敌党的和解更速陷这事业于失败的，就是马略那过于骑墙的行为势必酿成这事业的发起人互相离贰。决定性的建议都由他的同伴提出来，由他的兵士奋斗通过。马略却保持一种完全被动的态度，仿佛政治领袖与军事领袖完全不同，当总攻之际，他不必身先士卒，亲到各处。可是这还不够，他又惧怕他所亲自招来的鬼，加以逃避。他的同伴用君子所不能赞成可是非此实不能达到他们的努力目标的手段，当此之时，他便像不明政治道德的人所常做的，想推卸共同犯罪的责任，同时却收取由犯罪而造成的利益。据一个故事说，这位将军在他家里曾用两间不同的房屋举行秘密商谈，一间是与萨图宁和他的同党商谈的地方。另一间是与寡头政府代表商谈的地方，与前者谈的是打击元老院，与后者谈的 216
是干涉乱事，他用一种合于紧急情势的托辞往来于两个会议之间——这故事的确属虚构或确合实情，只有阿里斯托芬剧本中某一情节可以比拟。关于宣誓问题，马略的骑墙态度是人所共知的。

起初，他似乎因为法律的通过不合定式，要亲自拒绝阿普莱乌斯法所要求的宣誓，以后他宣誓，但附带“只要这法律真正有效”的保留条件；这条件等于取消誓言，一切元老在宣誓时当然也都加以采用；结果所届，因为宣誓的方式如此，法律的效力不能得到保障，却反而第一次真成问题。

这位名将做这种蠢笨透顶的事，其结果不久便发展出来。萨图宁和格劳奇亚从事革命，使马略得为国家的元首，并非为的是受他否认，给他牺牲；如果善于诙谐的平民党人格劳奇亚一向把他那怡人口才最怡人的花朵撒在马略身上，现在他编给马略的花圈却绝无蔷薇和紫罗兰的香气。结果是双方完全决裂，两败俱伤；因为马略立足还不十分稳固，不能单独保持他自己也怀疑的殖民法，又不能取得这法律赋予他的地位，萨图宁和格劳奇亚也不能自行继续马略所开始的工作。

可是两个奸雄已陷溺很深，不能引退；他们只有两条路可选，或者照例解职，因而把自己缚住双手献给怀恨的敌人，或者现在就自取王位，虽然自觉不胜其任。他们决定采用后一种办法，萨图宁又出来候选 655 年即前 99 年的平民保民官，格劳奇亚虽现任副执政官，非过两年后没有做执政官的资格，却要充执政官职的候选人。就实际而言，保民官选举的结果完全合于他们的意思；假提比
217 略·格拉古求为保民官，马略设法阻止，结果只使这位名人自见其名望的价值；“格拉古”被囚在狱中，群众打开狱门，欢喜如狂地抬着他遍游街市，而后以大多数的票举他为他们的保民官。执政官的选举较为重要，萨图宁和格劳奇亚又用去年试用的手段来排除讨厌的竞争者，以求控制选举；政府党与他们对抗的候选人盖乌

斯·梅米乌斯——就是十一年前领导反对党来抵抗他们的——忽
遭一群流氓的攻击，竟被打死。可是政府只在候着这样一个显明
的事件来用武。元老院要求执政官盖乌斯·马略施干涉，马略现
在居然赞成，把他受自平民党而誓为该党使用的刀剑拔出来，给守
旧党使用。他急忙征发少年军，配以公共建筑物中的武器，把他们
排成队伍；元老们由老领袖马尔库斯·斯考鲁斯率领，也带着兵器
来到罗马广场。反对党在街市暴动中或可占优势，但是没有准备
受这种攻击；他们不得不尽力自卫。他们打开狱门，号召奴隶来取
自由和武装；他们宣告——至少据说如此——萨图宁为国王或将
军；在新平民保民官须就职的那天，即 654 年即前 100 年 12 月 10
日，双方在大市场开战——自罗马建城以来，这是首都城内的第一
战。战争的结局一刻也不容置疑。平民党战败，被赶到卡庇托尔
山上，水源被人截断，他们不得不降。马略为元帅，自乐于保全那
些往日与他联合而今为他所俘的人的性命；萨图宁大叫着说，他的
一切建议都是与这位执政官共同提出的。马略这天的行为实为可
耻，甚至比他更坏的人也必因此心惊肉跳。可是他早已不是时局
的主人。俘虏暂时监禁在罗马广场的元老院里，贵族少年未奉命
令，就攀登元老院的屋顶，揭起瓦片，把俘虏用瓦打杀。萨图宁和 218
大多数有名位的俘虏就这样遭了难。这天罗马人民的官吏不经审
讯或裁判而死的共有四个——一个副执政官、一个财务官、两个平
民保民官——还有许多名人，有几个出自高门望族。尽管这些首
领犯了大错，自招杀身之祸，我们还是哀悼他们；他们的死有如前
哨的阵亡，前哨既不得主力军的援助，势必在拼命的战斗中无故
覆没。

政府党从未得过比12月10日更圆满的胜利，反对党也从未受过比12月10日更重大的败衄。最不重要的是他们铲除了几个嚣张捣乱的人，因为同伙同类的人随时可以补他们的缺；更重要的是当时那唯一能危害政府的人物已公开十足地自取灭亡；而最重要的是反对党的两个元素，即资产阶级和无产阶级，经过这次斗争以后完全分道扬镳。固然，这不是政府的作为；往日盖乌斯·格拉古以一副巧妙手腕拉拢在一起的，现在一部分由于时势的影响，尤其一部分由于他那不肯的继承人笨手笨脚，又复分崩离析；不过从结果上看，无论是计谋或是幸运助成政府的胜利，却都无关重要。事变以后，这位阿奎和韦尔切利的英雄所居的地位可怜得无以复加——又因为人们不禁拿这情形比较数月前环拱着他的光荣，他的地位更形可怜。补充官职时，无论贵族方面和平民党方面没有人再想到这位得胜将军；到656年即前98年，这位六任执政官的英雄甚至不敢候选监察官。他动身往东方去，表面上以到那里还愿为目的，但其实是因为他不愿见他那死对头昆图斯·梅特路斯的荣归。人们任他走开。他又回来，开门待客，他的客厅终日空虚。他天天希望再有冲突和战争，天天希望人民再需要他那业已证明的军事才能；罗马人诚然有厉行干涉东方的理由，他想在那里
219 自觅一个开战的机会。但这与他另外的志愿同归泡影，深沉的和平状态历久不变。然而他那如饥似渴的求荣欲望一旦勃发，愈常遭失望，便愈侵蚀他的心灵。一个旧谶语曾许给他七次执政官，他既是个迷信的人，当然把这话牢记在胸中，悒郁沉思时盘算如何可以实现谶语，如何可以报他的私仇，同时由一切人——只有他自己除外——看来，他似乎无足重轻，不能为患。

比排除这个危险人物更有影响的，是萨图宁的起事遗留下实利派对于所谓平民党的深恨。骑士法庭以无情的严酷态度裁判一切奉反对党主义的人；例如塞克斯图斯·提提乌斯(Sextus Titius)所以被罪，不大因为他的土地法，而多因为他家中有萨图宁的一尊刻像；盖乌斯·阿普莱乌斯·德奇亚努斯(Gaius Appuleius Decianus)所以被罪，因为他做平民保民官时称检举萨图宁为不合法。甚至平民党老早加在贵族的损害，如今贵族也在骑士法庭里要求赔偿，不无成功的希望。八年以前，盖乌斯·诺尔巴努斯曾与萨图宁共逐昆图斯·恺庇欧，现在(659 年即前 95 年)有人依他的法律控告他叛逆，陪审团迟疑很久——问题不在被告是否有罪，而在由他们看，他的同党萨图宁和他的政敌恺庇欧谁最可恨——，结果终于决定释放诺尔巴努斯。人民虽不比以前更爱政府的本身，可是自从觉得——虽然只有一转瞬间——险些陷于真正的暴民政治以后，如今一切有产可失的人都不能不另眼看待现存的政府；这政府以卑鄙害国著名，可是因为他们惶恐畏惧那更卑鄙更有害的无产阶级政府，现存政府便得有相对的价值。当时潮流的趋势如此，所以有一个平民保民官胆敢迟延昆图斯·梅特路斯的回国，群众便把他碎尸万段；平民党为自保计，始与刺客和下毒药者相联合——例如以毒药铲除他们所恨的梅特路斯——或甚至与国贼相 220
勾结，他们有几个已托庇于暗地准备对罗马人开战的米特拉达特斯王。对外关系也显出利于政府的景象。自辛布里战争至同盟战争的期间，罗马人不常动兵，可是每处动兵，均获荣誉。唯一的严重冲突在西班牙，晚近罗马多难的时候(649 年即前 105 年以后)，那里的卢西塔尼亚人和凯尔特伊比利亚人起兵抗罗马，非常激烈。

自 656—661 年即前 98—前 93 年间，执政官提图斯·狄狄乌斯(Titus Didius)在北省，执政官普布利乌斯·克拉苏(Publius Crassus)在南省，不但凭着骁勇和幸运重建罗马武力的优势，而且铲平抗命的城邑，并且在似有必要的地方移坚固山城的人口于平原。约当同时，罗马政府又转注意于被淡忘三十余年的东方，并且在昔兰尼、叙利亚和小亚细亚施展出久已不闻的伟大魄力：这些容后文再加叙述。自革命发轫以来，复古政府从未有这样的根深蒂固，这样的受人爱戴。执政官的法律代替了进步法规。萨图宁法当然作废；马略的海外殖民地消灭得只余科西嘉荒岛上一个小居留地。平民保民官塞克斯图斯·提提乌斯——一位滑稽画里的阿尔奇比亚得斯(Alkibiades)，长于跳舞和球戏而不长于政治，最出色的本领是夜间捣毁街上的神像——在 655 年即前 99 年又提出和通过阿普莱乌斯土地法，元老院竟能以宗教为借口取消新法，甚至无人加以维护；发起此事的人，如上所述，受到骑士法庭的惩戒。次年(656 年即前 98 年)，两执政官提出一种法律，把法案自提议至通过须经七日的惯例列为定规，并且禁止把几个性质不同的法案合成一个建议；这样一来，立法创制权的无理扩大至少稍受限制；新立的法律也不致公然使政府措手不及。日益显著的，是格拉古的
221 体制虽未与创始者同归于尽，现在却因群众与金钱贵族不复合作，正在根本动摇。那体制既然以贵族的分裂为基础，所以反对党的分裂必致造成它的覆亡。如果有一个时候可以完成 633 年即前 121 年未竟的复古工作，使格拉古的体制与僭主同遭厄运，再使主政的寡头党独揽政权，现在就是这个时候。

一切都系于收回陪审的位置。各省的行政——元老政府的主

要基础——原属于陪审法庭，特别属于勒索裁判所，以至于省长统治一省，似乎不再为的是元老院而为的是资本阶级和商人阶级。当问题在对付平民党的时候，金钱贵族永远乐于迎合政府，但政府每图限制他们那无限控制省政的既得权，便遭他们严厉的报复。现在有几个这种的企图；秉政的贵族始又有觉悟，其中最优秀的人士以为人们义当反对各省可骇的失政，至少他们个人如此。做这种事最为坚决的是昆图斯·穆奇乌斯·斯恺弗拉（Quintus Mucius Scaevola），他同他父亲一样，也充任大祭司，又为659年即前95年的执政官，他是当时第一流的法学家，也是当时一个最杰出的人物。亚细亚省最富，弊政也最烈；斯恺弗拉做这省副执政官衔的省长时（656年即前98年左右），与他那年长的同伴——著名的军官、法学家和史家——前执政官普布利乌斯·鲁提利乌斯·鲁孚斯共同树立严峻骇人的鉴戒。他不分意大利人和本省人，贵人和贱人，一律有诉讼就受理，不但强迫罗马商人和国税包商十足赔偿有证据的损害，而且他们几个最重要最骄横的代办一被判有罪当死，他便不听一切献贿的话，令人把罪犯钉在十字架上。元老院赞许他的办法，甚至以后训令亚细亚省长，要他们采取斯恺弗拉的政 222
治原则为模范；不过骑士阶级虽不敢动这位高贵而有势力的政治家，却传讯他的同事，末后（约在662年即前92年），竟传讯最重要的一个，他的副官普布利乌斯·鲁孚斯，此人仅有功绩和公认的正直为他辩护，而没有亲眷关系。罪名是他在亚细亚省犯了勒索罪；以他这样的人，竟说他肯做这种事，实属可笑，原告又是个名为阿皮奇乌斯（Apicius）的无耻之徒，所以罪名差不多不攻自破；不过骑士不放过这挫辱鲁孚斯的好机会；鲁孚斯鄙弃花言巧语、穿丧服和流眼泪，用简单扼要的几句话略略自作辩护，傲然拒绝那些至尊资本家所欲得的敬礼，他竟被判罪，他那不多的财产被没收，以满足捏造的赔偿要求。被罪者往赴那据说被他劫掠的省份，在那里，一切民社都派代表向他致敬意、示欢迎，他终身受人赞美和爱慕，以优游学问终其余年。并且这可耻的判案虽或是这类事最恶的例，却绝不是唯一的例。这样一位行为无玷但属于新贵族的人滥被裁判，或为元老派所痛恨；而最纯粹的贵族身份不复能掩盖荣誉上或有的污点，更为元老派所痛恨。鲁孚斯刚才出国，全体贵族中最受尊重、二十年来领导元老院的马尔库斯·斯考鲁斯，已届七十岁的年龄，竟以勒索罪被法庭传讯；由贵族看来，即使他有罪，这也不失为亵渎神圣的举动。控告始成为恶人的专门职业，无瑕疵的人格、爵位和年龄均不能再抗御最毒恶最危险的攻击。勒索裁判所原是省民的保障，现在成为他们的灾祸；最驰名的盗贼只要能从容共事，肯让陪审团沾到榨取而来的款项，便可逍遥法外；可是任何人若响应省民在正义和公理上的正当要求，便足以招致罪过。
223 罗马政府仿佛应改隶于监察院，一如往昔迦太基的司法院把持迦太基的国政会议。盖乌斯·格拉古曾说贵族界将用他那柄陪审法的短刀碎割自己的肉，这句有先见的话现在得到可骇的应验。

骑士法庭遭人攻击，在所不免。这种暴虐可耻的政治监察断绝任何秉政治国的可能性，政府党每一个人仍感到治国不仅含有权利而且含有义务的，实则只要是胸中仍有更高尚或更高傲的志向的，必无不挺身反抗。鲁提利乌斯·鲁孚斯被罪的丑事似乎叫人即刻发动攻击，马尔库斯·李维乌斯·德鲁苏斯为663年即前91年的平民保民官，认为这是特别向他挑战。德鲁苏斯的父亲与他同名，是三十年前推倒盖乌斯·格拉古的主要角色，以后又因平定斯科底斯克部而以善于将兵著名。德鲁苏斯与他父亲相似，也抱着严格的保守主义，并且在萨图宁作乱时，业已实际证明他的抱负。他属于最高的贵族界，拥有绝大的财产；在性格上，他也是一个真贵族，一个高傲好强的人，他居官时以佩戴官徽为耻，可是临终时他说像他那样的公民一时不会再有；“贵族身份形成义务”一句嘉言始终是他立身的金科玉律。以他那全副热烈真诚的性格，他不染普通贵族轻浮苟贱的习气；他既诚实可靠而又严守道德，他对平民永远殷勤接待，慷慨解囊，平民却对他有敬仰而无真正的爱慕。他也不是孤立无援。马尔库斯·斯考鲁斯在为自己辩护贪污案时，毅然当众要求德鲁苏斯担任陪审制度的改革者；在元老院 224
里，斯考鲁斯和名演说家卢奇乌斯·克拉苏对于德鲁苏斯的建议都是最热烈的拥护者，或许也是共同的发起人。但秉政贵族大半都不是德鲁苏斯、斯考鲁斯和克拉苏的同志。元老院中不乏资本家一派的坚决党徒，其中特居显著地位的有当日的执政官卢奇乌斯·马尔库斯·菲力普，他现在为骑士阶级奋斗与往日为平民阶级奋斗一样，也是既热心而又明智，又有鲁莽不顾一切的昆图斯·恺庇欧，他所以投归反对党，主要原因是他对德鲁苏斯和斯考鲁斯怀抱私仇。不过有比这些坚决的反对党更危险的，这就是怯懦腐败的贵族大众；固然，他们宁愿单独劫掠各省，可是毕竟不甚反对与骑士阶级分赃；他们对倨傲的资本家不从事严重而危险的斗争，却认为用甘言和偶尔跪拜或甚至用一笔巨款向他们换取免罪，远较斗争价廉而方便。没有这伙人，便不能达到所欲的目标，德鲁苏斯企图挟着他们同行并进，只有结果能显示这事的成就如何。

德鲁苏斯拟出一个建议，主张撤废骑士阶级公民的陪审职位，把这职位还给元老院，同时元老院添加新元老三百名以便应付增多的义务；又为裁判以往和将来犯纳贿罪的陪审员计，设立一个特殊的刑事团。如是，最近的目的达到了；资本家的政治特权被夺去，并且他们可因做事不公而被问罪。但德鲁苏斯的建议和目标绝不以此为限；他的建议不是只顾一时的策略，却是广大而经过熟虑的改革计划。再者，他建议增加粮食分配，为抵补增加的费用，应永久发行相当数目的铜第纳尔与银第纳尔并用；意大利一切仍未分配的耕地——所以特别包括坎帕尼亚的公地——和西西里的大部应定为市民殖民团的居留地。最后，他担任对意大利盟邦最
225 确定的义务，就是替他们取得罗马公民权。这样，往昔盖乌斯·格拉古体制所凭借的政治援助和改革思想如今又见于这里的贵族方面——这是个少有的巧合，但极易了解。僭主对抗寡头，既赖受雇而略有组织的无产阶级为援助，寡头对抗金钱贵族，当然也赖他们为援助；往昔政府认为以公款养无产阶级是个不可避免的恶事，加以容忍，现在德鲁苏斯想利用他们来抗金钱贵族，至少暂时这样。大多数的贵族往日既赞成提比略·格拉古的土地法，现在对于一切改革政策，只要与元首问题无关而仅以革除国家旧弊为事的，也当然乐于赞成。固然，在移民和殖民的问题上，他们不如平民党那样进步；因为寡头政治以自由管制各省为主要基础，一有永久的军事统治，便岌岌可危；使意大利与各省平等和拓地于阿尔卑斯山外等思想均与保守主义不合。不过元老院很可以牺牲拉丁甚至坎帕尼亚以及西西里的公地来提高意大利农民阶级的地位，而仍旧不失其政权；又有进者，要消弭将来的煽动，最有效的方法无过于贵

族自身把一切能支配的土地都拿来分配出去，如德鲁苏斯本人所说，除“尘埃和日光”外，一点也不留给将来的奸雄去分配。同样，对于政府——无论是君主政府或是若干权门垄断的政府——，属于公民团的是半个意大利还是整个意大利，实无关宏旨；所以双方的改革家或不能不一致以合宜而及时的方法扩张公民权，并且在人多力大的意大利人中寻求其计划的赞助者，以免弗雷格莱的叛乱变本加厉地再见于当时。关于国家首领问题，两大政党的见解和计划虽截然不同，在行事的手段和改革的趋势上，两党最优秀的 226
人却有许多相同之处；西庇阿·埃米利亚努斯既可谓在盖乌斯·格拉古的政敌又可谓在他那改革企图的赞助人之列，所以德鲁苏斯也既是盖乌斯的对头又是他的后继和门徒。两位出自高门、抱负不凡的少年改革家有大于乍看时所见的相似处；就他们个人说，二人超脱了乌烟瘴气的政党偏见，怀着较纯洁较高明的见解，也并非不配在爱国努力最重要的行动上前后一致。

要解决的问题是德鲁苏斯草成的法律如何通过。这位建议人正与盖乌斯·格拉古相似，把其中困难的建议——即以罗马公民权给予意大利盟邦——保留起来，最初只提出关于陪审团、分田和分配粮食的法律。资本家方面加以极激烈的抵抗，因为贵族大多数犹豫不决，人民大会反复无常，如果陪审法单独表决，资本家方面必能通过打消此法的建议，应毫无疑问。所以德鲁苏斯用一项法律包罗他一切的建议；这样，因为一切关心于分配粮食和分地的公民也不得不投票赞成陪审法，他竟能借助于他们和意大利人，通过了这种法律；意大利人都极力支持他，只有大地主尤其是翁布里亚和埃特鲁斯坎的大地主，却因为他们的公地占有权受有威胁，成为例外。然而执政官菲力普反抗不已，德鲁苏斯命人把他逮捕，命狱吏把他入狱，这法律始得通过。人民尊德鲁苏斯为恩人，在戏院里起立鼓掌来欢迎他；但表示并没有十分决定战局，不过把战事转移到另一战场，因为敌党当然认为德鲁苏斯的建议违反 656 年即前 98 年的法律，所以应告无效。保民官的主要敌人执政官菲力普以此为理由，要求元老院取消不合规定的李维乌斯法，不过元老院大多数都乐于废除骑士法庭，拒绝执政官的建议。后来这位执政官在公开市场上宣称，有这样一个元老院，他无法治国，他要另觅
227 一个政治议会；他似乎意在发动一次政变。因此，德鲁苏斯召集元老开会，激烈商谈之后，元老院对执政官发表申斥和不信任的决议；但多数派的大半见菲力普和大部资本家似有起而革命之势，始暗觉恐慌。恐慌之外又加以他种情形。那次元老院开会以后，绕过数日（663 年即前 91 年 9 月），德鲁苏斯一个最活跃最重要的同志演说家卢奇乌斯·克拉苏忽然身死。德鲁苏斯与意大利人所成立的联络最初只有少数最亲密的朋友得知，以后渐渐泄露，他的敌人便狂呼他卖国，政府党许多人或大多数都随声附和。他好意警告执政官菲力普，请他在阿尔巴山举行联邦会时提防意大利人的刺客，甚至这个警告也只有使他更受连累，因为这可见他如何深深卷入意大利人所酝酿的乱谋。

菲力普日益激烈地坚持取消李维乌斯法，多数派日益冷淡地加以维护。不久，元老院胆怯而少决断的大众以为复归旧道是唯一的办法，于是李维乌斯法竟因手续不合而被废除。德鲁苏斯不失他的本色，毅然顺从，止于提醒一句说，这样恢复可恨的骑士法庭乃是元老院自做的事；对于取消李维乌斯法的命令，他不使用否

决权使归无效。元老院对资本阶级的攻势全被击退，无论情愿与否，他们又忍受旧有的束缚。

可是大资本家还不以得胜为满足。群众常护送德鲁苏斯回家，一天傍晚，他在门庭正要照例辞别群众时，忽然倒在他父亲的刻像前面；一个刺客打中了他，打得非常准确，几小时后，他便殒命。凶手在暮色苍茫中遁去，无人识其面目，法庭也不加以调查；可是在这件事上，贵族自割己肉的短刀实无须调查便可明白。昔日平民党的改革家遭到凶暴可怖的横死，现在这位贵族阶级的改 228
革家也注定必遭此厄运。这里面含着一个深沉而悲惨的教训。贵族的抗拒或懦弱使改革成为泡影，甚至改革企图出自贵族本阶级人中，亦复如是。德鲁苏斯已用他的精力和生命为赌注，来推翻商人阶级的专政，筹划移民，预防将临的内战；他亲见商人更比以前专制，看着他一切的改革计划成空，临终时觉得他的暴死将是一场糜烂意大利胜境的最烈内战的信号。

229

第七章 意大利属国的叛乱与苏尔皮奇乌斯革命

自皮罗斯败衄、意大利人争独立的最后一战告终以来，换句话说，差不多二百年来，罗马的盟主地位一直屹立于意大利，甚至在最危急的局势之下，也从未受过根本的动摇。满门英烈的巴其底(Barkiden)氏以及继承亚历山大大王和阿契美尼王家的人均曾欲鼓动意大利民族，使之与那太强大的首城战，结果徒劳；意大利人服从罗马，曾出现于瓜达奎维河上和梅热达河上，唐坦(Tempe)隘口和西皮罗斯山等战场，以其最英俊的少年辅佐盟主，打平了三个大洲。同时，他们本身的地位诚然有改变，可是只有变坏而无改良。当然，由物质观点看，他们大致没有什么可抱怨的。虽然全意大利的小地主和中等地主都受了罗马不智的粮食立法之害，大地主尤其是商人和资本阶级却都兴旺起来，因而关于各省的财政剥削，意大利人所享的保护和特权与罗马市民的大体相同，因而他们大沾罗马政治优势的实利。一般说来，意大利经济和社会的状况并不直接系于政治上的差别；在许多同盟区域如翁布里亚和埃特鲁里亚，自由农民已大半绝迹，而在他处如阿布鲁奇山谷中，自由农民却仍能保持尚可的地位或几乎未受影响，正如在罗马不同的市民区中也有这种差别可见。另一方面，意大利人在政治上所受的轻蔑却日益苛刻，日益粗暴。正式公开的侵权举动固然没有，至少在主要问题上没有。民社自由，在条约上以主权名义赋予意大利各民社的，大致受到罗马政府的尊重；受优待的民社原得有占有 230 罗马公地的保证，土地运动初起时，改革派对于此事的攻击不但遭严格守旧派和中立派的激烈反对，而且罗马反对党本身也很快地把它放弃。

不过罗马既为盟主，便有些属于它并且不能不属于它的权利，如军事最高指挥权和监督整个行政等，这些权利行使得很欠高明，简直像是宣告盟邦人为毫无权利的臣民。罗马的军法素来严厉可骇，在第七世纪中多已改为宽和，这些修改仍似乎全以罗马市民兵为限，关于最重要的修改即取消军法的死刑，确是如此；朱古达战争时有这样一件事，拉丁重要军官受罗马军事法庭裁判而被斩首，与他罪状相同的最低市民兵却有呈诉于罗马人民法庭的权利，我们不难设想人们对此的印象如何。市民和意大利盟邦人应按何种比率抽来当兵，当然在条约上没有规定；可是往昔双方所出兵额平均相等，现在人口比率虽然改变，公民有增无减，对盟邦的要求却渐渐过分地提高；结果，在一方面，较重较靡费的兵役大半均由他们负担，另一方面，现在每征一个市民，必征两个盟邦人。与军事最高统帅权相似，罗马政府对意大利属国当然永久保留的监督权——内有与之不可分离的行政裁判权——也大为扩充，结果意大利人也像省民一样被舍给罗马无数官吏的任何人，毫无保障。最大的同盟城市有一个名为帖亚努姆-西迪奇努姆(Teanum Sidicinum)，一位执政官夫人要在这里的男浴堂洗澡，市府人员赶走浴客欠迅速，并且她看着浴室不清洁，执政官便命人把本城的长官绑 231

在市场的木椿上，用木棒打他一顿。此类的事曾见于另一个享有最优权利的城市费伦提努姆，甚至见于古老重要的拉丁殖民地卡莱斯(Cales)。在拉丁殖民地维努西亚，罗马一个年少无职的外交人员乘肩舆走过，一个自由农民失口说了一句取笑他那肩舆的话，他便放翻农民，用舆杆把他打死。在弗雷格莱叛变的前后，此种事偶见记载；这类暴行的屡见不鲜，不容置疑；对于这类罪恶，人无处可得真正的补偿，也是不容置疑；然而上诉法——犯了它难逃法网——却至少给罗马市民的生命一些保障。罗马人的聪明祖先曾刻意促进拉丁民社与其他意大利民社中间的不睦，现在因为罗马政府这样对待意大利人，他们的不睦即使不至于消失，至少不能不减轻。罗马的堡垒和为堡垒所胁而听命的区域如今共处在同一压力之下；拉丁人可以提醒皮塞努姆人说，彼此同是“服从斧钺”的人；昔日的管家和奴隶如今对这共同的暴主一致怀恨，联合起来。

意大利盟邦既这样由尚可忍的属国地位变到极难堪的奴隶地位，同时他们取得较优权利的任何希望又被剥夺。意大利平定以后，罗马公民团便禁人加入；以公民权赠给全民社的办法完全作废，以公民权赠给个人的办法也大受限制。现在更进一步；628—632年即前126—前122年盖乌斯·格拉古发动使罗马公民权普及全意大利的运动时，拉丁人移居罗马的权利也被攻击；人民和元老院下令把一切侨居罗马的非公民即刻逐出首都——这个办法既
232 欠大方，又损害私人许多利益，所以既可恨而又危险。总之，往日意大利盟邦人对罗马人的关系一部分是被监护的弟兄关系，受保护而不受统治，并且不永居弱小地位，一部分是奴隶关系，待遇尚可，并且非全无解放的希望；如今他们却差不多一概隶属于罗马主

人棍棒斧钺之下，一概毫无希望，至多只敢以特蒙优待的奴隶身份把受自主人的踢打转送给外省人民而已。

以当然之理来说，这些事执为民族一体的感觉和共同克服危难的忆念所遏止，乍出现时是柔和的，并且可以说是客气的，到了后来，嫌隙渐大，于是专以强权为正义的统治者和只因恐惧而服从的被治者之间便露出暴力关系的真面目。629 年即前 125 年弗雷格莱的叛变和毁灭仿佛正式揭出罗马统治的改变性质，在此以前，意大利人的骚动原不带有革命色彩。求平等权利的心情渐由静默的想望蔚为大声的请求，不过请求愈加明确，拒绝也愈加坚决。人们不久便知，情愿的让步是不可希求的，遭拒绝而想强夺的也不乏人；可是以罗马当时的情势而论，他们不能存着实现这种愿望的念头。虽则意大利市民和非市民的人数比率不能加以相当的考究，我们可以断言公民不甚少于意大利盟邦的人；能服兵役的公民约计四十万，盟邦人至少有五十万，可能达六十万。[①] 在这种比率之下，只要公民团结一致并且没有值得挂齿的外寇，则分裂成无数孤立的城市和乡邑民社而与罗马有万千公私关系的意大利盟邦必不 233

① 这些数字取自 639 年即前 115 年和 684 年即前 70 年的调查数，能当兵的公民在 639 年即前 115 年为三十九万四千三百三十六人，在 684 年即前 70 年为九十一万人（据弗莱贡[Phlegon]之说，科林顿（Clinton）和他的同伴误把此数归在 668 年即前 86 年的调查；据李维之说，此数应作九十万人）。两期之间的数字我们仅知其一——据希罗尼姆斯，668 年即前 86 年的调查数为四十六万三千人——数目所以这样小，只因为调查举行于革命危机之中。在 639—684 年即前 115—前 70 年之间，我们不能相信意大利人口会有增加，甚至苏拉的分配土地也至多仅能填补战争所致的残缺，而结果却多了整整五十万能当兵的公民，这必因为这时期有容纳盟邦人为公民的事。但在这些不幸的年代中，意大利人口总数可能有减无增，并且大约如此；能当兵的公民减少数若以十万计，似乎不算过分，那么，在意大利同盟战争时，非公民与公民成三与二之比。

能达到共同的行动；政府若稍施智谋，一部分借着公民的坚固团结，一部分借着各省所供的很大资助，又一部分借着使各民社互相牵制，必能控制抱怨怀恨的属国。

所以意大利人守静不动，直到革命初震撼罗马的时候；但革命一旦爆发，他们便立刻加入罗马两党的运动和激荡，为的是借这党或那党的力量取得平等的权利。他们先归附平民党而后归附元老党，结果从两党都没有得到益处。他们不得不相信，两党优秀分子虽认他们的要求为公正合理，优秀分子不论是属于贵族党或平民党的，却都无力使本党大众谛听他们的要求。他们也见到，罗马最有天才、最有魄力、最有声望的政治家一出面为意大利人辩护，必为其党羽所弃，因而遭到覆败。在三十年革命和复古的循环起伏中，许多政府成立了又被废除，可是他们的施政计划略有不同，掌权者的见识短浅、心地褊狭却始终如一。

最重要的，由晚近的事看来，意大利人期望罗马注意他们的要求，明明等于望梅止渴。当意大利人的愿望与革命党的混而为一，在后者手里遇到愚昧的大众而成泡影之时，他们还可自慰，以为寡
234 头政府所反对的仅是提出建议的人而非建议本身，以为国家较为开明，仍可容纳这合于寡头政治性质而有益于元老院的办法。不过最近几年，元老院已恢复其濒于专制的政权，罗马寡头政治的用意不幸赫然大白于世。他们不按人所期望的举行改善，却于 659 年即前 95 年，发布一道执政官法律，严禁非公民要求公民权，犯禁者有受审讯和惩罚的危险——这个法律使很多极有名望而对于平等权问题极感兴趣的人士由罗马人中重回到意大利人之列，就其在法理上不容异议而在政治上却属荒唐一点而论，与造成北美洲

脱离母国的著名法案完全如出一辙；真的，这法律正与那法案相似，也成为内战的近因。更坏的是，这法律的创制者并不属于顽梗不化的贵族党；他们不是别人，就是昆图斯·斯恺弗拉和卢奇乌斯·克拉苏——斯恺弗拉是个人人景仰的智者，有如乔治·葛兰维尔，也是个天生的法学家，命定的政治家，以其既可敬而又有害的正直不阿，先激起元老院与骑士阶级的斗争而后惹出罗马人与意大利人的战事，为害尤甚于他人；克拉苏是个演说家，是德鲁苏斯的朋友和同党，就一般而论，他在贵族党里还算是一个最温和最解事的人。

这法律和许多因之而起的手续引起全意大利的激烈骚动，在骚动中，意大利人似乎又在马尔库斯·德鲁苏斯身上新起了一线希望。一位保守党人承受格拉古兄弟的改革计划，拥护意大利人的平等权利，这是以前认为殆不可能的，现在果有此事；一位高等贵族的人已立志要把政府和自西西里海峡到阿尔卑斯山的意大利人同时解放，并且要把他全副的真心诚意，全副可靠的自我牺牲一概用在这些高尚的改革计划。他是否如传说所云真做了一个秘密社团的领袖，这社团的联络遍布意大利，团员誓守[1]为德鲁苏斯和 235

[1] 誓言的格式至今仍在："卡庇托尔的朱庇特、罗马的维斯塔、宗传的玛斯、造物的太阳、养物的大地、罗马城的神圣创建者和扩大者共鉴，我发誓：谁是德鲁苏斯的朋友或仇敌，也就是我的朋友或仇敌；并且我不惜我个人的生命，也不惜我的儿女或父母的生命，除非为德鲁苏斯和同发此誓的人谋利益。但我若能借着德鲁苏斯的法律成为公民，我必视罗马为我的本国，视德鲁苏斯为我的最大恩人。我将竭力监督我同城的人多发此誓；若我所誓是真，请赐我福，若所誓不真，请加我祸。"但我们引用此说时最好慎重从事，此说不出自菲力普反德鲁苏斯的演讲，便自多出自后来编的与这次罗马乱事有关的刑事诉讼档案；甚至依后一假定，这誓言是由被告在审讯时供出来的，还是栽诬他们的，也仍是个疑问。

共同事业而互助的约束，现在不能证明；但即使他不亲手做这样危险而实系罗马官吏所不当做的事，我们却可断定他必不仅止于然诺，并有必有形迹可疑的结合——虽或未经他的同意或违反他的意志——借他的名义组织起来。意大利人听得德鲁苏斯以元老院大多数的同意通过他第一批的建议，很是欢喜；不久以后，全意大利的民社庆祝这位忽患重病的保民官痊愈复原，更加欢喜。可是德鲁苏斯再进一步的计划一旦揭露出来，便起了一个变化；他不敢提出他主要的法律；他不得不迟延，不得不踌躇，旋即不得不退让。据说元老院的多数派游移不定，有背弃他们那领袖的趋势；于是消息前后相继，传遍意大利的民社，说已经通过的法律又被打消，资本家主政比以前更加专制，保民官遇刺，保民官身死（663 年即前 91 年秋）。

意大利人想借着条约以入罗马公民团的最后希望，与德鲁苏斯同归于尽。这位有魄力的保守党人在最顺利的情势之下所不能
236 使其同党采纳的，绝非友好的手段所能达到。意大利人只有两条路可择：或耐心服从，或把三十五年前因弗雷格莱被灭而夭折的事重演一次，如果可能，大家齐心合力地重演一次，以便毁灭罗马而承受其遗产，或至少逼她给予平等的权利。后一决定当然是毫无希望的办法；在当时情形之下，各自孤立的城市民社背叛罗马政府，看起来或真比美洲殖民地背叛英帝国尤为无望；由一切方面看，罗马政府若稍加注意，奋力从事，便可使第二次叛变仍遭前次的厄运。不过安坐不动而听事物的自然，不也一样是毫无希望的办法吗？他们追忆往日罗马人如何惯做无故发怒的事，现在意大利每城最重要的人物都与德鲁苏斯有谅解或据说是有谅解——二

者在结果上大致相同——，而这种谅解直接以反对当时得胜的党派为事，理应称为叛逆。他们所可逆料的是什么？一切曾参加秘密社团的，甚至一切有参加的嫌疑的，都别无他法，只有起兵作战，或在刽子手的斧钺之下引颈就戮。

再者，此刻的情形较利于在全意大利普遍起事。罗马人实行解散意大利较大的联盟，已至如何程度，我们不知其详；可是玛斯人、佩利格尼人或甚至萨谟奈人和卢卡尼亚人未必不仍保持其旧日的联盟形式，不过它们已失其政治的意义，一部分可能已退化到专为举行祭赛的会社。如果现在起事，这些联盟仍可为起事的支点，可是正因此故，谁知罗马人要如何及早也把它们消灭呢？那据说以德鲁苏斯为领袖的秘密社团，因德鲁苏斯的死而失去其真实或想望的首领，可是社团本身依然存在，为起事的政治组织做个重要的核心；同时军事组织可以每一同盟城市所有的军备和惯战兵 237
士为基础。另一方面，罗马人没有认真准备。固然，他们听得意大利有不稳的行动，同盟民社彼此常有深可注意的来往；可是秉政的一班人不赶忙召集公民入伍，却止于照常训勉官员小心，派间谍去刺探详情。首都完全无备，以至于玛斯勇将昆图斯·庞培狄乌斯·席洛(Quintus Pompaedius Silo)——德鲁苏斯一个最亲密的朋友——相传拟订一个计策，要率领一队可靠的党徒，把刀剑藏在衣服下面，偷偷入城，袭取罗马。如是，意大利人做叛变的准备，缔结条约，静默而活泼地进行武装，到了后来，照例因为一件偶然的事，叛变发作得稍早于领导人所预定的时日。

罗马行总督事的副执政官盖乌斯·塞尔维利乌斯(Gaius Servilius)听他的间谍说，阿布鲁奇山中的阿斯库鲁姆(Asculum，即阿斯科利[Ascoli])送人质于邻近民社,他便同他的副官和少数护兵到那里去,当时民众正群集于剧场,举行大赛会,他便声如雷吼地向他们说了一片恐吓话。他们眼见那太嫌熟识的斧钺,耳听那太有诚意的恐吓宣言,几百年来积下的痛恨有如一堆干柴遇到火花。群众就在剧场中把罗马官员碎尸万段,并且仿佛他们志在用一个可怖的暴行断绝任何和解的机会,官吏立刻命人关闭城门,一切住在阿斯库鲁姆的罗马人都被杀死,他们的财产被掠夺。叛变蔓延到整个半岛,如火燎原。玛斯英勇众多的人民为首,联合阿布鲁奇那些小而坚实的同盟——佩利格尼人、马鲁西尼人(Marruciner)、弗伦坦尼人(Frentener)和维斯提尼人(Vestiner)。在这里,上述那智勇双全的昆图斯·席洛是这个运动的主脑。玛斯人首先向罗马人正式宣战,所以此战后来永名为玛斯战争。按这榜样行事的
238 有萨谟奈各民社以及自利里斯河和阿布鲁奇山降至卡拉布里亚和阿普利亚的一般民社;于是不久以后,中意大利和南意大利全部起兵叛罗马。

反之,埃特鲁斯坎人和翁布里亚人往日既已附和骑士阶级以抗德鲁苏斯,现在也依附罗马。有可注意的,在这两个区域,土地贵族和金钱贵族自古以来即占优势,中产阶级已完全绝迹,而在阿布鲁奇及其附近,农民阶级仍不失其纯粹和新鲜,非意大利他处的农民所能及;所以叛变大体来自农民和一般中产阶级,而自治市中的贵族却至今仍与首都的政府携手同行。我们又不难用这道理说明一种情形,即叛变区域中有单独的民社依附罗马,叛变民社中也有少数人依附罗马;例如,维斯提尼的平那城(Pinna)为罗马受了一番严重的围攻,又在赫平(Hirpiner)境内有一个忠于政府的队

伍组织起来，由埃克拉努姆的米那提乌斯·马基乌斯（Minatius Magius Von Aeclanum）率领，辅助罗马在坎帕尼亚的军事行动。最后，享最优权利的同盟民社——在坎帕尼亚的有诺拉和努恺利亚以及沿海的希腊城市拿波里和利基翁，同样，拉丁殖民地至少有一大半如阿尔巴和埃塞尼亚（Aesernia）等——都依附罗马，正如在汉尼拔战争时，拉丁城市和希腊城市拥护罗马，而萨贝利城市则反对罗马。罗马的祖先用贵族的分类做意大利政治的基础，把属国的等级巧为划分，便能以较受优待的民社制伏不受优待的民社，以自治市的贵族制伏每民社内的公民。时至今日，在恶劣无比的寡头政府之下，罗马纪元第四、第五世纪政治家经营缔造的工程始完全证明其如何坚实牢固；这个建筑虽屡经震撼，却仍能抗御风波，屹然不动。当然，所谓受优待的城市未尝一遭打击即背罗马，绝不是说他们现今仍如汉尼拔战争时在大败之后也能久守对罗马的忠节而不移；他们尚未经过这种严酷的试验。

如是，第一次的流血事件发生了，意大利分成两个大兵营。固 239
然，如我们所见，叛变仍迥非意大利同盟的普遍起事，可是它的范围或已超过叛党首领的希望，叛党可以不嫌狂妄，想对罗马政府提出一个公平的和解。他们派使者到罗马去，约定罗马若准他们加入公民团，他们便放下武器；结果徒劳。团体精神久已不见于罗马，现在的问题是以顽固褊狭的心肠抗拒属国那种辅之以强大力量的公正要求，这种精神似乎突然复见。意大利叛变的最初效果正如政府策略往日失败于非洲和高卢以后的情形，也是发动公诉战；操审判权的贵族认为——无论正确与否——政府一些人是这事的罪魁祸首，便利用公诉向他们施报复。经保民官昆图斯·瓦里乌斯(Quintus Varius)的建议,不顾贵族党的抵抗,不顾其他保民官的干涉,设立了一个治叛逆罪的特殊法庭——骑士阶级以公然动武争取这个建议,这法庭当然由他们组成——调查德鲁苏斯所主使而支脉遍于罗马和意大利的阴谋;因为这阴谋是叛变的渊源,现在半个意大利皆已起兵,全体愤怒惊慌的公民一致认为这阴谋确是叛逆,毫无可疑。经这法庭的裁判,元老院的调和派人数大减,除其他名人外,德鲁苏斯的亲密朋友那年少多才的盖乌斯·科塔(Gaius Cotta)被逐出国,龙钟的马尔库斯·斯考鲁斯煞费力气始免此厄。元老中赞成德鲁苏斯那些改革的,都受很大的嫌疑,以至于不久以后,执政官卢普斯(Lupus)由军营报告元老院,说到营中贵族党常与敌人通消息的事;未几,玛斯的间谍被捕,当然证明这种嫌疑的虚妄。就这事而论,米特拉达特斯王所说党争毁坏罗马的国家比同盟战争尤烈,未必没有理由。

240 然而在起初的时候,叛变爆发,治叛逆罪的法庭施行恐怖手段,至少造成一致和强有力的外表。党争宁息,各种色彩的良将——平民党如盖乌斯·马略,贵族如卢奇乌斯·苏拉,德鲁苏斯的朋友如普布利乌斯·苏尔皮奇乌斯·鲁孚斯——都自愿奉政府的差遣。似在此时前后,人民法令把粮食分配大加限制,以便节省国家财力,用在战争;又因为米特拉达特斯王咄咄逼人,亚细亚省随时可落在敌人手中,那么,罗马岁入一个主要的来源将告枯竭,所以限制更属必要。除治叛逆的法庭外,一切法庭都奉元老院的法令暂停活动,一切事业归于停顿,除募兵和造械外,人一概置之不理。

当盟主国这样加紧集中力量以应付将临的苦战时,叛党不得不解决一个更难的问题，即作战期间的政治组织。佩利格尼人的领域位于玛斯、萨谟奈、马鲁西尼和维斯提尼之间，所以正在叛区的中心，这种佩斯卡拉（Pescara）河上的锦绣平原有一座科尔菲尼乌姆（Corfinium）城，意大利人选它为“反罗马城”即意大利亚（Italia）城，把此城的公民权赠给一切叛变民社的公民；又在这里按照相当的比例划出市场和议院的地方。一个员额五百人的元老院负规定政制和监督战事的责任。依元老院的指导，公民由元老班中选出两个执政官和十二个副执政官，他们正如罗马的两个执政官和十二个副执政官，掌战争与和平的最高权。在当时即已流行于玛斯人和皮塞努姆人中间的拉丁语仍做公事用语，可是盛行于南意大利的萨谟奈语却与拉丁语平等并用，交替镌刻在银币上；意大利人始仿罗马的模型，按罗马的本位，以新意大利国的名义铸造银币，于是实际上夺去罗马二百年来所操的货币垄断权。从这些作为看——这当然也是不言而喻的——，可见意大利人如今不再 241
想从罗马人手中夺取平等的权利，他们的计划却是消灭或征服罗马人，而成立一个新国。从这些作为看，又可见他们在政治制度上，只一味模仿罗马人，换句话说，就是抄袭古来流传在意大利人中间的政制：这是个城市的组织而非国家的结构，有与罗马人民大会一样庞大无用的全民大会，有与罗马元老院一样内含寡头成分的主政团体，有同样由重叠相竞的最高官吏行使的行政权。这种模仿做到无微不至的地步；例如做最高统帅的官吏名执政官或副执政官，意大利人的元帅也在战胜之后改称“凯旋将军”。除名称外实际无所变更；见于叛党钱币的神像与见于罗马钱币的无异，只有款识由罗马（Roma）变为意大利亚而已。这个属于叛党的罗马与原来的罗马只有一种区别——这区别不利于叛党——，后者至少经过一番城市的发展，它那介于城市与国家之间的不自然状态至少是自然演变的结果；反之，新兴的意大利却不过是叛党的会所，只借着法律上的纯粹虚文，半岛居民始被弄成新都的公民。但是有可注意的，这里若干孤独的邑落忽然合成一个新的政治集团，
242 自当显出近代所谓代议政体的观念，可是这种观念竟毫无踪迹可寻；[①]真的，事实适得其反，他们仅以比往日更为荒谬的方式再造一个市府组织。有一种情形或没有比在这里更显著的：据上古的人看来，要有自由政体，非至尊人民亲自出席于大会不可，即非有城市不可；今日共和立宪国家的伟大基本思想，即用代表会表现人民的至尊权——没有这种思想，自由国家便属子虚——完全是近代的思想。甚至意大利的政制，虽则就其代议式的元老院和不及以前重要的人民大会而言已距自由国家不远，却永未能渡越界限，罗马如是，意大利亚亦复如是。

于是德鲁苏斯死后数月，在663—664年即前91—前90年的冬季，战事开始，如叛党的钱币一枚所表现的，萨贝利的公牛对罗马的母狼作战。双方各做热烈的准备：在意大利亚，大批的武器、粮草和金钱积聚起来；在罗马，所需的供应由各省特别是西西里取来，忽略已久的城垣又修得可资防守，以备万一。双方的军队几乎

① 我们的资料大部分由狄奥多罗斯和斯特拉波得来，甚至由这区区资料看，这情形也很彰明较著；例如，斯特拉波明言公民团选举官吏。固然有人说意大利亚的元老院故意要与罗马元老院组织不同，权力各异，可是没有证实。当然，在组织初成时，人必注意使各叛城有略为一致的代表权；但元老依法由各民社派遣的事却不见记载。元老院负拟订宪法的使命，与官吏公布宪法和人民大会核准宪法并无不相容之处。

势均力敌。罗马人一方面增加市民的征兵额和阿尔卑斯山以南凯尔特区居民——几已完全罗马化，单在坎帕尼亚当兵的就有一万之多[①]——的征兵额，一方面用努米底亚和其他海外各国的助军，以补充所缺的意大利助兵；又借助于希腊和小亚细亚的自由城市，他们集合了一个战船队。[②] 除戍兵不计外，双方出战的兵达十万人；[③]以兵士的能力、战术和装备而言，意大利人绝无不及罗马人之处。

无论叛党和罗马人，一律感到战事很难指挥，因为叛区甚广，243
很多亲罗马的堡垒星罗棋布于其中，所以一方面叛党不得不既做分散兵力耗费时间的围攻战，同时又须保卫绵长的边界；另一方面，叛党没有真正的中心，所以罗马人也不得不在一切叛区同时对叛党作战。从军事观点看，叛区分为两部：北部由皮塞努姆和阿布鲁奇山至坎帕尼亚的北边，包括操拉丁语的各地方，在这里做元帅的，意大利人方面是玛斯人昆图斯·席洛，罗马人方面是普布利乌斯·鲁提利乌斯·卢普斯（Publius Rutilius Lupus），二人都是执政官；南部包括坎帕尼亚、萨谟奈和一般操萨贝利语的地方，统兵的，叛党方面是萨谟奈人执政官盖乌斯·帕皮乌斯·穆提卢斯

① 由阿斯库鲁姆的铅弹看来，斯特拉波军中也有很多的高卢人。

② 自意大利战争初起（664 年即前 90 年）以来，喀利斯都（Calystus）、克拉奏门（Clazomenae）和米利都的三个希腊船主一向忠实尽职，以后解散时，罗马元老院于 676 年即前 78 年 5 月 22 日以一道法令赐给他们荣典和利益。这道法令至今仍在。门农（Memnon）的叙述也属于同样性质；他说罗马由黑海的赫剌克莱亚征发三层桨的船两只来参加意大利战争，他们在第十一年带了丰盛的荣誉礼品回去。

③ 由阿斯库鲁姆的铅弹看，可见阿庇安之说并非过分，铅弹上所镌的，除他字外，有第十五兵团字样。

(Gaius Papius Mutilus),罗马人方面是执政官卢奇乌斯·尤利乌斯·恺撒(Lucius Julius Caesar)。两个元帅都有副元帅为辅佐,意大利人方面有副元帅六人,罗马人方面五人,每人各在一个指定地方指挥攻守战事,而执政军则以随地作战和从事决战为务。罗马最有威望的军官,如盖乌斯·马略、昆图斯·卡图卢斯以及两位阅历过西班牙战争的前执政官提图斯·狄底乌斯和普布利乌斯·克拉苏,都自请受执政官的驱遣,充任这些职务;意大利人方面虽没有这样鼎鼎大名的人与他们对抗,可是由结果看来,在军事上,他们的领袖绝不逊于罗马人的。

在这种完全支离破碎的战争中,罗马人大致取攻势,可是在这方面也不见有任何决定性的举动。奇怪的是,罗马人不集中军队,以便用优越的兵力攻打叛党,叛党也不想进入拉丁姆,猛攻敌人的首都。然而我们对于双方的情形所知太少,不能判断他们是否能另想办法,或如何另想办法,也不能判断罗马政府的疏忽和同盟民
244 社联合的散漫,究在战争的缺乏统一指挥上有如何的影响。我们可以领略,用这种战法,胜负固然是有的,可是战事很久达不到一个最后的结局;我们也可以领略,这种战争分成一串战斗,各个队伍忽分忽合,同时动作,从传到今日那些残缺无比的记载,要造出对于此战的清晰印象,实不可能。

当然,首遭攻击的是叛区内依附罗马的堡垒,他们赶忙关闭城门,把他们乡间的动产运入城内。席洛亲自攻打那震慑玛斯人的坚城阿尔巴,穆提卢斯亲自攻打那立在萨谟奈中心的拉丁城埃塞尼亚;在两地,他们都遇到坚决的抵抗。当罗马人尚未集合于叛区的边境和正在集合之时,北方费尔姆(Firmum)、哈特里亚(Ha-

tria）和平那的四周，南方卢凯里亚、贝内文托、诺拉和佩斯图姆的
四周可能都有与上相似的鏖战。罗马先派马尔库斯·马尔凯卢斯
（Marcus Marcellus）和普布利乌斯·克拉苏率少数军队往萨谟奈
和卢卡尼亚；664 年即前 90 年春季，南路军在恺撒指挥之下，集合
在大半为罗马人所据的坎帕尼亚，置戍兵于卡普亚——此处的公
地对罗马财政关系重大——和较大的同盟城市，而后试取攻势，以
援助萨谟奈和卢卡尼亚的罗马军。不过恺撒为普布利乌斯·维提
乌斯·斯卡托（Publius Vettius Scato）部下的萨谟奈人和玛斯人
所击退，损失重大，于是重要城市维纳弗鲁姆（Venefrum）献出罗
马戍兵，投归叛党。维纳弗鲁姆位在由坎帕尼亚至萨谟奈的军路
上，此城背叛，埃塞尼亚便陷于孤立，这已遭猛攻的堡垒现在端赖
骁勇坚毅的守兵和守将马尔凯卢斯。固然，苏拉仍如往年进兵博
库斯境内时的勇而多智，完成一次得胜的游击战，一时解救了埃塞
尼亚人的急难；不过在顽强抵抗之后，将近年终，他们迫于极端的
饥荒，不得不投降。在卢卡尼亚，普布利乌斯·克拉苏也为马尔库
斯·兰朋（Marcus Lamponius）所败，被迫固守格鲁门图姆（Gru-
mentum），此城遭持久的攻打，终于陷落。除以上的几个例外，罗
马人对于阿普利亚和南方各地不得不全听其自便。叛变蔓延日
广；穆提卢斯率萨谟奈兵侵入坎帕尼亚之时，诺拉的公民献城投　245
降，交出罗马的戍兵，穆提卢斯下令把他们的统帅处死，把兵士分
配在得胜军中。除努恺利亚一地仍坚附罗马外，整个坎帕尼亚远
至维苏威皆非罗马人所有；萨勒努姆（Salernum）、斯塔比亚（Stabi-
ae）、庞贝、赫库兰尼姆（Herculaneum）都响应叛党；穆提卢斯竟进
到维苏威之北，以他部下萨谟奈和卢卡尼亚的联军围攻阿切拉

(Acerrae)。恺撒军中有努米底亚人甚多,他们今始成群结队地投归穆提卢斯,或毋宁谓投归朱古达之子奥赞塔斯(Oxyntas),奥赞塔斯在维努西亚投降时落在萨谟奈人之手,如今穿着王者的紫服,出现于他们的行列;所以恺撒竟须遣送非洲军团还乡。穆提卢斯甚至敢攻罗马的营垒,不过他被击退,萨谟奈人退却时,后路遭罗马骑兵的攻击,遗尸几达六千具于战场。这是罗马人在此战获得的首次大胜;军队宣告将军为凯旋将军,首都消沉的勇气始又振作起来。固然,不久以后,得胜军渡河时为马里乌斯·埃格那提乌斯(Marius Egnatius)所攻而大败,以至于须退到帖亚努姆去整理,可是黾勉的执政官奋力从事,竟能使这支兵在冬季到来以前即恢复战斗力;于是他又据阿切拉城下的旧阵地,穆提卢斯则率萨谟奈主力军继续围攻此城。

同时,中意大利也发生了军事行动,这里阿布鲁奇山和富奇(Fucine)湖区域的叛变是首都的肘腋之患。罗马人派格涅乌斯·庞培·斯特拉波(Gnaeus Pompeius Strabo)率一支独立军入皮塞努姆,为的是凭借弗尔蒙和法勒里奥(Falerio)的援助可以威胁阿斯库鲁姆;可是执政官卢普斯部下罗马北路军的主力却屯在拉丁人和玛斯人领域的边界,因为敌人由那里的瓦勒里大路和萨拉利大路趋罗马,最为近便;两军隔着一条名为托伦(Tolenus,即图拉
246 诺[Turano])的小河,这河在提布尔与阿尔巴之间经过瓦勒里路,然后在列提流入维利诺(Velino)河。执政官卢普斯不甘宁耐,急欲决一胜负,马略劝他说,部下兵士不惯作战,应先用小战予以训练,他不听这逆耳之言。战斗方始,盖乌斯·波本那(Gaius Perpenna)所率的队伍一万人全被击破,于是元帅褫夺败将的军职,把

他部下的残兵与马略所统的队伍合并起来，可是不肯因此停止攻势；他分兵为二，一部由他亲自率领，一部由马略率领，经相距不远的两座便桥渡托伦河。与他们对抗的是普布利乌斯·斯卡托和他部下的玛斯人；他的营盘原扎在马略渡河的地点，不过在罗马军渡河之前，他已退去，留下哨兵守营，却远在沿河上游布置一个伏兵阵地。他在这里乘卢普斯所率罗马另一军渡河时，出其不意地攻打它，把它一部分斫倒，一部分驱逐入河(664 年即前 90 年 6 月 11 日)。执政官及其部下八千人皆死。马略终于晓得斯卡托已去，渡过河来，占据敌营，敌人不无损失，可是这不足偿罗马的损失。然而马略渡河，同时将军塞尔维乌斯·苏尔皮奇乌斯(Servius Sulpicius)击败佩利格尼人，玛斯人被迫把防线稍稍向后移动；马略奉元老院令继卢普斯为元帅，至少使敌人不能再获胜利。但不久以后，昆图斯·恺庇欧与马略共任元帅，权力相等，这不是因为他有一次力战得胜，而是因为他热烈反对德鲁苏斯而为当时权倾罗马的骑士阶级所赏识；席洛诡称要把部下军队骗卖给他，诱他入伏，他和所率军队的大部均为玛斯人和维斯提尼人所宰割。恺庇欧既死，马略又独为元帅，坚强抵抗，使敌人不能收得胜的利益，渐渐深入玛斯人的领域。他长久不肯作战；后来他一作战，他那猛烈的敌人便被击破，遗尸多具于战场，马鲁奇尼首领赫里乌斯·阿西
尼乌斯(Herius Asinius)也在其列。在第二战，马略的北路军与苏 247
拉麾下属于南路军的队伍合攻玛斯人，使他们吃个更大的败仗，损失六千人；但这一战的光荣属于那较为年少的将军，因为开战得胜的固然是马略，截断逃兵退路而消灭他们的却是苏拉。

当战事这样激烈而互有胜负地进行于富奇湖畔之时，斯特拉

波部下的皮塞努姆军也打得时胜时败。叛党首领阿斯库鲁姆的盖乌斯·尤达奇利乌斯(Gaius Judacilius)、普布利乌斯·维提乌斯·斯卡托和提图斯·拉弗伦尼乌斯(Titus Lafrenius)合攻罗马军,把它击败,逼它入守弗尔蒙;拉弗伦尼乌斯围攻斯特拉波于此处,尤达奇利乌斯则进入阿普利亚,劝卡努西乌姆、维努西亚和该区其他仍附罗马的城市响应叛党。不过在罗马方面,塞尔维乌斯·苏尔皮奇乌斯既击破佩利格尼人,便一路无阻地入皮塞努姆,援救斯特拉波;拉弗伦尼乌斯前面受斯特拉波的攻打,后面受苏尔皮奇乌斯的抄击,营垒被纵火焚烧;他本人身死,部下残兵乱窜,逃入阿斯库鲁姆。皮塞努姆的局势完全改观,现在意大利人局促于阿斯库鲁姆正如往日罗马人局促于弗尔蒙,于是战争又复变为围攻。

最后,在本年中间,除南意大利和中意大利两处艰难而散漫的战事外,又加以第三处北意大利的战事。开战后的几个月,罗马的局势显然很危险,于是翁布里亚民社的大部和几个埃特鲁斯坎民社也响应叛党;所以罗马不得不派奥卢斯·普洛提乌斯(Aulus Plotius)往御翁布里亚人,卢奇乌斯·鲍奇乌斯·加图(Lucius Porcius Cato)往御埃特鲁斯坎人。然而在这里罗马人所遇的抵抗较在玛斯和萨谟奈的软弱远甚,他们在战场上保有极确定的优势。

如是,第一年的艰苦战事告终,无论从军事和政治看,本年都留下黯淡的忆念和吉凶未卜的前途。从军事看,罗马的两支兵,无
248 论是北路军和南路军,都受了严重的挫败,力量减少,士气沮丧;北路军不得不特以保卫首都为首务,南路军在拿波里,其交通受有重大的威胁,因为叛党不难由玛斯或萨谟奈的境内冲出来,占据罗马

与拿波里中间的地方；因此罗马人须至少在库迈和罗马之间布置一条哨兵线。从政治看，在开战第一年间，叛变无往而不得势；诺拉背叛，强大的拉丁殖民地维努西亚迅速投降，翁布里亚、埃特鲁斯坎人造反，这都是可疑的征兆，表示罗马的霸权正在根本动摇，不能熬过这最后的磨难。他们所要求于公民的已达极点；他们为布置那拉丁姆-坎帕尼亚沿海的哨兵线，已把将近六千名的解放人纳入公民军；他们已要求那些仍然效忠的盟邦做最大的牺牲；若把弓弦张得更紧，必不能不以一切为孤注。

市民的情绪非常消沉。托伦河上一战以后，执政官和许多与他同死的著名公民的尸体由附近的战场运回首都，葬在那里；为表示国难起见，官吏都卸去紫衣和官徽；政府下令要首都居民全体武装；这时不少的人陷于绝望，以为万事皆休。固然，恺撒在阿切拉、斯特拉波在皮塞努姆战胜以后，最甚的沮丧已稍稍消逝；第一胜仗的消息到来，首都的军装便又换成公民服；第二胜仗的消息传来，国难的表示也被解除。不过毫无疑义的，通盘看来，罗马人在这次比武中已告失败；并且最重要的，元老和公民已失去往日支持他们渡过汉尼拔战争的一切危机而达到胜利的那种精神。在开战时，他们诚然仍与往日一样的高傲，可是他们却不晓得如何与往日一样的结束战事；往日的固执成见、坚持到底，现在代之以疏懒和怯懦。在第一年战事以后，他们对内对外的政策突然改变，趋于和 249
解。无疑地，在这事上，他们这种办法最为明智，非他法所能及；然而其原因不在他们迫于目下的武力，不免容忍不利的条件，而在所争执的——罗马人对其他意大利人永保其政治上的优势——对于国家有害无利。在公众生活中，有时一个错误抵消另一错误；这里的怯懦稍补救了顽强所造的罪孽。

664 年即前 90 年之初，叛党所提的和解办法横遭拒绝，检举战又复开始，资本家主张为本国谋私利最为热烈，对一切以倡议温和政策和及时让步而被嫌疑的人施行报复。另一方面，保民官马尔库斯·普劳提乌斯·西尔瓦努斯(Marcus Plautus Silvanus)于同年 12 月 10 日就职，通过一种法律，夺去资本阶级陪审团手中的惩逆所，另由部民以没有阶级限制的随意择取法，选出一班人来担任此事；结果，惩逆所由迫害温和派的机关变为迫害极端派的机关；被逐出境的，除他人外，有惩逆所的发起人昆图斯·瓦里乌斯，此人因平民党穷凶极恶的事——毒杀梅特路斯和刺死德鲁苏斯——受公论的指责。

有比这非常坦白的政治翻案更重要的，就是对意大利人的政治方针的改变。自上次罗马被迫依从敌人所吩咐的和平以来，恰好已过了三百年；罗马现在又遭挫折，她既愿望和平，便只可至少承认敌人所提条件的一部。无疑地，对那些已起兵以攻灭罗马为事的民社，仇隙业已太深，罗马不能屈从所要求的让步，并且即使他们屈从，时至今日，这些条款或将为对方所拒绝。但他们如果对
250 那些一向效忠的民社，在某种限制下应许原来的要求，则一方面可以不失其自动让步的色彩，另一方面可以防止意大利同盟的结合——否则结合在所不免——，由此便可以辟一条征服这个同盟的路径。所以罗马公民资格的门户久已对陈请深闭固拒的，现在受刀剑的敲打，忽然洞开；然而就是到了现在，开放仍不十分圆满，出于勉强，使入其门的人仍感不安。执政官卢奇乌斯·恺撒通过

一种法律，[1]规定凡至今未公然叛罗马的意大利盟邦民社，其公民皆得有罗马公民资格；平民保民官马尔库斯·普劳提乌斯·西尔瓦努斯和盖乌斯·帕皮里乌斯·卡尔博又建议一种法律，规定每一有公民资格而住在意大利的男子可于两月内往见罗马官吏，便得到罗马公民资格。可是这些新公民须受与解放人相似的限制，解放人只能在三十五部族中的四部注册，他们也只能在其中的八部注册；这种限制还是止于本人，还是——似乎如此——传到后世，我们却不能断定。

这个法令原只适用于意大利本部，意大利向北的扩张当时还没有越过安科纳和佛罗伦萨。从法律看，阿尔卑斯山内的高卢是个外国，可是从行政和殖民看，久已算是意大利的一部，这里的拉丁殖民地一概受意大利民社的待遇。再者，这里波河以南的地方，旧日凯尔特部落解放以后，土地的大半固然都没有按城市制组织起来，却全属于大都聚居在市镇（*foca*）的罗马公民。波河以南少数几个同盟地方，尤其是拉韦纳，还有波河与阿尔卑斯山之间的一切地方由于665年即前89年执政官斯特拉波所提出的法律，一概按意大利的城市制组织起来；不适用此制的民社特别是阿尔卑斯山谷的民社则归在某一城市，作为附属或纳贡的村落。然而这些 251
新城市民社得不到罗马的公民权，但因法律上的虚文以他们为拉丁殖民地，罗马人把素来属于低级拉丁城市的权利给他们。如是，

① 尤利乌斯法必在664年即前90年末一个月通过，因为在本年的好季节恺撒尚在战场；按保民官建议的常规，普劳提乌斯法大约也在保民官就职后立即通过，所以在664年即前90年12月或665年即前89年1月。

当时的意大利实际到波河为止，阿尔卑斯山外的地方则被视为境外藩属。这里波河以北的地方除克雷蒙、埃波雷迪亚(Epoledia)和阿奎莱亚外，没有市民或拉丁殖民地，并且波河以北的土人部落尚未如波河以南的那样被逐出去。在这个肥饶而重要的区域，废除凯尔特人的邑落组织而推行罗马人的城市组织，实为罗马化开辟了一条路；往日意大利曾合伙抵抗和防御高卢人，现在意大利已成为他们的主人翁，以上办法却是长久有效的化高卢人为友伴的第一步。

这些让步虽很可观，我们若比之于罗马公民团一百五十余年来所保持的坚强独占，他们绝不含有向真叛党投降的意义；反之，他们的用意一部分是保全那些动摇而势将背叛的民社，一部分是尽量引诱人弃敌来归。这些法律，尤其是其中较重要的——即恺撒的法律——究竟实行到如何程度，我们不能确定，因为我们只能就这法律公布时叛变的范围如何，做个概括的叙述。无论如何，主要的结果是，以前的拉丁民社——不但古拉丁同盟的残余民社如提布尔和普雷内斯特，而且特别是拉丁殖民地，只有少数投归叛党的算是例外——都因此得入罗马公民团。此外，这个法律也适用于埃特鲁里亚尤其是南意大利那些仍守忠节的同盟城市，如努塞里亚和拿波里。我们可以想见，几个素享特权的民社迟疑不肯接受这个公民权，例如拿波里怀疑是否应放弃昔日与罗马所结的条约——条约担保它的公民免服国役，仍用希腊制度，此外或也得有
252 公地上的利益——而接受新公民很有限的特权。因为这些疑虑，罗马与他们订立协约，可能依据协约，拿波里和利基姆或者还有其他希腊城市，甚至在加入罗马公民团之后，仍保持他们的希腊制度，仍以希腊语为公用语。总之，这些法律的效果是，因有散布于

自西西里海峡至波河那些多而且大的城市民社加入其中，罗马公民团非常扩大；再者，波河与阿尔卑斯山之间的地方既得有最惠同盟国的特权，仿佛依法将来有得到十足公民权的希望。

凭借以上对于反侧民社的让步，罗马人重振勇气，再攻叛区。现存的政治制度凡是似有拆毁的必要的，他们皆已拆毁，以阻止火势的蔓延；至少自此以后，叛变不再扩大。特别在埃特鲁里亚和翁布里亚，叛乱正在开端，便非常迅速地被荡平了，这大概多赖尤利乌斯法的力量而少由于罗马武力的功劳。在旧日的拉丁殖民地，在人烟稠密的波河区域，而今可靠的丰富资源开辟了；有了这些资源，再加以公民自有的资源，他们自能进而扑灭那今已隔绝了的火灾。去年的两位元帅都回到罗马来，恺撒是当选的监察官，马略却因为人指责他作战犹豫迟缓，这位六十六岁的人被称为老朽。这种责难很可能是无稽之谈；马略每日必到竞技场，至少可见他身体的强健；就是做元帅时，在最近的战役，他也似大致不失其旧日的才力；不过他在政治上破产以后，只有辉煌的胜利能恢复他在舆论上的地位，他既没有立下这种战功，所以他这鼎鼎大名的战士便如一把宝刀，甚至做个军官，也被人毫不客气地当作废铁，丢在一边，使他十分痛心。卢奇乌斯·鲍奇乌斯·加图曾在埃特鲁里亚作战有功，现在代马略为征玛斯军的元帅；去年战事的几次极大胜利都 253
得力于恺撒的副将卢奇乌斯·苏拉，他现在代恺撒为征坎帕尼亚的元帅；格涅乌斯·斯特拉波在皮塞努姆区域任统帅，曾立大功，现在做了执政官，仍保持他的兵柄。

第二年度的战事就这样在665年即前89年开始。甚至冬季未过，叛党即开战端，做一个——使人回忆萨谟奈战争的大事——

大胆的尝试，派玛斯军一万五千人到埃特鲁里亚，以援助北意大利酝酿的叛变。可是此军须行经斯特拉波的防地，为斯特拉波所截击，全军破败；只有少数人能回到遥远的家乡。罗马军可以取攻势的季节终于来到，加图入玛斯境内，战胜敌人，向前进攻；不过他在富奇湖一带攻打敌营时阵亡，所以监督中意大利军事的责任落在斯特拉波一人身上。斯特拉波所从事的，一部分是继续围攻阿斯库鲁姆，一部分是平定玛斯人、萨贝利人和阿普利亚人的地域。为解救他那危急的祖城起见，尤达奇利乌斯率皮塞努姆的征兵来到阿斯库鲁姆城下，进攻围城的军队，同时守兵也冲出城外，猛扑罗马的战线。据说这次是罗马人七万五千与意大利人六万交战。胜利仍属于罗马人，不过尤达奇利乌斯竟做到率一部援兵冲入城中。围攻又复进行，此城形势险固，[1]居民不忘城内宣战时的可怖景象，所以久攻不下。经几个月的英勇守御后，尤达奇利乌斯终见立约投降之日已近，便下令把一部分亲罗马的公民用非刑处死，而后
254 自杀。于是城门开启，罗马的刑戮代替意大利的刑戮；一切官吏，一切体面的公民均被正法，其余的被逐出去，沦为乞丐；他们的财产全被充公。在围攻阿斯库鲁姆时和攻陷以后，罗马众多的队伍巡行附近的叛区，劝他们陆续归降。马鲁奇尼人与卢奇乌斯·苏尔皮奇乌斯战于台替（Teate，即奇耶蒂［Chieti］），一败涂地，而后投降。将军盖乌斯·科斯克尼乌斯（Gaius Cosconius）入阿普利

---

① 在阿斯库鲁姆一带现在还有时发现属于那时的铅弹，上面镌着的是投这弹的兵团的名称，有时是诅咒“逃走的奴隶”的话（所以知道这是罗马弹），或“打皮塞努姆人”或“打庞培”——前一种是罗马弹，后一种是意大利弹。

亚，取萨拉皮亚(Salapia)和坎尼，围攻卡努西乌姆。马里乌斯·埃格那提乌斯率萨谟奈军来援这不好战的地方，居然逐退罗马人，可是罗马将军竟能乘他渡奥菲都河(Aufidus)时把他击破；埃格那提乌斯阵亡，残军不得不逃避于卡努西乌姆城内。罗马人又进至维努西亚和鲁比(Rubi)，占据阿普利亚全部。沿富奇湖畔和在马耶拉(Majella)山中——叛党的主要巢穴——罗马人也恢复其优势；玛斯人向斯特拉波的副将昆图斯·梅特路斯·皮乌斯(Quintus Metellus Pius)和盖乌斯·秦纳投降；次年 666 年即前 88 年，维斯提尼人和佩利格尼人向斯特拉波本人投降；叛党的首都意大利亚又成为佩利格尼的卑微乡镇科尔菲尼乌姆，意大利元老院的残余人员逃往萨谟奈人的领域。

同时，卢奇乌斯·苏拉现在统率的罗马南路军已取攻势，入敌人所占领的南坎帕尼亚。苏拉亲自攻取和毁灭斯塔比亚(665 年即前 89 年 4 月 30 日)，提图斯·狄狄乌斯攻下和毁灭赫库拉尼姆，可是狄狄乌斯阵亡(6 月 11 日)，似乎死在攻打此城之时。庞培抵抗较久。萨谟奈将军卢奇乌斯·科卢恩提乌斯(Lucius Cluentius)来救此城，但为苏拉所击退；他得到凯尔特队伍的增援，再行一试，可是大抵由于这些不可恃的友军反复无常，他完全破败，营垒陷落，他自己和部下的大半在逃往诺拉途中均被砍杀。罗马军感激将军，赠他一顶草冠，按军营的习惯，一个兵士用他的才智救了一伙同伴，才可以佩戴这个朴素的标志。诺拉和坎帕尼亚的其他城市仍在萨谟奈人之手，苏拉不停兵来攻打他们，立刻进到叛党大本营所在的内地。他迅即攻陷埃克拉努姆，加以极残酷的惩 255
处，于是赫彼奈全境震恐；卢卡尼亚的分遣队已出动来援，他们竟不待其来至便投降，苏拉能不遇阻碍便进到萨谟奈同盟的疆域。穆提卢斯率萨谟奈的防军在隘口守候着他，他却绕过隘口而攻萨谟奈军的后路，把它击破；营垒失陷，将军负伤，逃往埃塞尼亚。苏拉进至萨谟奈区的首城博维亚努姆，在城下又获胜，迫之投降。只因岁月已晚，这里的战事才告一段落。

时局已大改旧观。叛党发动665年即前89年的战事时是那样强大、那样胜利、那样一往直前，经过一年的战事，却弄得深受挫折、处处覆败、完全无望。北意大利全部被荡平。在中意大利，两面的海岸全为罗马所控制，阿布鲁奇几全在罗马人势力之下；阿普利亚远至维努西亚，坎帕尼亚远至诺拉都在罗马人之手；现在仍旧公然抵抗而不屈的只有两个区域，一个是萨谟奈区，一个是卢卡尼亚-布鲁提亚区，罗马既占领了赫彼奈地带，两区域中间的交通便被截断。叛区犹如一片将熄的大火场；纵目四望，处处是灰烬、瓦砾和渐衰的残火，有些地方熊熊的火焰仍见于断壁颓垣之间，可是火势已处处受人控制，不再有可畏的危险。可惜由传到今日的肤浅记载，我们不能再充分明了这种突变的起因。固然，斯特拉波，尤其是苏拉善于领导，罗马兵力较能集中，攻势较为迅速，自都大有助于这种结果，可是叛党势力所以倾覆得非常迅速，却可能是政治原因与军事原因合作而成；西尔瓦努斯和卡尔博的法律意在离间敌人使他们背弃共谋的大事，现在可能已达其目的；这些叛变民社关系本来散漫，常因遭遇不幸而互起争执，这次或亦如此。

256 我们只见——此事就表示意大利亚必曾有激烈的变乱以致内部分裂——玛斯人昆图斯·席洛自始即为叛变的主脑，在玛斯人投降后，逃到萨谟奈人中间，于是萨谟奈人采用一种纯限于本地的组织，在“意大利亚”陷落之后，以“萨芬人”(Safinen)即“萨谟奈人”的名义继续从事于战斗。[1] 强固的埃塞尼亚原为钳制萨谟奈自由的堡垒，现在变为萨谟奈自由的保障；军队集合起来，据说有步兵三万，骑兵一千，并为增强实力计，解散奴隶两万，编入军队；将军五人负统兵之责，席洛居首，穆提卢斯居第二位。世人愕然看到萨谟奈战事停止了二百年后又复发作，这果敢的民族正如在第五世纪时，当意大利同盟崩溃以后，又想用自己的力量从罗马人手里夺取国家的独立。不过这种决心系由最英勇的绝望而来，不能大变主要的结果；虽则萨谟奈和卢卡尼亚的山地战尚需一些时日和牺牲，可是叛变大致已届末日。

固然，又有一场纠纷起于同时，亚细亚的纠葛使罗马人急需对本都王米特拉达特斯宣战，派定一位执政官率一个执政军明年(666 年即前 88 年)往小亚细亚。如果这个战争早一年发动，半个意大利和最重要的省份同时叛变，必为罗马国家的巨患。现在罗马的神奇幸运又复显见，意大利的叛变迅速瓦解，这个正在开始的亚细亚战争虽则与将终的意大利战争混而为一，却不真正可畏；而因为意大利人请米特拉达特斯予以直接援助而被傲然拒绝，更无 257
可畏。但这事仍很令人为难。昔日他们毫不犹豫地在意大利和海外同时进行战事，那时代已不再见；现在两年战争以后，国库已完全枯竭，在业已出征的军队外再编一个新军，似乎殆不可能。但他

① 一种稀有的第纳尔镌着奥斯坎文 *Safinim* 和 *G. mutil* 的属于这个时期；因为叛党一日仍用“意大利亚”字样，一个单独的部落便一日不是主权国，所以不能用自己的名义造币。

们竭力设法。子城上及其附近自古以来就有些空地，政府把这些地基卖给愿意建筑的人，得价九千磅黄金，这就是所需的款项。罗马人并未组织新军，只是指定苏拉在坎帕尼亚所率的军队往亚细亚，南意大利的局势一旦可以不用这支军队，他们便可即刻成行；由于斯特拉波麾下在北意大利作战部队的进展，可望这不久即成事实。

于是在利于罗马的境况之下，第三年即666年即前88年的战事开始。阿布鲁奇山中仍有人做最后的抵抗，斯特拉波把它荡平。在阿普利亚，科斯克尼乌斯的继任人昆图斯·梅特路斯·皮乌斯系克努米底亚者之子，其坚持保守主义和善于用兵无异于其父，现在攻下维努西亚，俘虏武装人员三千，消灭抵抗。在萨谟奈，席洛诚然有克复波维亚努姆的胜利，可是他与罗马将军马莫尔库斯·埃米利乌斯（Mamercus Aemilius）交战，罗马人得胜，并且——比得胜更重要——席洛也在萨谟奈人遗在战场的六千具死尸之中。在坎帕尼亚，苏拉夺取仍为萨谟奈人所据的小地点，围困诺拉。罗马将军奥卢斯·伽比尼乌斯（Aulus Gabinius）也入卢卡尼亚，得到不小的胜利；但在他劫营阵亡以后，叛党首领兰朋及其党徒又复控制广大荒凉的卢卡尼亚-布鲁提亚区域，几无人与之争，他们甚至一度谋取利基姆，但为西西里省长盖乌斯·诺尔巴努斯所挫。尽管有偶尔的失利，罗马人日益接近所欲达的目标；诺拉陷落、萨谟奈降服、大量军队可用于亚洲之日似不在远，不料首都的局势起了转变，将灭的叛变竟至死灰复燃。

258 罗马城正在汹涌骚乱之中。德鲁苏斯攻击骑士法庭，骑士阶级使他忽遭覆灭，继之以害人兼害己的瓦里乌斯检举战，种下了贵族与中等阶级、温和派与极端派激争苦斗的根苗。所发生的事已完全证明主张让步者的不谬；他们建议应自动赠予的，罗马人已大半被迫让出；可是让步的方式正如往日的拒绝，也带有顽固短见的嫉妒色彩。他们不把平等权利许给一切意大利民社，却只用另一方式表示轻蔑。他们容大批意大利民社入罗马公民团，可是把辱人的污点又加在这样给予的权利上，使新旧公民的关系几等于解放人与自由人的关系。他们以拉丁权利给予波河与阿尔卑斯山之间的民社，非但不能怀柔他们，反而激起他们的不平。最后，他们不但不把公民权给予大部分而非属最劣部分的意大利人——即先叛而后降的民社——，而且不依法恢复因叛变而作废的条约，却至多以施恩的方式与他们续订可以随意撤销的条约。[①] 表决权上的

---

① 李锡尼书 667 年即前 87 年下面载着：*dediticiis omnibus* 〔*ci*〕*vita*〔*s*〕*data*；*qui polliciti mult*〔*a*〕*milia militum vix XV … cobortes miserunt*；这是重述李维书的 *Italicis populis a senatu dvitas clata est*，不过稍较明确而已。按罗马政治法，所谓"降人"（*dediticii*），就是归附罗马但未许结盟的外国自由人。他们不但保其生命、自由和财产，而且可以组成自有其宪法的民社。所谓"无公民权的人"（*ἀπόλιδες*，*nullius certae civitatis cives*）只是依法律虚文而与降人居同等地位的脱籍人（*ii qui dediticiorum numero sunt*，直称 *dediticii* 实属不妥，为高明作家所不取），以及与之相似的 *liberti Latini Iuniani*。虽然如此，却因按罗马政治法一切投降都必然是无条件的，所以就这个意义而言，降人对罗马国家没有权利，一切明言或默认给他们的权利都只是施恩，因而可以随意撤回；所以罗马国家无论立刻或以后对投降人定什么法令，不能说是侵犯他们的权利。这种无权状态只在缔结同盟条约以后，才算告终。因此，降服（*deditio*）与联盟（*foedus*）在宪法上是不两立的对比名词；法学家中流行的 *quasidediticii* 和 *quasi Latini* 的分别也正属于这种性质，因为拉丁人正是特著的同盟。

按古宪法，除因汉尼拔战争而丧失其条约的不多几个民社外，意大利没有降人；664—665 年即前 90—前 89 年的普劳提乌斯法所谓 *qui foederatis civitatifs adscripti buuerunt* 仍大体包括一切意大利人。但因 667 年即前 87 年补受公民权的降人按理不能认为仅包括布鲁提亚人和皮塞努姆人，我们可以假定，一切叛党，只要放下武器而未按普劳提乌斯-帕皮里乌斯法得有公民权的，一概受降人的待遇，或者——与上相同——他们的条约当然因叛变而取消，他们投降以后，也没有依法续订。

259 没有资格更伤感情，因为在当时人民大会情况之下，表决权毫无意义，并且由每个不抱偏见的人看来，政府假作正经，注意选举人的纯洁无瑕，未免可笑；但这一切限制均饶有危险性，因为这些限制诱使每一别有用意的奸雄由新公民和无公民权的意大利人方面接受其多少有点理由的要求，以遂私图。所以贵族中较明达的人士既不能不与新公民和被排斥的意大利人同感这些不彻底不甘心的让步无济于事，又痛心于同列中被瓦里乌斯惩逆所逐出的众多杰出人才的不在，又因为这班人所受的判决非来自人民而来自陪审法庭，他们更不容易被召回国；人民法令即使属于司法性质的，人也不惜用另一法令把它打消，可是以人民法令废止陪审法庭的判决，据贵族界的优秀人士看来，却是很危险的例。如是，极端派和温和派都不满于意大利事变的结果。但更加深刻的愤气胀满一位老人的胸膛，他抱着新生的希望去参加意大利战争，又不由自主地退伍归来，自知立下新功而所得只是极重的新侮辱，痛感到他的敌
260 人藐视他而不再怕他，报复的念头在他心里作祟，一天比一天狠毒。适用于新公民和被排斥的意大利人的，也适用于马略；他虽然显得拙笨无能，他那众人皆知的名字在奸雄的手里却仍是个可畏的武器。

与以上政治变乱的因素相联合，光荣军风和军事纪律也一日千里地趋于衰落。败坏士气的戡乱争逼得罗马不加别择，许每一能当兵的人入伍。而且更重要的，直接把政治的宣传带到大本营和兵帐；在这时期，无产阶级从军所播下的种子发展得迅速惊人。效果不久便见，军中各级将士的一切维系均告废弛。围攻庞培时，苏拉军攻城司令前执政官奥卢斯·波斯图米乌斯·阿尔比努斯被

部下兵士用石块木棒打死，因为兵士以为将军要把他们卖给敌人；元帅苏拉却止于勉励军队在前敌奋勇作战，以洗刷这事的遗憾。做这事的是海军，自古以来就是最不受尊重的军队。未几，一支大半来自市民的兵团军也效法此例。受了一个市井英雄盖乌斯·提提乌斯(Gaius Titius)的鼓动，这支兵竟殴打执政官加图。由于偶然，他这次得免于死；提提乌斯被捕，可是未受责罚。不久以后，加图竟死在战场，人指目他的军官尤其小盖乌斯·马略为凶手，至于此说确实与否，我们无从考查。

除这样开端的政治危机和军事危机外，又加以或更为可怕的经济危机，由于同盟战争和亚洲乱事，这危机始来侵罗马的资本家。欠债人甚至连利息也付不出，还受债主的逼迫，于是一面请求兼审判长的城市副执政官阿塞利奥(Asellio)准予延期，以便出卖他们的产业，一面寻出已不复用的古利息法，按古代规定的原则，
提出诉讼，要求债主照四倍赔偿违法付给他们的利息。这法律仍 261
然存在，阿塞利奥赞成按字句加以附会，照例提出人所要求的利息讼案。因此，愤怒的债主由平民保民官卢奇乌斯·卡西乌斯(Lucius Cassius)领导，群集于罗马广场，这城市副执政官正穿着祭司的服装在和睦神庙献祭，他们把他打死在那里——对于这次罪恶竟连个调查也没有做(665 年即前 89 年)。另一方面，负债人中流行一句话，说要救受苦的大众，非用“新账簿”不可，就是说，非用法律手段取消一切债主对一切负债人的要求不可。现在的局势又复正如阶级斗争时的局势；资本家又复与心怀成见的贵族联合起来，攻击和控诉被压迫的群众和劝人修正严厉法律的中间派；罗马又复濒临那个无底深渊，绝望的负债人有拖债主一同下水之势。不

过一座农业大城既变为万国辐辏的首都，从那时起，公民和道德的单纯组织即变为社会分裂，君主与乞丐同陷于败德丧行；现在一切的仇隙都比以前更宽广、更突兀，具有更大得可怕的规模。政治和社会的因素在公民中兴风作浪，同盟战争既使这一切因素互相冲突，便奠下一个新革命的基础。一件偶然的事触发这个革命。

666年即前88年，平民保民官普布利乌斯·苏尔皮奇乌斯·鲁孚斯(Publius Sulpicius Rufus)向公民建议：凡一元老负债在两千第纳尔以上，他在元老院的议席便告丧失；公民被非公民陪审法庭判罪的，应释放回家；新公民应分配在一切区部，解放人也可以在一切区部都有表决权。这种建议竟出自他这样人之口，至少有点使人诧异。普布利乌斯·苏尔皮奇乌斯·鲁孚斯(630年即前124年生)所以能在政治上居重要的地位，不甚由于他的出身贵家、联姻巨室和累世豪富，而由于他有盖世无双的非常口才。他那洪亮的声音，有时近于演戏的生动姿态和洋洋洒洒、口若悬河的言
262 辞，即使不能说服听众，也能使人感动。就他的党派立场而言，他自始就站在元老院一边，他第一次在政治舞台上的出现(659年即前95年)就是弹劾政府所痛恨的诺尔巴努斯。在保守党中，他属于克拉苏和德鲁苏斯一派。他原来为什么营求666年即前88年的平民保民官职位，因而放弃他的高贵贵族资格，我们不知；保守党对他与对一切中立派无异，认为他是个革命党，加以迫害，但他似乎不因此而成为革命党，并且绝不想按盖乌斯·格拉古的意图推翻当时的政体。说得更确切些，属于克拉苏和德鲁苏斯一派的名人，经过瓦里乌斯检举战而未受损伤的只有他一个，他或者自觉负有使命来完成德鲁苏斯的事业，把轻蔑新公民的现行法律毕竟

废除，因此他有为保民官的必要。甚至他做保民官时，几件见于叙述的事都显出他的意旨与奸雄的恰恰相反。例如，有一个同僚要用人民法令打消依瓦里乌斯法宣告的陪审判决，他用否决权加以阻止；前任财务官盖乌斯·恺撒（Gaius Caesar）违法跳过副执政官的官阶，成为667年即前87年执政官职的候选人，据说为的是将来可任亚洲战事的指挥，苏尔皮奇乌斯反对他，反对得比任何人坚决和激烈。如是，他完全以德鲁苏斯的精神要求自己和他人持以维持宪法为首务。可是实际上他与德鲁苏斯同不能调和互不相容的事，同不能以严格合法的方式实行他所要做的宪法改革；这改革本身虽属明智，却永不能用和善的手段得自大多数的旧公民。尤利氏是个强大的贵族，尤以盖乌斯的弟兄前执政官卢奇乌斯·恺撒（Lucius Caesar）在元老院很有势力，苏尔皮奇乌斯与尤利氏决裂，又与他们同党的一部分贵族决裂，毫无疑义，这必大有助于使这位易怒的人因私恨而做出始愿所不及的事。

然而他所提建议的性质绝不与创议者的个性和他以前的党派立场相冲突。新旧公民的平等化只是一部分重提德鲁苏斯所拟定以嘉惠意大利人的建议，并且与德鲁苏斯的建议相仿，也不过是履行健全政策的要求。苏尔皮奇乌斯刚好用行动承认陪审判决的不可侵犯；召回经陪审法庭判罪的人，固然牺牲了这个原则，可是大体看来，此事先有利于建议者的同党，即温和保守党；我们很不难想象，这样一个暴躁的人在初现身于政界时断然攻击这种办法，以后因为遭到抵抗而愤怒，竟自行建议这种办法。当上次经济的危机时，权门巨室露出他们那外表尽管风光实际却甚败落的经济状况，苏尔皮奇乌斯禁元老负债的建议无疑因此而起。这固然使人 263

痛心，但就其本身而言，却有补于熟知深晓的贵族利益，因为苏尔皮奇乌斯的建议必使一切不能从速还债的人退出元老院，朋党制的一个主要凭借即在许多元老欠债因而依赖富厚的同僚，若废掉公然纳贿的一部分元老，必能消灭此制。同时，我们当然无意否认，鲁孚斯若与主政朋党的首领没有私争，必不致建议这样用粗暴可恨的方式揭破元老院的丑态，以肃清元老院。最后，对解放人有利的规定必以使建议者控制街市为首务，但就其本身而论，这既非无理由，也不与贵族政体相冲突。自解放人始被拔取当兵以来，他们的要求投票权即属正当，因为投票权与服兵役永远是连带而来的。再者，人民大会既同虚设，在政治上是否再多一条流入沼泽的
264 阴沟，实际无关重要。若许解放人参加人民大会，毫无限制，则寡头党用人民大会治国所感的困难必有减无增，因为解放人在个人和经济方面都甚倚赖权门巨室，如果运用得当，他们正可供政府一个较前更为彻底的控制选举的手段。一切示惠于无产阶级的政策都违背有志改革的贵族的旨趣，这办法当然不是例外；不过这与鲁孚斯的关系无非等于粮食法与德鲁苏斯的关系——这是一种手段，目的在诱无产阶级投归己方，如果所拟真对公众有益的改革遭到抵抗，便用无产阶级的助力把它打破。我们不难预料，这抵抗不会轻微；心地褊狭的贵族和心地褊狭的中等阶级在叛变爆发以前既显出愚昧的疑忌，而今在叛变平定以后必也显出同样愚昧的疑忌；这种部分的让步起于国难最可怕的时刻，一切党派的大多数人必暗地甚或公然称之为不合时宜的屈服，必激烈反对把这种让步加以扩充。由德鲁苏斯的前例看来，可见人若专信赖元老院的多数派以贯彻保守性的改革，则将有何结果；他的同志友人所以要用

奸雄主义的方式实行相似的计划以抗多数派，其原因极易索解。因此，鲁孚斯不肯努力以陪审法庭为饵来诱元老院赞成他的意见。他有较佳的后盾，即解放人和武装扈从——据他的敌人说，他有雇人三千名和“反元老院”即身份较高的少年人六百名与他同到街市和罗马广场。

于是他的建议遭到元老院多数派最坚决的反抗，两位执政官卢奇乌斯·科尔涅利乌斯·苏拉和昆图斯·庞培·鲁孚斯都是公然与奸雄主义为敌的，多数派为争取时间计，先劝他们下令举行额外的宗教典礼，人民大会在行礼期间停会。苏尔皮奇乌斯的答复是一场猛烈的暴动，许多人被害，小昆图斯·庞培(Quintus Pompeius)是一个执政官的儿子又是另一执政官的子婿，死于此难，两执政官的生命也受到严重的威胁——据说苏拉只因有马略开门延 265
入，始免于死。他们不得不屈服；苏拉同意撤销已宣告的典礼，现在苏尔皮奇乌斯的建议不再遇到阻碍，竟得通过。不过这并没有决定他们的命运。虽则首都内的贵族也许承认他们的失败，现在——自革命发动以来，此为首次——意大利还有另一个不可忽视的力量，这就是续任执政官斯特拉波和执政官苏拉麾下两支强大的得胜军队。斯特拉波的政治立场或许暧昧不明，可是苏拉虽暂时屈服于公然用武之下，却不但与元老院的多数派最为亲密，而且撤销典礼之后，即刻动身赴坎帕尼亚，到他部下的军队里去。以执棒的人威吓没有武装的执政官，或以兵团的刀剑威吓没有设防的首都，到头来总是一般无二；苏尔皮奇乌斯预料，他的对头必乘现今他能有为的时候以武力报复武力，率部下的兵团回京，推翻保守党的奸雄和他的法律。他或许错了。苏拉极热心于对米特拉达特斯的战事，可能也极憎恶首都的政治气氛；由他原来的冷淡态度和在政治上无比的漠不关心看来，他很可能未尝想做苏尔皮奇乌斯所逆料的政变；他现在仍从事于围攻诺拉，如果人给他保证，则他一攻下此城，必将立刻率兵赴亚细亚，绝不逗留。

但即使如此，苏尔皮奇乌斯为防备假想的打击起见，拟订夺苏拉最高统帅职的计划，因此，他与马略联合；马略的声名仍为人民所景仰，他若建议把亚细亚战事的元帅一职转给马略，群众必以为似乎有理，万一他与苏拉决裂，马略在军中的地位和军事才能也可以做他的援助。使这个既无能力又想报复又抱野心的老人统率坎帕尼亚军，苏尔皮奇乌斯大约未尝不知其危险；凭着一道人民法令任一个白丁为特殊的最高统帅，苏尔皮奇乌斯大约也未尝不知其
266 极不合法；但马略在政治上的无能已有明证，正足以保证他不能为宪法的大患，最重要的，苏尔皮奇乌斯的地位，如果关于苏拉的计划所料不误，未免岌岌可危，所以他不能再顾到那些理由。当然，这位老迈的英雄遇有任何人用他为佣兵头目，他无不欣然从命；多年以来，他心里总渴望做亚细亚战争的统帅，或也一样渴望有个机会与元老院的多数党彻底清算。所以经苏尔皮奇乌斯的建议，依人民法令，盖乌斯·马略受到特殊的最高权力即所谓续任执政官权力，统率坎帕尼亚军和督导对米特拉达特斯的战争；两个平民保民官奉派往诺拉营次，意在接收苏拉所统的军队。

苏拉不是个听从这种使命的人。如果有人配做亚细亚战事的元帅，这人就是苏拉。几年以前，他曾在那个战场率兵作战，极著勋绩；说到平定意大利的危险叛变，他功盖一世；亚细亚战事发作的那年，他是执政官，按习惯的方式，经那与他有友谊和姻亲的同

僚完全赞成，他受任为亚细亚战事的元帅。若想他遵照罗马至尊公民的法令，放弃在上述情形下所承担的统帅职，把它移交一个军事上和政治上的旧敌，这人一有军队在手，便不知将滥用他们做何等暴戾荒谬的事，未免所望太奢。苏拉既不是性情和善得甘愿服从这种命令，又不是地位卑微得非服从这种命令不可。他部下的军队——一部分由于马略创始的军制改革，一部分由于苏拉主持下的道德废弛和纪律严肃——不过是一群佣兵，对于他们的领袖绝对效忠，对于政治事务却毫不在意。苏拉本人是个冷酷无情而头脑清楚的人，在他心目中，罗马至尊的公民是一群流氓，阿奎-塞克斯提亚的英雄是个信用扫地的骗子，正式合法只是一个口头禅，罗马是个没有戍兵、墙垣半圮的城，远较诺拉易于攻取。 267

他按这种见解行事。他召集部下的兵——六个兵团约计三万五千人——向他们说明来自罗马的使命，不免暗示他们，新元帅率往亚细亚的军队必不是这个军队而是由新队伍编成的。高级军官仍系公民而非军人，不肯向前，只有一个肯随元帅往首都；不过兵士依往日的经验，希望在亚洲得个顺利的战争和无限的战利品，现在一听这话，勃然大怒；转瞬间，两个来自罗马的保民官便被碎尸万段，喊声四起，要求元帅带领他们到罗马去。苏拉即刻动身，途中与那与他同志的同僚相会，不理那奉派由罗马赶来想拦阻他的使者，急急开到首都城下。忽然之间，罗马人见苏拉的纵队驻扎在台伯河桥、科林门和埃斯奎林门(Esquiline)，然后两个兵团列成战阵，旌旗前导，越过依法禁战争入内的神圣界限。许多更烈的争执，许多重大的争斗曾在这城内得到解决，而未尝有罗马军队侵犯此城的神圣和平；现在主要的为了命这个或那个军官为东方元帅的不幸问题，竟有此事。

入城的兵团进到埃斯奎林山顶；标枪和石块由屋顶雨点一般打下来，兵士不支，开始退却，这时苏拉挥舞一个烈焰飞腾的火炬，兵团用火箭和纵火焚屋的恫吓打开一条道路，达到埃斯奎林市场(距圣玛丽亚马焦雷[S. maria Maggiore]不远)。马略和苏尔皮奇乌斯仓促集合的兵在这里等候他们，以其人数上的优势，击退第一批前进的纵队。但援兵由城门来到，另一支苏拉军准备由苏布拉(Subura)街绕过防守的军队，防军不得不退。在埃斯奎林山始向
268 大市场倾斜处的忒勒斯(Tellus)神庙，马略想再行立足；他恳求元老和骑士以及一切公民抵挡兵团。但他亲手把兵团由公民化为佣兵，他现在自作自受，兵团不服从政府而服从他们的统帅。甚至他以许其自由的诺言号召奴隶从军时，应征的也不过三个。领袖们无可奈何，只可赶快从尚未把守的城门逃出去，几小时以后，苏拉便成为罗马的专制主人。那一夜，兵团的烽火在大市场里燃烧起来。

文事的争竞第一次遭到军事的干涉，这不但充分表示政治斗争已达到一个非公然直接的用武不能解决的地步，也充分表示木棒的威力敌不过刀剑的威力。首先动刀的是保守党，所以到了相当时期，福音书关于首先举刀者的预言也应验在保守党上。在当时，他们十分得志，可以任意表现他们的胜利。苏尔皮奇乌斯的法律当然在法律上宣告无效。法律的创制者及其最有名的党羽皆已逃走；元老院判他们十二人为国贼，应当拿获正法。于是普布利乌斯·苏尔皮奇乌斯被捕杀于劳伦图姆，他的头被传到苏拉手里；只在几天以前，苏尔皮奇乌斯还立在罗马广场一个讲坛上，年富力

强，雄辩滔滔，现在依苏拉的命令，他的头正挂在这个讲坛。其余被罪的人都有人追赶，刺客甚至尾随老人盖乌斯·马略的足迹。这位将军虽做下一串卑鄙的事，玷污了他往日的光荣，而今他这曾救祖国的人正在逃命之时，却又成为韦尔切利的战胜者，全意大利屏息凝神地倾听他逃难的神奇事迹。在奥斯提亚，他搭上一只船，想开到非洲去，不过遇着逆风，食粮乏绝，不得不在奇尔切奥岬(Circeisch Vorgebirg)登岸，然后胡乱走去，茫无标的。没有侍从，不敢入人家，这位白发的前执政官常苦腹饥，徒步跋涉到加里格利亚诺(Garigliano)河口的罗马殖民地明图尔纳附近。在这里，他看 269
见骑兵自远处追来，煞费气力才跑到海岸，一只商船正泊在岸边，载着他避开追兵；不过舟子胆怯，不久又把他放在岸上，驾船驶去，马略则沿着海滩悄悄地走。后来他藏在明图奈海岸边的沼泽中，泥深没腹，头钻在一堆芦苇里，为追兵所见，他们把他解交明图奈的市当局。市当局把他逮捕入狱，派本市的刽子手，一个辛布里籍的奴隶，去杀他；不过将军昔曾打平辛布里部，而今目光如电，厉声叱问他何敢杀盖乌斯·马略，日耳曼人心惊胆战，手中的斧头不觉落地。明图奈的官吏听得这事，以为马略是罗马的救主，曾陷辛布里人于奴隶地位，现在这些奴隶对他很有敬意，而他本国的公民因他而得享自由的却不敬他，未免惭愧；他们解去他的枷锁，给他一只船和旅费，送他到埃纳里亚(Aenaria，即伊斯基亚[Ischia])。被罪的人除苏尔皮奇乌斯外都逐渐相遇于这一带的海面，他们在埃利克斯(Eryx)和迦太基故址登陆，但西西里和阿非利加的罗马官吏都不许他们停留。于是他们逃到努米底亚，这里的沙漠给他们一个冬季的避难所。他们想使国王希木普萨二世归附他们，他也似乎一时愿与他们联合，不过他的用意原只在稳住这伙人，现在派人来捉他们。这班逃难的人勉强躲过他的骑兵，到突尼斯沿海一个小岛凯尔基纳（Kerkina，即凯尔凯纳[Kerkena]）上寻得个暂时避匿的地方。苏拉免得杀害克辛布里的将军，他是否因此感谢上苍，我们不知；至少明图奈的官吏似乎未受惩戒。

为铲除现在的阻碍和预防将来的革命计，苏拉提出一套新法
270 规。他不替被逼迫的负债人做一点事，只是厉行最高利率的规定；[1]此外他还下令设立若干殖民地。元老院经过同盟战争的战斗和诉讼，人数大减，现在收新元老三百人以补其缺，选举元老时当然以贵族的利益为前提。最后，关于选举的方式和立法的创制权，他采取重大的改革。古代塞尔维乌斯的百夫大会投票法规定第一级即有值十万塞斯特或以上的田产的，独占几达一半的票额；到了 513 年即前 241 年，又施行一种法规以削减第一级的优势；现在又以前者代替后者。这实际是个为选举执政官、副执政官和监察官而行的民富调查，确实排斥不富的人，使他们不能行使选举权。平民保民官的立法创制权也受一种规则的限制，就是自此以后，他们每有建议，须先交元老院讨论，元老院赞成时，始得向人民提出。

苏尔皮奇乌斯企图革命，执政官苏拉起而做护宪派的剑盾，这些法规既因此而起，自带有完全特殊的性质。苏拉竟敢不问公民

① 关于此事，666 年即前 88 年执政官苏拉和鲁孚斯的“十二分之一法”（*lex unciaria*）如何规定，我们不知；但最简单的假定是认为他们恢复 397 年即前 357 年的法律，所以法律所许的最高利率，在十个月为一年时是本钱的十二分之一，在十二个月为一年时是本钱的百分之十。

或陪审团意见如何，便把十二个首要的人判定死罪，其中有现任官吏和名盖一世的将军，并且公开承认他们为国贼；这事违反古代神圣的上诉法，甚至很守旧的人如昆图斯·斯恺弗拉也加以严厉的指责。他竟敢推翻已历一百五十年的选举法，恢复已作废和被禁的选民调查。官吏和人民大会是立法权的原始机关，他竟敢实际撤销他们的立法权，把它移归另一机关，这机关除备咨询外，在这种事上从未正式得有其他的权力。任何平民党人从未像这位保守党的改革家这样以暴虐的方式行使裁判权，以肆无忌惮的行为毁 271
坏和改造宪法的基础。可是如果我们注意实质而不注意形式，所得结论便迥不相同。无论何处的革命，结果总不能不要一些人做牺牲者，他们战败的过失仿佛是个罪恶，在多少有点假自司法的形式下，他们抵偿自己的过失；在罗马尤其如此。格拉古弟兄和萨图宁败后得胜党提起层出不穷的公诉，我们一回忆那种情形便觉有意赞美埃斯奎林市场的战胜者坦白而较有节制；因为，第一，他毫不客气地称战争为战争，宣告战败者为法律所不容的贼人；第二，他尽可能把牺牲者的数目限于十二人，至少不许人以可恶的凶暴手段对待低级人员。同样的较有节制也见于政治的措置。立法上的革新最为重要，也似乎最为广大，实则只是谋宪法文字与精神的一致。按罗马的立法制度，每个执政官、副执政官或保民官均能随意向公民建议任何方案，不经讨论，便付表决，这制度自始即不合理，又因人民大会日益不生效力，这制度的不合理也日甚一日；它所以受人包容，只因为实际上元老院自命有先受征询之权，建议若未先征询元老院的意见，即付表决，元老院便用政治和宗教的干涉加以制止。革命已冲破这些堤防，所以这无理的制度今始充分发挥其必然的效果,每一放恣的流氓均能以相当合法的方式倾覆国家。元老院的立法权素来用间接方法发生效力,而今在这种情形之下,还有比正式明白承认元老院的立法权更自然、更必要、更合乎保守主义的吗?重行选民调查也有颇为相似的理由。古代的宪法完全以此为基础;513 年即前 241 年的改革也只限制富人的特权。但自那年以来,财政上已发生了一个绝大变化,有了这种变
272 化,便有提高选民最低产额的理由。所以新财阀修改宪法的字句,无非为的是谨守宪法的精神,同时他们用最温和的方法至少试一试阻遏可耻的贿选及其相连的弊端。最后,制定利于负债人的规程和重提殖民计划都是彰明较著的证据,证明苏拉虽不想赞成苏尔皮奇乌斯的激烈方案,却与苏尔皮奇乌斯、德鲁苏斯以及一切较有远见的贵族无异,也倾向于实质改革的本身;另一种情形也不容忽略,他提议这些方案在得胜以后,所以完全出自他的自由意志。此外又加以苏拉不废格拉古体制的主要基础,既不侵犯骑士法庭,也不动摇粮食分配;人谓 666 年即前 88 年苏拉的措置大体仍守盖乌斯·格拉古死后一向存在的现状,此说实属不谬;一方面,他只是应时代的要求,改变最能为现政府之患的古来遗法,另一方面,他想竭力挽救当时的社会弊害;只要行此二事而不触动根深蒂固的症结,他便做去。由他的立法,我们处处见到他既毅然蔑视宪法的拘泥形式又洞瞩现行制度的真价值,见识明澈,用意可嘉。可是他的立法也未免有点轻佻和浮浅;我们须特别客气,始能相信规定最高利率就可以解救借贷关系的纠纷,在抵制将来的奸雄行为上,元老院的预先讨论权必胜于往昔的干涉权和宗教。

实际说来,在保守党的一片晴空中旋即浮起朵朵的新云。亚

洲情形有日益严重之势。军队受苏尔皮奇乌斯革命的影响，迟迟未赴亚洲，国家已因此受了极大的损害；他们绝对不能再缓登船。同时，苏拉希望留下保障，以使人不再攻击寡头政府，他的保障一部分是按新选举法选出的执政官，一部分特别是从事荡平残余叛党的军队。然而在选举执政官的大会中，中选的却不是苏拉所提 273
出的候选人而是卢奇乌斯·科尔涅利乌斯·秦纳（Lucius Cornelius Cinna）和格涅乌斯·屋大维（Gnaeus Octavius），前者属于最坚决的反对党，后者是个固守贵族意见的人。我们可以假定，这大半是资本阶级的作为，他们借这选举来报复利息法的发起人。苏拉接受这不快意的选举，宣称喜见公民使用合宪法的自由选举权，他仅止于要求两执政官宣誓信守现行的宪法。至于军队，最足以左右时局的是北路军，因为坎帕尼亚军大半均将调往亚洲。苏拉使人民大会议决把北路军的统帅权移归他的忠顺同僚昆图斯·鲁孚斯，并且以极不伤感情的方式召回格涅乌斯·斯特拉波，又因为斯特拉波属于骑士阶级，在苏尔皮奇乌斯作乱时他的消极态度曾使贵族担忧不小，所以更不可伤他的感情。鲁孚斯来到军中，接代斯特拉波的元帅职；但几天以后，他为兵士所杀，斯特拉波重回他那未曾卸去的元帅职。他被目为凶杀的主使人；据我们所确知，他这人做这种事也在意料之中，他取得这罪行的利益，他仅用言语惩处众所明知的罪人。鲁孚斯死了，斯特拉波仍为元帅，对于苏拉这是新起的大患，然而他没有设法夺取后者的兵权。不久以后，他的执政官职期满，他见自己一方面受他后任秦纳的催逼，促他到那诚然急需他亲临的亚洲去，又一方面他被新任平民保民官传到人民法庭去讯问；即使最迟钝的眼光也能灼见一场对他和他同党的新风潮在酝酿中，他的对头愿他远离罗马。苏拉可以任选两种办法，一个是对秦纳或斯特拉波闹到决裂地步，再来一次进军罗马，一个是丢下意大利的事，听其自然发展，走到另一大陆去。苏拉决定——由于爱国还是由于淡漠，永远无法查考——采用后一办法，把留在萨谟奈的兵交给可靠而有军事经验的昆图斯·梅特路斯·皮乌
274 斯，此人代苏拉行下意大利的续任执政官元帅权；他又把围攻诺拉的指挥权交给地方长官阿皮乌斯·克劳狄乌斯（Appius Claudius），然后于 667 年即前 87 年年初，率部下的兵团登船往赴希腊风的东方。

第八章　东方与米特拉达特斯王

革命层出不穷地报火警和喊救火，使政府提心吊胆，不遑喘息，以至于忽略了一般外省的事务；亚洲属下的东方民族距罗马遥远，素不喜战，不像非洲、西班牙和邻近的外阿尔卑斯各民族那样直接迫使政府注意，所以最被忽略。罗马合并阿塔鲁斯王国之时正是革命方兴之日，自此以后，整整历一世纪之久，不见罗马认真参与东方的事务——只有652年即前102年建立西利西亚省为例外，西利西亚海盗横行无度，罗马人不得不做这事，实则这事也不过是设一个永久兵站供一小支罗马军和东方舰队屯驻而已。到了654年即前100年，马略惨败，复古政府略臻巩固，罗马当局始又对于东方事务稍加注意。

由许多方面看，当时的局势仍无异于三十年前。犹尔吉提斯二世死后（637年即前117年），埃及王国一半在法里一半在事实上与昔兰尼和塞浦路斯两属国分离。昔兰尼归于他们的庶子托勒密·阿庇翁（Ptolemaeos Apion），永远脱离埃及。前王的寡后克娄巴特拉（Cleopatra，665年即前89年死）与前王的二子梭特二世拉代鲁（Soter Ⅱ Lathyros，673年即前81年死）和亚历山大一世（Alexander I，666年即前88年死）争塞浦路斯的主权，因此塞浦路斯也脱离埃及，历时甚久。罗马人没有干涉这些纠纷；真的，阿庇翁王无子,依他的遗嘱,昔兰尼于658年即前96年归于罗马人,罗马人诚然未遂谢绝这块新领土,可是大体听其自便,宣布此地的希腊城市昔兰尼、托勒密(Ptolemais)和贝伦尼奇(Berenike)为自
276 由市,甚至把王家土地的使用权也交给他们。因为距离很远,阿非利加省长对这区域的监督权只是有名无实,远不及马其顿省长对希腊自由城市的监督权。这种措置,无疑地,不由于亲希腊的态度,而只源于罗马政府软弱怠忽,其结果大致与在同样情形见于希腊的一般无二:内战和篡夺陷此地于分崩离析,以致到668年即前86年,罗马一位贵官偶临此处,居民恳求他整顿他们的事务,给他们建立一个长久的政府。

在这期间,叙利亚也是改变不多,改良更少。两位异母弟兄——一个是安条克·葛利普(Antiochos Grypos,658年即前96年死),一个是安条克·乞吉古(Antiochos von Kyzikos,659年即前95年死)——为争继位而交战,死后又把战事传给他们的儿子;在二十年的战事中,他们所争的王国几至仅余空名,因为西利西亚的海上王、叙利亚沙漠中的阿拉伯酋长、犹太君主和大城市的官吏通常都比戴冕的人更有发言权。同时,罗马人占据西西利西亚,美索不达米亚确实移归安息人。

约在格拉古弟兄时代,阿萨奇德王朝(Arsakide)经历一个危险关头,主要由于图兰部落的入侵。阿萨奇德王朝第九君主米特拉达特斯二世(Mithradates Ⅱ,又号“大帝”,630—667年即前124—前87年)诚然在亚洲内地恢复其国的优越地位,击退塞种人,向叙利亚和亚美尼亚两方拓展国界,不过到他晚年,新乱迭起,使他的政府无能为力;国内贵族连同他的胞弟欧罗德斯(Orodes)

既对他造反，他的胞弟终于把他推翻处死，同时一向不重要的亚美尼亚也勃兴起来。此国自宣布独立以后即分为二，在东北部即亚美尼亚本部有阿塔西亚德王国（Artaxiaden），在西南部即索芬尼（Sophene）为扎里亚德里德王国（Zariadriden），阿达西亚德王梯格兰（Tigranes，660 年即前 94 年即位）始合两部为一国；一方面他的势力倍增，一方面安息政府衰弱，于是这位全亚美尼亚的新主不但能对安息人摆脱他的附属地位，克服往日割给他们的领土，而且竟能为亚美尼亚取得那自阿契美尼德王朝传于塞琉古王朝，又自塞琉古王朝传于阿萨奇德王朝的亚洲上国地位。 277

最后，在小亚细亚，阿塔鲁斯王国瓦解后成立于罗马影响下的分疆制度大致依然如故。关于属国情形——比提尼亚、卡帕多奇亚、本都等王国，帕夫腊哥宁（Paphlagonien）和加拉提亚等诸侯，许多市府联盟和自由市——起初从外表看，不见有何改变。可是从内容看，罗马政权的性质确无处不有重大的改变。罗马的统治自始即已难堪，以后一部分由于暴虐政治必不免用日甚一日的高压手段，一部分由于罗马革命的间接作用，——我们还记得盖乌斯·格拉古曾没收亚细亚省的地产，罗马人征收什一税和关税，税吏在这里兼营掳掠人口事业——亚细亚所受的压迫极重，以致王位和农舍均不再能保不被没收，每一茎麦似乎都是为罗马什一税生长的，自由农民的每一子女似乎都是为罗马的奴隶牢诞生的。固然，亚细亚人抱着无量的消极态度，连这种磨难也能忍受；不过他所以安然忍受，并非由于耐性和熟虑，而是由于东方人特缺乏创造力；在这些太平地方，在这些柔弱民族中，一旦有个懂得发号施令的人起于其间，也可以发生神奇骇人的事。

本都王国当时在位的君主是米特拉达特斯六世，号犹帕托(Eupator，生于624年即前130年左右，死于691年即前63年)。说到他的世系，从他父系上溯，十六代祖是希斯塔斯普(Hystaspes)之子大流士王(Darius)，八代祖是本都王国的创业君主米特拉达特斯一世，他母系出自亚历山大王家和塞琉古王家。他的父亲米特拉达特斯·犹尔吉提斯在西诺培遇刺早死，到634年即前120年前后，他受王号，年方十一岁；但王冠只给他招出困窘和危难。他的监护人谋害幼王的性命，甚至他的生母奉父遗命来参与
278 国政，也仿佛要谋害他的性命。据说为逃避他那些保护人的匕首计，他自愿出外流亡，七年之间，每夜换一个宿处，在自己国里亡命，过一种无家可归的猎人生活。如是，这位童子长成个孔武有力的男子汉。我们所有关于这人的叙述虽大体来自当代记载，但东方发生得捷如闪电的传说却早以其“参孙”(Samson)和“鲁斯特姆”(Rustem)的许多特色点缀这位雄主。然而这些特色属于他的个性正如云冠雾冕属于最高山峰的个性；在两种情形下，体态的轮廓只显得更富色彩，更饶幻意，既不模糊，又大致无所改变。米特拉达特斯王身材魁梧，他的合身甲胄引起亚洲人的惊奇，更引起意大利人的惊奇。讲赛跑他能追及最迅疾的鹿，讲骑术他能驯服野马，递换马匹，每日能驰一百八十公里；讲赶车他能驾驭十六马的车，赛车曾得奖多次——当然，在这种运动上夺去国王的优胜，未免危险。至于打猎，他能在纵马疾驰时击中野兽，永不落空。他在筵席上也找人比赛——他大约举行饮食比赛，悬赏奖给最能强食豪饮的人，结果他自己得奖——，后宫之乐也不亚于此，除别的证据外，他文件中有希腊情妇给他的淫乱无度的情书。为满足他的

精神需要，他行最荒唐的迷信——圆梦和希腊的秘教仪式占去他不少的时间——，粗鲁地采取希腊文明。他喜爱希腊的艺术和音乐；就是说，他搜集珍贵物品、华丽器具、古波斯和希腊的奢侈品——他的指环室著名于世；他的从人中常有希腊史家、哲学家和诗人，他宫廷宴会中所悬的奖赏不但给予长于饮食的人，也给予最滑稽的小丑和最优的歌人。他就是这样一个人，与近代的苏丹相
伯仲。东方君臣的关系多带自然律的色彩而少有道德律的性质， 279
君主残忍而多疑。说到残忍而多疑，米特拉达特斯差不多冠绝古今。在他命令之下，他的母亲、他的兄弟、他那与他匹配的姐妹、他的三个儿子和三个女儿都因为犯了确实和诬陷的大逆，不被处死即陷于终身监禁。还有或更为可恶的，他对于几个最亲信的臣下预先拟订治他们死罪的判辞，见于他的秘密文件中。还有也是真像苏丹的，后来他只为免得以战利品留给敌人，使人杀死他两个希腊妃嫔、他的姐妹和他后宫里的一切人，对于他的妻室，他只让她们自择死法。他用实验法研究毒剂和解毒剂，以之为政事的重要一门，并且设法使他的身体习于某种毒剂。自早年以来，他就学得先虑每人尤其至亲的人背信和凶杀，也学得对每人尤其至亲的人实行背信和凶杀，其必然的结果是——有他的全传为证——由于他所信任的人弃义背信，他一切的事业无不终归失败。然而他也有几分高尚的公正心，他惩治逆党时，一般只因与罪魁有私人关系而遭连累的人常受赦免；不过这种偶尔的公平举动并非不见于每一野蛮的暴主。在一大群相类的苏丹中，米特拉达特斯真正与众不同之处就在他那无限的黾勉。有一次，他离开宫廷，几个月音信杳然，人们以为他已丧命；以后他回来了，已隐姓埋名地遍游西亚

洲,用军事的眼光探访了处处的土地和人民。同样,他不但普通说话流利,而且对他治下二十二个民族能各用其方言断事,无须译人——在语言繁杂的东方,这是勤政君主的重要本领。他为人君的全部活动都带有这种特色。据我们所知(因为我们所有的典籍不幸对于他的内政一字不提),他与别的苏丹无异,也耗费精力于搜集宝物、招募军队——将兵击敌的通常不是国王自己而是希腊的佣兵首
280 领,至少在他早年如此——,于旧郡之外加辟新郡。至于高尚的要素——促进文明、倡导民族抵抗的真领袖才、特殊的创造力——在米特拉达特斯身上却不见有何显著的踪迹,至少据传到今日的记载看来确系如此;甚至我们要把他摆在奥斯曼朝(Osmamen)的雄主如穆罕默德二世(Muhamed Ⅱ)和苏莱曼(Suleiman)之列,也缺乏理由。希腊文化与他不能相称,正如罗马甲胄与他的卡帕多奇亚人不能相称,所以他尽管受有希腊文化,仍不失为寻常的东方人,粗野、人欲横流、迷信、残忍、不顾信义、肆无忌惮,可是精神那样健旺,身体那样生来强壮,以至于他那傲慢的横行和他那不屈不挠的抗拒精神看起来往往像是才能,有时竟像是奇才。就算在罗马共和的垂死挣扎中抵抗罗马,易于在西庇阿和图拉真之时,就算只因亚洲事件与意大利内乱交互错综,米特拉达特斯的抗罗马人始能比朱古达的加倍持久,一种见解仍不失为正确,就是在安息战争以前东方只有他是罗马人的大患,他对罗马人自卫正如沙漠中狮子对猎人的自卫。据我们所知,我们不应认为他的抵抗超越这种自然力的抵抗。

但无论我们对于这位王者的个性如何批评,他在历史上的地位总是非常重要。米特拉达特斯战争既结束了希腊对罗马的政治反抗运动,又创始了对于罗马至尊权的反抗,这反抗基于以上悬殊

而远较深沉的敌对，即亚洲人对西方人的民族反动。米特拉达特斯是个东方人，他的国也是个东方国；多妻制和闺房制流行于宫廷和一般贵族之中；当地人民和朝臣的宗教均以本国的古信仰为主；这里的希腊文化不甚异于亚美尼亚国梯格兰王朝和安息国阿萨奇德王朝的希腊文化。小亚细亚的希腊人或许一时以为他们的政治 281
梦想能得这位王者的支持，实则他在战斗中所争的事迥异于在马格涅西亚和皮德纳两战场上所解决的事。在一番长期休战之后，这是东西两方大决斗的又一回合，东西大决斗已自马拉松之战传至今世，其过去已以数千年计，其未来或也如此。

但这位卡帕多奇亚王的全部生活和行为虽都显然带着怪异而非希腊的色彩，我们却不易确定何种民族性的要素在这里占有优势，或也永不能在这事上得到超于泛常的结论，达到真确的见解。在上古文明的整个范围内，没有一个地方并立和杂居的种族那样众多，那样彼此迥异，那样自邃古以来即屡次互相混合，并且民族关系因此弄得那样不分明，像小亚细亚似的。自叙利亚至塞浦路斯和西利西亚一带，闪族居民连绵不绝，西岸卡里亚(Carian)和吕底亚两省人的原种似乎也属于闪族；西北角的居民是比提尼亚人，他们与欧洲的色雷斯人同族。反之，内地和北岸的居民却大都是与伊朗人有最近亲属关系的印度-日耳曼人(Indo-germanischen)。亚美尼亚语和弗里吉亚语①已证明与古波斯语(Zend)最

① *Βαγατος*＝Zeus 和古王名 Μάυις 两词常被当作弗里吉亚文来引用，人谓 *Βαγατος* 源于古波斯文 *bagba*＝Gott，μάυις 源于日耳曼文 *Mannus* 和印度文 *Manus*，此说无疑是对的。

为相近，卡帕多奇亚语也极可能与古波斯语最为相近；有人谈到米西亚人，说他们杂用吕底亚语和弗里吉亚语，这话表明他们是闪族与伊朗人的混合种，或可与亚述的混合种相比。关于西利西亚里与卡里亚之间的一带地方，尤其是吕底亚，尽管本地语言文字正在这里存留很丰富的遗物，遗物的研究却至今缺乏确实的结果，只知这些种族或当算在印度-日耳曼人之数而不当算做闪族。这乱纷
282 纷的一伙民族如何先罩上一张希腊商业城市的网，而后又盖上因希腊人在军事和学术同占优势而起的希腊风气，上文已加以扼要的叙述。

米特拉达特斯王就统治这些地方，直接统治的是黑海上的卡帕多奇亚即所谓本都国；又因为本都位在小亚细亚的东北端，面向亚美尼亚并与之常相接触，所以我们可以假定伊朗的民族性在这里能维持不坠，混合作用比小亚细亚他部为少。甚至希腊风气也没有深入这个区域。只在沿海一带才有几个原属希腊人的城市——特别是重要商埠特剌培祖（Trapezus）、阿弥苏（Amisos）和尤其重要的西诺培，这是米特拉达特斯王诞生和居住的地方，也是帝国最繁盛的都市——除此以外，这个国仍在很原始的状态。这并不是因为土地荒芜；反之，今日的本都区域既仍然是地球上最肥饶的一地，谷田与野果树林交互错杂于其间，在米特拉达特斯时代，毫无疑义，此地必是农耕盛行、人口较多之处。不过这里绝没有真正的城市，只有堡垒用作农民的避难所和国王保管所收赋税的仓库；仅在小亚美尼亚一区，这种王家小堡垒算来就有七十五座。在促进国内城市的发展上，我们不见米特拉达特斯王有何重大贡献；他既处在虽或不甚自知却实际反抗希腊风的地位，这自不

难索解。

他似乎更努力从事的——也绝不背东方的作风——是向各方面扩张他的国土，此国当时即已不小，但周围四千三百公里之说或系言过其实；我们见他的陆军、海军和使臣不但向亚美尼亚和小亚细亚而且在黑海沿岸活动。但黑海的东岸和北岸给他一个比别处自由而广大的用武之地；当时这里的情形虽则不易甚或不能加以真正显豁的叙述，我们却不可不略看一看。黑海东岸一向不为人所知，米特拉达特斯始打开此地，使渐为众人所知，他从土著君长 283
手里夺得发西斯(Phasis)河上的科尔基斯(Kolchis，即明格雷利亚[Mingrelien]和伊美雷提亚[Imeretia])区域及重要商业城市狄奥斯库里亚(Dioskurias)，把它改为本都的一郡。更关重要的是他在北方的经营。① 那些无山无树的广大草原绵亘于黑海、高加索山和里海以北的，因为它们的自然条件——尤其因为温度悬殊，由斯德哥尔摩(Stockeholm)的气候可变为马德拉(Madeira)的气候，又因为绝对缺乏雨雪，常常可历二十二月或以上——绝不适于农业或定居；这些地方无时不是这样，不过二千年前的气候大约比今日稍为宜人而已。② 种种部落为游徒的欲望所驱迫，走入这个区域，

① 本章把这些事归纳在一处，因为它们虽有一部分介于对罗马第一战与第二战之间，却又有一部分落在第一战以前，现今要在这里把它们按时序来叙述，绝对做不到。在这方面，新近发现的刻松尼索斯(Chersonesos)法令没有给我们什么说明。据这个法令，狄奥凡托斯(Diophantos)两次奉命往讨塞种；但塞种第二次叛变与罗马元老院袒护塞种君主的议案是否有连带关系，这文献却没有阐明，甚至未必可能。

② 俄罗斯中部和南部昔日的森林稍能保护沿海各地，使不受东北旱风的影响，现在克里米亚和一切这些地方干燥异常，为农业的主要障碍，这很可能是因为森林消灭，干燥性较往日大增。

顺从自然界的指示来过游牧生活(到现在还有一部分如此),同他们的牛群或更常有的马群,携带装在车上住室里的动产,变动他们的住处和牧场。他们的武装和战术也适应这种生活;草原上的居民大抵骑马作战,永远散开打仗,军装是皮盔、皮甲和皮面的盾牌,武器是刀枪和弓箭——他们便是今日哥萨克人(Kosaken)的祖
284 先。原居此地的是塞种,他们似属蒙古族,在风俗和体格上与今日西伯利亚的居民相近;以后萨尔马提亚部落——扫罗麻滕部(Sauromaten)、罗克索拉尼部(Roxolaner)和雅奇根部(Jazygen)——由东向西继塞种而来,他们通常被目为斯拉夫人,不过我们可归到他们身上的人名显然与米底亚和波斯的人名较为近似,我们或不如说这些部落属于伟大的古波斯族。色雷斯各部落的移动方向与上相反,特别是盖塔部,其足迹远届德尼斯特(Dniester)河。插入两者之间的有所谓凯尔特人,进到德尼斯特河,巴斯塔奈人(Bastarner)也进到这个区域,波伊基尼人(Peukinen)则进到多瑙河口;这些大约都是日耳曼人大迁徙的支脉,其主体似未接近黑海。没有一处形成真正的国家,每部落在其君主和长老治下各自分立。

希腊人的殖民地与以上一切蛮族迥不相同;在昔希腊商业突飞猛进的时代,特别赖米利都的努力,这些殖民地成立于这一带的海岸,一部分用作商场,一部分用作重要的渔业甚至农业站,因为如上所述,上古黑海西北岸的情形不像今日这样的不宜农业。希腊人在此地一如腓尼基人在利比亚,使用土地时也对土著君长缴纳地租。这些殖民地中最重要的是刻松尼索斯(距塞巴斯托波尔[Sebastopor]不远)和潘蒂卡彭(Pantikapäon,即刻赤[Kertsch]):

刻松尼索斯建在塞种领域的陶里半岛(Taurischen Halbinsel,即
克里米亚[Krim])上,因为制度优良、人民热心公益,虽处于很不
利的情况,也能维持相当的繁荣;潘蒂卡彭在半岛对岸,当黑海通
亚速夫海(Asowsche meer)的海峡上,自罗马纪元 457 年即前 297
年以来即为世袭市长所统治,他们以后又称博斯普鲁斯(Bospo-
rus)王,有阿恺那克提底(Archäanaktiden)、斯帕托琪底(Spartoki-
den)和裴利萨底(Pärisaden)等王家。由于种植小麦和经营亚速夫
海的渔业,此城骤跻于繁盛。在米特拉达特斯时,此城仍奄有克里
米亚较小的东半,包括塞奥多西亚城(Theodosia)在内,在对岸亚
洲境有法那哥里亚城(Phanagoria)和辛底琪(Sindische)区域。当
其盛时,潘蒂卡彭的君主曾在陆上统治亚速夫海东岸和库班(Ku-
ban)河流域的人民,在海上以其舰队控制黑海;不过现在的潘蒂卡
彭已非昔比。希腊民族可哀的衰落,没有比这些辽远的边邑感觉 285
得更深刻的。往日雅典隆盛之时,它是希腊能在这里尽其上国职
分的唯一国家,雅典人需要本都的粮食,当然特别能领会这种职
分。雅典的海权没落以后,这些地方便大致被人遗弃。希腊的陆
权国家虽有亚历山大的父亲腓力和吕西马古(Lysimachos)对此等
地方几次试做认真的干涉,却永未成功;罗马人既征服了马其顿和
小亚细亚,一种政治上的义务便传到他们身上,在这里希腊文明需
要保护之地,他们应做坚强的保护者;可是他们竟把荣誉的要求和
利益的要求一概置之度外。西诺培陷落,罗德斯岛衰微,于是黑海
北岸的希腊人完全陷于孤立。他们对游牧蛮族所处的地位如何,
由奥尔比亚(Olbia,在奥克扎克夫[Očakov]附近,距第聂伯[Dnie-
per]河口不远)似在米特拉达特斯以前不久所刻的一种铭文中,我

们见到一幅栩栩欲活的写真；这里的人民不但每年须致送贡献于蛮族君主设朝的营盘，而且遇到他在城下扎营或只是路过时，也须向他示敬，同样，对于小酋长甚至有时对于整个的蛮族部落也须送礼应酬；如果礼物似嫌太薄，他们便要遭殃。市库已告破产，他们须把神庙的宝物抵押出去。同时，野蛮部落蜂拥于城门之外，领土被蹂躏，田里的工人被整批地拉去；还有最坏的，在他们邻近的蛮族中塞种较弱，受更野蛮的凯尔特人逼迫，要找个安身之处，便企图把这有垣墙的城夺为已有，结果许多公民离去此城，居民现正想把它完全放弃。

这就是米特拉达特斯所见的局势，当时他那马其顿式的方阵兵越高加索山脊而下，来到库班河和台雷克（Terek）河流域，同时他的舰队也来在克里米亚海面。无怪这里所有各地的希腊人一如狄奥斯库里亚已有的情形，对于本都王无不竭诚欢迎，视这半希腊人及其希腊装备的卡帕多奇亚人为救主。罗马在这区域所怠忽的
286 事现在灼然可见。正在此时，潘蒂卡彭君主的贡额抬高到他无力缴纳的程度；卜居半岛的塞种陶里部酋长斯琪路罗（Skiluros）及其子五十人对刻松尼索斯城施行沉重的压迫；前者欣然放弃他们世袭的君位，后者甘愿放弃他们长久保存的自由，为的是保全他们仅有的财产——希腊民族性。这不是徒然。米特拉达特斯的猛将狄奥凡托斯和纽普托勒摩斯（Neoptolemos）及其有训练的军队不难歼灭草原人。在潘蒂卡彭海峡，一部分在水上，一部分在冬季的冰上，纽普托勒摩斯击败他们，救了刻松尼索斯，打破陶里部的碉堡，建筑适宜的堡垒以巩固这半岛上的领土。罗克索拉尼部来援陶里部，狄奥凡托斯因此进攻罗克索拉尼部（在第聂伯河与顿河之间），

五万蛮族逃避他所率的六千方阵兵，于是本都的武力远届第聂伯河。① 如是，米特拉达特斯在这里取得与本都王国接壤的第二王国，此国亦如本都，大抵以若干希腊商业城市为基础。此国名为博斯普鲁斯王国，奄有今日克里米亚和对岸亚洲的土岬，每年有金银二十塔兰特入王家的府库，又有粮食一百万公斗入王家的仓廪。自高加索山北麓至多瑙河口的草原部落至少大部与本都王成立属 287
国关系或缔结条约，即使他们对本都王没有别的帮助，至少给他一个取之不尽的募兵场所。

在北方既获得极大的成功，米特拉达特斯同时又向东方和西方开疆拓地。小亚美尼亚原是个附庸诸侯，被他吞并，成为本都国不可少的一部分；更重要的是他与大亚美尼亚王成立的密切关系。他不但把他女儿克娄巴特拉（Cleopatra）嫁给梯格兰为后，而且梯格兰大部分仗着他的扶助始能摆脱阿萨奇德王朝的统治，在亚洲占得一个地位。二人似曾结成协定如下：在互相援助的诺言之下，梯格兰应担任占领叙利亚和亚洲内地的事，米特拉达特斯应担任

---

① 晚近发现的刻松尼索斯致敬狄奥凡托斯的法令，完全证实了旧说。由这法令看，我们可见此城受附近的侵逼——当时巴拉克拉瓦港（Balaklava）必在陶里部势力之下，辛罗马普尔（Simferopol）必在塞种势力之下——侵逼一部分来自克里米亚南岸的陶里部，尤其一部分来自塞种，塞种据有半岛的全部腹地和邻近的大陆；我们又可见米特拉达特斯王的将军如何在四面八方解救希腊城市的困厄，荡平陶里部，建一座镇压他们的堡垒（可能是犹帕托里[Eupatorion]）于其境，恢复半岛东西两部希腊人的联络，两败斯琪路罗王家（Skiluros），东克塞种君主扫马古（Saumakos），追击塞种于大陆，终于在一场阵地大战，击破他们和罗西纳勒部（Reuxinalern）——这是此族初露面时的名称，以后改称罗克萨拉内尔[Roxalanel]；古籍也载有此事。希腊城市似未正式为本都王的属国，米特拉达特斯只是个负保护之责的盟友，替希腊城市对那被认为不可胜的（*τοὺζ ἀυυποστάτους δοχοῦυταζ εl μευ*）塞种作战，这些希腊城市对他们的关系殆如马赛利亚和雅典对罗马的关系。反之，克里米亚的塞种是米特拉达特斯的藩属（*ὑπάχοοι*）。

占领小亚细亚和黑海沿岸的事；毫无疑义，米特拉达特斯较为活跃，较有才略，这协定必由他发起，其目的在保护他的后方，取得一个强大的同盟。

最后，在小亚细亚，这位国王注目于帕夫腊哥尼亚的腹地——其沿海地方早已属于本都帝国——和卡帕多奇亚。① 本都要求帕夫腊哥尼亚的理由是皮莱梅尼德朝（Pyläeniden）末主曾遗命把这地方传给本都王米特拉达特斯·犹尔吉提斯；当然，对于这种要求，无论合法与不合法的争位者以及此国本身都提出抗议。关于卡帕多奇亚，本都君主未忘此国与沿海的卡帕多奇亚昔曾合成一国，并且永远怀着再把两地合成一国的念头。于是米特拉达特斯与比提尼亚王尼科弥底（Nikomedes）共同占领帕夫腊哥尼亚，与
288 他共分其地。罗马元老院对这事抗议，米特拉达特斯服从元老院，尼科弥底却给他一个儿子“皮莱梅尼”（Pylämenes）的名号，借这个名义自据其地。两联盟国对卡帕多奇亚的政策又演出更坏的事。卡帕多奇亚王阿里亚拉德六世（Acianathes Ⅵ）是米特拉达特斯·犹帕托的姐夫，为戈尔迪（Goldios）所杀，据说奉有米特拉达特斯的命令，至少也是为他谋利益；阿里亚拉德的幼子只能借他舅父别有用意的援助来抵挡比提尼亚王的侵犯；那时杀他父亲的戈尔迪

① 以下各事的年代只能约略断定。米特拉达特斯·犹帕托的实际亲政似在640年即前114年前后；苏拉的干涉在662年即前92年；米特拉达特斯战争历三十年（662—691年即前92—前63年）之说与此相符。在这期间，有帕夫腊哥尼亚和卡帕多奇亚的继位争执，米特拉达特斯行贿于罗马一事似在651年即前103年萨图宁首次做保民官之时，可能与继位争执有关。马略于655年即前99年离开罗马，在东方未曾久留，他见米特拉达特斯已在卡帕多奇亚，并对他的侵略与他举行交涉；因此，阿里亚拉德六世在那时已被杀害。

已在逃，米特拉达特斯向他提议，准戈尔迪回卡帕多奇亚，以作援助的报酬。这提议引起决裂和战争，然而两军对阵将战时，舅父要求先与外甥会议，在会议中亲自杀死这个手无寸铁的少年。于是杀他父亲的戈尔迪在米特拉达特斯指导之下接管政权，虽有愤慨的人民起来反抗，拥戴末主的少子登位，新君也不能长期抗拒米特拉达特斯的优势武力。人民拥立的少主不久即死，卡帕多奇亚王统与这少年同归于尽，因此本都王更有行动的自由。正与帕夫腊哥尼亚的事相类，一个假阿里亚拉德被拥立为名义上的君主，戈尔迪假他的名字，代米特拉达特斯治理此国。

本地君主久已没有像米特拉达特斯这样强大的，他统治黑海的南北两岸，领域远达小亚细亚的腹地。这位君主在海陆两方的战斗力似乎不可限量。自多瑙河至高加索山和里海都是他的募兵场所；色雷斯人、塞种人、扫罗麻滕人、巴斯塔奈人、科尔奇亚人、伊比利亚人（在今日的格鲁吉亚）都麇集于他的麾下；他特别由骁勇的巴斯塔奈人中间招募战士。对于舰队，科尔奇亚郡除亚麻、大麻、沥青和黄蜡外，又供给他由高加索顺流而下的绝好木材。这位王者据说曾率镰刀战车六百辆、骑兵一千、步兵八千入卡帕多奇亚；而他绝没有为这战事集合他的全副兵力。既没有罗马海军或值得称道的他国海军，本都的舰队以西诺培和克里米亚各港口为 289
凭借，自当独霸黑海。

罗马元老院的一般政策是压制多少有点附属于它的国家，对于本都他们也维持这种政策；米特拉达特斯五世暴死以后，他们对于王位易主的态度可以为证。因为米特拉达特斯五世曾参加对阿里斯托尼古的战事，或宁可说因为他广有钱财，罗马人把大弗里吉亚赠给他；以后未成年的童子继父位，罗马把这地方夺去，并入直属罗马的领域。[1] 可是这童子长大成人以后，肆行侵略，造成堂皇的势力——这势力的发展约历二十年之久，元老院对这种情势却抱完全消极的态度。它的一个属国发展成强大的军事国家，有十万以上的武装兵士供调遣；这一国的君主与东方的新大国结成极密切的联络，新大王一部分倚赖他的援助得居亚洲内地盟主的地位；他借故吞并了邻近的亚洲王国和诸侯，他的借口不啻是嘲笑那消息不灵、距离辽远的保护主；最后，他甚至立足于欧洲，做统治陶里半岛的王者，受他保护的地域差不多达到马其顿-色雷斯的边界；元老院对这些事竟不过问。固然，元老院里曾讨论这些情形，不过关于帕夫腊哥尼亚继位一案，尼科弥底以假皮莱梅尼自解，这崇高团体竟以此为满意，它显然不是受了欺骗，而是感激任何托辞，以免实行干涉。同时，诉状日益繁多，日益迫切。塞种陶里部的君主被米特拉达特斯逐出克里米亚，转向罗马求救；元老院只要仍能想到罗马政策世守的原则，便不能不记得昔日在完全不同的
290 情况下，安条克王渡海而至欧洲，他的军队占据色雷斯的刻松尼索斯，这是亚细亚战争的信号；他们不能不见，现在本都王占据陶里的刻松尼索斯，罗马更不当加以容忍。卡帕多奇亚王国实际重归统一，终于转移大局；并且比提尼亚王尼科弥底原希望利用另一个假阿里亚拉德取得卡帕多奇亚国，现在见本都已立伪主，不容他再

[1] 不久以前，在辛那达(Synnada)南面的阿雷斯利(Aresli)村，发现638年即前116年元老院的一道法令，这法令核准此王一生所发布的一切命令，也明示其父死后，如阿庇安所云，大弗吉里亚不但被夺去，而且即刻成为罗马的属地。

立一个，不免力劝罗马政府干涉卡帕多奇亚的事。元老院议决：米特拉达特斯应使塞种君主复位——因为他们以苟且的方式办理国事，所以不得不这样违背为政的正道，以至于今日不助希腊人抗蛮族，反而助塞种抗那与他们半属同种的人。他们宣布帕夫腊哥尼亚为独立国，命尼科弥底的假皮莱梅尼退出此国。同样，米特拉达特斯的假阿里亚拉德也应退出卡帕多奇亚；因卡帕多奇亚的代表拒绝这样给予的自由，应以自由民选的办法再推举一个国王。这些法令似乎很是有力，不过他们不派兵前去，而命西利西亚省长卡奇乌斯·苏拉用他麾下剿办海陆盗匪的区区兵力来干涉卡帕多奇亚，却是错误。幸而罗马昔日的威力尚在人心，其保卫罗马利益的力量胜于现存的政府，苏拉的魄力和才干又可补元老院二者之不足。米特拉达特斯不敢上前，因为梯格兰对罗马所居的地位比他自由，他止于劝这亚美尼亚大王派兵到卡帕多奇亚。苏拉迅速集合他的军队和亚洲盟邦的助战兵，越陶鲁斯山，把省长戈尔迪和他的亚美尼亚援兵一齐逐出卡帕多奇亚。这事很有效力。米特拉达特斯百依百随；戈尔迪须负卡帕多奇亚乱事的罪过，假阿里亚拉德无影无踪；本都党徒然想运动推选戈尔迪为王，结果当选的却是人所敬仰的卡帕多奇亚人阿里奥巴尔赞(Ariobarzanes)。

苏拉为完成他的远征，进到幼发拉底河，罗马旗帜映在此河的 291
水中尚以此为首次；这时罗马人初与安息人相接触，安息人与梯格兰不和，自当亲近罗马人。双方都似乎觉得在东西两大国初次接触之际有一件颇关重要的事，就是双方均不应放弃世界主权的要求；但苏拉比安息使者更勇敢，他在卡帕多奇亚王与安息使臣的会议中自居上座，并且保持上座。这次幼发拉底河上大受赞扬的会议增加苏拉的声誉尤甚于他在东方的胜利；以后安息使者因这事被他的主人斩首。但在此刻，这种接触未产生别的结果。尼科弥底持罗马人的宠眷，没有退出帕夫腊哥尼亚；但元老院对米特拉达特斯所发的其他法令却见于实行，他至少应承使塞种酋长复位；东方似又恢复往日的原状（662年即前92年）。

据说是这样的，实则毫无真正恢复原状的形迹。苏拉一离开亚洲，大亚美尼亚王梯格兰便攻卡帕多奇亚新王阿里奥巴尔赞，把他赶走，又立本都的假阿里亚拉德来代替他。在比提尼亚，老国王尼科弥底二世死后（约在663年即前91年），他的儿子尼科弥底三世菲洛帕托（Nikomedes Ⅲ Philopator）已由人民和罗马元老院方面被承认为合法国王，王弟苏克拉底（Sokrates）却起而争位，篡夺政权。显然，卡帕多奇亚和比提尼亚乱事的真祸首不是别人而就是米特拉达特斯，不过他不公然参加而已。人人都晓得，梯格兰只是受他的指使来行事；苏克拉底并且率本都兵入比提尼亚，合法国王的生命也遭米特拉达特斯所遣刺客的威胁。甚至在克里米亚及其邻近各地，本都王也不想引退，反而穷兵黩武，前进不已。

阿里奥巴尔赞求救于罗马，尼科弥底且亲来求救，罗马政府派
292 前执政官曼尼乌斯·阿奎利乌斯（Manius Aquilius）往小亚细亚佐省长卢奇乌斯·卡西乌斯（Lucius Cassius），并命亚洲属国尤其是米特拉达特斯遇必要时以武力相助；阿奎利乌斯是经过辛布里和西西里两战的军官，然而他到亚洲的资格却不是率一支兵的将军而是特使。这位罗马将军用亚细亚省长能调遣的小队罗马兵以及弗里吉亚和加拉提亚的征兵完成他的任务：尼科弥底王和阿里奥巴尔赞王重登他们不稳定的王位；米特拉达特斯虽用种种托辞规

避出兵要求，却不但没有公然抵抗罗马人，而且下令把比提尼亚的伪王苏克拉底处死（664 年即前 90 年）。

这是个稀奇的纠纷。米特拉达特斯十分相信，对罗马人公开战斗是不能有成的，他绝不可闹到与罗马人公然决裂和开战的地步。如果他不这样决定，开战的机会没有比当时更有利的；阿奎利乌斯进兵入比提尼亚和卡帕多奇亚之时正是意大利叛党极盛之日，甚至弱者也会受鼓动而抗罗马；然而米特拉达特斯却让 664 年即前 90 年过去，不加利用。尽管这样，他却又坚毅又活跃地实行他在小亚细亚开疆拓土的计划，一方面以任何代价维持和平，另一方面实行攻城略地，这两种政策奇奇怪怪地联合起来，当然毫无可取，只是又证明米特拉达特斯不能居真政治家之列，他既不晓得如何备战如腓力王，又不晓得如何听命如阿塔鲁斯王，却正像个苏丹的作风，永远徘徊于贪恋战功和自觉无力之间。但即使如此，要了解他的行为，我们也须回忆，米特拉达特斯已由二十年的经验谙悉当日的罗马政策。他深知罗马政府绝不愿有战事，他们鉴于一有名将崛起，他们的政权便岌岌可危，又新记得辛布里战争和马略，
所以实在怕有战事，如果可能，比他自己尤甚。他就依此做去。他 293
不惮取一种态度使任何有魄力而不为私心所累的政府饶有宣战的理由和机会，可是他却慎避任何公开的决裂，以免使元老院有宣战的必要。严厉的态度一行出现，他便缩回，对苏拉如此，对阿奎利乌斯亦复如此；无疑地，他希望与他对抗的不永是有魄力的将军，他希望像朱古达那样也遇见他的斯考鲁斯和阿尔比乌斯。我们不得不承认，他的希望不乏理由；不过就是从朱古达的例看来，也可见贿买一位罗马将军和腐化一支罗马军队不可误认为征服罗马

人民。

如是，局势介于和战之间，看起来很有长久如此之势。但阿奎利乌斯却无意让它这样；他既不能强迫政府对米特拉达特斯宣战，便利用尼科弥底来做这事。尼科弥底本在罗马将军势力之下，又积欠他战费和许给他个人的款项，是他的债务人，阿奎利乌斯提议他对米特拉达特斯开战，他不能不顺从。于是比提尼亚宣战；但就是尼科弥底的船封锁了博斯普鲁斯海峡以拒本都船，尼科弥底的军队侵入本都边地，蹂躏阿马斯特里(Amasstris)区域，米特拉达特斯仍守他的和平政策而不移，他不逐比提尼亚人出境，却向罗马使者递一诉状，请他们调停，否则许他自卫。但阿奎利乌斯通知他说，他无论如何不得对尼科弥底作战。这事当然很明显。他们对迦太基也正用这种政策；他们让牺牲者受罗马鹰犬的攻击而不准牺牲者对他们自卫。米特拉达特斯以为大势已去，正与昔日的迦太基无异；但腓尼基人因绝望而归顺，西诺培王的作为却适为其反，他集合他的军队和船只。据云，他曾说："一个必败的人不也须
294 自卫抗贼吗?"他的儿子阿里奥巴尔赞(Ariobarzanes)奉命进兵入卡帕多奇亚；他又遣人送一件文本给罗马使者，把他迫不得已而采取的步骤通知他们，并要求他们发个最后宣言。宣言的大意果然不出所料。虽则罗马元老院、米特拉达特斯王和尼科弥底王均不愿决裂，阿奎利乌斯却愿决裂，于是战事发作(665 年即前 89 年年终)。

米特拉达特斯既这样被迫比武，便以其所特有的全副精力进行政治上和军事上的准备。最先，他加紧与亚美尼亚王梯格兰的联盟，得到他派一支助兵的诺言，这支兵应侵入西亚洲，为米特拉

达特斯取那里的土地，为梯格兰王取那里的动产。安息王恨苏拉的高傲态度，虽不直做罗马人的仇敌，却也不做他们的同盟。对于希腊人，这位王者努力仿效腓力和波尔修的作为，以保卫希腊民族而抗罗马的异族统治为务。本都使者往谒埃及王和自由希腊仅余的克里特城邦联盟，恳求那些已受罗马桎梏的在这最后一刻的今日起来挽救希腊民族；这种企图不尽无功，至少在克里特如此，克里特人很多入本都军队服务。他们希望较小和最小的保护国如努米底亚、叙利亚和希腊各共和国陆续起兵，又希望各省特别是受无限压迫的西亚洲背叛罗马。他们鼓动色雷斯人起事，甚至鼓动马其顿叛变。海盗先已兴盛，现在被认为是最可欢迎的同盟，处处脱了羁绊，海盗舰队自称为本都私掠船，充斥于地中海的广大区域。人们兴奋欢乐地听得罗马公民内讧和意大利叛党虽败而绝未消灭的消息。然而他们却未与意大利的失意分子和叛党成立直接关系；只是以罗马和意大利的亡命徒为核心在亚洲设立一个按罗马式装备和编制的外国兵团而已。自波斯战争以来，亚洲未尝有米 295
特拉达特斯这样的武力。据说除亚美尼亚的助兵不计外，他出征时有步兵二十五万、骑兵四万，并有本都盖顶船三百只和露顶船一百只航行海上；就一位能支配无数草原人的雄武君主而言，此说似乎不太过分。他的将军，特别是纽普托勒摩斯和阿恺劳斯（Anchelaos）两弟兄，都是老练谨慎的希腊将领；此王的兵也不乏敢死的勇士，穿着金银闪烁的武装和华丽衣服的塞种人和米底人粲然与带着铜钢装束的希腊骑兵混合起来。统一的军事组织把这些五光十色的群众合为一体的固然没有，庞大的亚洲战争机构已常常——最近一次恰是在一百年前的马格涅西亚之战——为优良的军事组织所击破，米特拉达特斯的军队也不过是这种战争机构之一；可是东方仍在武装抗罗马，而帝国西部也绝无太平景象。

罗马对米特拉达特斯的宣战，虽则就其本身而言，是政治上必然之势，但宣战的时刻却选得不能比此时更不相宜；因此，曼尼乌斯·阿奎利乌斯很可能原有自私自利的念头，才适在此时造成罗马与米特拉达特斯的决裂。他们此刻除卢奇乌斯·卡西乌斯部下的小队罗马兵和西亚洲的民兵外，没有其他可供调遣的军队，又因同盟战争陷本国于军事和财政的困窘，在666年即前88年夏季以前，就是情形极为顺利，罗马也不能有一支军队在亚洲登陆。这里的罗马官吏一向处境困难，但他们希望保护这个罗马省份，并能扼守他们所在的地位——尼科弥底部下的比提尼亚军仍在上年所取的位置，即介于阿马斯特里与西诺培之间的帕夫腊哥尼亚境内，卢奇乌斯·卡西多斯、曼尼乌斯·阿奎利乌斯和昆图斯·奥皮乌斯(Quintus Oppius)所率的军队则在比提尼亚、加拉提亚和卡帕多奇亚境内，同时比提尼亚-罗马的舰队仍封锁博斯普鲁斯海峡。

296 666年即前88年春初，米特拉达特斯采取攻势。在哈利(Halys)河支流安尼亚(Amnias，在今日塔什克普里[Tesch Köpri]附近)河上，本都打前锋的骑兵和轻装队伍遇到比提尼亚军，比提尼亚军虽在人数上很占优势，却一击即破，败兵溃散，营垒和军实皆落入战胜者之手。本都王获得这个辉煌胜利，大都赖纽普托勒摩斯和阿恺劳斯之力。于是驻在后方较远而更劣的亚洲民兵未与敌人交锋便自信必败，米特拉达特斯的将军一来到近处，他们就纷纷四散。罗马一支兵败于卡帕多奇亚；卡西乌斯想率民兵固守阵地，但未拼一战便又把他们解散，带着部下可靠的兵入守梅安德

(Mäander)河上的城邑，特别守阿帕迈亚(Apameia)。同样，奥皮乌斯也退出潘菲利亚，入守弗里吉亚的劳底恺亚(Laodikeia)；阿奎利乌斯退却时，在比提尼亚境内的桑伽里(Sangarios)河为敌人追及，一败涂地，以至于失去营垒，不得不逃避于罗马行省的波加蒙。不久，罗马行省也被蹂躏，波加蒙以及博斯普鲁斯海峡和泊在那里的船只均落在本都王的掌握。每次得胜，米特拉达特斯便把被俘的小亚细亚民兵一概遣去，民族的同情自始就倾向他，他现在又不遗余力地加以增强。如今小亚细亚远至梅安德河，除少数堡垒外，全在他势力之下；同时消息传来：罗马又起了新革命，执政官苏拉原被指定征米特拉达特斯的，却不登船到亚洲而进兵攻罗马，罗马最著名的两位将军正在交战以决定谁当为亚洲战事的元帅。罗马似乎热心努力于自相残害；无怪虽则就到现在，各处仍有少数人依附罗马，小亚细亚的本地人却大都投归本都。希腊人和亚洲人联合举行欢迎这位救主的庆祝；亚细亚和希腊昔曾为"克印度人者"所统一，今又为此王所统一，所以人惯用"新狄俄尼索斯"的名号恭维他。他每到一处，城市和岛屿均派使者迎接他，请"救世主"光临，公民们身穿礼服，成群结队地到城门前招待他。有几个地方把 297
住在那里的罗马官吏捆绑献出，如劳底恺亚献出该城司令昆图斯·奥皮乌斯，勒斯博斯的米蒂利尼(Mytilene)献出执政官曼尼乌斯·阿奎利乌斯。[①] 这个蛮子昔曾面见阿奎利乌斯而战慄，现在阿奎利乌斯落在他手，他的全副愤怒便发泄在这不幸而开战衅

① 二十五年以后，米特拉达特斯已死，他的儿子法那基(Pharnakes)把执送阿奎利乌斯的主使犯交给罗马人，他们都受到报复。

的人身上。这老人有时步行，锁在一个骑着马的巴斯塔奈人身上，有时缚在驴背，自呼己名，这样被牵着走遍小亚细亚；后来这示众的可怜人又到了波加蒙的王宫，王命人用熔化的黄金灌入他的喉咙——以满足真正造成这次战争的贪欲——，到他死于痛楚之下而后已。

单是米特拉达特斯这以人为戏的野蛮行径已使他不配居豪杰之列，但他还以此为不足。他由以弗所下令，命他属下的一切长官和城市在同一日期把境内住的意大利人，不分男女老少，不问其为自由人或奴隶，一概杀死，并严刑禁止助罪犯逃命；被杀者弃尸喂鸟，他们的财产充公，一半归凶手，一半归国王。这种可骇的命令，除少数地方如科斯岛外，处处均准确执行，于是一日之间，八万（一说十五万）男女和儿童在小亚细亚遭到无情的屠杀；在这场可怕的杀戮中，解除债务的良机和亚洲人愿替苏丹效劳而做刽子手，至少与较为高尚的报仇心有同等的作用。从政治观点看，这策略不但毫无合理的目的——因为以财政而言，不发这道残忍的敕令也可以达到目的，并且小亚细亚人即使自知犯了最恶的血案也不能激
298 发好战的热情——，而且与本都王的目的相反，因为一方面这样一来，罗马元老院只要仍能努力，便不得不努力进行战事；另一方面，这事不但伤害罗马人，也伤害此王的天然盟友，即罗马人以外的意大利人。以弗所的屠杀令根本不过是残忍愚昧的报仇心发为无意义的举动，只因苏丹政治的特色在这里蔚为巨观，所以显出一种虚假的雄伟气象。

大致说来，米特拉达特斯的志愿继长增高；他因绝望而开战，可是胜利出乎意外地容易，他所怕的苏拉又迟迟不来，他的绝望就

转变为高入云霄的希望。他把西亚洲当作本土来经营；波加蒙原是罗马省长的治所，他把这城当作新都，把西诺培旧地作为总督辖区，交他儿子米特拉达特斯治理；卡帕多奇亚、弗里吉亚、比提尼亚都改组为本都的州郡。帝国的要人和王的宠臣都受厚赏和封邑，不但一切民社积欠的赋税都蒙豁免，而且有免税五年的诺言——如果本都王想借此博得小亚细亚人的忠心，这种策略便与屠杀罗马人错误相等。

当然，由意大利人财产和其他没收品而来的无量金钱能大裕国王的府库，例如仅科斯一岛就有犹太人存款八百塔兰特，全被米特拉达特斯取去。小亚细亚北部和所属大多数岛屿均在本都王势力之下；除了帕夫腊哥尼亚的几个世袭小君长外，无一地仍附罗马；整个爱琴海都为他的舰队所控制。抵抗他的只有西南部卡里亚和吕底亚的城邦联盟和罗德斯城。在卡里亚，斯特拉托尼西亚(Stratonikeia)固然为武力所荡平，可是梅安德河上的马格涅西亚却抵抗严重的围攻而得胜，米特拉达特斯的良将阿恺劳斯竟在这次兵败受伤。罗马人——中有省长卢奇乌斯·卡西乌斯——逃出亚细亚省的都在罗德斯避难，米特拉达特斯以极优越的兵力由海陆两路来攻。但他的水兵虽在国王监视之下奋勇尽职，却是拙笨 299
的生手，罗德斯舰队竟能击破数倍于他们的本都舰队，并把掳得的船只带回本国。在陆上，攻势也没有进展；工事一部分被毁以后，米特拉达特斯放弃其企图，这重要海岛和对岸的大陆仍握在罗马人之手。

可是不但大部因为苏尔皮奇乌斯革命发作于极不相宜的时刻，亚细亚省几乎没有保卫即为米特拉达特斯所侵占，而且他竟向欧洲进攻。自 662 年即前 92 年以来，马其顿北边和东边的邻国便已再来侵扰，非常猛烈和频繁；在 664—665 年即前 90—前 89 年两年，色雷斯人蹂躏马其顿和整个伊庇鲁斯，劫掠多多那(Dodona)庙。还有更惹人注意的，这些运动又连带着重立一个马其顿伪王的企图，伪王名攸芬尼(Euphenes)。米特拉达特斯由克里米亚与色雷斯人保持联络，不能不熟知这些事。罗马将军盖乌斯·森提乌斯(Gaius Sentius)对这伙来犯的人，固然用色雷斯登特勒特部(Dentheleten)实行自卫；但不久以后，更强大的敌人来攻他。米特拉达特斯因得胜而忘乎所以，立下一个大胆的决心，要仿安条克那样把争亚洲主权的战事移到希腊去决胜负，于是调他的精锐部队海陆并进到希腊去。他的儿子阿里亚拉德由色雷斯侵入防务薄弱的马其顿，沿路略地，把他们分配于本都州郡。阿布德拉(Abdera)和菲力皮(Philippi)成为本都军在欧洲的主要基地。米特拉达特斯的良将阿恺劳斯率本都舰队出现于爱琴海，这里连一只罗马船也没有。提洛是罗马在这一带海面的商业市场，今为本都军所占领，在这里被屠杀的将近两万人，大都是意大利人；优卑亚遭同样的厄运；马勒亚(Malea)角以东的一切岛屿都落于敌手；他们可以
300 进而攻打大陆。本都舰队由优卑亚进攻要地德米特里亚斯，马其顿省长的骁勇副官布鲁提乌斯·苏拉(Bruttius Sura)诚然以其区区队伍和少数仓促集合的船只把他们击退，甚至占领斯奇亚苏斯(Skiathos)岛，但他不能阻止敌人立足于希腊本部。

在希腊本部，米特拉达特斯不但用武力而且用民族主义的宣传进行工作。他的主要工具是一个名为阿里斯提翁(Aristion)的人，论门第他是个雅典奴隶，论职业他本是个伊壁鸠鲁派哲学的教

师，今为米特拉达特斯的宠臣。他极擅长游说，曾在宫廷里致身荣显，晓得如何炫惑群众。迦太基已成一片焦土将六十年，他却力向他们保证说迦太基来援米特拉达特斯的兵已在途中，这位新伯里克利的演说饶有效力，以至于少数有见解的人逃出雅典，群众和一二丧心病狂的文学家正式背弃罗马人。于是这旧日的哲学家成为一个专制君主，得本都佣兵队伍的扶助，开始一种卑污残酷的政治，比雷埃夫斯(Peiräeus)变成一个本都港口。米特拉达特斯的军队一在希腊大陆上得一立足地，自由小国如阿喀亚、拉科尼亚、彼奥提亚等远至色萨利便大都与他们联合起来。先由马其顿调来一些援兵，而后进到彼奥提亚，以救被围的塞斯庇亚(Thespiä)，在凯罗尼亚(Chäroneia)与阿恺劳斯和阿里斯提翁交战三日；但这些战事不能决定胜负，当本都增援的兵由伯罗奔尼撒来到之时，不得不退去(666 年即前 88 年年末，667 年即前 87 年年初)。

米特拉达特斯的地位在海上特为优越，所以意大利叛党的使者请他在意大利谋登陆；但在那时，他们的大势已去，本都王拒绝他们的提议。

罗马政府的地位始有岌岌可危之势。小亚细亚和希腊全部以及马其顿大部均在敌人手里；在海上，本都的旗帜称霸，没有对手。又加意大利的叛党，虽大致业已挫败，却仍控制意大利的大块地方，无人与争；又有刚归沉寂的革命时时刻刻有复发而更加凶猛的危险；最后，意大利的内乱和亚洲资本家的绝大损失造成商业和钱 301
业可怕的危机，又缺乏可靠的军队。政府须有三个军队，一个镇压罗马城的革命，一个完成平定意大利叛党的事，一个在亚洲作战；他们却仅有一个，即苏拉的军队；因为北路军为不可靠的格涅乌斯·斯特拉波所统率，只是又多一个祸害。苏拉须于三种工作中选择一种来担任；如我们所知，他决定担任亚洲战事。在国家的普遍利益与他本党的特殊利益相冲突时，前者居然保持其优势，这不是小事，我们或可谓是个大事；苏拉一离开意大利，他的宪法和同党将不免陷于危险，他却一概不顾，竟于667年即前87年春间在伊庇鲁斯海岸登陆。不过他这次前来却异于往日罗马元帅在东方出现的情形。他的军队共五个兵团，至多三万人，①并不强于一个普遍执政官军；这还是最小一端。往日在东方战争中，罗马永不缺一个舰队，实则无一次不控制海面；苏拉奉派来克复两大洲和爱琴海的岛屿，来到之时，却连一只战船也没有。往日的元帅总随身带来充盈的粮台，他的供应大半均由海道取自本国；苏拉却空手而来——为666年即前88年战役勉强筹出的款项已在意大利用罄——，只见非全赖征发不可。往日元帅的对头只在敌人营内，自阶段斗争结束以来，政党永是团结起来以抗公敌，毫无例外；但现在罗马名人在米特拉达特斯麾下作战，意大利大块的地区愿与他结成联盟，并且平民党是否愿依苏拉所树的好榜样，在他征亚洲王的期间始终对他保持休战，至少还是个疑问。这位神速的将军不得不与上述一切困难相搏斗，但他不惯在完成手头工作之前顾虑
302 较远的危险。他向本都王提出的和平建议大体等于恢复战前状态，建议遭拒绝，他一登陆，便由伊庇鲁斯港口进到彼奥提亚，在彼奥提亚的梯尔孚斯山(Thilphossischen Berge)击破敌将阿恺劳斯

① 我们须忆及：自同盟战争发作以后，罗马兵团不再有意大利助兵相随，所以至多不能有往昔一半以上的人数。

和阿里斯提翁，得胜以后，整个希腊大陆除雅典和比雷埃夫斯两堡垒外均为他所有，几无抵抗；阿里斯提翁和阿恺劳斯入守两地，苏拉用奇袭攻打，结果失败。卢奇乌斯·霍尔滕西乌斯（Lucius Hortensius）率一支罗马军占领色萨利，侵掠马其顿；穆纳提乌斯（Munatius）另率一支兵屯在喀尔基斯前面以御纽普托勒摩斯部下驻在优卑亚的敌军；苏拉本人则扎营于埃琉西斯（Eleusis）和迈伽拉，他由这里控制希腊和伯罗奔尼撒，进行围攻雅典城市和港口。希腊各城既永为目前的恐惧所左右，便向罗马人无条件投降，罗马人许他们供应粮草人丁和纳罚款以自免于更重的责罚，他们大悦。

阿提卡的攻城战进行得较为迟缓。苏拉觉得非造各种笨重攻具不可，竟须取阿卡德米（Akademie）和吕克昂（Lykeion）的树木为材料。阿恺劳斯既勇且智地指挥守御，把船上的水手武装起来，兵力既增，乃击退罗马优势兵力的来攻，屡次出城击敌，并且不无胜仗。德罗弥恺底（Dromichätes）率本都军来援，在雅典城下鏖战以后，为罗马人所败，这次苏拉的骁勇副将卢奇乌斯·李奇尼乌斯·穆雷那（Lucius Licinius Murena）特著功劳；但围攻却不因此而有更迅速的进展。同时，卡帕多奇亚人已久占马其顿，丰富的运输船由那里走海道源源而来，苏拉不能切断他们到比雷埃夫斯的路；在雅典，粮食诚然渐感缺乏，但因两城相距密迩，阿恺劳斯屡次试行运粮入雅典，不尽无功。667—668 年即前 87—前 86 年的冬季就这样在困苦无成中度过。一到可以用兵的时节，苏拉便猛攻比雷埃夫斯；真的，他用投射器和地道把比雷埃夫斯的坚固城墙打 303
开一个缺口，罗马人即刻冲向前去，但冲锋被击退，再来冲锋时，只见破墙后面已造好月牙形的壕堑，攻军三面受投射器的攻打，不得不退。于是苏拉不再攻城，止于加以封锁。同时，雅典的粮食完全告罄，守军想弄成结约投降；但苏拉遣回他们善辩的使者，声明他站在他们面前，不是个学生而是个将军，他只能接受无条件投降。阿里斯提翁深知他要遭什么命运，迟疑不决，罗马人便用云梯登城，这个几已无人守御的城便被攻陷（668 年即前 86 年 3 月 1 日）。阿里斯提翁入守子城，不久以后，在那里投降。苏拉让兵士在陷落的城中杀人劫物，使人把叛党的首领正法；但此城本身又从他手里重得其自由和领土——甚至米特拉达特斯刚赠给他的提洛岛也在内——如是，雅典又复为其先贤所拯救。

这样，伊壁鸠鲁派的塾师覆败了，可是苏拉的地位却仍是极端困苦，甚至可谓绝望。他如今已在战地一年有余，没有一步值得挂齿的进展；他用尽气力不能攻下一座港埠，同时对于亚洲完全听其自然，晚近米特拉达特斯的副将又攻陷安菲波利斯（Amphipolis），完成征服马其顿的事。日益显著的是，没有舰队，不但不能对敌舰和众多海盗船保障他的交通和供应，甚至不能收复比雷埃夫斯，至于收复亚细亚和众岛屿，更不必谈；然而战船如何得来，却不可知。早在 667—668 年即前 87—前 86 年冬季，苏拉便派他部下最干练的军官卢奇乌斯·李奇尼乌斯·卢库卢斯（Lucius Licinius Lucullus）到东方海面求取船只。卢库卢斯由罗德斯和其他小国借得无顶船六只，开驶出去，海盗船队把他的船掳去大半，他自己仅幸而得免，一路递换船只，欺蒙敌人，经克里特和昔兰尼而至亚历山大
304 城，请埃及以战船相助，埃及宫廷既客气而又坚决地拒绝了他。昔日埃及王自请以全部海军助罗马人，罗马人加以谢绝，而今甚至由亚历山大城的政客看来，罗马也似乎已经破产，罗马国家的

沉沦暴露得没有比在这里更明显的。这一切以外又加上财政困难；苏拉已不得不把众神——奥林匹亚的宙斯、德尔菲的阿波罗、埃庇道罗斯的阿斯克勒庇俄斯——的库藏支用一空，以罚罪没收的底比斯领土一半赔偿众神。但还有更恶于这一切军事上和财政上的困难的，就是罗马政治革命的后果，这革命完成得迅速、彻底和猛烈远超过最甚的忧虑。革命党在首都专政；苏拉已被罢黜，他的亚洲元帅职已改委平民党执政官卢奇乌斯·瓦勒里乌斯·弗拉库斯(Lucius Valerius Flaccus)充任，人无日不可望其到来。固然，因苏拉竭力讨兵士的喜欢，兵士依附苏拉；不过金钱和粮饷俱告匮乏，将军被废并且被宣告为国贼，他的继任人已在途中，此外又加以顽敌控制海洋，战事拖延，不知何日结束；那么，还有什么可希望呢？

米特拉达特斯的作为把敌人救出险境。由一切迹象看来，他不赞成他手下那些将军的守势战略，发令教他们尽速克敌。早在667年即前87年，他的儿子阿里亚拉德已自马其顿出发，往希腊本部攻苏拉，只因这位王子进至色萨利的狄萨岬(Tisäischen Vorgbirg)时突然殒命，这个远征才一时作罢。他的后任塔克西勒斯(Taxiles)如今(668年即前86年)以号称步兵十万、骑兵一万的军队追赶罗马驻在色萨利的队伍，来到塞莫庇莱。德罗弥恺底与他会师。阿恺劳斯——似非迫于苏拉的武力而甚迫于主人的命令——也先一部而后全部地退出比雷埃夫斯，到彼奥提亚与本都 305
主力军会合。苏拉先下令破坏比雷埃夫斯及其甚受赞赏的防御工事，而后追本都军，希望在弗拉库斯到来以前能打一个主力战。阿恺劳斯建议不理这事，而只是扼守海面和海岸，对敌人用拖延手段;结果无效。现在正似往昔在大流士和安条克治下之时,成群的东方人有如遇大火而惊骇的群兽,仓促盲目地投身于战斗;这次做得比以前更加愚蠢,因为亚洲人或只须稍候数月,便可以旁观者资格看苏拉与弗拉库斯交战。

668年即前86年3月,两军在距凯罗尼亚不远的刻菲索斯(Kephissos)平原相遇。由色萨利被逐回的一支军已侥幸与罗马主力会合,罗马军甚至连这支兵和希腊助兵在内也是以一敌三;特别是敌军骑兵极占优势,而由战场的性质看,很是可怕,苏拉不得不掘壕以保两翼而抗敌骑,在正面第一行与第二行之间竖立一长串的鹿角以御敌人的战车。战车开始战斗,卷地而来,罗马第一列的兵退到鹿角后面;战车触鹿角而返奔,又受罗马轮索手和弓手的攻打而惊骇,反冲入敌阵,搅乱了马其顿的方阵和意大利亡命徒的队伍。阿恺劳斯急忙把两翼的骑兵调来,派他们攻打敌人以便取得重整步兵的时间。骑兵很凶猛地进攻,冲破罗马的阵势,但罗马步兵迅速列成密集阵,奋勇抵抗四面来攻的骑兵。同时苏拉亲在右翼率部下骑兵攻打敌人暴露的侧翼,亚洲步兵尚未交锋即向后退,他们的后退也陷骑兵于混乱。因敌骑态度游移,罗马步兵得有喘息的时机,举行总攻,决战得胜。阿恺劳斯命人闭营门以阻止兵士脱逃,结果仅使屠杀愈烈,营门终于开启时,罗马人与亚洲人一
306 齐走入。据说阿恺劳斯救出的兵到卡尔奇斯的不及原数十二分之一。苏拉追他到攸里普斯(Euripos),却不能渡过那条狭窄的海湾。

这是一场大胜利,可是效果很小,其原因一部分在缺乏舰队,一部分在罗马战胜将军被迫不追败兵而先对他本国人实行

自卫。本都舰队仍独霸海上，现在竟出现于马勒亚角以西；就在凯罗尼亚之战以后，阿恺劳斯还率兵登陆扎靳陀（Zakynthos），企图据此岛为己有。更有进者，卢奇乌斯·弗拉库斯同时率两个兵团竟在伊庇鲁斯登陆，途中曾遇暴风和游弋于亚得里亚海的敌方战船，不无重大损失；他的军队已至色萨利，苏拉不得不先转向那里。罗马两军对垒于奥特里斯利山（Othrys）北麓的梅利台亚（Melitäa），冲突似乎在所不免。但弗拉库斯已有机会深知，苏拉的兵士绝不愿向这全不知名的平民党元帅出卖他们的常胜将军，他自己的前锋反而渐渐逃往苏拉营垒，遇有冲突，由任何方面看，他绝不是苏拉的对手，所以他避免冲突，向北开去，志在经马其顿和色雷斯而至亚洲，在那里荡平米特拉达特斯，以便再进而立功。苏拉竟许他的弱敌无阻退去，不加追赶，回到雅典，似乎在那里度 668—669 年即前 86—前 85 年的冬季：由军事观点看，这事煞是奇怪。我们或可设想，在这事上他也是受了政治动机的驱使；他抱着不为己甚的爱国见解，想到至少在他们尚须应付亚洲人时他甘愿避免战胜本国人，又想到要使这不幸的纠纷得个差可的解决，最好让革命党的军队在亚洲，寡头党的军队在欧洲，对共同的敌人作战。

669 年即前 85 年春间，欧洲又有了新的工作，米特拉达特斯在小亚细亚继续备战不懈，派多里劳斯（Dorylaos）率一军至优卑 307
亚，此军不甚小于在恺罗尼亚覆没的军队；此军既与阿恺劳斯的残军会合，便渡过攸里普斯海湾而至彼奥提亚。本都王以对比提尼亚和卡帕多奇亚民兵的胜利为测量他那军队能力的标准，自不能明了欧洲局势的逆转；朝臣中已有人耳语阿恺劳斯谋反的事；米特拉达特斯发出严厉的谕旨,命将军立刻以新军再打一仗,务须歼灭罗马人。君命见于实行,即使没有实行战胜,至少言行作战。罗马人和亚洲人再会于奥科弥诺斯(Orchomenos)的刻菲索斯平原。亚洲军骑兵众多而精良,猛攻罗马步兵,罗马步兵开始动摇和退走;危机极为紧急,以至于苏拉取一个军旗在手,一面同他的参将和传令官进攻敌人,一面向兵士厉声高叫道:本国若有人问他们在何处遗弃了他们的将军,他们可以回答说在奥科弥诺斯。这话发生效力;兵团又集合起来,击败敌人的骑兵,骑兵既败,步兵自不难也被击破。翌日,亚洲人的营垒被包围攻陷,极大多数的亚洲人不落在科帕(Kopais)沼泽中即死于该地;能到优卑亚的只有少数人,内有阿恺劳斯。彼奥提亚各民社须受重罚以偿其再叛罗马的罪,有几个甚至灭亡。罗马人现在可以一路无阻,入马其顿和色雷斯;菲力皮被占领,本都戍兵自动退出阿布德拉,全欧洲大陆的敌人都被肃清。在战争第三年(669 年即前 85 年)的年底,苏拉竟能驻营
308 度冬于色萨利,意欲在 670 年即前 84 年春间发动亚洲战事,因此他下令在色萨利各海口打造船只。[1]

同时,小亚细亚的局势也大有变更。虽则米特拉达特斯曾出

---

[1] 这些事的年代一如其全部详情,都笼罩在黑暗之中,研究至多只能稍解黑暗,透露曙光。恺罗尼亚之战即使不在攻取雅典之日,至少在不久以后,即在 668 年即前 86 年 3 月间;这是差可确定的。继起的色萨利战役和第二次彼奥提亚战役不但占去 668 年即前 86 年的余日,而且消耗了 669 年即前 85 年的全年;这事本身已有可能,又因苏拉在亚洲的战役不能历一年以上,所以更有可能。李锡尼也似乎暗示,苏拉回雅典度 668—669 年即前 86 年—85 年的冬天,在雅典从事检查和惩戒的工作;他然后叙述奥科弥诺斯之战。因此,苏拉渡海入亚洲之事不归在 669 年即前 85 年而归在 670 年即前 84 年。

面做希腊人的解放者，虽则他入主此地时，提倡城市独立，豁免赋税，可是短促的欢腾以后，不幸太速太苦地继之以失望。他极快地露出他那副真面目，始行暴主政治，这种政治远甚于罗马省长的虐政，甚至逼得富于忍耐的小亚细亚人公然叛变。这位君主为应付叛变计又用极激烈的手段。他的法令许归附他的地方独立，给客籍人公民权，许欠债人完全免债，给无田者田地，给奴隶自由；这种被解放的奴隶在阿恺劳斯部下作战的几乎达一万五千人。此种用高压手段推翻一切现行秩序的举动造成极可怖的景象。最大商业城市如士麦那、科洛丰、以弗所、特剌莱（Tralleis）、萨底（Sardeis）等对本都王派来的官吏闭门不纳，或把他们杀死，响应罗马。[①] 另一方面，本都王的长官狄奥多鲁斯（Diodoros）——一个与阿里斯提翁相似而不同派的著名哲学家，但也一样地肯为人用，做穷凶极恶的事——受他主人的指示，使人把阿德拉米提乌姆的市议员一概处死。开俄斯人有倾向罗马人的嫌疑，先被罚金二千塔兰特，后又认为缴款不符，米特拉达特斯把他们全体装在船上，在他们自己的奴隶监管之下，缚送到科尔奇亚，同时他们的本岛为本都殖民团所占领。本都王下令要在一日内杀尽小亚细亚凯尔特人的首领及其妻室儿女，把加拉提亚改为本都的一郡。以上的屠杀令大都见 309
于实行，实行地或在米特拉达特斯的大本营或在加拉提亚，不过几个漏网的人率领他们强大的部落，把本都王所派的长官攸马库斯

① 以弗所公民关于此事的决议案已在晚近发现。据他们说，他们慑于“卡帕多奇亚王”米特拉达特斯的兵多将广和他的突然进攻，陷在他的掌握中；但一遇机会，他们便为“罗马人的统治权（ἡγεμονία）和一般的自由起见”，对他宣战。

(Eumachos)逐出境外。我们不难了解,这样一个君主必有刺客执匕首尾随于后;因这种逆谋而被牵累的达一千六百人,都被王家检察所判定死罪。

本都王正这样用自杀的疯狂举动激得当时的臣民对他起兵背叛,同时罗马人也开始在亚洲海陆并进,对他压迫。卢库卢斯既不能调出埃及舰队来攻米特拉达特斯,便再努力求战船于叙利亚沿海城市,成绩较佳,他这新生的舰队又在塞浦路斯、潘菲利亚和罗德斯的海口得到增援,以至于他自觉其力足以进攻。他巧避与优势兵力争胜负,却获得不小的利益。他占领克尼都岛和半岛,攻打萨摩斯岛,从敌人手中夺得科洛丰和开俄斯。

同时,弗拉库斯已率部下军队经马其顿和色雷斯而至拜占庭,由此渡过海峡,到了卡尔西登(668 年即前 86 年年底)。在这里,发生了对元帅的兵变,据说因为他侵吞兵士的战利品。兵变的主脑是个高级军官,他的姓名在罗马已成为当地群众说客的别名,即盖乌斯·弗拉维乌斯·芬布里亚(Gaius Flavius Fimbria)。此人起初在罗马广场做群众领袖,现在与元帅不和,便把煽动群众的手段用在军营。弗拉库斯为军队所废,不久以后,在距卡尔西登不远的尼科米底亚(Nikomedeia)被处死;依兵士的议决,芬布里亚代弗拉库斯的职位。不消说,他对部下军队体贴备至;例如在友邦乞齐科(Kyzikos),他命公民把所有财产一概交给罗马兵,违令者死,为示儆起见,立刻把两个最有体面的公民正法。然而在军事上,更换元帅却属有益;芬布里亚不像弗拉库斯那样无能,他是个有精力有才能的将军,王子米特拉达特斯为本都郡太守,率兵向他进攻,在
310 密勒托波利斯(Miletopolis,在布鲁萨[Brussa]之西林达库斯

[Rhyndakos]河上)的一次夜袭中,他完全击破王子的兵;有了这场胜利,他便开辟了一条路,通到昔为罗马一省省会今为本都王首都的波加蒙,他把本都王逐出此城,迫他逃到相距不远的海口庇坦(Pitane),他想在那里登船。正在此时,卢库卢斯率领他的舰队出现于那一带海面;芬布里亚恳求他相助,以便擒拿本都王。可是卢库卢斯的贵族党习气强于他的爱国心;他扬帆驶去,于是本都王得脱,逃到米蒂利尼。就是这样,米特拉达特斯的处境仍十分困难。在669年即前85年年底,欧洲的领土失陷,小亚细亚一部分背叛他,一部分为罗马的一支军所据;他本人也受这近在咫尺的军队威胁。卢库卢斯麾下的罗马舰队在勒克顿角(Lekton)和忒涅多斯岛(Tenedos)两次海战得胜,在特洛伊沿海一带保其地位,又有苏拉同时命人在色萨利打造的船只驶来相会,他们处于控制赫勒斯滂海峡的地位,自能确保罗马元老院军的元帅来春平安便利地渡海而至亚洲。

米特拉达特斯试行交涉。固然,在他这种情形之下,以弗所杀人令的主使犯绝不能希望罗马许他讲和;不过在罗马共和国的内乱中,当权的政府已宣告奉派往讨米特拉达特斯的将军为国贼,他在本国的同党受政府极残酷的迫害,罗马两位将军对抗可是又一齐抗一个敌人,在这时,本都王希望不但能取得和平,而且能取得有利的和平。至于向苏拉还是向芬布里亚申请,他可以选择,他使人对两位将军一齐举行交涉,可是似乎自始即有与苏拉成立协议的意思,至少据这王者看来,苏拉似乎绝对优于芬布里亚。他的将军阿恺劳斯奉主命,请苏拉把亚洲割给本都王,便可望本都王助他抗罗马城的平民党以为报。但苏拉的冷静精明不诚往昔,他虽因

311 意大利时局之故急欲速了亚洲的事，却认为与卡帕多奇亚联盟，对于他将来在意大利的战争利益甚微，特别因为他是个十足的罗马人，所以不能赞同这样可羞这样有害的让步。

669—670 年即前 85—前 84 年冬季，双方在优卑亚对岸彼奥提亚沿海的代立昂(Delion)开和平会议，在会议中苏拉断然拒绝割让一尺土地，但罗马有战胜后不增加战前要求的古风格，他现在理当信守不渝，所以他的要求不外以前所提的条件。他要求本都王归还一切所攻取但未被夺去的土地——卡帕多奇亚、帕夫腊哥尼亚、加拉提亚、比提尼亚、小亚细亚和各岛屿——交出俘虏和逃兵，交出阿恺劳斯部下的战船八十只以增强那仍嫌弱小的罗马舰队；最后，供军队的饷金和粮草，以区区三千塔兰特赔偿战费。开俄斯人被掳到黑海去的应送还本土，马其顿人因亲罗马而家属被掳的也应送其归家，若干战船应交给那些与罗马联盟的城市。严格地说，这和约应把梯格兰包括在内，但若使他参加，必又引起无限的牵涉，为双方所不愿，所以双方对于他都一字不提。如是，本都王不失其战前的领土，他也未受任何损伤名誉的耻辱。[①] 阿恺劳斯灼见所得的已较预料的为多，再多是不可得的，他便依这些条款结成初步条约和停战协定，使军队撤出仍为亚洲人所据的欧洲地方。

但米特拉达特斯拒绝这个和约，要求罗马人至少放弃交出战

① 据说米特拉达特斯在和约中约定那些归附他的城市免罪，从战胜者和战败者的性格看来，此说似乎绝不可信，并且阿庇安和李锡尼都没有这种说法。他们忘记把和约写在纸上，这个疏忽以后留下种种误会的余地。

船一事,并把帕夫腊哥尼亚让给他;同时他又力言芬布里亚给他的 312
条件比这些优厚远甚。苏拉见他把自己的建议与一个白丁浪人的建议相提并论,又已让步到无可再让的程度,怫然不悦,于是交涉中断。他已利用这个时间来整理马其顿,惩罚达尔达尼人、辛提人(Sinter)、米底人;这样,他既为部下军队取得战利品,又走得距亚洲更近;因为他决定无论如何必到亚洲,以与芬布里亚决个胜负。现在他立即调动驻在色雷斯的兵团和舰队向赫勒斯滂前进。这时阿恺劳斯终能使他那固执的主人勉强对和约表示同意;后来因为这事,宫廷中认为他一手造成不利的和平,对他疑忌,甚至有人告他叛逆,以至于不久以后,他不得不离开本国,逃归罗马人,罗马人欣然把他收留,并且厚加敬礼。罗马兵也有怨言;他们以为这位蛮族君主曾屠杀他们本国人八万,意大利和亚细亚不可名状的痛苦均由他而来,苏拉竟许他携带大半掠自亚细亚的财宝回国,不加惩处;这种愤慨本已饶有理由,但他们所指望的亚洲战利品竟不能到手,当然更是怨言的主因。苏拉本人或者也痛切地感到,从军事观点看,他的工作非常简单,政治上的纠纷却极为可恼地妨碍他的工作,使他不得不在这种胜利之后以这种和平为止足。但他的自制力和明智已见于这次的整个战事,现在又见于这次的媾和;因为米特拉达特斯握有黑海全部的海岸,最近的交涉已显出他的顽强,与这位君主作战,即使在最顺利的情势下,也仍非多年不为功,而意大利的情形是那样,以至于苏拉用他所有的几个兵团来抵敌那里

313 当权的一党，似乎也已嫌迟。[①] 然而要做这事，他绝对必须先消灭那率平民党亚洲军队的猛将，因为苏拉现在希望自亚洲归国，扑灭意大利的革命党，所以须使此人不能有自亚洲来援革命党的一日。在赫布鲁斯（Hebros）河上的乞普塞拉（Kypsela），苏拉接到米特拉达特斯批准和约的消息，但罗马军却向亚洲前进不已。据说本都王愿亲与罗马将军相会，与他面缔和约；据我们想来，这不过是移师亚洲以灭芬布里亚的顺便借口而已。

如是，苏拉有他的兵团和阿恺劳斯相随着，渡过赫勒斯滂；他先与米特拉达特斯相会于亚洲沿岸的达尔达诺斯，结成口约，而后

① 亚美尼亚的传说也知第一次米特拉达特斯战争。据科雷尼的摩西（Moses von Khorene）说，亚美尼亚王阿达舍（Ardasches）见自己在波斯（安息）帝国应居第二位，很不甘心，便强迫安息王阿沙干（Arschagan）把至尊权让给他，于是命人在波斯替他建筑一座宫室，命人用他的肖像在波斯造钱。他命阿沙干为波斯副王，王子狄克兰（Dicran，即梯格兰）为亚美尼亚副王，却把王女阿达沙马（Ardaschama）嫁给伊比利亚大君密哈儿达底（Mihrdates，即米特拉达特斯），此人的祖先是大流士的太守密哈儿达底，亚历山大征服伊比利亚人以后，他又受亚历山大的任命为省长，统治北山和黑海彼岸的地方。阿沙干然后擒吕底亚王克罗索（Krösos），平定两大海间的大陆（小亚细亚），率无数船只渡海征西。因为那时罗马有乱事，他所向无敌，不过他的兵士自相残害，阿沙干也为部下军队所杀。阿沙干死后，希腊军（即罗马军）现在反来侵犯亚美尼亚国，嗣君狄克兰率兵抵御；他挡住他们的前进，把马匝格（Madschag，即卡帕多奇亚的马扎卡[Mazaka]）和内地的政权连同一支大军交给姐夫密哈儿达底，然后回到亚美尼亚。多年以后，亚美尼亚各城市的人仍能把名手做的希腊神像指给人看，这都是此战的胜利物。

我们不难在这里认出第一次米特拉达特斯之战的事迹，但整个的叙述显得混乱不清，节外生枝，特别是因爱国而作伪，把他处的事移到亚美尼亚。同样，战胜克拉苏一事在后，也归在亚美尼亚人身上。这些东方故事不纯是民间传说，所以我们在接受他们时更要小心；其中一部分是约瑟夫（Josephus）和犹塞比（Euseblius）的传说和其他流行于第五世纪基督徒中的典籍材料在这里与亚美尼亚的传说相混合，此外，希腊人的历史传奇和摩西本人的爱国幻想也都大有贡献。我们西方的传说虽本不见佳，若在诸如此类的事上求助于东方传说——如那不加别择的圣·马丁（Saint-Martin）所为——只能引起更甚的混乱。

命部下军队继进，直抵距波加蒙不远的泰亚提拉（Thyateira），即 314
芬布里亚的营垒所在，把他自己的营垒扎在近旁。在人数、纪律、将帅和能力上，苏拉的兵都优于芬布里亚的远甚，他们贱视那些垂头丧气的队伍和他们未奉任命的元帅。芬布里亚部下的兵逃走的一天比一天多。芬布里亚下令进攻，兵士却拒绝与本国人交战，甚至他要求他们发誓在战斗中忠诚互助，他们也不肯遵命。他想暗杀苏拉，结果失败；他请与苏拉相会，苏拉不来，仅止于派部下一名军官指示他一个脱身法。芬布里亚天性凶横，却不是个懦夫；苏拉愿给他一只船，使他逃到蛮族去，他不接受，他往波加蒙，自刎于阿斯克勒庇俄斯神庙。他军中最有干系的人逃依米特拉达特斯或海盗，很受欢迎；大部军队则委身听命于苏拉。

苏拉在前途的战争中尚不能信任这两个兵团；在亚洲的各城各区，这次凶猛战乱的余波历久未息，他决定把他们留在亚洲。这支军队的统帅权和罗马属下亚细亚省的省长一职，他都交给手下最良将领卢奇乌斯·李锡尼乌斯·穆雷那。米特拉达特斯的革命措置如解放奴隶和取消债务等当然作废；在许多地方，这复旧办法竟非用武力不能实行。东面边疆的城市受了彻底的改组，以 670 年即前 84 年为其组成之年。他们又按照战胜者所谓公道实行公道。米特拉达特斯最显要的党羽和意大利人被杀案的主使者均处死刑。有纳税义务者须按估价用现金立刻缴纳过去五年积欠的全部什一税和关税；此外他们须赔偿战费二万塔兰特，苏拉留下卢库卢斯征收此款。这些规定苛酷可怕，发生骇人的结果；不过我们若回想以弗所谕旨及其执行的状况，则我们势必以为这些法令是比较温和的报复。其他的诛求也非沉重异常，后来行凯旋礼所摆列 315

的战利品，其金银仅值一百万镑左右，可以为证。另一方面，少数始终不叛的民社——特别是罗德斯岛、吕底亚区域、梅安德河上的马格涅西亚——均受厚赏；波尔修之战以后，罗德斯岛的属地被夺，现在至少有一部归还原主。同样开俄斯人受了苦难，伊利恩人(Ilienser)因与苏拉举行商谈，受了芬布里亚的狂暴虐待，所以苏拉用自由凭照和特别恩惠竭力地补偿他们。苏拉已带着比提尼亚王和卡帕多奇亚王与本都王相会于达尔达诺斯，并使他们一同答应和平相处，亲善邻国；但在这次，高傲的米特拉达特斯以为阿里奥巴尔赞不是王家血胤，称他为奴隶，不许他见面。米特拉达特斯已退出比提尼亚和卡帕多奇亚，盖乌斯·斯克里波尼乌斯·库里奥(Gaius Scribonius Curio)奉命监管两国恢复合法状态的事。

如是，目的达到了。经四年的战争，本都又成为罗马人的藩属，希腊、马其顿和小亚细亚又恢复统一而稳定的政府；利益和荣誉所要求的均已履行，即使履行得不够，却已达到时势所许的最大限度。苏拉不但在作战和将兵上焕然显出他的本领，而且能在阻碍重重的路途上谨守艰难的中道，既不流于鲁莽的固执，又不偏于狡猾的让步。几与汉尼拔相似，他已作战而得胜，为的是以第一个胜利所得的战斗力立刻准备第二个更艰苦的战斗。他既在殷富的西亚洲以奢华的冬营生活稍酬兵士所受的苦劳，便于 671 年即前 83 年春间率兵分乘一千六百只船，由以弗所到比雷埃夫斯，由比雷埃夫斯经陆路至帕特雷(Paträ)，帕特雷又有船只候着把他们载到布隆迪西乌姆。他未到之前，先寄给元老院一件关于他在希腊和亚细亚战事的报告，作报告的人似乎毫不晓得他已免职。这报告不声不响地宣布复旧运动即将到来。

第九章　秦纳与苏拉 316

667年即前87年初苏拉往赴希腊时，意大利的局势如何紧张和混沌，已见前文：叛党尚未全平，一位在政治上态度暧昧的将军以大半强夺而来的兵权统率主力军，首都纷纭扰攘，阴谋百出。寡头党以武力取胜，尽管不为已甚；或正因不为已甚，弄得各阶级都不满意。罗马遭到空前的财政危机，资本家大受其害，政府却公布利息法，又不能预防意大利和亚洲的战事，所以资本家怨政府。叛党原希望取得与上国公民平等的权利，现在只要放下武器的不但壮志成空，而且丧失自古以来的条约，陷于毫无权利的臣民地位，所以也莫不抱恨。阿尔卑斯山和波河之间的民社也不满于所得的让步，新公民和脱籍人则因苏尔皮奇乌斯法作废而烦恼。全国都在困窘之中，首都的群众自非例外，他们见刀剑政治不再承认合法的棍棒政治，以为不可。苏尔皮奇乌斯革命以后，因为苏拉非常宽大，被罪者的党羽有很多还在首都，他们极力运动使被罪者回国；特别是几个富家贵族的妇人为这事不辞劳苦，不吝金钱。此等怨怼大致属于漫无目标、变动不居的性质，实不见得就引起各党猛烈的新冲突；但他们能助长普遍的不满，鲁孚斯所以被杀，苏拉所以屡遇刺客，667年即前87年执政官和保民官的选举结果所以一部分利于反对党，均已多少有他们的影响在。

失意派推举卢奇乌斯·科内涅利乌斯·秦纳为国家元首，此
317 人除在同盟战争中为将立功外素不知名。在罗马革命党的党魁中，我们关于秦纳的个性和最初计划，所闻独少。由一切情形看，其原因不外这样粗俗透顶而心术非常卑鄙自私的人自始即绝无远大的政治计划。据说他第一次露面，便卖身于新公民和马略私党而得大批钱财，这个罪状似乎很可置信；即使此说不实，萨图宁和苏尔皮奇乌斯没有受到这种嫌疑，独他受到这种嫌疑，也不失为深可注意的事。实则他所领导的运动，无论就其动机或目标而言，都显得毫无价值。这运动与其说是出自一个政党，不如说是出自一伙失意的人，他们既没有真的政治目标，也没有可以挂齿的后盾，主要任务在用不论合法与否的手段实行召回被放逐的人。秦纳被拉来参加这个阴谋，似由于后来的追加，似因为保民官的权力既受有限制，阴谋派需要一位执政官来提出他们的建议，见667年即前87年的执政官候选人中以他为最适用的工具，便推举他做执政官。这运动的次要领袖有几个较富才略的人物；如平民保民官格涅乌斯·帕皮里乌斯·卡尔博以激烈的通俗演说成名，特别是昆图斯·塞尔托里乌斯(Quintus Sertorius)，此人是个极善用兵的罗马军官，在一切方面都是个出类拔萃的人，自候选平民保民官以来就与苏拉有私仇，有了这次的争执，他才归到与他性情绝不相投的失意派。前执政官斯特拉波虽与政府不和，却绝未加入这派。

苏拉一日在意大利，这伙人就一日有守静的正当理由。但这为人所畏的续任执政官不听执政官秦纳的劝告，却为东方的紧急
318 时局所迫，登船而去，秦纳得到大多数保民官的支持，立刻把他们同意的法案提出来，对666年即前88年苏拉的复古政治做一部分

的反动。其中有新公民和脱籍人的政治平等，如苏尔皮奇乌斯所已提议的，又有因苏尔皮奇乌斯革命而被逐的人恢复原状。新公民成群结队地来到首都，以便与脱籍人共同威赫敌党，遇有必要，加以强迫。但政府党也决定不退让，执政官与执政官对立，格涅乌斯·屋大维与卢奇乌斯·秦纳对立，保民官与保民官对立；在投票那天，双方都大部武装到投票场。元老党的保民官施行否决；对方甚至在讲坛上拔刀相向，于是屋大维用武力对付武力。他那紧凑的武士队不但肃清了神圣路和罗马广场，而且不顾温和的领袖命令，对集会的群众逞其可怖的暴行。在这个"屋大维日"，罗马广场空前绝后地流血满街——死尸以万计。秦纳号召奴隶自取自由，参加战斗；但此次号召也像去年马略同样的号召，结果无效；革命领袖无计可施，只好逃走。乱党首领一年的任斯未满，宪法没有再行追究他们的方法。不过有个忠贞有余而虔诚不足的先知师预言：执政官秦纳和他的同党六个保民官一被放逐，国家便可恢复平静；于是不遵宪法而依那幸为守签者所获的神谕，元老院下号令褫夺执政官秦纳的职位，推卢奇乌斯·科内涅利乌斯·梅鲁拉(Lucius Cornelius Merula)代替他，宣告在逃的首领为国贼。仿佛逃到努米底亚的人再加几个，全部乱事即可了结。

如果元老院不依旧懈怠，忘记将逃亡者尽速逼出意大利去，如 319
果逃亡者不处在为新公民争解放的武士地位，能稍稍重振意大利的叛变以为己利，那么，毫无疑义，这运动必不致再生枝节。逃亡者未遇阻碍，即来到提布尔、普雷内斯特以及拉丁姆和坎帕尼亚一切重要的新公民民社，要求他们出钱出人以实现共同的大事，处处有求必得。以这种援助，他们出现于诺拉的围军中。当时的军队是凡将军未运用个人势力使他们亲附自己的，都倾向平民党和革命；逃亡官吏之中有几个，特别是秦纳和塞尔托里乌斯，曾参加最近几年的战事，兵士仍记得他们的好处，现在听了他们的话，深受感动；平民执政官受了违法的罢黜，元老院干涉至尊人民的权利，这话在普通兵士上发生效果；执政官或毋宁谓新公民的黄金也使军官们明白这是破坏宪法的举动。坎帕尼亚军于是承认秦纳为执政官，每人单独对他宣誓效忠，以这支兵为核心，新公民甚至同盟民社的人成群结队而来。不久以后，这军队虽大半为新兵，却已很是可观，便由坎帕尼亚进趋首都。另一队伍也由北方行近首都。去年被放逐的人应秦纳的号召，已在埃特鲁里亚沿海的台拉蒙(Telamon)登陆。他们只有武装兵约五百名，大部系逃亡者的奴隶和募来的努米底亚骑兵；但盖乌斯·马略去年既愿勾结首都的流氓，所以现在也命人打开此区地主夜间禁闭田夫的牢房，给予这些人争取自由的武器，他们并不嫌弃。既有此等人和新公民的助兵以及由各方面带着党羽来归的逃亡者，他们的兵力增强，麾麾之下不久就有六千人之多，并有驾驶四十只船的人夫，这些船停泊在台伯河口，追逐那些驶向罗马的粮船。他以这些队伍，自请受“执政官”秦纳的调遣。坎帕尼亚军的领袖迟疑不决；较为明达的人，尤其是塞尔托里乌斯，以为马略凭他的名望必为这个运动的首领，
320 可是尽人皆知他没有丝毫政治的手腕，并且他胸中有疯狂的报仇心作祟，所以极力戒人与他成立太密切的关系；但秦纳不顾这些疑虑，准马略为埃特鲁里亚和海上的最高统帅，行“续任执政官”权力。

如是，险恶的风云屯聚在罗马四周，政府调兵来保首都的事不

容再缓。[①] 但梅特路斯的兵在萨谟奈和诺拉城下，为意大利人所牵制；只有斯特拉波能赶快来援首都。他来了，在科林门驻营；叛党的兵仍属薄弱，以他那强大惯战的军队，他当然可以速把叛党完全歼灭；不过这似乎不在他计划之内。反之，他让叛党实际把罗马包围起来。秦纳率领他自己和卡尔博的部下扎在台伯河右岸，遥对雅尼库鲁姆，塞尔托里乌斯则扎在左岸，面对庞培，背倚塞尔维亚城垣。马略的军队已渐增至三个兵团，并有战船多艘，沿海各地相继为他所占领，终至奥斯提亚也为奸人所赚，落入他手，他竟听任野蛮的军队在这城里凶杀掳掠，仿佛预示恐怖时期即将到来。单是交通梗阻就能陷首都于大大的危险；元老院命人经营城垣和城门的守御，征调公民兵往雅尼库鲁姆。斯特拉波的按兵不动引起一切贵贱人等的诧异和愤慨。有人怀疑他与秦纳暗中交涉，这虽近情理却可能是无稽之谈。斯特拉波曾与塞尔托里乌斯的军队力战；马略得守军一个将领的默契，攻入雅尼库鲁姆，斯特拉波又援助执政官屋大维，竟能击退叛党，使受重大损失：这两事证明他绝不欲与叛党领袖联合，或毋宁谓不颈投在他们麾下。反之，他的 321
计划似乎是把他巢平叛党的助力卖给人心惶惶的政府和公民，而以次年的执政官一职为代价，因而把政柄取在自己的掌握中。

然而元老院却不欲因躲避一个篡位者而投入另一篡位者的怀抱，于是向他处求救。元老院下令，一切意大利民社曾参加同盟战

① 以下全部的叙述均大体以新发现的李锡尼书所记为根据，他的记载示我们许多前所不知的事实，特别使我们能明见这些事件的后果和联系，为以前所不及。

争，业已放下武器，因而丧失其旧有条约的，应把公民权补给他们。[1] 元老院的用意不啻是要正式表明，罗马在对意大利人的战争中所赌国运以求的，不是一个伟大目标而是自己的虚荣；一遭到片刻的困窘，她便把同盟战争中付了那样昂贵代价而得来的一切，都牺牲掉。真的，有些队伍由享这次让与之利的民社来到罗马；但这不是他们所应承的许多兵团，他们全部的助兵至多不过一万人。更重要的是与萨漠奈人和诺拉人谋取妥协，以便能用十分可靠的梅特路斯的军队来保卫首都。但萨谟奈人提出的要求使人回想考迪乌姆的牛轭——自萨谟奈人掠来的战利品以及俘虏和逃兵均须归还，萨谟奈人掠自罗马人的战利品均须放弃，以公民权给予萨谟奈人和投归他们的罗马人。就是在急难之中，罗马人也拒绝这样耻辱的和约，仅命梅特路斯留下一小支兵，亲率南意大利一切可以不用的军队来罗马，愈速愈妙。他服从命令，但结果是萨谟奈人击
322 破梅特路斯留下的副将普劳提乌斯（Plautius）和他所率薄弱的军队；诺拉的守军走出城来，纵火焚烧与罗马联盟的邻邑阿贝拉；再者，萨谟奈人所要求的，秦纳和马略无有不从——罗马的荣誉与他们什么相干？——萨谟奈的助兵增强叛党的兵力。又有一个重大损失：一次双方战斗，政府军失利，阿里米努姆竟为叛党所据；人原指望由波河流域得到兵丁和粮饷，这样一来，罗马与波河流域的重要交通线也被截断。匮乏和饥荒出现了。这个居民稠密、守兵众

[1] 由西塞罗的 *Phil*. Xii. II. 27 看来，此事没有经过人民大会的认可。元老院所用的方式似乎是专延长普劳提乌斯·帕皮里乌斯法的期限，这是习惯所许的办法，实际等于把公民权赠给一切意大利人。

多的大城却没有充足的粮食供应；特别是马略刻意逐渐切断此城的粮道。他已用一座浮桥封锁台伯河；陆路仍通，现在他又攻取安提乌姆、拉努维乌姆、阿里奇亚和其他地方，控制了陆路交通；同时任何处遇有抵抗，他便命人把该地一切公民，除或者私自向他献城的人外，一律杀死，以暂平他的报仇心。传染病继艰窘而来，在密集于首都周围的军队中极为猖獗——据说斯特拉波的老兵死于这病的达一万一千人，屋大维的达六千人。然而政府并不灰心，并且斯特拉波的暴死对政府又是一件喜事。他也死于疠疫，①民众有种种理由对他痛恨，从灵车上扯下他的尸身，拖曳着遍游街市。他部下所余的队伍与执政官屋大维的军队合并。

斯特拉波身死，梅特路斯来到，政府军至少又与叛军势均力敌，可以在阿尔巴山对他们列阵作战。但政府军兵心很不稳；秦纳到他们面前时，他们竟向他欢呼，仿佛他仍是他们的将军和执政官；梅特路斯以为不宜进行战斗而应率兵回营。贵族党本身也发生动摇，陷于互相争执。一派以可敬但顽固而无远见的执政官屋 323
大维为首领，对一切让步坚持反抗，而较为知兵和明达的梅特路斯则想造成一种和解。但他与秦纳的会商引起双方极端派的愤怒；马略称秦纳为懦夫，格涅乌斯·屋大维称梅特路斯为奸贼。兵士原已惶恐不安，屋大维又乏军事经验，兵士对他的领导才能不无怀疑的理由，便建议由梅特路斯担任元帅。他一拒绝，兵士便成群地抛戈弃甲，甚至逃归敌军。公民的情绪也日益沮丧，日益嚣张。秦

① 李维说“*ad flatus sidere*”，意谓“染患疠疫”，而非如后人所误解的“触雷电而死”。

纳的传令官宣称保证逃来的奴隶得自由，于是奴隶自首都群趋敌营。但有个建议：奴隶有愿从军的，元老院应保证其自由，却遭屋大维的断然反对。政府不能自掩其失败，现在力尽技穷，只好如被制伏的旅客对匪首的办法，尽可能与叛党领袖谋妥协。使者往见秦纳；但他们愚昧，对于承认他为执政官一事持异议，正争执间，秦纳移营于城门附近，兵士逃归叛军的大大增多，以至于不能再商订任何条款。元老院于是向那被宣告为国贼的执政官无条件投降，只附带一个请他不要残杀的要求。秦纳允诺，可是不肯用誓言保证他的允诺；商谈时，马略在侧，悻悻然不发一言。

首都开了城门。执政官率部下的兵团入城；但马略以嘲笑的口吻提到国贼法，要到这法律许可时才肯入城，于是公民赶快集合在罗马广场，通过取消国贼法的法令。于是他来了，恐怖时期便与他俱来。他决定不择个人为牺牲，而把贵族党显要的人物一概处死，把他们的财产一概没收。城门关闭，屠杀继续不止，亘五日五
324 夜；甚至以后每日仍有脱逃或遗漏的人被杀，追捕惨杀遍于意大利全境，达数月之久。执政官格涅乌斯·屋大维是第一个牺牲者。他时常宣布他的主张，说宁死不对法外的人做丝毫让步，他信守他的主张，就到现在仍不肯逃，穿着执政官服色在雅尼库鲁姆等候行凶的人，不久，行凶的人便到。被杀的人中有卢奇乌斯·恺撒（664年即前90年的执政官），以阿恺莱的胜仗驰名，其弟盖乌斯，曾抱不合时宜的野心激起苏尔皮奇乌斯之乱，是个有名的演说家和诗人，又是个可爱的交际家；有马尔库斯·安东尼（Marcus Antonius，655年即前99年的执政官），卢奇乌斯·克拉苏死后，他是举世无双的律师，人无异言；又有普布利乌斯·克拉苏（657年即前

97年的执政官），曾在西班牙战争、同盟战争和罗马被围期间将兵立功；一般说来，死者是政府党里一群最显赫的人，其中富人尤受贪婪刽子手的热心迫害。卢奇乌斯·梅鲁拉的死似乎特别悲惨；他本很不愿继秦纳的位，而今因这事受刑事控告，被人民大会传讯，判罪在所不免，他为先事预防计自把血管割开，因为他是至尊神朱庇特的祭司，先按照火僧将死时应尽的宗教责任，脱下祭司的帽箍，然后死在朱庇特的祭坛上；更悲惨的是昆图斯·卡图卢斯（652年即前102年的执政官）的死，在盛年时，他曾与马略共享最光荣的胜利和凯旋，而今这位老人的亲属哀求马略。马略的答复只是个单音的命令："他须死。"

以上种种暴行的祸首就是盖乌斯·马略。他指定谁做牺牲者，谁做刽子手——只在例外情形，如对梅鲁拉和卡图卢斯，才顾及法律形式；往往有些人向他问候，他对他们看一眼或默默不语，便成为死谳，无不即刻执行。其至牺牲者身死仍不能满足他的报仇心；他禁止葬埋他们的尸体；他令人——固然苏拉先已做过——把被杀元老的头颅挂在罗马广场的讲坛上；他令人把某几个尸体牵曳过市；盖乌斯·恺撒或曾弹劾昆图斯·瓦里乌斯，他命人在瓦 325
里乌斯墓上把盖乌斯戮尸；安东尼藏在一个地方，他原想亲到那里去搜捕，手刃此人，勉强听人劝阻而止，以后他正坐在筵席上，一个人拿安东尼的头来献，他当众拥抱他。他的奴隶兵团，尤其是一队阿代尔（Ardyaeans）人，做他主要的刽子手，在他们庆祝新自由的欢乐中，不忘到旧主人的家里去劫掠，见人便加以奸淫和杀戮。马略的同事见这种狂暴举动，无可奈何；塞尔托里乌斯恳求执政官以任何代价制止这种行为，甚至秦纳也起了恐慌。但在这种时代，疯狂本身就是一种力量；人为避免头晕目眩，自投入无底深坑。要拦阻这癫狂的老人和他手下的党徒已非易事，秦纳更没有做这事的胆量；他反而选马略为次年与他同僚的执政官。在恐怖手段之下，得胜党较为温和的分子感觉惊慌，不亚于失败党；只有资本家见另一把手受人利用，把骄傲的寡头党彻底折辱一番，同时因有大规模的没收和拍卖，利物最大部分均落在他们手里，他们不无快意之感；在这恐怖时期，他们从人民方面赢得"囊括者"的别号。

如是，对于手创这次恐怖政策的老盖乌斯·马略，运数已许他达到两个主要愿望。贵族曾使他在得胜时感到苦恼，在失败时感到怨毒，现在他已对这群狗报了仇；他每受一针，便能用一刀来报复。再者，他一入新年，又复做了执政官，神曾许下他做第七次执政官，他十三年来所追求的也是第七次执政官，而今终于实现。神灵已准他如愿以偿；但现在与古神话时代相似，神灵也常借命运来愚弄世人，以成全他的愿望来毁灭他。马略做执政官，前五次是国民的骄子，第六次是他们的笑柄，而今到了第七次，他竟身受一切党派的咒骂和全国的痛恨；他本是个正直、贤能而慷慨好义的人，现在身受恶名，被称为一伙恶贼的疯头领。他自己似乎也感到这
326 层。他宛如在昏迷中度白昼，夜间不能上床安睡，以至于只是借酒浇愁。他得了炽热症，卧床七日，病中胡思乱想，自以为在小亚细亚战场作战，其实此战的桂冠已注定将为苏拉所有；到 668 年即前 86 年 1 月 13 日，他气绝身死。他死时年逾七十，饶有他所谓的威力和光荣，并且死在卧榻；但果报神变化多端，不永是以流血偿流血。现在罗马和意大利所得这位救国名将的死讯，都长吁一口气。昔日听得劳底平原的战报时也没有这般畅快，这不也是个报应吗？

固然，在他死后，也有几件事发生，仍使人不忘恐怖时期；例如在马略举行屠杀之时盖乌斯·芬布里亚的手比别人染血独多，就在马略的出丧时，他又想杀害那全国所共尊，甚至马略所不敢加害的大祭司昆图斯·斯恺弗拉（655 年即前 99 年执政官），大祭司受伤复原后，他又以刑事控告祭司，他戏谑着说，因为大祭司不愿让人杀害。但尽管如此，肆行屠戮的时节已成过去。塞尔托里乌斯以发饷为名，把马略的匪徒集合在一处，以他部下可靠的凯尔特队伍包围他们，把他们斩尽杀绝，据最低估计，为数达四千人。

僭主政体与恐怖政治同时俱来。秦纳不但连续四年（667—670 年即前 87—前 84 年）为执政官，居国家元首的地位，而且他经常举他自己和同僚，而不问人民的意见如何；这些平民党人仿佛有意藐视至尊人民大会，把它废弃。平民党其他的领袖无论在前或在后的，没有一个在意大利和大多数省份中，握着那样十足的专制权，经那样长久期间，几乎不受干扰，像秦纳似的；但我们也举不出一个人在行政上像他那样毫无价值和漫无目标的。保证新公民和脱籍人与旧公民有平等投票权，原是苏尔皮奇乌斯和秦纳先后建议的法案，现在当然旧事重提，元老院下令正式承认它在法律上有效（670 年即前 84 年）。他们推举监察官（668 年即前 86 年），为的 327
是按这种法律把一切意大利人分配在三十五部——事有非常凑巧，菲力普昔为 663 年即前 91 年的执政官时，德鲁苏斯给予意大利人公民权的计划所以失败，主要由于他的反对，现在因为缺乏合格的人任监察官，他竟当选此职，把意大利人登记在公民名册。苏拉在 666 年即前 88 年成立的反动制度当然被人推翻。他们又做几件示惠于无产阶级的事，例如几年前施行的分粮限制现在大约又被解除，盖乌斯·格拉古设殖民地于卡普亚的计划，由平民保民官马尔库斯·尤尼乌斯·布鲁图斯（Marcus Junius Brutus）建议，在671年即前83年春间真正见于实行；小卢奇乌斯·瓦里乌斯·弗拉库斯制定一种债务法，把私人债权减到原额四分之一，为欠债人取消四分之三的债务。秦纳主政时只有上列几种建设性的措置，但这些全是临时决定的办法，毫无例外；它们不是根据可能错误的计划而来，而是毫无政治计划为根据——全部祸事最可骇的一端或即在此。他们巴结无产阶级，同时又无故不守宪法上的选择规则，很不必要地得罪他们。政府原可由资产阶级方面得到一点援助，但债务法又大伤资产阶级的感情。政府的真正台柱——全没有政府的合作——是新公民；政府容纳他们的帮助，可是萨谟奈人现在虽名为罗马公民，却显然在实际上以萨谟奈独立为战争的真目标和利物，并且为保持独立，仍武装以抗一切，政府却毫无作为来矫正他们的奇怪立场。显要的元老院都被当作疯狗杀戮了，但丝毫没有改组元老院或加以永久威吓的事，以谋政府的利益，所以政府不能确保元老院的帮助。盖乌斯·格拉古要倾覆寡头政府，却无意使新主在他自造的宝座上仿效合法的傀儡君主，为
328 所欲为。但秦纳的跻身荣显，非由于他的志愿而纯由于偶然，又何怪革命的风浪把他冲到何处，他便留在何处，以待第二次风浪再来把他冲走呢？

极疲软无能的人握有极雄厚的全权，这现象也显见于革命政府对寡头党的战斗——根本是它存亡所系的战斗。在意大利，革命政府绝对地掌握政权。旧公民很大部分都在原则上赞成平民政

治；更大一伙平静的人虽不喜马略的惨杀，却以为寡头党的复位不过是另一党再来一次恐怖政治。667 年即前 87 年的暴行，大体看来，只有首都的贵族受到影响，全国所得的印象较为轻微；并且经以后三年差为平静的政局，这印象也有点归于磨灭。最后，全体新公民——或为意大利人的五分之三——即使不拥护现时的政府，却也断然反对寡头政府。

与意大利相同，外省也大都归附平民党——西西里、撒丁、高卢两省、西班牙两省均如此。昆图斯·梅特路斯幸免于被杀，逃到阿非利加，想替贵族党守住这块地方；普布利乌斯·克拉苏死于马略的屠杀，他最小的儿子马尔库斯·克拉苏（Marcus Crassus）由西班牙投归梅特路斯，率一队募自西班牙的兵增援他。但二人互相争执，不得不降于革命政府所委任的省长盖乌斯·法比乌斯·哈德良（Gaius Fabius Hadrianus）。亚细亚省为米特拉达特斯所据，因此马其顿省在苏拉所控制的地方仍是逃亡的寡头党避难之所。苏拉的妻室儿女勉强逃得性命，还有不少的元老得脱，都来到此处，所以不久便在他的总部里形成一种元老院。

政府也不忘发布法令来对付寡头党的总督。人民大会剥夺了苏拉的兵权和其他荣典爵位以及法律保障，对梅特路斯、阿皮乌斯·克劳狄乌斯和其他有身份的逃亡者也是一样；他的罗马住宅被划平，他的乡间庄院被蹂躏。但这种办法还不能了事。如果盖乌斯·马略多活几时，他必亲自率兵到他害热病将死时所幻游的 329
战场；他死后政府所采取的措施已见上文。马略既死，小卢奇乌斯·瓦勒里乌斯·弗拉库斯[1]充任执政官和征东的统帅(668 年即前 86 年),他既不善作战,又不善将兵;他的部将盖乌斯·芬布里亚不无才略,却不用命;他们所带的兵,就是按人数来说,也只及苏拉军三分之一。消息陆续传来:弗拉库斯为免被苏拉歼灭计,已越过他而进向亚洲(668 年即前 86 年);芬布里亚已把他废掉,自代其位(669 年即前 85 年);苏拉已与米特拉达特斯媾和(669—670 年即前 85—前 84 年)。迄今为止,苏拉对于首都主政的当局一言不发。现在他有一封公文来到元老院,报告战事结束,宣布他要回意大利;他声明尊重那些给予新公民的权利,惩罚固然势在必行,但不加在大众而加在祸首身上。这个声明把秦纳由怠惰中惊醒,以前除武装一些军队和在亚得里亚海集合若干船只外,他没有设法抵敌苏拉,现在他决定赶忙渡到希腊。

另一方面,苏拉的文件,在当时的情势之下,可谓温和已极,因此中立派发生和平解决的希望。由老弗拉库斯建议,元老院的多
330 数派议决进行调解,为达到这个目的,他们要求苏拉在护照的保障

---

[1] 纪年所称为 668 年即前 86 年执政官的卢奇乌斯·瓦勒里乌斯·弗拉库斯,不是 654 年即前 100 年的执政官,而是个较年少的同名人,或是前者的儿子。因为,第一,约 603—673 年即前 151—前 81 年,禁止重膺执政官的律令仍依法有效,见于西庇阿·埃米利亚努斯和马略的事,未必也见于弗拉库斯。第二,任何处提到任一弗拉库斯,都没有说他两次为执政官,就是在必要的地方也没有,例如西塞罗 *pro Flacc*. 32,77。第三,那位 669 年即前 85 年做元老院领袖因而必为前执政官在罗马活动的卢奇乌斯·瓦勒里乌斯·弗拉库斯,绝不能是 668 年即前 86 年的执政官,因为那时后者已出发往亚洲,或且已死。654 年即前 100 年的执政官,657 年即前 97 年的监察官是西塞罗所称 667 年即前 87 年一个身在罗马的前执政官;到了 669 年即前 85 年,他大概是在世最老的老监察官,所以适于做元老院领袖;他又是 672 年即前 82 年的摄政和骑士团领袖。另一方面,死在尼科弥底的 668 年即前 86 年执政官是西塞罗所辩护的卢奇乌斯·弗拉库斯的父亲。

下来意大利，并向执政官秦纳和卡尔博提议停止战备，至苏拉回信来到之时。对于这种建议，苏拉并非绝对拒而不纳。他当然不亲身前来，只派使者来声明说：他所要求的不过是使被放逐者恢复原状，依法惩处犯罪的人，并且他不愿人给他保障，而愿人给在国内者以保障。他的使者见意大利的局势有根本的变化。秦纳不复顾元老院的那个法令，元老院一行散会，他即刻走到军队里去，催促他们登船。安科纳大本营的兵本已不满，当时又是不宜航海的季节，秦纳却命他们委身于海上，这个要求激起兵变，秦纳竟为兵变所害（670 年即前 84 年年初）；于是他的同僚卡尔博不得不把业已渡海的队伍带回，放弃在希腊作战的念头，在阿里米努姆驻营度冬。可是苏拉的提议并不因此而受欢迎；元老院甚至未许他的使者入罗马，便拒绝他的建议，命令他即刻放下武器。主要造成这种坚决态度的却不是马略的党羽。此党迄今僭居最高官职，现在正当重要关头，他们却被迫放弃这种职位，再筹备选举 671 年即前 83 年这决定年的执政官。此次的票一致不举前任执政官卡尔博，也不举一向当权的党人中任何良将如塞尔托里乌斯和小盖乌斯·马略等，却举出两个无能之辈，一个是卢奇乌斯·西庇阿（Lucius Scipio），一个是盖乌斯·诺尔巴努斯（Gaius Norbanus），两人均不知如何作战，西庇阿甚至不知如何演说；只因前者是战胜安条克者的重孙，后者是寡头党的政敌，所以为群众所赏识。马略党非因穷凶极恶而为人所憎恨，却因无能而为人所鄙弃；如果全国弃绝他们，大多数人更弃绝苏拉和寡头党复位。他们力谋自卫。苏拉渡海到亚洲，诱芬布里亚部下的军队归他，以至于其首领自杀；意大利的政府因此再得一年的余暇，用来力修战备；于是在苏拉登陆 331

时，武装抵抗他的据说达十万人，以后且倍于此数。

与这种兵力相抗，苏拉除五个兵团外一无所有，这五个兵团就连一些自马其顿和伯罗奔尼撒征来的补助兵在内，大概也不到四万人。固然，此军在意大利、希腊和亚细亚的七年战争中已与政治绝缘，将军对部下兵士的荒淫无度、禽兽行为，甚至抗拒本官都无所不容，所要求的只是勇敢和忠于主帅，使他们希望一旦得胜必获额外的厚赏，所以军队以全副的武人热忱亲附将军，又因最高尚和最卑鄙的感情常交互错综于一个人的心中，所以热忱更为强大。苏拉部下的军队自动依罗马的习俗以彼此坚固团结相誓，每人自动把私蓄献给将军做战费。但比起敌人的大军来，这坚实而精锐的部队虽则威力甚大，苏拉却深知意大利如果始终一致地坚决抵抗，他便不能用五个兵团把它征服。要结果平民党及其无能的专制首领，并非难事；但他见大群不愿寡头党再行恐怖以复其位的人无不与平民党联合反抗他，特别是全体新公民——为尤利乌斯法所阻而不参加叛党的如此，数年前以其叛变几陷罗马于破灭的亦复如此。

苏拉完全洞悉时局，绝不像他同党大多数人那样胡乱发怒和顽梗不化。当政府烈焰飞腾，当他的友人被杀、他的住宅被毁、他的家属被逐出境之时，他仍尽他的职务，不改常态，直至公敌荡平，
332 罗马边境巩固而后已。现在他以同样爱国而明智的中庸态度处理意大利的事务，竭力抚绥温和派和新公民，竭力防止内战的扩大，使不再蔚为更险恶远甚的旧罗马人与意大利同盟的战争。苏拉致元老院的第一封文书，所要求的无非正当而公道的事，名言放弃恐怖政策。与那文书相合，他现在使一切人，就是至今才背弃革命政

府的，都渴望受无条件的饶恕，并且令他部下人人宣誓，誓必完全视意大利人为朋友和国人。他用最富约束力的宣言，保证新公民既得的政治权利；结果所届，卡尔博因此故而欲使意大利每一城邦向他送人为质，他的建议竟引起全国的愤慨和元老院的反对，归于失败。背信弃义盛行于当时，苏拉处境的主要困难实在于此，新公民饶有怀疑的理由，即使不疑他个人的用意，至少要疑他是否能使元老院的多数派在得胜后仍守信诺。

671 年即前 83 年春间，苏拉率领他的兵团在布隆迪西乌姆港登陆。元老院一接到消息，便宣告国家有难，把无限权力交给执政官；但这两位无能的领袖没有戒备，苏拉的登陆虽属几年来所预料的事，却给他们一个冷不防。军队仍在阿里米努姆，港口都无守备，又有令人难信的，沿着整个东南海岸竟没有一个武装的兵。结果不久便见。布隆迪西乌姆是新公民的一个大城，毫不抵抗便对寡头党的将军打开城门，于是全梅萨庇亚和阿普利亚都效法它的先例。军队行经此等地方如过友邦，他们不忘誓言，一致守极严的纪律。散在各地的残余贵族流水一般地来苏拉的营垒。昆图斯·梅特路斯已由阿非利加逃到利古里亚的山峡，他在 667 年即前 87 年曾接管总督的兵权，以后革命党把他的兵权夺去，现在他以苏拉同僚的资格，重掌兵权。马尔库斯·克拉苏也由阿非利加来到，带着一小队的武装兵，大多数的贵族当然都以流亡的要人身份而来， 333
要求甚奢，却不喜战，以致不得不静听苏拉的怨言，他说这些达官贵族想望为国保身，却不肯把他们的奴隶武装起来。更重要的，已有人自平民党的总部来归——例如文雅而负众望的卢奇乌斯·菲力普，除一两个以无能著名的人外，前任执政官与革命政府妥协并且受它的官职的只有他一个。他从苏拉方面受到最客气的招待，并且得有尊荣而安适的职责，替苏拉镇守撒丁岛。昆图斯·卢克雷提乌斯·奥非拉（Quintus Lucretius Ofella）和其他可用的军官也被收留，即刻任用；甚至普布利乌斯·恺代古斯（Publius Cethegus）原在苏尔皮奇乌斯事变后为苏拉所逐的元老之列，而今也得到宽恕，并且在军队里任职。

比个人来归更关重要的是取得皮塞努姆，这事大体得力于斯特拉波的儿子，就是年少的格涅乌斯·庞培（Gnaeus Pompeius）。庞培与他父亲一样，本不依附寡头党，他曾承认革命政府，甚至服务于秦纳的军队；但人对于他，却不忘他父亲率兵抗革命党的事；他见自己受种种攻击，甚至被控，追缴他父亲陷阿斯库鲁姆后——不知是真是假——所吞没的战利品，有丧失他那巨大财富的危险。固然，执政官卡尔博与他有私人的友谊，他的保护使庞培免于破产，比前执政官卢奇乌斯·菲力普和少年卢奇乌斯·霍尔腾西乌斯（Lucius Hortensius）的口才尤为有力；不过他仍是愤愤不平。一听到苏拉登陆的消息，他便往皮塞努姆，他在这里有广大的产业，又因为他父亲和同盟战争的缘故，他与此市有极亲密的关系，便在奥克西姆（Auximum，即奥西莫[Osimo]）竖起贵族党的旗帜。这一带的居民大半是旧公民，都归附他；少年人有许多曾与他同服务于他父亲部下的，都欣然投在这位英勇领袖的麾下，他年龄还不满二十三岁，便兼长作战和将兵，在骑兵战斗中，他一马当先，率兵
334 奋勇冲杀。皮塞努姆的志愿军不久便扩充到三个兵团；政府由首都派克洛利乌斯（Cloelius）、盖乌斯·卡尔里那斯（Gaius Carrinas）和卢奇乌斯·尤尼乌斯·布鲁图斯·达马西普斯（Lucius Ju-

nius Brutus Damasippus)[①]各率一军来平定皮塞努姆的叛变，但这位临时元帅能巧妙利用他们中间的不睦，闪避他们或把他们各个击破，竟与苏拉的主力——似在阿普利亚——会合。苏拉呼他为“凯旋将军”，就是说，以本人名义发号令而不居属下却居平行地位的军官，并且以对其他贵客未曾用过的敬礼优待这位少年——大概不无附带的用意，想借此间接纠正他同党的懦弱和无生气。

如是，精神上和物质上均大大增强，苏拉和梅特路斯由阿普利亚，经过仍在叛变中的萨谟奈各地，向坎帕尼亚进兵。敌军主力也向那里前进，仿佛决战必在此处发生。执政官盖乌斯·诺尔巴努斯的军队已在卡普亚，平民党刚在这里以一切的铺张成立了新殖民地，另一个执政官军也正在沿阿庇亚路前进。但此军尚未到达，苏拉已扎在诺尔巴努斯的营前。苏拉试行最后一次的和解，结果只是他的使者被拘留。旧恨加上新仇，苏拉惯战的兵猛扑敌军；他们由蒂法塔(Tifata)山上猛烈地向下冲击，一举击破在平原列阵的敌军；诺尔巴努斯残部入守革命党的新殖民地卡普亚和新公民市拿波里，让自己被封锁在里面。苏拉的队伍因以寡敌众，迄今不无忧虑，得了这番胜利，才充分相信他们在军事上的优越；苏拉不自留攻败军的残部，却令部下围困他们所在的城市，而亲率兵沿阿庇亚大道进攻帖亚努姆，即西庇阿屯驻之处。苏拉也在未开战时再向他提出和议，似乎出于至诚。西庇阿因为力弱，表示赞同，休战协定缔结了；两位将军同属于贵族中的一个氏族，同是有修养而多 335

① 我们只能认此人为所指的布鲁图斯，因为马尔库斯·布鲁图斯为所谓“解放者”的父亲，在671年即前83年为平民保民官，所以不能在战场指挥。

雅趣的人，并且彼此在元老院为多年的同僚，今在卡勒与忒阿努姆之间见面相会；他们研讨各项问题；他们很有进展，以至于西庇阿派使往卡普亚去，征求同僚诺尔巴努斯的意见。同时，两座营垒的兵士互相往来，苏拉的兵受将军的赏金很多，在饮宴中间，不难劝那些不太好战的新兵，使知彼此为友伴胜于彼此为仇敌；塞尔托里乌斯以为这种交际有危险，力请将军加以制止，也是枉然。妥协似乎近在密迩，却没有实现；西庇阿宣告休战终止。但苏拉主张这已嫌迟，条约业已结成；西庇阿的兵以将军违法弃约为借口，全体投归敌军。结局是大家互相拥抱一番。革命军的指挥官不得不袖手旁观。苏拉使人要求执政官辞职，他便辞职，又要求他同他那同僚由他的骑兵护送到他们所愿去的任何地方；但西庇阿一经释放，便复用他的官徽，又复招募军队，可是不能再有重大的作为。苏拉和梅特路斯在坎帕尼亚驻营度冬，又想与诺尔巴努斯成立妥协，又归失败，便在冬季继续封锁卡普亚。

对于苏拉，第一年战事的结果是阿普利亚、皮塞努姆和坎帕尼的归顺，一个执政官军解散，又一个执政官军被封锁。意大利各民社被迫在两暴主之间分头择一而从，很多已与苏拉有接洽，让寡头党的将军用个别的正式条约保证他们由敌党所得的权利。苏拉抱着明确的期望，并且故意向人炫耀，说他要在来年战役中推翻革命政府，再入罗马城。

但革命党似由绝望而得到新力量，此党最坚决的两位领袖接任执政官职，一个是第三次出任此职的卡尔博，一个是小盖乌斯·
336 马略；后者年方二十岁，依法不能充执政官，但人们不顾此事，一如不顾宪法上其他各点。对于此事和他事，昆图斯·塞尔托里乌斯常加逆耳的批评，他被派到埃特鲁里亚去征集新兵，再由那里往他治下的近西班牙省。为补充国库计，元老院不得不下令熔化首都各神庙的金银器皿；经几个月的战事以后，存款还有四百万德元（黄金一万四千磅，银六千磅），可见收获的重大。意大利仍有大块地方自愿或被迫依附革命党，在那些地方，备战的事仍在努力进行。强大的新编军队来自波河流域和甚饶新公民民社的埃特鲁里亚。马略的老兵应他儿子的号召，很多投到他的麾下。但最热心对苏拉备战的无过于叛变未平的萨谟奈和卢卡尼亚的几个地方。许多补助兵所以自奥斯坎各地来增强他们的军队，绝非因为忠于罗马革命政府，而是因为那里的人深知苏拉一旦恢复寡头政府，便不会像现在懈弛的秦纳政府这样默认此等地方的实际独立，所以在对苏拉的战争中，又激起萨贝利人和拉丁人原始的相疑相嫉。对于萨谟奈和拉丁姆，此战与第五世纪的战争同为一种民族战争；他们所争的不是政权的多寡，而是要歼灭敌人以消久抑的宿怨。所以，无怪此处战事的性质全异于他处，此处没有妥协的企图，没有饶命或被饶的事，追奔逐北必坚持到底。

如是，672 年即前 82 年的战事开始了，双方兵力均比以前强大，仇恨也比以前更深；经卡尔博的建议，罗马人民大会宣布一切在苏拉营中的元老为叛逆。苏拉不发一言；他大概以为他们不啻于先对他们自己宣判。

贵族党分兵两路。总督梅特路斯凭借皮塞努姆叛党的支持，担任进攻上意大利的事，同时苏拉由坎帕尼亚进兵，直趋首都，卡尔博截击梅特路斯，马略则在拉丁姆抵御敌军的主力。苏拉沿拉丁路（Via Latina）前进，在距西格尼亚（Signia）不远的地方遇到敌 337

人，敌人望风退却，直退到所谓“神圣港”(Sacriportus)，此处介在西格尼亚与强固的普雷内斯特之间，普雷内斯特是马略党的主要堡垒。马略就在这里列阵应战。他的军队共约四万人，他的狂暴凶猛和匹夫之勇，使他不愧为乃父之子；但他父亲征战时所用的都是熟练的兵，他的队伍却不然，这缺乏经验的少年人更不能与那善战的老将相比。他的军队不久便发生动摇，甚至正在战斗之时，一支兵投归敌方，更促进他的败北。马略军大半阵亡或被俘，残余的兵既不能扼守阵地，又不能达到台伯河彼岸，不得不托庇于邻近的堡垒；政府未注意首都的粮食供应，首都的陷落无法挽回。因此，马略命镇守罗马的将军卢奇乌斯·布鲁图斯·达马西普斯退出此城，可是退出以前先杀尽迄今免死的敌党名人。小马略这道命令尤甚于他父亲的宣告国贼令，也见于实行；达马西普斯托故召集元老院开会，便把预先指定的人或在会议中砍死，或在逃出元老院后杀害。尽管有前次的彻底肃清，被害者仍有几个名人。例如，前市政官普布利乌斯·安提斯提乌斯(Publius Antistius)是格涅乌斯·庞培的岳父；前财务官盖乌斯·卡尔博，他父亲先以拥护格拉古弟兄闻名，以后又反对他们；自从那许多更著才智的人死后，这两人在荒凉的罗马广场上是律师界的泰斗。又如前执政官卢奇乌斯·多米提乌斯，尤其是年高可敬的大祭司昆图斯·斯恺弗拉，他不死于芬布里亚的匕首，却在革命最后的骚动中，在他所负责看守的维斯塔神庙走廊，流血而死。群众见恐怖政治末批的牺牲者被拽过街市，投尸河内，吓得哑口无言。

338 马略的残部入守附近的诺尔巴和普雷内斯特，两者都是新公民的坚城；马略本人带着财宝和逃难者的大半入普雷内斯特。苏拉仍照去年在卡普亚城下的办法，留下一位良将昆图斯·奥非拉围城，命他不要耗费兵力攻打这座坚城，只要用长长的封锁线把它圈住，使它饥饿乞降。他本人却率兵分路进攻首都，只见首都和环城各地均已为敌所弃，他便加以占领，未遇抵抗。他仅抽暇出个安民告示，做最必要的布置，便即刻再向埃特鲁里亚前进，志在协同梅特路斯把敌人逐出北意大利。

同时，梅特路斯已在埃西斯河（äsis，即埃西诺河[Esino]，在安科那与西尼加格利亚之间，为皮塞努姆与高卢省的分界）遇到卡尔博的副将卡里那斯（Carrinas），把他击破；卡尔博亲率优势兵力来到时，梅特路斯不得不停止再进。但神圣港一战的消息传来，卡尔博担忧他的交通线，退到弗拉米尼路，意欲设大本营于此路的咽喉阿里米努姆，由这个地点，一方面可守亚平宁山各隘口，又一方面可扼波河流域。在退却时，不但队伍落在敌人手里的不一而足，而且庞培攻陷塞纳-高卢（Sena Gallica），在一场辉煌的骑兵战斗中击破卡尔博的殿后军；尽管这样，卡尔博却大致达到他的目的。前执政官诺尔巴努斯接收波河流域的兵权；卡尔博本人进至埃特鲁里亚。但苏拉率他的得胜兵团趋埃特鲁里亚，局势因而改观；不久，苏拉部下三支兵由高卢、翁布里亚和罗马互相联络起来。梅特路斯率舰队过阿里米努姆，驶至拉文那，在法文提亚（Faventia）切断阿里米努姆与波河流域的交通，他派一支兵沿着通往普拉森提亚的大道，入波河流域，由苏拉的财务官马尔库斯·卢库卢斯（Marcus Lucullus）率领，这人是米特拉达特斯战争中那位海军元帅的兄弟。年少的庞培和与他同年而互相竞争的克拉苏由皮塞努姆经山间小路入翁布里亚，达到弗拉米尼路上的斯波勒提乌姆

(Spoletium)，他们在这里击败卡尔博的副将卡里那斯，把他困在
339 城内；但他竟能乘着一个落雨的夜间逃出城去，虽则不无损失，却能夺路到卡尔博的军中。苏拉本人由罗马分兵两路入埃特鲁里亚，一路沿海岸前进，在萨图尼亚(Saturnia，在昂布龙河[Ombrone]和阿尔贝格那河[Albegna]两河之间)击败当前的敌军，另一路由苏拉亲自率领，在克拉尼(Clanis)河流域遇到卡尔博的军队，与他的西班牙骑兵交锋得胜。卡尔博和苏拉在丘西一带做主力战，结果虽未真分胜负，苏拉的乘胜前进却被阻住，就此点而言，可谓有利于卡尔博。

在罗马城周围的地方，局势也似乎转变得较有利于革命党，战事仿佛要再以这一带为主要中心。寡头党正集中全力于埃特鲁里亚之时，平民党却处处尽最大的努力来打破普雷内斯特的封锁。甚至西西里省长马尔库斯·波本那(Marcus Perpenna)也为这事出发，然而他似乎未能到普雷内斯特。卡尔博派马尔奇乌斯(Marcius)率很大一支兵前来，也不成功；这支兵为斯波勒提乌斯的敌军所袭败，又因秩序紊乱、粮食缺乏和士兵叛变，纪律荡然，一部分回到卡尔博那里，一部分赴阿里米努姆，其余的四散奔逃。另一方面，真心诚意的援助来自南意大利。那里有泰勒西亚的彭提乌斯(Pontius Von Telesia)率领萨谟奈人，宿将马尔库斯·兰朋(Marcus Lamponius)率领卢卡尼亚人拔营出发，人莫能阻，到了坎帕尼亚，那时卡普亚仍在固守中，有古塔(Gutta)率守兵一部与他们会合，于是据说人数达七万名，向普雷内斯特进发。因此，苏拉留一支兵对付卡尔博，亲回拉丁姆，在普雷内斯特前面的隘路中

占据一个妥当的阵地，截断救兵的来路。[①] 守兵想冲破奥非拉的阵线，结果徒劳，救兵想逐走苏拉，结果也是徒劳；双方均在强固阵 340
地上停留不动，就是卡尔博派达马西普斯率两个兵团来增强救兵，仍旧如此。

但当埃特鲁里亚和拉丁姆的战事停顿之时，波河流域达到决定的阶段。在这里，平民党的将军盖尔斯·诺尔巴努斯一向占上风，以优势兵力攻打梅特路斯的副将马尔库斯·卢库卢斯，逼其入守普拉森提亚，然后转攻梅特路斯本人。他在法文提亚遇到梅特路斯，当下午很晚的时候，他率远来疲敝的军队即刻进攻，结果一败涂地，他的队伍完全溃散，仅有一千人回到埃特鲁里亚。卢库卢斯一听得这个消息，便冲出普拉森提亚，在菲登提亚（Fidentia，在皮亚琴察与帕尔玛之间）击败卡尔博留下攻他的军队。阿尔比诺瓦努斯（Albinovanus）部下的卢卡尼亚兵结伙投归敌军，他们的首领起初犹豫不决，以后邀请革命党的主要将领来赴宴，命人把他们杀害，作为补救；一般说来，每一能结和的人现在都结了和。阿里米努姆及其一切军实财宝均落在梅特路斯的掌握中；诺尔巴努斯登船往罗德斯岛；自阿尔卑斯山至亚平宁山，无处不承认贵族党的统治。迄今用在这里的队伍现在能移用于攻打埃特鲁里亚，这是敌人仍守阵地的最后处所。卡尔博在克卢西乌姆（Clusium）营次接到这个消息，惊慌失措；他虽则还有一大批队伍听指挥，他却暗

① 据说苏拉驻在唯一通到普雷内斯特的隘路，由后事看来，通罗马的路不但对救兵而且也对他开放着。无疑地，苏拉驻扎的地方是在瓦尔蒙托内（Valmontono）向帕勒斯特里那（Paestrina）的十字路，即萨谟奈人所沿以进兵的拉丁路转弯处；如是，苏拉用普雷内斯特路，敌人则用拉丁路或拉比坎（Labicanischen）路，以与首都交通。

中逃出大营，登船往非洲而去。他所遗弃的军队，一部分效法将军的榜样，跑回家去；一部分为庞培所毁灭；喀利那收拾残兵，率领他们到拉丁姆，与普雷内斯特的军队会合。同时拉丁姆没有发生变化，最后的解决却日近一日。喀利那部下的兵为数无多，不足以动摇苏拉的阵地；寡头党以前用在埃特鲁里亚的军队，由庞培率领着，前锋已来到近处；几天以内，平民党和萨谟奈人的队伍就要被包围在网罗里。

341 于是革命党的军事领袖决定离开普雷内斯特，以其联合的兵力，猛扑仅隔一长日行程的罗马城。从军事上看来，他们这样一做，必遭毁灭；他们的退路是拉丁路，这种行动必使这条路落在苏拉手里；并且即使他们取得罗马城，他们将被困在这座绝不适于防守的城，受梅特路斯和苏拉强大远甚的两支兵夹攻，也必不免被歼灭在这地方。然而说到进攻罗马，问题已不再是求安全，而只是图报复；这是激烈的革命党特别是绝望的萨贝利民族最后一次的发怒泄愤。彭提乌斯对他的部下喊道：要铲除那夺去意大利自由的豺狼，必须毁掉他们所居的森林。他说的是真心话。672 年即前 82 年 8 月 1 日，彭提乌斯、兰朋、喀利那、达马西普斯沿拉丁路向罗马进兵；扎营在距科林门约两公里的地方；罗马所遭的危难没有比这次更可怕的。此日的威胁有如 365 年即前 389 年 7 月 20 日或公元 455 年 6 月 15 日的威胁——即凯尔特人和汪达尔人（Vandalen）陷罗马的日子。现在袭击罗马已不再是件蠢事，攻军在首都内也不至缺乏联络。一队义勇军大都是贵家少年，出城击敌，遇到这庞大的优势兵力，便如糠秕一般，望风溃散。援救的一线希望全寄在苏拉身上。苏拉一听得萨谟奈军向罗马开去，也尽速出发，去救首都。晨间，他最前面的骑兵由巴尔布斯（Balbus）率领着出现了，公民衰落的勇气便重行振作起来；约在午时，苏拉亲率主力军来到，便即刻在科林门前（距庇亚门[Porta Pia]不远）埃利金·阿弗洛狄忒（Erykinischen Aphrodite）庙列阵作战。他部下的军官以为兵士在急行军之后力倦神疲，恳请他不要即刻派兵作战，但苏拉虑到罗马城或将在夜间发生事变，虽在午后很晚时候，他还是下令进攻。这是一场顽强惨烈的战斗。苏拉所率的左翼直退到城墙边，以至于城门不得不闭；散兵甚至向奥非拉报告说，战事已经失利。不过右翼的马尔库斯·克拉苏打败敌人，追击到安登奈，因 342
此左翼又得稍舒喘息，到了日落一小时后，这一翼也渐渐得势。战斗终夜不停，甚至延长到次日早晨；只因有三千人投归敌方并且即刻倒戈攻打旧伴，战事才告结束。罗马城得救了。叛党的军队无处可退，全被歼灭。战后三日，苏拉命人把此战所获的俘虏——为数约三四千人，内有达马西普斯、喀利那和身受重伤的彭提乌斯等将军——都带到玛斯广场的公所（Villa Publica），把他们杀死在那里，一个不留；苏拉正在附近的贝洛那庙里召开一个元老会议，所以他们分明听得叮当的刀枪声和将死者的呻吟声。这是一场可骇的屠戮，不当原谅；但我们却不可忘记，此等死在这里的人曾如一群盗匪来攻首都和公民，如果假以时日，他们必竭其杀人放火的能事，毁灭罗马及其人民。

这样一来，战争大到告终。喀利那和其他将领的首级被隔墙投入普雷内斯特，守兵因而晓得罗马战争的结局，便投了降。他们的首领执政官盖乌斯·马略和彭提乌斯的儿子先图逃不成，然后彼此相砍而死。民众怀着希望，凯代古斯也认可这种希望，以为就是到了今日，战胜者还能对他们施恩。但施恩的日子已成过去。苏拉到最后一刻仍准向他归顺的人完全免罪，毫无条件；越是这样，他越是对那坚持到底的领袖和民社严酷无情。普雷内斯特的俘虏共一万二千人，被释放的有大多数的罗马人、几个普雷内斯特人和妇孺，可是罗马元老，几乎全部的普雷内斯特人和全部的萨谟奈人都被缴械屠杀；这座富饶的城市被劫掠。当然，这事发生以后，尚未归顺的新公民城市便继续抵抗，极为顽强。例如在拉丁城
343 诺尔巴，埃米利乌斯·勒皮都斯（Aemilius Lepidus）用奸计入城之时，公民自相残杀，自焚其城，只为的是使刽子手无法报复，无物可掠。在下意大利，拿波里已被攻取，卡普亚也似乎要自动投降；但到了674年即前80年，萨谟奈人才退出诺拉。意大利人的著名领袖仅余盖乌斯·帕皮乌斯·穆提卢斯，他在饶有希望的664年即前90年曾任叛党的执政官，现在由诺拉逃走，改装潜往忒阿努姆，投奔他的妻室，希望在她那里得个避难之所，她竟不肯收容，他便在家门口自刎而死。关于萨谟奈，这位独裁曾声明，萨谟奈存在一日，罗马便一日不得平安，所以萨谟奈之名应绝迹于世；对于在罗马城下和普雷内斯特被擒的俘虏，他既然用骇人的方式实践前言，所以他也似曾率兵遍历萨谟奈各地，肆行蹂躏，攻陷埃塞尼亚[①]（674年即前80年），把那一向富庶的区域变成至今仍是一片荒凉的地方。同样，翁布里亚的图德（Tuder）也为马尔库斯·克拉苏所攻陷。埃特鲁里亚的波普隆尼乌姆（Populonium），特别是难克的沃拉特莱（Volaterrae）抵抗较久，沃拉特莱收拾失势党的残兵，得

① 李维书八十九的残句 *miam in Sammio* 不能藏有其他地名。

军队四个兵团，受了两年的围攻，先是苏拉亲自指挥，以后是前副执政官盖乌斯·卡尔博（Gaius Carbo，系那位平民党执政官的昆仲）指挥，直到科林门战后第三年（675 年即前 79 年），守兵才以自由离城的条件投降。但在这凶恶的时代，军法和军纪一概不值一钱；军士大叫“诈骗”，用石头打他们那太宽容的将军；守兵依约撤退时，罗马政府派一队骑兵把他们杀死。得胜军分驻意大利全境，一切不稳的地方都有强大的军队戍守；在苏拉部将的铁腕之下，无论革命派或民族派的反对党，他们的最后骚动都慢慢归于消灭。

外省还有待做的事。固然，卢奇乌斯·菲力普由革命政府的 344
省长昆图斯·安东尼手里迅速夺得撒丁岛（672 年即前 82 年），外阿尔卑斯极少或绝无抵抗；但在西西里、西班牙和阿非利加，意大利失势党的事业似乎还有可为。忠实的省长波本那替他们守住西西里。昆图斯·塞尔托里乌斯能使近西班牙省的土著亲附他，并且由卜居该地的罗马人中组织了一支不小的军队，先封锁比利牛斯山的隘口；他在这里又举出个新证据来，证明人把他无论置在何处，他总是能尽其职，革命党那些无能之辈只有他是个实际有用的人。在阿非利加，省长哈德良因进行革命太嫌彻底，开始把自由赠给奴隶，当乌提卡的罗马商人作乱时，在官邸中被攻，与其从人均被烧死（672 年即前 82 年）；然而此省仍依附革命政府，秦纳的女婿，年少多才的格涅乌斯·多米提乌斯·阿亨诺巴布斯（Gnaeus Domitius Ahenobarbus）受任为此省的最高统帅。宣传甚至由此地远达努米底亚和毛里塔尼亚等属国。两国的合法君主，一个是古塔之子希穆普萨二世，一个是博库斯之子博古德（Bogud），都依附苏拉，但平民党的争位者希阿巴（Hiarbas）借秦纳党的援助废掉希穆普萨二世，相类的争斗也弄得毛里塔尼亚扰攘不安。执政官卡尔博已自意大利逃出，逗留在非洲与西西里之间的科塞拉岛(Kossyra，即潘泰拉里亚[Pantellaria])，似乎踌躇不决，不知应逃到埃及，还是应在一个效忠的省份再行奋斗。

苏拉派盖乌斯·安尼乌斯(Gaius Annius)和盖乌斯·瓦勒里乌斯·弗拉库斯(Gaius Valerius Flaccus)往西班牙，前者做远西班牙的省长，后者做埃布罗的省长。塞尔托里乌斯派往比利牛斯山隘口的将军为部下官佐所杀，他的军队于是溃散，因此两人免去用兵打开这些隘口的艰苦工作。塞尔托里乌斯兵力太弱，不堪与敌人对战，便仓促收集驻在最近处的队伍，在新迦太基登船——往何处去，他自己也不晓得，也许到非洲沿岸，也许到加那利群岛
345 (Kanarischen Inseln)——只要到苏拉兵力所不及的地方。于是西班牙帖然随顺了苏拉的官吏(约在673年即前81年)，弗拉库斯率兵经过凯尔特人的领域，与他们和凯尔特伊比利亚人交战，皆获胜利(674年即前80年)。

格涅乌斯·庞培奉派以特任副执政官资格往西西里，他率战船一百二十艘和陆军六个兵团来到，波本那不加抵抗，退出此岛。庞培由西西里派一分舰队到科塞拉，捕获居此的马略党军官。马尔库斯·布鲁图斯等人即刻被处决；但庞培命人把执政官卡尔博解到利利拜乌姆来见他，他忘掉昔在患难中曾受卡尔博的庇护，竟把他亲手交给刽子手(672年即前82年)。

庞培又受命由此地再往非洲，阿亨诺巴布斯和希阿巴聚集了不少的兵，庞培以当然远较众多的军队击败他们，然后一时谢绝凯旋将军的称号，即刻发令攻敌营。如是，他在一天之内荡平敌人，

阿亨诺巴布斯也在阵亡者之列；以博古德王的助力，希阿巴在布拉(Bulla)被擒斩，希穆普萨恢复祖国；又对沙漠中人大行侵掠，盖图勒(Gätuler)许多部落，马略曾承认其独立的，现在又附属于希穆普萨，于是罗马的威名再振于非洲；庞培在非洲登陆后四十日，一切完毕(674 年即前 80 年)。元老院命他解散部下的军队——暗示他不得行凯旋礼，他既是个额外官吏，照例无权要求凯旋。将军暗里抱怨，兵士大鸣不平，非洲军一时似有背叛元老院的模样，苏拉似将出兵征讨他的女婿。可是苏拉让步，许这少年人夸口说，罗马人只有他未为元老就做凯旋将军(675 年即前 79 年 3 月 12 日)；真的，当这少年立下此等不费力的大功而归来时，那位"幸运人"或不无一点嘲笑的意味，称呼他为"大帝"(Great)。

在东方，自 671 年即前 83 年春间苏拉登船以后，战事即未见停止。恢复原状和制伏一两个城市，在亚洲如在意大利，也费了多次的血战；特别是对米蒂利尼自由市，卢奇乌斯·卢库卢斯用尽一 346
切温和手段之后，终不得不用武力；甚至罗马人在战场上已获胜利，公民仍顽抗不休。

同时，罗马的亚细亚省长卢奇乌斯·穆雷那又与米特拉达特斯陷入新纠纷。本都王的统治权甚至在北方各省也已发生动摇，自结和以后，他就忙着再巩固他的统治权；他已任命他的贤子米特拉达特斯为科尔基斯的长官以抚绥科尔基斯人；然后又铲除这个儿子，现在准备远征他属下的博斯普鲁斯国。同时，阿恺劳斯被迫往依穆雷那避难，据他说，这些准备意在反抗罗马；穆雷那听了这话，便借口米特拉达特斯仍盘踞卡帕多奇亚的边区，发兵向卡帕多奇亚的科马那(Komana)前进，侵犯本都的边境(671 年即前 83

年)。米特拉达特斯仅止于向穆雷那抗议,结果无效,又向罗马政府抗议。苏拉诚然派员前来劝阻这位省长,但省长不听;他反而渡哈里斯河,侵入确属本都的领域,于是米特拉达特斯决定以武力反抗武力。他的将军戈尔迪须牵制罗马军,以待本都王率着远占优势的兵力到来,强迫穆雷那交战;穆雷那大败,损失甚重,被逐过罗马边界,逃回弗里吉亚,卡帕多奇亚全境的罗马戍兵均被逐出。固然,穆雷那恬不知耻,竟自称战胜,因此自加"凯旋将军"的尊号(672 年即前 82 年);但他受了这场严厉的教训,又接到苏拉第二次的告诫,终于不再进行此事;罗马再与米特拉达特斯结和(673 年即前 81 年)。

这场愚昧的斗争耽搁了攻取米蒂利尼的事;经过海陆的长期围攻,其间比提尼亚舰队立有大功,而后穆雷那的继任人才能攻下此城(675 年即前 79 年)。

十年的革命和叛乱在西方和东方均已告终;国家又有了统一
347 的政府和国内外的和平。在最近几年恐怖的骚乱以后,甚至这种休息也是个慰藉。至于它是否不止于此,这位非凡的人既能做战胜公敌的难事,又能做荡平革命那更难的事,是否也能胜任做那最难的事——恢复社会上和政府上根本动摇的秩序——却须待将来,才能决定。

第十章　苏拉体制 348

约当罗马人初次与罗马人对阵交战之时，671 年即前 83 年 7 月 6 日夜间，那座国王所建，共和初年所献，历五百年风波而无恙的古庙——罗马卡庇托尔的朱庇特庙——竟毁于烈火。这不是预兆，而是罗马政体现状的写真。罗马政体也成为败瓦颓垣，需要重建。革命固然已被荡平，可是这当然绝不等于恢复旧政。大部贵族诚然以为革命党的两位执政官现在已死，只要举行照例的补选，让元老院采取另外似属必要的步骤来酬报得胜军，惩处革命党的罪魁，或也预防同类事件的发生，也就够了。但苏拉因得胜而一时全权在握，他对事对人的见解却较为正确。罗马的贵族，当其最盛时期，也不过既雄伟而又褊狭地墨守遗规；这时期笨重的同僚政治，人如何能望其奋力彻底地实行政治大改革呢？并且正在晚近变乱把元老院的首领几乎一扫而空的此刻，大改革所需的魄力和智能，比从前更难得之于元老院。纯粹的贵族血统如何完全无用，苏拉如何洞悉其毫无价值，可以一事为证，即除昆图斯·梅特路斯为他的姻亲外，他所用的人才都选自往日的中立派和由平民党来归的一班人——例如卢奇乌斯·弗拉库斯、卢奇乌斯·菲力普、昆图斯·奥非拉、格涅乌斯·庞培等。苏拉真心要恢复旧政体，不亚于最激烈的流亡贵族；然而他晓得这复旧工作有莫大的困难，他或

许不充分晓得——否则他如何能着手来做呢？——可是至少要比
349 他同党清楚些。据他看来，有两件事非做不可：一件是广大的让步，只要让步而能不伤寡头政治的精髓；一件是成立一种压制和预防的有力制度；他深知当时的元老院必拒绝或削减每一让步，必依议会的习惯摧残每一有系统的改造。在苏尔皮奇乌斯革命以后，苏拉既然在这两方面实行他所认为必要的事，不甚征求他们的意见，所以而今在远较严重而紧张的情势下，他决定不借寡头党的助力，不顾他们，一手恢复寡头政体。

然而苏拉今昔的地位不同，现在他不是个执政官，他只有续任执政官的权力——兵权；他所需要的是尽量严守宪法形式而又属于非常性质的威权，以便强迫无论敌友均接受他的改革。他给元老院一道公文，向他们声明他所认为不可避免的事：他们应把国政的整理交给一个握着无限全权的人，他自以为适于实行这艰难的工作。这建议虽有许多人以为不便，却等于一道命令。奉元老院的指示，首席元老兼摄政老卢奇乌斯·瓦勒里乌斯·弗拉库斯以至尊权的临时掌管人资格，向公民提出下面的建议：省长卢奇乌斯·科尔涅利乌斯·苏拉过去在执政官和续任执政官任内所办的公事应一概予以承认；将来关于公民生命财产的事，苏拉应有权裁判，不许上诉；他可随便处置官地，任意改变罗马城、意大利和国家的疆界，解散或设立在意大利的城邦，支配各省和属国，代人民大会授予最高兵权，任命续任执政官和续任副执政官，再加以用新法律整理国政；他何时工作圆满，何时认为可以解除非常的官职，应听他自己判定；最后，在他任非常官职期间，常设的最高官职与他
350 这官职并存还是暂时作废，也视他的意见为转移。当然，这建议被

人采纳，毫无异议(672 年即前 82 年 11 月)；新国主迄今身为省长，避免入京，到现在才入罗马城。新职的名称假自汉尼拔战争以来即已实际作废的独裁，但因除了他的武装扈从以外，他还有倍于古独裁所有的仪仗队替他开路，这新职虽名为“制定法律和整理国家的独裁”，实际上却与古独裁截然不同。古独裁在任期和权力方面均有限制，并非不许人向公民上诉，也未废常设的官职。此职更类似那“制定法律的十人组织”(*decemviri legibus scribundis*)，十人组织也显然是个握有无限全权而取代寻常官吏的非常政府，他们的官职至少实际等于不限时间的官职。或者，我们不如说，这新职既有基于人民法令的专制权，不受固定时间或同僚的限制，无非就是古君主制；真的，古君主制也基于公民自由约定，共拥侪辈中一人为专制君主。甚至当时的人也为苏拉辩护说，[①]君主胜于不良的宪法；我们可以假定，人所以择用独裁的称号，只因为要表示古独裁既然有在种种限制下恢复君权的意义，所以新独裁也有完全恢复君权的意义。如是，说来很奇怪，苏拉与盖乌斯·格拉古用意完全不同，可是在这事上二人所循的途径却互相吻合。在这方面，保守党也须模仿敌党；寡头党的保护主不得不自为僭主，以抵御那日益逼近的僭主政体。寡头党这最后的胜利中也含有不少的失败在。

这种繁难惨淡的苦工，苏拉既没有营求，也没有想望，但除了让完全无能之辈去做或亲身担任外，别无他法，所以他奋力从事于这项工作，不顾一切。首先，对于罪人须拟定一个办法。苏拉个人 351

① *Satius est uti regibus quam uti malis legibus*(Rhet. Her. 2,22).

倾向于宽恕。他既属于多血的气质，自能勃然大怒，无怪有人见他眼里放光，面颊变赤，便须小心戒备，但持久的报复心如马略老年愤恨时所特有的，却全不见于苏拉的平易性格。不但在666年即前88年革命以后，他显出较大的宽和，而且就是第二次革命做下那样可骇的罪恶，使他受那样深刻的影响，也没有动摇他的宁静态度。在刽子手把他朋友的死尸拽过首都街市之时，他还想保全杀人犯芬布里亚的性命，芬布里亚自杀以后，他又命人给他个适当的丧葬。在意大利登陆后，他以挚诚的态度自愿饶恕罪人，不咎既往，是凡来讲和的人无一遭他拒绝。甚至在初期胜利以后，他还是照这种精神与卢奇乌斯·西庇阿举行商谈；革命党不但打断商谈，而且后来在他们即将覆亡的最后一刻，又重兴屠戮，并且尤甚于前，竟至与国家的宿仇同谋毁灭罗马城。现在恶贯满盈了。凭借他那新职的权力，苏拉一就摄政之位，便立刻把他与西庇阿订约后（苏拉主张此约缔结得依法有效）仍参加革命活动的文武官员，以及其他显然拥护革命的公民，一律宣告为国贼，摈诸法外。若有人杀死一个国贼，不但像刽子手尽职行刑一般，免受责罚，而且因此可得一万二千第纳尔的赏金；反之，若有人收留国贼，即使是他的最近亲属，也要受最重的惩罚。被罪者的财产充公，与得自敌人的利物无异；他们的子孙禁入政界，可是只要他们是属于元老阶级的，却仍须承受元老的负担。最后这种条款也适用于为革命而战
352 死者的田产和后代——这种办法甚至超过最古法律关于曾对祖国用武者所规定的惩罚。这恐怖政策最可怕的一点就是所列各项均欠明确；元老院即刻对此事抗议，苏拉本人也设法补救，命人把被罪者的名单张贴公布，并且定673年即前81年6月1日为结束罪

人表的最后期限。

这个血淋淋的名单日有增加，最后达到四千七百名，①虽引起民众的当然恐慌，却至少稍能制止刽子手的一味任意妄为。大多数的遭难者至少不牺牲在摄政的私仇下；他所痛恨的只是马略党，即 667 年即前 87 年和 672 年即前 82 年两次惨杀的祸首。他命人 353

① 这是瓦勒里乌斯·马克西姆斯（Valerius Maximus）所举的总数。据阿庇安所云，苏拉所摈于法外的是元老约四十名，以后又有所增加，和骑士约一千六百名；据弗罗鲁斯的说法，元老和骑士共为二千名。据普鲁塔克之说，起初三天名单上共有五百二十人；据奥罗修斯之说，起初几日名单上共有五百八十名。这些不同的报告并无大相冲突之处，因为被处死的不只是元老和骑士，名单在数月之内随时可以加入人名。在另一段，阿庇安又举出被苏拉处死或放逐的人，内有前执政官十五名、元老九十名、骑士二千六百名；由上下文看，他在那里误把整个内战的牺牲者与苏拉的牺牲者混为一事。所谓前执政官十五名就是昆图斯、卡图卢斯（652 年即前 102 年执政官）、马尔库斯·安东尼（655 年即前 99 年）、普布利乌斯·克拉苏（657 年即前 99 年）、昆图斯·斯恺弗拉（659 年即前 95 年）、卢奇乌斯·多米提乌斯（660 年即前 94 年）、卢奇乌斯·恺撒（664 年即前 90 年）、昆图斯·鲁孚斯（666 年即前 88 年）、卢奇乌斯·秦纳（667—670 年即前 87—前 84 年）、格涅乌斯·奥克塔维乌斯（667 年即前 87 年）、卢奇乌斯·梅鲁拉（667 年即前 87 年）、卢奇乌斯·弗拉库斯（668 年即前 86 年）、格涅乌斯·卡尔博（669 年即前 85 年、670 年即前 84 年和 672 年即前 82 年）、盖乌斯·诺尔巴努斯（671 年即前 83 年）、卢奇乌斯·西庇阿（671 年即前 83 年）、盖乌斯·马略（672 年即前 82 年）；其中十四人被杀，一个（卢奇乌斯·西庇阿）被逐。另一方面，李维之说见于犹特罗庇（Eutropius）和奥罗修斯的，列举在同盟战争和内战中被扫除的人，有前执政官二十四名、前副执政官七名、前市政官六十名、元老二百名；这个数目一方面包有意大利战争阵亡的人，如前执政官奥卢斯·阿尔比乌斯（665 年即前 89 年执政官）、提图斯·狄狄乌斯（656 年即前 98 年）、普布利乌斯·卢普斯（664 年即前 90 年）、卢奇乌斯·加图（665 年即前 89 年）；另一方面或也包有克努米底亚的昆图斯·梅特路斯、马尼乌斯·阿奎利乌斯、老盖乌斯·马略、格涅乌斯·斯特拉波，这些人确也可视为当时的牺牲者，或者还有我们不知下落的其他人士。十四个被杀的前执政官中，三个（鲁孚斯、秦纳和弗拉库斯）死于兵变，苏拉党的前执政官八人和马略党的前执政官三人都死在敌党之手。把上列数字比较一下，我们可以为元老五十名和骑士一千名为马略所害，元老四十名和骑士一千六百名为苏拉所害；这可作为估计双方作恶程度的一个标准，至少不是个完全武断的标准。

打开阿奎-塞克斯提亚战胜将军的坟墓，把他的尸灰撒在阿尼奥河中，推倒他战胜非洲人和日耳曼人的纪念碑；又因他本人和他儿子已死，不能受苏拉的报复，他的义侄马尔库斯·马略·格拉提狄亚努斯(Marcus Mrius Gratidianus)曾两任副执政官，甚为罗马公民所喜，现在被带到死在马略手里最可悲的卡图卢斯墓上，先受极残酷的刑法，而后斩首。其他最著名望的仇敌也已死去；首领中只有盖乌斯·诺尔巴努斯尚存，他在罗德斯岛，国民会议正讨论把他献出时，自杀而死；卢奇乌斯·西庇阿，因为他无关重要，或也因为他出身贵族，得蒙赦免，准他在避难处马赛利亚平平安安地终其天年；还有昆图斯·塞尔托里乌斯流离于毛里塔尼亚沿海一带，做亡命徒。被杀元老的首级堆集在塞尔维乌斯池(Servilischen Bassin)，此地乃尤加里乌斯街(Vicus Jugarius)进罗马广场的入口处，乃独裁命人把他们示众之处。第二流尤其是第三流的人死得最多。一些人曾服务于革命军或曾替革命军做事，有时因贷款给革命军的一个军官，或因与这样人有主客关系，便被不分皂白，列在名籍；除此以外，“窝主”，就是曾坐堂审判元老并曾投机于马略没收物品的资本家，特别受到报复；这种所谓骑士列在罪人名籍的达一千六百人。[①] 同样，那些专事控告的人最为贵族之患，他们的职业是在骑士法庭控告元老阶级的人物，现在也非受惩罚不可——一位律师在不久以后问道：“这是为何，他们把法庭留给我们，却杀死原告和裁判官？”数月之久，极野蛮极无耻的愤怒逞凶于意大利，

① 西塞罗为普布利乌斯·昆克提乌斯(Publius Quinctius)辩护时常常提到的塞克斯图斯·阿尔菲努姆(Sextus Alfenus)，即其中之一。

毫无节制。在首都，行刑的事原由一队凯尔特人负责，苏拉的兵士 354
和下级军官也为这事巡行意大利各地；但自告奋勇的也无不受人欢迎，并且无业游民，不问贵贱，也都一拥向前，不但要挣那杀人的赏钱，而且要假借政治的诉讼，满足他们自己的报复心和贪财欲。有时一个人尚未挂名罪人榜，便被凶杀，死后才把他的名姓追加在榜上。由一个例，我们可见执行的方式。在倾向马略的新公民城市拉里努姆(Larinum)，有个人名斯达提乌斯·阿尔比乌斯·奥皮尼库斯(Statius Albius Oppianicus)，因避杀人罪而逃到苏拉的大营。苏拉得胜后，他以摄政的派员资格回来，罢免本城的官吏，他本人和朋友代居其位，那要控告他的人连同此人的最近亲属和朋友一齐被他宣告为国贼，处以死刑。这样丧命的人不可胜数——内有不少的人是坚决依附寡头党的——，都牺牲在私仇或多财上；有这样可骇的混乱，又加以苏拉在这事一如在每件事上对左右亲近过于纵容，所以甚至有人在纷扰中做下普通的罪恶，也能逍遥法外。

对于没收的财产也是这样处理。因为政治的理由，苏拉设法使上流公民共同收买这项财产；并且他们也有一部分人自动向前，其中最热心的无过于年少的马尔库斯·克拉苏。在现状之下，极端的贬价在所不免；真的，罗马变卖充公产业素依整数现金的方式，势必一部分造成贬价的结果。再者，这位摄政也不忘一己；尤其是他的妻室梅特拉(Metella)和另外一些与他有关系的贵贱人等，甚至脱籍人和酒友，都有时可以不必竞争，购买这项财产，有时竟可免付买价的全部或一部。例如，他的一个脱籍人据说以二千塞斯特买得值六百万塞斯特的财产，又有他一个下级军官据说以

这投机方式得到值一千万塞斯特的地产。怨恨纷起，并且确属正当；甚至在苏拉摄政期间，一位律师就问道，贵族所以从事内战，是
355 否专为使他们的脱籍人和奴隶发财？但尽管贬价，没收的财产共得价不下三亿五千万塞斯特，这大半落在富豪之手的充公财产，其范围之大由此可见一斑。这完全是一场可怕的惩处。既不复有任何诉讼手续，又不复有任何宽宥；无声的恐怖像一块铅似的重压全国，在首都和乡邑的市场上，自由言论一概静默无声。固然，寡头党的恐怖政策与革命党的方式不同；马略以他仇敌的血满足他个人的报复心，苏拉则似乎可说是以抽象的眼光看恐怖政策，以为这是创行新专制政体所必需，在他看来，屠杀由他自做或假乎他人，几乎没有分别。但这次的恐怖政策出自保守党，并且多少缺乏感情，所以更显得可怕；两党的癫狂和罪恶等于八两和半斤，于是国家似乎更沉沦得不可救药。

关于调整意大利与罗马城的关系，苏拉——虽在其他方面，对于革命时期的政事，除例行公事外，一概认为无效——却固守一个原则，即意大利每一民社的每一公民，只因其如此，便也是罗马的公民；公民与意大利盟邦人的差别，权利较优的旧公民与权利较为有限的新公民的差别，现在一概作废，并且永久作废。只有脱籍人，他们的无限投票权又被夺去，恢复原状。对于贵族的极端派，这似乎是个大大的让步；苏拉深知须从革命领袖手里夺取这些强有力的工具，又知增加公民的数目不至于大有害于寡头党的政权。

可是与这种原则上的让步相连的，还有极严厉的审判，特殊委员奉派分赴全意大利每一民社，协同分驻全半岛的戍兵，共同办理此事。有几个城市受到报酬；例如布隆迪西乌姆是首先归附苏拉

的民社，现在得有对这海港很关重要的免税权；又有几个受了惩 356
罚。罪状较轻的须纳罚金，拆毁城墙，铲平子城；至于顽抗最烈的地方，摄政没收他们领土的一部分，有时甚至全部——无论认他们为举兵叛祖国的公民民社，或是违反永久和约而与罗马作战的同盟国，在法律上，他们的领土当然都可视为没收品。在这种情形之下，一切被夺去土地的公民——但只限于此等人——同时也丧失其市公民权和罗马公民权，而得有最低的拉丁权以为代。① 如是，苏拉使意大利享低等权利的属国，不能为反对党的核心；那些被夺去土地的亡国人民势必不久便沦入无产大众。在坎帕尼亚，不但平民党的殖民地卡普亚当然作废，公地复收归国有，而且约在此时，拿波里民社也被削去埃那利亚岛。在拉丁姆，殷富大城普雷内斯特的领土全被没收，诺尔巴或亦如是，翁布里亚的斯波勒提乌姆亦复如是。佩里格尼亚区的苏尔摩（Sulmo）甚至被夷为平地。但有两个力抗到底甚至在科林门战后仍不肯降的地方——埃特鲁里亚和萨谟奈——在摄政铁腕之下特受重罚。在埃特鲁里亚，一些最大的民社如佛罗伦萨、费苏莱（Faesulae）、阿雷提乌姆（Arretium）、沃拉特莱等，都被全部没收。萨谟奈的命运已见上文；这里无所谓没收，可是土地被蹂躏，永远荒芜，繁荣的城市，甚至往日拉丁殖民地埃塞尼亚，都成为丘墟，其地竟陷于与布鲁提亚和卢卡尼

① 此外又加以一种特殊的虐待，在他处，拉丁权亦如外侨权，包有在某一拉丁或外国民社为公民一事，在这里——正如以后有拉丁权或降人权的脱籍人——毫无做这种公民的权利。结果是这些拉丁人缺乏那属于城邦政体的特权，严格说来，甚至连个遗嘱也不能做，因为一个人要做遗嘱，非按照他本城的法律不可；然而他们自可获得罗马人的遗产，在生人中可按罗马法的方式自相交易，以及与罗马人或拉丁人交易。

亚等相同的地位。

以上关于意大利土地所有权的措置使摄政能支配两种土地：
357 一种是罗马的公地，原交给同盟民社使享收益权，现在因它们的解散而复归罗马政府，又一种是受罚民社的充公领土；他利用这些土地来安顿得胜军的兵士。新殖民地大部以埃特鲁里亚为目标，例如费苏莱和阿雷提乌姆，另外的以拉丁姆和坎帕尼亚为目标，这里的普雷内斯特和庞贝以及其他地方都成为苏拉部下的殖民地。如上所述，摄政不想再殖民于萨谟奈。分田大都按格拉古的方式办理，所以移民均隶属于业已存在的城邦。移民的规模如何广大，可见于分田的数目，据说为数达十二万。然而有些土地另做别用，如赠给提法塔山、戴亚娜庙的土地；其他如沃拉特莱的公地和阿雷提乌姆一部分的公地始终不分；还有其他土地，按照往日犯禁而今复活的恶习，依占田法，为苏拉的宠臣所据。苏拉从事于这种殖民，其所追求的目的不一而足。第一，他用这办法向他部下的兵士履行诺言。第二，他做这事采取的宗旨是改革派与温和保守党一致同意的宗旨，他自己早在666年即前88年也曾按这宗旨规定一些殖民地的设立——这就是政府要打破意大利的大地产以增加小农业主的数目；他如何诚恳地注重这事，有再禁兼并口分田一事为证。最后特须注意的，他把移殖的兵士当作常驻的戍兵，他们保护他们自己的所有权，同时也保护他所建立的新政体。因为这个缘故，在领土未曾全被没收之处，如庞培，殖民团不与城邦合并，旧公民和殖民团成为共住在一座围墙以内的两个公民团。这些殖民地的设立固然依旧以人民法令为基础，但这只是间接的基础。因为
358 摄政根据瓦勒里乌斯法的一款来设立这些殖民地；实则它们源于

统治者的全权，因此使人想起往日君权随意处置官产的事。但兵士与公民的区别往日因兵士移殖而消灭的，如今在苏拉的殖民地上，甚至到它们成立以后，仍应有效，并且果然有效，这些殖民团仿佛是元老院的常备军；就此点而论，我们称此等殖民地为军事殖民地以别于旧殖民地，才算正当。

这在实际上设立元老院的常备军，与另一措置有连带关系，就是摄政由被罪者的奴隶中选出一万多最年轻力壮的人，把他们一齐解放。此等新科尔涅利乌斯党公民资格的存否全基于苏拉制度的法律效力，苏拉的用意在使他们充寡头党的一种亲兵，助寡头党控制城里的群众；真的，首都既无戍兵，一切必先视群众为转移。

摄政使元老院多赖这些非常的支持，就是由手创这制度的人看来，它们必也显得薄弱难久，然而除非应用一些——例如正式在罗马城设常备军和其他类似的办法——比奸雄的侵犯尤能加速寡头党灭亡的策略，这却是元老院唯一可能的支持。寡头党普通政权的永久基础当然是元老院，元老院的权力那样增加，那样集中，以至于对无组织的敌人无处不占优势。四十年来所遵行的妥协政策现在告终了。格拉古昆仲的宪法经 666 年即前 88 年苏拉第一次改革而仍存的，现在完全作废。自盖乌斯·格拉古时代以来，政府就仿佛许首都无产阶级有权暴动，经常向住在首都的公民散发粮食，使他们不致作乱，苏拉取消这种制度。盖乌斯·格拉古曾在罗马把亚细亚省的什一税和关税出租，造成资本阶级的组织和结合；苏拉废除中间人制，把以前亚细亚人的献纳改为定额的赋税，

359 按照为征收积欠而编造的估价表分派各地的税额。[1] 盖乌斯·格拉古把陪审职务交给骑士资格的人，使资本阶级得有间接的参政权和共治权，有时它们的力量竟强于官方的行政和统治；苏拉废除骑士法庭而恢复元老法庭。盖乌斯·格拉古，或至少格拉古昆仲时代，曾许骑士阶级在人民节庆中占个特殊位置，如元老久已占有的；苏拉取消这个位置，把骑士贬到平民的座位。[2] 骑士阶级之为骑士阶级原系盖乌斯·格拉古所造成，苏拉剥夺了骑士阶级的政治生命。元老院应在立法、行政和司法上行使最高权，没有条件，不可分割，垂之永久，并且在外表的标志上，不但应显出它是个特权阶级，而且也应显出它是唯一的特权阶级。

因此，政府当局特须能自补其缺，自居独立地位。经晚近的丧乱，元老的数目大减。固然，对那些为骑士法庭所放逐的人，例如前执政官普布利乌斯·鲁提利乌斯·鲁孚斯和德鲁苏斯的朋友盖乌斯·科塔，都给予回国的自由，不过鲁孚斯不利用这种许可；但革命和反动双方的恐怖政策造成元老院的百孔千疮，这不足以弥补其缺。所以按苏拉的指示，有用非常手段补足元老院的事，所添新元老约三百名，由部民大会从骑士名籍中推选；他们推选的当然

① 苏拉由亚细亚省各民社征收五年积欠和战费，由各方面看，这次的税率成为将来的标准，因为分亚细亚省为四十区一事据说源于苏拉，苏拉的分配法为以后征税的基础，又在 672 年即前 82 年兴建舰队时所用款项由所纳贡献里扣除。最后，西塞罗直接说："没有包税商，希腊人不能自缴苏拉加在他们身上的赋税。"

② 旧闻诚然未曾说何人公布这种法律，因此，687 年即前 67 年罗斯奇(Roscius)剧院法须重申早年的特权，但在这种情形之下，创制这种法律的必是苏拉无疑。

一方面大都是元老家门的少年人，一方面是苏拉的军官和因最近 360
革命而跻于尊显的人。至于将来，入元老院的方式也有新规定，立在迥不相同的基础上。按宪法的历来状况，人们入元老院，或由于监察官的召请，这是正常的途径，或由于充任三种法座官职之一——执政官、副执政官或市政官——自奥维尼乌斯法通过以来，这几种官即依法在元老院中各有一席和一票。充任低级官吏——保民官或财务官——的人或有在元老院占得一席的实际权利，因为监察官的选拔特倾向这种人，但不是法律上所可预期的事。这两种入院的方式，苏拉以废除——至少事实上如此——监察官来取消前者，并把后者改变，使财务官代替市政官享有入元老院之权，同时每年选举财务官的员额也加到二十名。[①] 一种权力素来属于监察官，但实际行使起来不复按最初的严厉意义，这就是每隔五年修改名籍一次，届时可举出理由把任何元老除名，这权力也在将来作废；如是，元老一向在事实上的不可罢免终于在苏拉手里成为定规。元老的总数大约一向不甚超过三百名的旧日常额，或且往往

---

① 迄今每年选举的财务官究有若干，我们不知。487 年即前 267 年有财务官八人，即两个城市财务官、两个陆军财务官、四个海军财务官。此外还有用在各省的财务官。奥斯提亚和卡勒斯等地的海军财务官绝未作废，陆军财务官不能用在他处，否则执政官为元帅时必设有一个财务官。因为迄苏拉时一向有九个省份，并且有两个财务官被派往西西里，所以苏拉之时可能共有财务官十八名。但因当时最高官吏的员额比他们的职务少得多，因此而生的困难永以延长任期和其他方法为补救，并且一般看来，罗马政府的趋势是尽可能限制官吏员额，财务官的职务也许多于财务官的员额，或甚至当时对于西利西亚一类的小省份不派财务官，亦未可知。然而在苏拉时代以前财务官确已不止八人。

361 不及此数，现在这样一来，元老的数目大增，也许增至一倍[①]——因陪审法庭的职务移归元老院，元老院的职责大增，所以员额也非增加不可。再者，无论特许入院的元老和财务官既均系部民大会所选举，元老院迄今间接以民选为基础，现在却完全立在直接民选的基础上；如是，在不背寡头政治本质和上古一般思想的条件下，元老院已尽量接近代议政治。元老院这个机关原是专为向官吏献议而设，现在变为向官吏发号施令的自治机关；元老的选举和除名原来权在官吏，现在从官吏手中夺去此权，也只是向这方面再进一步的发展；于是元老院所站在的法律基础与官吏职权所根据的一般无二。监察官能修改元老名册，随意增删人名，这种过大的权力实与有组织的寡头政体不相符合。现在既备有财务官的选举足为经常的补充，监察官的修正成为多余的事；修正一行作废，寡头党的基本重要原则，即有位有票的统治阶级不受罢免，任期终身，便终于达到巩固的地步。

关于立法，苏拉仅止于恢复 666 年即前 88 年的法规，立法创制权久已实际属于元老院，现在至少也在法律上给元老院一个对抗保民官的保障。公民团仍是形式上的至尊；但关于人民大会，摄
362 政虽认为须注意保全它们的形式，却更注意防止它们的真正活动。甚至公民权也极受苏拉的藐视，他或把它让予新公民民社，或把它

① 元老的固定员额究为若干，我们不能确言。虽则在苏拉以前，监察官每次造三百人的名册，却永远须把本届和下届造册之间充任法座官职的非元老加入这个名册；到苏拉以后，元老的数目与现存的财务官数目相等。但我们或可假定，苏拉意欲把元老院扩充到五六百人，如果我们再假定每年入院的新元老为二十名，平均年龄为三十岁，并估计元老任期平均自二十五年至三十年，结果便有此数。在西塞罗时代，有一次元老院开会，出席的人很多，达四百一十七名。

赠给成群的西班牙人和凯尔特人，毫不为难；真的，经这样的革命以后，公民名册急需修正，如果政府重视那与此相连的法律权利，即当设法加以厘定，现在却绝无此事，似乎不是出于无心。然而人民大会的立法权却未受直接的限制；其实没有这种必要，因为元老院的创制权既有更大的保障，人民自不易违反政府的意志来干涉行政、财政或刑事审判；人民在立法上的合作大致又回复到往日对宪法改革的赞成权。

更重要的是公民参加选举——这种参加似乎必不可废，否则所动摇的便不止于苏拉那轻微复旧所能或所愿动摇的。乱党对于选举祭司的干涉被废除；不但 650 年即前 104 年把一般最高祭司改为民选的多米提乌斯法，而且较古关于大祭司和区祭司的同类法律，均为苏拉所取消，于是祭司团收回其原始绝对的自补其缺之权。关于行政官的选举，大致仍保存一向遵行的方式；只有关于兵权的新规定确不免把公民的权利大加限制，甚且稍把任命将军之权由公民移归元老院，这事即将在下文叙述。苏拉从前企图恢复塞尔维乌斯投票法，现在竟不见他再做这事，不知他是否认为分级投票的特别组织无足轻重，还是以为旧法规增长资本家有害的势力。他只恢复了关于资格的规定，并且把它一部分提高。他又厉行那任职所需的年龄限制；另一规定也见于实行，即候选执政官的人应先做过副执政官，候选副执政官的人应先做过财务官，至于市 363
政官则许人跨过。最近常有人企图借着几年连任执政官的方式成立僭主政治，这种弊端，苏拉特别加以严禁；他规定一人先后任两种不同的官职，至少中间须隔两年，一人重任同一官职，中间至少须隔十年。后面的规定恢复 412 年即前 342 年的较古法规，而不取最近极端寡头时代为人所喜的观念，即绝对禁止一切人重行当选为执政官。然而通盘看来，苏拉却是让选举自由进行，所企图的只是束缚官吏的权势，以期反复难测的人民大会无论召何人来任职，被选人必不能反抗寡头党。

实际说来，当时国家最高的官职就是平民保民官、执政官[和副执政官]以及监察官等三职。它们经过苏拉的复古以后，权力都大为减缩，特别是保民官一职，据摄政看来，此职对于元老政治固然是个不可少的工具，可是它既为革命的产物，并且永有产生革命的趋势，所以须受严厉永久的束缚。官吏所办的公事可用否决权加以消除，有反对者酌量处罚并使他另受惩戒，是为保民官的职权所由来；这职权仍留给保民官，不过保民官若滥用干涉权，便须受重大的罚金处分，常至于消灭他的公民权。保民官又有随意与人民商讨之权，一部分为的是提出控诉，特别是在人民面前问卸职官吏的罪，一部分为的是提出法案来付表决，这是格拉古昆仲、萨图宁和苏尔皮奇乌斯政治革命所用的工具；这种权力也未被撤销，可
364 是要行使它，大概须请得元老院的许可。[①] 最后又加上将来任保

① 萨卢斯特书中勒庇都所言 *populus Romanus exulus ... iure agitandi* 即指此事，塔西佗所言 *statim turbidis Lepidi rogationibus neque multo post tribunis reddita licentia quoquo vellent populum agitandi* 也暗指此事。西塞罗的 *De leg*. 3,4,10 明示保民官并未全失其与人民议事之权，德蒙西布人民法令（*Plebiscitum de Thermensibus*）更加以明示，可是这个人民法令在卷头套语中也自云为 *de senatus scntentia*。另一方面，按苏拉的规定，执政官未先得元老院的决议也可对人民提出建议，这事不但有古籍的缄默而且有 667 年即前 87 年和 676 年即前 78 年两次革命的经过为证，这两次革命的领袖所以是执政官而非保民官，正以此故。因此，关于本时期行政上的次要问题，我们见有执政官发布的法律，如 681 年即前 73 年的粮食法，若在他时，必为一道人民法令。

民官的人不能再就较高的官职——这与苏拉复古的其他法规相似，又回复到古代贵族的原则，并且正如往日准平民充市官以前的状况，也声明保民官职与法座职互相矛盾。这位寡头党的立法家希望用这方法制止保民官的奸雄作风，使一切有大志谋上进的人远避保民官职，可是把这官职保存着做元老院的工具，使它一方面调停于元老院与公民团之间，一方面应时势的要求来制伏官吏；国王和以后共和官吏的治民权，有一句名言表现得最为清楚，即他们独掌公告人民之权；所以今始依法成立的元老院至尊权，也在一件事上最为显见，即人民领袖欲与人民商讨，须请元老院许可。

与本属可疑的保民官相比，执政官和副执政官之职较蒙这位复兴罗马的贵族另眼相看，可是寡头政治素以疑忌其所用的工具为特色，执政官和副执政官之职也不能免。他们所受的限制在形式上较为温和，但是在手段上甚为显见。在这里，苏拉从划分职权做起。本期之始，这方面的情形如下。往日最高官吏的全部职务既均由两执政官负责，所以当时一切设有法定专官办理的公事仍由他们负责。有法定专官办理的，例如首都的司法，按照牢不可破的规则，执政官不可干预；又如当时所有的海外省份——西西里、 365
撒丁和西班牙两省——执政官固然可对它们行使其号令权，却仅系例外。因此，在平时，这六个特殊职权——首都两个审判长职和海外四省——分属于六个副执政官，同时执政官有总揽庶政的职权，首都司法以外的事务管理和大陆属地的兵权均由执政官负责。这总揽庶政之权既由两人执掌，事实上总有一个执政官受政府的支配，因此在平时，那八个任期一年的最高官吏完全足用，甚至绰有余裕。再者，在非常时期，政府保有权力，一方面合并非军事的职务，另一方面把军职延长到任满以后（*prorogare*）。屡见不鲜的是委一个副执政官担任两个审判长，命城市副执政官办理平时应归执政官办理的首都事务，但是尽可能避免一人兼任几个统帅的现象。在这事上，有“兵权不可虚悬”的规则为补救，所以兵权虽有法定的期限，却在届期以后仍依法有效，直到继任人出面接收前任的兵权而后已；或者——与上无异——统兵的执政官或副执政官如果已届任满，继任人还未到来，他可以续任执政官或续任副执政官继续办事，并且非如此不可。就习惯而言，依常规行事，或使人稍加变通，均属元老院的权衡，元老院对于划分职权的影响即在于此；若依常规，元老院可使六位副执政官分掌六个特殊职权，执政官管理大陆上非司法的职务；若稍加变通，它可委执政官担任目前特别重要的海外统帅职，或把任何非常的军事或司法职务——例如指挥舰队或查办重要刑事案件——归纳在要分派的职务中，使
366 兼任和连任成为必要。然而在这事上，元老院的作为只是划定每次执政官和副执政官的权限，而不是指定某人应任某职；后者一概由有关的官吏自相商洽或抽签来决定。至于公民，古时遇有继任人不到，事实上非延长统帅的任期不可，有时请他们用特殊的人民法令予以合法承认；但这是法律精神而非法律字句所要求的，所以公民对于这事不久便不再加干涉。在罗马纪元第七世纪的过程中，已有的六个特殊职务之外又逐渐增加六个，即马其顿、阿非利加、亚细亚、纳博和西利西亚五个新省长官和常设的治贪法庭庭长。再者，罗马政府的势力范围日广，于是也日益频繁地要求最高官吏担任非常的军事或司法职务。然而寻常每年一任的最高官吏却未增加名额；如是，每年选任的八位官吏，其他姑且不论，至少须

担任每年要补的十二个特别职务。罗马人竟未创设新副执政官职以一举而弥补这种缺陷，这当然不纯属偶然。按宪法的文字，一切最高官吏应每年由公民推举；按新法或毋宁谓之非法，遇有空缺，大致均以延长任期来补充，元老院通常把法定任期一年的官职再加一年，但也可任意不予增加；国家最重要的肥缺不再由公民选人补充，而由公民举出一批互相竞争的人，再由元老院从中选补。这些位置以海外统帅最为肥美，营救的人特别众多，所以在海外统帅一年任满之后，被委此职的通常是那些在法律上或至少在事实上只能在首都尽职的官吏，这就是两个在罗马城执法的副执政官，也往往是执政官；这办法并不违背延长任期的本质，因为在罗马行使 367
职权和在外省行使职权的高级官吏，他们的职权在关系上虽有不同，但就政治法本身而言，却没有种类上的差别。

这就是苏拉所见的情形，也就是他那新法规的基础。新法规的主要原则是：公民区域的政治权和非公民区域的军事权应完全划分，最高官职的任期应一律由一年加为二年，第一年专司民政，第二年专司军务。以地域言，民政和军事的界限固然早已在宪法上有个划分，民政至城池为止，军事则从城池开端；但最高政权和最高兵权仍并掌在一人之手。将来执政官和副执政官应对付元老院和公民，续任执政官和续任副执政官应统率军队，但在法律上，前者被削去一切军事权，后者被削去一切民政权。第一，这造成北意大利与意大利本部的分离。固然，这两区在民族上素来立在相反的地位，因此北意大利的居民以利古里亚人和凯尔特人为主，中意大利和南意大利的居民却以意大利人为主；但就政治和行政而言，罗马国自海峡至阿尔卑斯山的全部大陆领土连伊利里亚的属

地在内，不分公民民社、拉丁民社或非意大利民社，在寻常情况下，
莫不隶属于以罗马城为治所的最高官吏，因为罗马所立的殖民地
实遍及这个区域的全境。按苏拉的规定，意大利本部，其北界同时
由埃西斯河移至卢比孔河，其居民当时均为罗马公民，毫无例外，
应隶属于罗马的寻常官吏；于是此区平时不准驻兵和设统兵官的
规定成为罗马政治法上一个基本原则。反之，阿尔卑斯山以南的
凯尔特区，因有阿尔卑斯部落不断侵扰，不能不有个军事统帅，所
368 以在这里仿照往日海外统帅的榜样，单设一个省长。[1] 最后，每年
所选的副执政官既由六人增至八人，分派职务的新办法是每年所
选的十位长官，在任职的第一年为执政官或副执政官，专掌首都的
事务——两执政官专司统治和行政，有两个副执政官专司民法，其

① 这个假说没有他事为证，只有在较早时期意大利凯尔特地绝非一省——绝非这名词所示一个年年更换的长官所治理一块有界线的土地——而在恺撒时代则确为一省。

疆界扩展一事也不甚异于此。我们晓得，从前凯尔特地与意大利的分界本在埃西斯河，到了恺撒时代却在卢比孔河，但疆界的推移究在何时，我们不知。固然，马尔库斯·特伦提乌斯·瓦罗·卢库卢斯(Marcus Terentius Varo Lucullus)为地方长官时从事调整埃西斯和卢比孔两河间区域的疆界(Orelli，铭文。570 年)，因此有人推测那地方至少在卢库卢斯为副执政官以后的一年(679 年即前 75 年)必仍是个省辖地，因为地方长官不能在意大利土地上有所作为。可是只在罗马城范围以内每种延长的号令权才自动终止；反之，在意大利，这种延长的号令权，甚至在苏拉的规定之下，虽不经常存在，却也可以容许，卢库卢斯所任的职务又无论如何总是个非常的职务。但我们也能见卢库卢斯在此地任此职的时期和情形。672 年即前 82 年，在苏拉改造宪法以前，他已是这地方的统兵官，大概正如庞培，也由苏拉受得地方长官的职权；他必是以这种资格在 672 年即前 82 年或 673 年即前 81 年调整上述的疆界。所以由此铭文我们不能推测北意大利的法律地位，更不能推测苏拉为独裁以后它的法律地位。另一方面，“苏拉扩展了罗马疆界”的话是个值得注意的指标；按罗马政治法，一个人扩展了罗马城的疆界——即意大利的疆界而非帝国的疆界——始得享这种荣名。

余六人专司改革后的刑法审判——在任职的第二年，他们做续任执政官或续任副执政官，掌一省的兵权；当时共有十省，即西西里、撒丁、西班牙两省、马其顿、亚细亚、阿非利加、纳博、西利西亚和意大利的高卢。上文所述苏拉增财务官的名额为二十人，也与这事有关。①

行这计划，第一，分派职务有了清楚固定的规则以代那素来酿成阴谋诡计的非法方式；第二，尽量防止官吏的侵权越职，于是最 369
高统治机关的势力大增。按以前的办法，帝国以内仅有一个合法的区分，即圈在城墙内的市区与城外地域的区分；新法以新意大利代替罗马市，以为此后意大利当永久太平，自可脱离常任的统帅；②与意大利相对的是那须置军事统帅的大陆和海外各地，即此后所谓外省。按以前的办法，很常有一个人连任一职二年，往往还不止两年。新法把首都官员和省长的任期一律限为一年，并且特别规定每一省长须在继任人来到后三十日以内离省，不得延误；由这种法规，特别是如果我们把这办法与上述禁旧任官即刻再当选本职或其他公职的法规合起来看，这些规定的意向为何，可以显见。有个由来已久的金科玉律，即限制官吏的职权，利于平民政治，限制官吏的任期，利于寡头政治；往日元老院所以能使君主制供它利用，即赖此术。按以前的办法，盖乌斯·马略既做元老院的

① 因财务官被派往西西里的两名，其他每省各一名，又因罗马市财务官两名，辅佐执政官作战的财务官两名，舰队财务官四名都依然存在，此职每年所需的人员为十九名。第二十名的职务不可考。

② 意大利同盟比这个早得多；但意大利同盟是各邦的联合，苏拉的意大利是在罗马帝国之内归于统一而有定界的领土，二者自不相同。

首领，同时又做国家的元帅；他虽然只可怨自己的拙笨，不能用他那双层的职权推翻寡头政治，而今人们却似乎小心谨慎，预防有较聪明的继任人比他善于利用那种工具。按以前的办法，人民直接选举的官吏可以居军职；反之，苏拉的规定专把军职留给那些经元老院延长其任期以认可其职权的官吏。当然，这种延长任期现在
370 已成常例；但就其占卜官、名称以及一般的宪法形式看来，仍被视为非常的事。这并不是无足轻重的。只有公民团能褫夺执政官和副执政官的职位，续任执政官和续任副执政官的推举和罢免却是元老院的事；一切毕竟都赖武力，有了这个规定，全部武力便至少正式附属于元老院。

最后，如上所述，那居百僚之上的监察官职虽则没有正式作废，却如往日的独裁职一样，也被束之高阁。实际说来，这个官职诚然可付阙如。元老院的补充已另有方法办理。自意大利事实上免纳赋税，军队大体由招募而成以来，记纳税和当兵义务的人名册便失其主要的意义；如果骑士名籍或投票人名册陷于紊乱，这紊乱或非全不为人所喜。这样，所余的只有例行的财政职务，昔日往往不选监察官，遇到这种情形，财政职务素由执政官担任，现在执政官接办财政，作为他们的寻常公事。监察官职的搁置使官僚界失去其极峰，与这种重大利益相比，下列的事无足轻重，并且绝不妨害最高统治机关的独掌政权，即现在元老人数大增，为满足其野心起见，大祭司八名、卜师九名和典谶十名各增为十五名，宴主（*epulones*）三名增为七名。

在财务上，就是按旧日的宪法，决定权也在元老院；而今要解决的问题只是要再建一种有条不紊的管理。起初，苏拉遇到不小

的财政困难；他的军队很多，并且与日俱增，他从小亚细亚带来的款项不久便全花在兵饷上。甚至在科林门战胜以后，因国库已被迁往普雷内斯特，元老院还不得不采取紧急步骤。他们出卖首都的各种建筑地基和坎帕尼亚的几处公地，向属国君主以及解放民社和同盟民社征求额外的贡献，有时没收他们的地产和关税，有时为取费而给予他们新特权。但普雷内斯特投降时国库内有四百万德元的盈余，以后不久又举行公开拍卖，再加以其他额外的财源， 371
救了一时的急难。为将来计，亚细亚的税制改革效力尚小，因为受这改革之益的以纳税人为主，国库或至多而不因此而受损失；效力较大的是收回坎帕尼亚的公地，现在埃那利亚岛也加入坎帕尼亚；效力尤大的是取消粮食分配制，自盖乌斯·格拉古以来，此制便如痈疽似的腐蚀罗马的财政。

另一方面，一部分因为政治的理由，一部分因为要使往日很不充分很不连贯的诉讼法较为一致较为可用，司法制度也大改旧观。按以前的办法，讼案的判决权一部分在公民团，一部分在陪审法庭。迄苏拉时为止，遇有由官吏的判决上诉于全体公民的案件，首要的操在保民官之手，次要的操在市政官之手，因为一切以失职罪传讯民社任何官吏或职员的案件，无论结果是死罪或罚金，第一审一律由保民官判决，第二审也由他们主持；其余终归人民决定的案件则第一审由法座或平民的市政官判决；第二审也由他们主持。苏拉即使未直接取消保民官所司的清算讼案，可是一如对保民官的立法创制权，也使他们先须求得元老院的同意，市政官所司的刑事案件或也受到同类的限制。反之，他却扩充了陪审法庭的权限。当时陪审法庭的办事手续分为两种。寻常手续适用于一切我们所认为属于刑事或民事诉讼的案件，只有直接危害国家的罪恶除外；以这种手续，首都的城市副执政官一人或二人先整理一个讼案，而后命一位陪审以他整理的材料为基础实行判决。非常手续适用于重要的民事或刑事案件，遇有这种案件，依特殊法律设立一个特殊
372 陪审法庭，而非任命一个陪审员。属于此类的有因特殊案件而设立的特种法庭；有常设的专门法庭，例如罗马纪元第七世纪设有惩贪法庭，治毒杀和凶杀的法庭，或也有治贿选和其他罪恶的法庭；最后，有两个掌自由权讼案的十人法庭和掌遗产讼案的一百零五人或简称百人法庭，又因在一切财产案上用一根枪杆，百人法庭也名为长枪法庭（*hasta*）。十人法庭（*decemviri bitibus iudicandis*）是个极古的机关，以保护平民对抗他们的主人为事。长枪法庭起于何时，因何而起，已不可考，但据我们推测，必与上述大体相同的刑事裁判所殆无异。关于这些不同法庭的主持人，每庭的法令各有不同的规定；例如惩贪法庭以一位副执政官为主席，治凶杀案的法庭由曾任市政官的人中特举一位做主席，长枪法庭由前任财务官中选取几位做指导人员。按格拉古的规定，无论寻常手续或非常手续，陪审员都取自有骑士资格而非元老的人；一般说来，择人权属于主持法庭的官吏，然而他们一行就职，便须一举编定陪审名单，而后依这名单，不经官吏的随意选择，用抽签制和公众罢斥制，组成每一陪审团。由民选产生的只有处理自由权案件的十人法庭。

苏拉主要的改革共有三种。第一，他大大增加陪审法庭的数目。自此以后，下列罪案各设有特别陪审法庭来处理：勒索财物；杀人，包括放火和伪证在内；贿选；叛逆和侮辱罗马名誉；最大的欺

诈罪，即伪造遗嘱和货币；奸淫；最大的损害名誉罪，尤其是伤害人身和扰乱家庭的和睦；或许也有侵吞公款，高利贷和其他罪案；这些旧有和创设的法庭，苏拉给它们每个一种特别规程，规定它所掌 373
理的罪案和刑事诉讼的方式。再者，政府原有权应偶发的事件设特殊法庭来处理特种罪案，这权仍未被剥夺。这样一来，人民法庭大体作废，特别因为叛逆案现在归惩叛法庭审理；寻常的陪审法庭也大受限制，因为较大的伪造案和伤害案都不再归它们管理。第二，关于法庭的主管人，如上所述，现在有六个副执政官可供指导各陪审法庭之用，治凶杀案的法庭需人最多，所以除副执政官外又增派几个特别指导人员。第三，元老代格拉古的骑士，又复充任陪审员。

这些法规的政治目标——即消灭骑士阶级历来的参政权——昭然若揭；但又有不容置疑的，这些法规不仅是政治成见的结果，而且自阶级斗争以来，罗马的刑事诉讼和刑法日益陷于紊乱，这是首次的救乱企图。在古代的法律中，民事案件与刑事案件大体无别，按我们今日所有的含义把二者厘然划分，始于这次苏拉的立法。自此以后，案件属于副执政官做主席的陪审法庭的便是刑事案件，案件由一个或几个陪审员不在副执政官监督之下处理的便是民事案件。苏拉的诉讼法，整个看来，既可谓十二铜表法以后的第一个罗马法典，又可谓首次特别公布的刑事法典。但个别看来，也足见一种可嘉的宽大精神。这位曾施行剥夺人权的人竟废除政治犯的死刑，说起来似乎奇怪，但确属实情；因为按苏拉所固守不改的罗马习惯，只有人民能判决人的死刑和监禁，陪审法庭不能为此，叛逆案由公民移至常设法庭就等于废除这种罪的极刑。另一

374 方面，那有害的特种法庭因特种叛逆案设立的，如瓦里乌斯惩逆所即其一例，现在受了限制，这也是一种改进。全部改革均有非常而永久的利益，足为切实而宽大的政治家精神做个万古不磨的纪念碑，使这位改革家与古代的十人政府相媲美，使他不愧为一个以法典调停于各党派之间的至尊。

警察法规可视为上述刑事法的补遗，苏拉以法律代替监察官，以警察法重振良好的纪律和谨严的风习；他又规定新最高额以代替久已作废的旧额，也为的是制止筵宴、丧葬和他事的奢侈。

最后，独立的罗马自治市制度的发展，即使不是苏拉的作为，至少也是苏拉时代的事。在组织上把民社并入较高的国家体系之内作为一个附属的政治单位，这种思想本来不见于上古；东方的专制政体不知狭义的城邦，而在希腊、意大利世界，城市和国家却必然地处处合而为一。就此点而论，希腊和意大利自始就没有真正的自治市制度。尤其罗马的政策以其不屈不挠的特色固守这种见解；甚至到了第六世纪，意大利的附属民社还有一部分为保存他们的市宪法起见组成形式上有主权的非公民国家，另一部分如果取得罗马公民权，虽不妨自己组成一个团体，却被夺去真正的市自治权，以至于在一切市民殖民地和市民自治市，就是司法和建筑事业也都归罗马副执政官和监察官经管。罗马人所允许的，充其量不过准一个罗马任命的代理副执政官（*praefectus*）至少把急迫的案件就地解决。对各省也是这样，所不同的只是各省省长代替首都的当局而已。在自由市，即形似自主的城市，市府的官吏依地方法律掌民事和刑事的裁判；当然，若没有很特殊的权力作梗，每一罗
375 马人，无论是原告或被告，都可以要求把他的案件交意大利法官按

意大利法律来判决。在平常的各省民社，只有罗马省长是正规的司法当局，他负监督一切诉讼的责任。例如在西西里，遇有被告是西西里人，省长受本地法律的拘束，不得不弄个本地的陪审，准他按当地的习惯断案，这已非同小可；在多数省份，这事似乎视主管官吏的意见为转移。

到了罗马纪元第七世纪，人们不再把罗马民社的政治生活绝对集中于罗马城这个中心，至少在意大利如此。自意大利成为一个单独的城市民社，城市领域由阿努斯河和卢比孔河南达西西里海峡以来，人们不得不决定在这大单位内成立较小的城市民社。于是意大利照完全市民民社的规模组织起来，当这时候，人或者也把地大力强的行政区，凡是未曾割裂的，割裂成几个较小的城区。此时新兴的完全市民民社迄今为罗马的盟国，素有其相当的地位，它们若为罗马民社全体的一部分，则按旧日的法律，也必有其相当的地位，而今它们却居二者之间的折中地位。大致看来，它们的基础是往日形似自主的拉丁民社的宪法，或者，它们的宪法若略似罗马的宪法，它们的基础便是罗马古贵族和执政官治下民社的宪法；不过人欣欣然对于同一机关在首都即国家用一种名称，在自治市则另用一种较低的名称而已。人民大会位居至上，有颁布市法令和选举市官吏的特权。员额一百名的市议会担任罗马元老院所做的事。司法由四员法官办理，两员正法官等于罗马的两位执政官，两员市场法官等于罗马的法座市政官。监察官的职务与罗马无异，也是每隔五年来一次，并且从一切方面看来，以监督公共建筑为主，这职务也由民社最高官吏即两员正法官共同担任，在这种情 376
形之下，他们用“掌监察职或五年职的法官”的称号。市财政由两员财务官办理。司宗教事务的是最古拉丁宪法所独有的两个专家僧院，一个是市桥师院，一个是市鸟占院。

讲到这下级组织与国家上级组织的关系，一般说来，不但后者有全副的政治特权，而且前者亦复如是，因此，市法令和市官号令能约束市公民，正如人民法令和执政官号令能约束罗马人。大致看来，其结果为国家当局和市当局平行共事；例如两者均有估价和征税之权，各市估价和征税不顾罗马的规定，罗马估价和征税也不顾各市的规定；公共建筑可以由罗马官吏设置于意大利，也可以由市当局设置于本市，其他依此类推。如遇有冲突，城市当然对国家让步，人民法令当然能取消市法令。正式分职或仅见于司法，因为在司法上行纯粹平行制，必致引起极大的混乱。刑事诉讼的一切死罪案件，民事诉讼所有须主管长官独立行动的棘手案件，或均须留待首都当局和陪审员来办理，意大利市法庭的职权只限于不甚复杂的小讼案，或只限于很紧急的案件。

意大利这种市制的起源，未见记载。这种市制或始于第六世纪末叶所立大公民殖民地的特殊规程，亦未可知；公民殖民地和公民自治市有几种本身无关轻重的表面区别，至少由这些区别看来，我们可见在政治法上当时实际代拉丁殖民地的新公民殖民地原比远较古老的公民市居较佳的地位；这优势或只能是一种近似拉丁
377 组织的市组织，就是以后一切公民殖民地和公民自治市所有的组织。确可考证的新组织最初见于革命党的殖民地卡普亚；毫无疑义，经同盟战争之后，意大利一切素来自主的城市不得不改组为公民民社，新组织的充分应用必始于此时。至于最初的详细办法为尤利乌斯法或为 668 年即前 86 年的监察官，或为苏拉所规定，我

们不能断言；把监察官的职务移归两员法官，确似仿苏拉搁置监察官的法令而作，但是溯其源于不知有监察官的原始拉丁制度，亦无不可。无论如何，这种市组织——并入国家并且隶属于国家——是苏拉时期和罗马一般国家生活上一件最堪注意最关重要的事。上古的人确乎不能把城市嵌入国家，正如他们不能自己发展出一种代议政治和现代国家生活上那种伟大的原理，但他们已把政治发展做到洋溢冲破那原有的器量的限度；从一切方面看，罗马正站在新旧精神世界的分合点，所以上述的情形于罗马为尤甚。在苏拉宪法里，一方面人民大会和罗马国家的城邦性质沦为几无意义的形式；另一方面列在国家之内的民社却十足发展为意大利的自治市。在这种事上，名当然是实的一半，这个自由共和政体的最后宪法竟能名实相符地达到代议制和以市为基础的国家。

各省的市制度并不因此而有所改变；非自由市的市当局职务——特殊例外姑置不论——仍多限于行政和警务以及罗马当局不愿自掌的司法事务。

这就是卢奇乌斯·科尔涅利乌斯·苏拉给予罗马共和国的宪
法。元老院和骑士阶级、公民和无产阶级、意大利人和外省人，都
按摄政的指示把它接受，即使不无怨言，至少没有反抗；苏拉部下 378
的军官却不然。罗马军队的性质已完全改变。罗马军队在努曼提亚城下时不肯作战，经马略的整顿，固然比从前习于战斗，在军事上较为有用，但他们同时也由公民军一变而为一伙佣兵，他们绝不效忠于国家，而只效忠于能用私情博得他们亲附的军官。军队精神的完全改变已赫然呈现于内战之时；在这次战争期间，死在部下兵士之手的将军前后共有六人，即阿尔比乌斯、加图、鲁孚斯、弗拉

库斯、秦纳和盖乌斯·卡尔博；只有苏拉一人迄今仍能控制这危险的人群；当然，他所以能够这样，只因他放任兵士去恣意横行，为以前任何罗马将军所未有。如果我们因此指责他破坏旧有的军纪，这并非毫无根据，可是有欠公允；罗马官吏身为佣兵头领，始能尽其军事和政治职务的，实以苏拉为第一人。然而他担任军事独裁的职位，并无意使国家附属于军队，他的目的是强迫国家的一切，特别是军队和军官，再来服从民政的权威。这事一经披露，他的属僚里便有一伙人起而反对。寡头党可以对其他公民自为僭主；但众将军曾以其宝刀扶起元老已被推翻的座位，而今竟有人也要求这些将军毫无异议地服从这种元老院，似乎难以容忍。反抗新秩序的正是苏拉最信任的两位军官。苏拉派格涅乌斯·庞培攻取西西里和阿非利加，并且选他为女儿的丈夫，任务完成之后，元老院命他解散军队，他竟不遵，差不多公开叛变。昆图斯·奥非拉在普雷内斯特城前坚持到底，最后最苦的战役所以能得胜利大都得力
379 于此，他竟也公然违反新颁的法令，未做下级官职，便竞选执政官。对于庞培，他即使没有做到真诚的和好如初，至少做到和解息事。苏拉充分了解他的对手，不畏惧他，庞培当他的面出言粗鄙，说注意旭日的人多，注意落日的人少，他也加以容忍；这位好虚荣的少年一心想得空幻的荣典，苏拉竟准他如愿以偿。如果说他在这事上表示宽容，他对奥非拉却表示他不受部下将官的欺侮；后者一出来做违法的候选人，苏拉便使人在公共市场上把他斫杀，而后向集会的公民说明这是奉行他的命令，并且举出做此事的理由。这样一来，部下对新秩序的明白反抗固然一时归于沉寂，但反抗依然存在，使苏拉所云他这次的作为不能再做第二次的话，得一个事实上

的注解。

还有一件待做的事——或许是难于一切的事——就是使非常局势再回到新旧法律所定的轨道。因苏拉永未忽略这个终极目的，所以此事进行较易。虽然瓦勒里乌斯法使他有专制权，使他的每种法规有法律效力，但有些措置，尤其是剥夺人权，仅有暂时的重要性，元老院和公民若来参加，非但无益而且损害他们的尊严，只有关于这类事务，他始利用他的非常特权。他命人将来遵守的就是他本人已常遵守的法规。我们读到至今仍存的一部分财务官法，见有咨询人民的事，又有其他法律为证，如禁奢法和没收财产法。同样，关于较重要的行政法案，他也先与元老院商讨，例如派遣和撤回非洲军队，给各城特许状。依同样精神，苏拉甚至使人选举673年即前81年的执政官，因而至少能避免官方以摄政为纪年的恶例；然而政权仍专属于摄政，他指导选举，使次要人物当选。但到了翌年674年即前80年，苏拉又完全恢复平时宪法的效力，以执政官身份与他的同袍昆图斯·梅特路斯共掌国政，保存摄政 380
制，可是使它暂停活动。他深知若久行军事独裁制，对于他首创的制度何等危险。而今新局面似乎已臻巩固，新政虽有许多事尤其是殖民事业尚待兴办，然最大最重要的部分则已完成，他便使675年即前79年的选举自由进行，认为再度当选执政官与他亲订的法规不合，加以辞谢；到了675年即前79年岁首，在新执政官普布利乌斯·塞尔维利乌斯(Publius Servilius)和阿皮乌斯·克劳狄乌斯(Appius Claudius)就职之后，他辞去摄政职。迄今为止，这个人能随意处置亿万人的生命财产，他一颔首便有许多头颅落地，罗马每一条街、意大利每一城市都住有与他不共戴天的仇人，他没有一个与他平等的友人，严格说来，甚至没有一个固定党派的支持，竟能贯彻这损伤万千人利益和思想的革新国政工作——这个人如今出现在首都的市场，自动放弃他的全权，解散他的武装邑从，遣去他的仪仗队，要求那摩肩接踵的公民，如果有一人想向他算账，尽可说话，在这时候，甚至铁石心肠也感动了。一切默然；苏拉走下讲台，只有他的朋友跟随着，徒步回到寓所，他所穿过的人群正是八年前铲平他的住宅的民众。

后世对于苏拉本人和他的改革工作都没有正确的品评，因为一个反抗时代潮流的人物总得不到后世公正的批判。实则苏拉是历史上一个最可敬的人物，我们或可谓他是个唯一无二的奇观。在生理和心理方面属于多血质，蓝的眼睛，金色的头发，非常白皙但一动感情便泛红晕的面孔，再加以目光如炬，仪表娴丽，似乎从定命看，他对于国家的关系未必胜于他的先人；他的四世祖普布利乌斯·科尔涅利乌斯·鲁菲努斯（Publius Cornelius Rufinus，464年即前290年和477年即前277年的执政官）生当皮鲁斯时代，是个最负名望的将军，又是个最好奢华的人，自此以后，他的先人世居次等地位。苏拉所望于生活的不过是清静享乐。当时就在罗马
381 不甚豪富的家庭，精雅的奢华也是家常本色，他长养在这种环境之中，一切肉体和精神上的乐趣只要是希腊的优雅再加以罗马的财富所能取得的，他无不迅速十足地取为己有。他在贵族的厅堂是个怡人的友伴，在军营是个优良的战侣，一致受人欢迎；他的相知不分贵贱都觉得他是个有同情心的朋友，急人之难的救星，赠金给穷困的同人，比给殷富的债主快乐得多。他热烈地贪杯，更热烈地好色；甚至到他晚年不再做摄政之时，一天工作完毕后，他还入座

饮宴。他的整个天性全含着一股反讽意味，我们或可说全含着一股滑稽意味。甚至做摄政时，正在办理罪人财产的拍卖，有个人作了一篇不佳的颂辞献给他，他命人从遗产里拨一笔赏金给他，不过有个条件，就是作者须应允不再歌颂他的功德。他向公民解释杀奥非拉的理由时，却对人民讲"农夫与虱"的寓言。他喜欢选优伶为伴侣，不但好与昆图斯·罗斯库斯(Quintus Roscus)——罗马的达尔玛(Talma)——而且好与比他下贱远甚的伶人同坐饮酒；诚然，他本人也唱得不坏，并且写成笑剧在他的宴会里出演。然而他的身体和精神却不因这种欢乐酣饮而失其强健；他晚年乡居有暇，仍热烈从事于打猎，并且从被攻克的雅典城把亚里士多德的著作带回罗马，这足以表示他对于正经学问也感兴趣。罗马风气的特色反而惹他厌恶。罗马贵族喜欢在希腊人面前表现粗鲁的傲慢，器量偏小的贵族好妄自尊大，苏拉却没有这种习气；反之，他喜欢自由自在，到希腊城市就穿希腊服装——他本国人必多以为耻——或使他的贵族伴侣在赛会上亲自驱车比赛。他更没有半爱国半自私的希望心，在自由宪法的国度里每一少年才子必惑于此等希望而入政治的竞争场，苏拉与他人无异或也曾感到这些希望， 382
但他的生活徘徊于酩酊大醉与过分清醒之间，幻梦迅即消散。在一个还绝对为运数所主宰的世界，人若黾勉追求，所追求的不过就是这个运数，所以据他看来，想望和追求都是蠢事。当时一般人的趋势是醉心于不信，同时又醉心于迷信，苏拉也随着这趋势走去。他那古怪的信念并不是马略那种出钱使祭司替他占卜而后依此决定行止的平民迷信，更不是狂热信徒那种苦闷的相信命运，而是对于无理事物的信念，任何人若完全不再以为万物有连贯的秩序，便非有这种信念不可;这是幸运赌徒的迷信,自以为受命运的优待,每掷必中。在实际问题上,苏拉很晓得以讥讽的态度满足宗教的要求。当他弄空希腊神庙的府库时,他说一个人有神灵亲自补充他的钱柜,便永不会不成功。德尔斐的祭司告他说,他们不敢把他所要的财宝送给他,因为神的琴瑟经他们一触,便发出清越的声音;他回答说,他们现在更可以赶快把这些东西送来,因为神灵明明赞成他的计划。虽然如此,他仍欣然自命为神灵所选的宠儿,特别是阿芙洛达蒂的宠儿,他最崇奉这神,直到晚年。在他的谈话和自传里,他常常自夸神灵在梦寐和预兆中与他交接。他与众不同,做了这等的事业,当可自豪;而竟不然,他所自豪的却是他那唯一无二的可靠幸运。他常常说,每一随机应变的举动,结果总佳于筹划周详的举动;他有一种最奇怪的幻想——关于战死在他身边的人数,他总说等于零——这不过是幸运儿的孩气罢了。他既已达到世路的极峰,见当代的人都远远地在他下面,于是取"幸运者"
383 (Sulla Felix)为他正式的称号,并以相当的名字给他的子女,这无非是他天性的流露而已。

与苏拉无缘的莫过于有计划的野心。他太聪明,不至像当时一般的贵族那样以列名执政官录为一生目的;他太淡泊,太不是热衷派一流人物,不致自动地以改革腐败的政治结构为事。门第和修养把他安置在上流社会,他便留在上流社会,经历照例的宦途;他没有奋力的机会,就是有也把它让给政治的工蜂,做这种工蜂的实不乏人。这样,在647年即前107年分配财务官职务时,他受运数的驱使,来在非洲盖乌斯·马略的总部。这位来自首都缺乏经验的时髦人物遇见那粗鄙的将军和他麾下富有经验的属僚,自不甚受欢迎。苏拉为这种待遇所刺激，又本是个有胆有才的人，一转瞬间便把自己弄成个战事专家，在冒险远征毛里塔尼亚之役中，他初次表现那种特殊的智勇兼全，因此当代的人都说他一半是狮子，一半是狐狸，他那狐狸比他那狮子更加厉害。大家公认苏拉是真正结束努米底亚那可厌的战争者，这位年少而出自高门的光荣军官现在有灿烂的前程对他开放；他也曾参加辛布里战争，他那不凡的组织能力显见于办理给养这件难事；然而就到现在，首都快乐生涯对他的吸引力仍远非战争甚至政治所能及。在一次候选失败后，他于661年即前93年任副执政官职，当任职期间，又适逢机会，在他那最不重要的省份，竟能有对米特拉达特斯王的首次胜利，与强大的阿萨奇德王朝缔结首次的条约，又使他们首次遭到挫折。内战继之而来。第一幕是意大利叛变，这次使罗马决战得胜的主要人物是苏拉，于是苏拉以刀剑赢得执政官职位；更有进者，他做执政官时，又奋力把苏尔皮奇乌斯的变乱迅速平定。命运似乎专务以这位少年军官弄得老英雄马略相形见绌。捉拿朱古达， 384
击败米特拉达特斯，都是马略力求而不得的，却都完成在居下位的苏拉手里；在同盟战争中，马略丧失其为将的荣名，被人废黜，苏拉却建立了他在军事上的名誉，升为执政官；666年即前88年的革命同时也特别是两将军的个人冲突，结果马略被夺去人权，逃亡于外。几乎在无意中，苏拉成为名盖当世的将军和寡头党的护符。更可怕的新变乱继起——米特拉达特斯战争，秦纳的革命；苏拉的时运继长增高。有如一个不求扑灭本船上的烈火而仍向敌人射击不休的船长，当革命党逞狂于意大利之时，苏拉竟能在亚细亚坚持到底，毫不动摇，直到战胜公敌而后已。他一结果了公敌，便打破无政府状态，使绝望的萨谟奈人和革命党不能把首都付之一炬。对于苏拉，他还家的那一刻是个不胜悲喜交集的一刻；在他的回忆录里，他说他在罗马度第一夜时，终宵目不交睫，这话我们很可相信。但他的工作依然未了；他的时运还须再向上升。他的专制独裁不亚于任何君主，可是始终不离正式法律的境地，他遏制极端的反动派，消灭四十年来束缚少数党的格拉古宪法；资本家和首都无产阶级有与少数党争衡的势力，他的部属中间又发展出武力的跋扈，他先强迫前者而后终于强迫后者再服从新定的法律。经过他的措置，少数党比往日更为独立，官吏的职权落在他们的手中，成为供役使的工具，立法权、法庭、最高兵权和财政权都交给他们掌管，解放的奴隶给他们做一种亲兵，屯田的军事殖民团给他们做一种军队。最后，工作一旦完毕，创造者便退避他的创造物，这位专制的独裁甘愿再做一个单纯的元老。在这政治和军事的漫漫长路上，苏拉未曾打过一次败仗，未尝被迫走一步回头的路，不为朋友和敌人所迷惑，竟能使他的工作达到他所自定的目标。他诚然应
385 当感谢他的命运。反复无常的命运女神似乎独在这里把她的反复无常改为始终一致，乐于把成功和光荣堆在她的宠儿身上而不问其愿否。但历史对他须比他对自己为公允，他的地位须列在纯粹的幸运宠儿之上。

我们不想说苏拉宪法是一位政治天才的作品，可与格拉古和恺撒的宪法相比。其中所含的政治思想——真的，它既是复古，当然不免这样——没有一个是新的；它最重要的因素——任财务官职始能入元老院，取消监察官逐元老出院的权力，元老院有立法创制权，把保民官职化为元老院限制独裁权(*imperium*)的工具，改

官吏任期为二年，把兵权由民选官吏移归元老院的续任执政官和续任副执政官，甚至关于刑事案件和自治市的新规程——都不是苏拉的创造而是往日由少数政治发展出来的制度，他不过加以整理和规定罢了。甚至与他那复古相连的恐怖政策如剥夺人权和没收财产——若与那西加、波皮利乌斯、奥皮米乌斯、恺庇欧等人的行为相比，不是把少数党铲除政敌的惯用方式定成法律还是什么？我们要评判本时期罗马的少数党，非加以铁面无情的指责不可，苏拉宪法无异于他种与少数党有关的事物，也不免受这种指责。我们若惑于恶人的高才而加以赞赏，便辜负了历史的神圣性；但须切记，罗马全体贵族几百年来结成一党来专政，他们年甚一年地陷于衰朽乖张的老态，在苏拉复古上，他们应负的责任自当远过于苏拉；归根结底地说，这次复古所有一切的陈腐和残暴都由这个贵族而来。苏拉改组国政，可是他的身份不是一位家主能依己意整理他那乱纷纷的田产和家人，而是一位忠心听命于家主的临时管家；在这情形之下，若把究竟的重要责任从家主迁到管家身上，既属浮淡，又欠正确。剥夺人权、没收产业和恢复旧观都是无法补偿或未常补偿的可怖事件，如果我们认为这些暴行是一个侥幸为国家元 386
首的残忍僭主所为，那就太高抬了苏拉的重要，或可谓对这些暴行太轻于让步了。这些和复古的恐怖都是贵族的作为，苏拉与这事的关系，用诗人词句说，不过是在有意识的思想下无意识中为其所化的刀斧罢了。这种职务，苏拉做得圆满异常，简直非人力所能及；但在其所划定的范围内，他的影响不但伟大，而且有用。当时罗马的贵族堕落已甚，并且日甚一日，苏拉竟情愿而且能够丝毫不顾一己的权利，为他们运用将军的刀和立法家的笔，再也没有一个贵族能像他们似的得到这样一位保护者。一个武人是因为有公德心而不屑居王位，还是因为厌倦而抛弃王位，二者当然不同，可是在全无政治的自私上——当然只就这一点而论——苏拉不愧与华盛顿齐名。

可是不但对于贵族而且对于全国，苏拉的功劳均大于后世所愿承认的。他确实结束了意大利的革命，只要是源于蔑视低权地方而重视高权地方的革命；他强迫自己和同党承认一切意大利人的法律平等权，意大利政治上的完全统一以他为真正观成的创造者——这种利益甚至以无限艰苦和流血换得，也不算代价太昂。然而苏拉的功绩还不止于此。五十余年以来，罗马的势力即在衰落中，罗马的无政府状态长久不息；因为元老院用格拉古宪法来治国等于无政府；秦纳和卡尔博主政时无政府状态更远甚于前——这种惨状最显明地反映在那既狼狈而又荒谬地与萨谟奈人联盟——政府状态极混沌、难堪和恶劣的能事，实际说来，这是末路的开端。我们以为倘苏拉不在亚细亚和意大利施行干涉以救罗马的危亡，那么，久已腐朽的罗马共和国必至土崩瓦解，这话并非过
387 分。固然，苏拉宪法的缺乏永久性不亚于克伦威尔(Cromwells)的宪法，我们不难灼见他的建筑有欠坚实；但是倘无苏拉，连建筑的地基也极可能被狂流冲去，这事若被忽略，那便是不思之至；甚至缺乏坚实也不能由苏拉全负其咎。政治家所兴建的仅是在指定范围内他能兴建的东西。是凡一位保守主义者要拯救旧宪法所能做的，苏拉都已做过；他自己也有预感，觉得他或能修筑一座堡垒，可是不能创造一支守兵，少数党无能已极，因而挽救少数政治的企图终属徒劳。他的宪法有如一条向波浪滔天的大海中起造的临时堤

防，这个建筑违反自然，甚至托庇于它的人也不加以守护，就算十年以后波浪把它吞没，也不是建筑者的罪过。政治家不必一一参考苏拉那些很可嘉的改革，如修正亚细亚税制和刑事法，自不会蔑然抹煞那昙花一现的苏拉复古；他必以为这次罗马共和的改造既有正确的计划又在无限困难中大致始终如一地见诸实行，加以赞赏；他必把这位罗马救主和意大利统一的完成者置在次于克伦威尔可是与他同等的地位。

然而对于死者有批判之权的不仅是政治家；对于苏拉的作为或他让别人所行的事，人类激昂的感情自当无日平息。苏拉不但用横暴手段建立了他那强权政治，而且做这事时公然不以为耻，不讳其名，但大多数胆怯的人都是不恶其实而恶其名的，他这样一来，便把这班人得罪得无可挽回；他的罪行都带有冷静无情的色彩，由道德的批判看来，诚然比发愤而起的罪行更为可恶。剥夺人权、悬赏杀人、没收财产、立决抗命的军官，均为数见不鲜之事，古文明颟顸的政治道德对之只有冷淡的指责；可是罪人的名单竟贴在公共场所，他们的首级竟陈列示众，盗匪若杀死他们竟能得定额的奖金，奖金竟依法登记在公家账簿，没收的财产竟如得自敌人的 388
利物当众拍卖，将军竟令人立斩一个抗命的军官并在人民面前承认此事；以上都是史无前例的事。这是公然藐视人性，也是政治上一个错误；后来的革命危机受这个错误的遗毒不少，因此，这位剥夺人权法的创始者到如今还是身背恶名，并不冤枉。

又有一事也应加以指责，即苏拉遇到一切重要事务总是不顾一切地毅然做去，在次要尤其是个人问题上他却常常受他那热血的支配，按着爱憎去处理。在他真觉得愤恨之处，例如对马略一党,他让愤恨自由发泄,不加阻止,甚至对无罪者亦然,他自夸任何人都不及他善于报答朋友和仇敌。[①] 他不齿于利用他那当权的地位积聚绝大的财富。他是罗马国的首任专制君主,刻在他所制定的禁谣法和禁奢法上证实了专制政体那条金科玉律,即君主不受法律的束缚。他恣意奢淫,不过有害于己,他纵容本党和同伙胡作非为,却更有害于国。他的军纪废弛虽一部是迫于政治需要的结果,也可以算在此类,但为害远甚于此的却是他纵容他的政治党羽。他的耐性几使人难以置信;例如卢奇乌斯·穆雷那因极端愚蠢和违命,为敌所败,结果不但免受惩处,甚且准他举行凯旋礼;格涅乌斯·庞培的行为更坏,却由苏拉受得更优厚的宠荣。那规模广大而罪恶滔天的剥夺人权和没收财产,或非出自苏拉的本意,而出这种淡漠态度,当然,处在他那地位,淡漠态度未必更可原谅。苏拉的本性既刚毅而又淡漠,他的行为前后相差天渊,有时宽容得使人难信,有时严酷得毫不容情,其理由不难索解。有人说他为摄
389 政以前原是个忠厚和蔼的人,但他做摄政时却成为一个残忍好杀的暴君,这话虽经千百次的反复申言,却不免自相矛盾;如果说他做了摄政便一反早年的温和态度,不如说他无论施罚和赦罪,总是那样懒散淡漠。他的政治行动无处不有这半带讥讽的儿戏态度。这位战胜将军既随他高兴贬他那战功为幸运,也以为战胜本身没有价值,好像他有点预先感到所做的事虚无易灭;他仿佛是个管家,宁愿修缮补葺而不愿拆毁重建,到头来只能在败瓦颓垣上加一

① 欧里庇得斯,《美狄亚》,八〇七:请不要把我当作孱弱而瘦小,也不要当作萎靡;我是另一种材料,对我的仇敌凶狠,对我的朋友和善。

层可怜的粉刷，也就罢了。

但就他的本质而言，这位政治上的“唐潢”(Don Juan)却是个前后一致的人。他的全部生活都证明他内心的平稳安静，在大多数迥不相同的情势下，苏拉永是依然故我，无所改变。他在非洲获得辉煌的胜利以后，受一种思想的驱使，再去追求首都的游惰生活；他取得十足的专制权以后，又受这种思想的驱使，便到他那库迈别墅中去寻休息和消遣。公家事务是个重负，他一有可能，便把它丢开，这话在他口中不是口头禅。他辞职以后，也完全不改常度，既不烦闷，也不做作，以摆脱公家事务为乐，可是遇有机会，仍往往施行干涉。他闲暇时以打猎捕鱼和做他的传记为事；其间有邻境菩提奥利(Puteoli)殖民地的公民相争，苏拉应他们的请求，替他们整理内政，与往日整理首都内政一样的妥善迅速。他在卧病中最后的活动是关于募捐重建卡庇托尔神庙的事，这庙的落成他却已不及目睹了。

他退休后才过一年，年六十岁，身体精神仍很强健，竟为死神所追及；卧病不久以后——甚至死前二日他还在写他的自传——他因破裂了一条血管[①]而与世长辞(676年即前78年)。甚至在死 390
亡中，他那可靠的幸运也不把他遗弃。他绝不愿再被卷入可恶的党争旋涡，也不愿率领他的老战士再去攻打一个新革命党；然而在他死时西班牙和意大利正是这种情形，如果他多活几时，必不免担任这种工作。首都许多人在他生时默默无言，现在听得他应在首

① 另一记载说他死于虱症(Phthiriasis)，不准确；理由很简单，那种病症只存在幻想中。

都公葬的提议，已大声反对，以为不当依议对这位僭主表示身后的尊荣。可是人们对他的记忆太新，对他那些老兵的惧怕太深，所以决议把他的遗体运到首都，在首都举行丧葬。

意大利从未见过比这更盛大的葬礼。这个身穿王者服色的尸体被人抬着，他那熟识的旌旗和仪仗在前引路，所经之处，居民尤其他的旧部下无不加入这出丧的行列；这位英雄生时常常率军出战，无往不胜，现在他死了，仿佛全军又要在他身旁再聚一次。如是，这无限长的出丧行列走到首都，这里法院休暇，一切事业停顿，两千顶金冠待献于死者——这是忠贞的兵团以及各城和较为亲密的朋友对他最后的敬礼。苏拉谨守科尔涅利氏的家风，遗命把尸身葬埋而勿火化；但别人比他更能惩前毖后；他曾掘起安居墓中的马略骸骨，现在元老院下令把他的尸体付之一炬。一切官吏和整个元老院以及穿公服的男女祭司和带骑士武装的贵族少年队做前导，这个行列走到大市场；在这处处可见他的勋业而几乎仍可听得他那可怕的语声的地方，有人对死者致了哀辞，然后众元老肩负灵舆，由此往火葬堆所在的大校场。当火势熊熊的时候，骑士和兵士绕尸奔跑来示敬；摄政的骨灰埋在大校场古王陵墓之侧，罗马妇女为他服丧一年。

第十一章　共和国及其经济

我们已叙述了一个前后九十年的时期——四十年彻底的太平，五十年几乎不断的革命。这是罗马史上最不名誉的时期。固然，罗马人已越过阿尔卑斯山的东西两方，罗马武力在西班牙半岛远达大西洋，在马其顿、希腊半岛远达多瑙河；但这样得来的桂冠代价甚廉，效果甚微。“境外民族在罗马公民的意志、努力、统治或友谊之下的”①范围并未大加扩充；罗马人只是收获盛世所得的利益，使泛属于罗马的民社日益沦为完全的属国，就认为满意。各省重归一统是个灿烂的帷幕，幕后隐藏着罗马威势很显然的衰落。当整个上古文明日益确定为罗马国所囊括，在其中得到日加普遍的承认，被摈于外的民族在阿尔卑斯山和幼发拉底河外的，始同时舍守势而取攻势。在阿奎-塞克斯提亚和韦尔切利、在恺罗尼亚和奥科梅诺斯等战场上，我们听得雷雨的最初霹雳，这就是日耳曼部落和亚洲部众将来带到意大利、希腊世界，而其最后重浊的隆隆声几乎响到今天的雷雨。在国内的发展上，本期也带着这种性质。

---

① 原文为 *exterae nationes in arbitratu dicione potestate amicitiaue populi Romani*(*lex repetund*. v. 1)，这是官方对非意大利的属国人和保护国人的称呼，以别于意大利的“盟邦人和同种人”(*Socii nominisue Latini*)。

旧组织已土崩瓦解，不可收拾。罗马共和的规模本是个城邦，这城邦经自由的公民团自举国主，自制法律；听取忠告的国主，在这种法律的限制内，以王者自有的权衡治理这个城邦；环拱这个城邦的
392 是意大利同盟和意大利境外的全体盟邦，前者是一群与罗马民社大致同类和同族的城邦，后者是一些希腊自由市以及野蛮民族和属国，二者与其说受罗马的统治，不如说受罗马的监护，形成一个双层的势力范围。革命造成一个终极的结果——名义上的保守党和平民党在这事上双方合作，并且在这事上归于一致。本期之始，这古色古香的结构虽则百孔千疮，摇摇欲坠，尚能屹然直立，到了本期之末，它竟成为一堆分崩离析的瓦砾。握政权的现在不是单独一人，便是贵族或富人所组成而不容他人加入的少数党。公民已失去一切参政的实权。官吏在暂时掌权者的手中，成为不能独立的工具。罗马城邦经过不自然的扩大，已告崩溃。意大利同盟已并入这个城邦。意大利境外的盟邦正在变为藩属的过程中。罗马共和的全部有机组织均已沦亡，所余的只是一团多少有些互相冲突的粗糙成分。大局有变为完全混乱和国内外一齐解体的趋势。政治运动完全趋于专制；唯一仍在争执的只是专制者应为不开放的贵族界，还是资本阶级的元老院，还是一位君主。政治运动所循的途径完全是达到专制政体的路；自由共和国的基本原则是交争的势力应互以间接压迫为限，在各党的心目中，此原则似已不存，于是在实行争权时，双方始先用棍棒，不久便动刀剑。双方都承认旧宪法确已作废，政治新发展的目标和方法已有明白的规定，专就这层来说，革命可谓告终；但对于改造国家问题，革命迄今只有权宜的解决法；格拉古和苏拉的体制都不带一成不变的色彩。

但这个苦痛时代最苦痛的现象却是甚至明眼的爱国志士也没有希望和努力。自由的太阳及其无量充盈的幸福正在日趋没落，不可 393
遏止，黄昏正降临这仍然如此光明的世界。这不是爱国心和天才可以抵挡的意外灾难；罗马共和国的毁灭乃是因为中了上古社会的毒——探本穷源地说，就是中了奴隶无产阶级败坏中产阶级的毒。一个医师无论延长或缩短病人的苦痛，在他同是一件伤心事，现在最明智的政治家所处地位，也与这种医师相似。无疑地，一位专制君主愈迅速而彻底地尽废残余的古代自由宪法，而为专制政体中尚有余地的一点人类繁荣创出一种新形式和表现，便愈对罗马有益；有当时情况之下，君主政治与任何少数政治相比，其真利益即在君主政治厉行破坏和厉行建设，绝非一个同僚机关所能做到。不过冷静的思量不能缔造历史；造成将来的不是理智而只是热情。这不死不活的共和国还能再延多久，这共和国还是终于找到一位雄才大略的人做它的主人，如果可能，做它的重生父母，还是在惨苦衰弱中土崩瓦解，人们只好静坐以俟。

本时期经济和社会的情形，所有未见于上文的，我们尚须加以叙述。

自本期之始，国家财政即大体倚赖各省的税收。在意大利，田赋恒作为次于公地和其他经常收入的额外课税，自皮德纳之战以来就未尝征收，以至于人以为绝对免赋是罗马地产的宪法特权。国家的特权如盐专卖和造币权如果有时被目为财源，至少现在不然。新创的遗产税以后又被放弃，或者直接被人废止。因此，罗马
国库由意大利（包括内阿尔卑斯的高卢）所抽收的不过一部分是公 394
地的收益，特别是坎帕尼亚领域和凯尔特地金矿的收益，另一部分

是解放奴隶税和由海道输入罗马城邦而非供输入者私自消费的货物税。二者大体均可认为奢侈税，罗马公民权和罗马收税区既同时扩张到全意大利，或连内阿尔卑斯的高卢也一包在内，这两种税当然大有增加。

在各省，有依战争法而被灭的城市，有罗马政府代以前君主之位的国家，前者的全部公地和后者的全部地产，都被罗马直接当作它的私产。凭着这个权力，莱翁提尼、迦太基和科林斯的领域，马其顿、波加蒙和昔兰尼等国君主的地产，西班牙和马其顿的矿区均被目为罗马公地；同样，罗马监察官把卡普亚的领土租给私人经营，或取定量的产物，或收定额的金钱。我们在上文业已阐明，盖乌斯·格拉古更进一步，主张各省的土地一概都是公地，特别在亚细亚省，实际已贯彻了他的主张；他根据罗马国家对于该省土地、牧场和海岸的所有权而不问其曾属于国王或私人，依法征收那里的什一田赋、牧税和港税。

关于各省，本时期未见有利可图的国家特权，罗马禁植葡萄和橄榄于外阿尔卑斯的高卢，对国库本身毫无裨益。反之，直接税和间接税却都有大规模的征收。被承认为完全自主的属国如努米底亚和卡帕多奇亚等，同盟国（*civitates foederatae*）如罗德斯、墨撒那、陶罗麦农（Tauromenion）、马赛利亚、加的斯等，都依法免税，他们仅受条约的束缚，在战时须按常规供给定额的军舰或兵丁，当然遇必要时，也须拿出任何种类的额外缓助，以支持罗马共和国。

另一方面，其余省区，甚至自由市也在内，一概有纳税的义务，
395 只有得享罗马公民权的城市如纳博，和特赐免税的民社（*civites immunes*）如西西里的桑图里帕（Centoripa）为例外。直接税一部

分是——如在西西里和撒丁——对于田禾和其他田中产物如葡萄、橄榄等的什一税，[①]如果其地为牧场，便是与之相当的牧税；一部分是——如在马其顿、阿喀亚、昔兰尼、阿非利加大半、西班牙两省，依苏拉的规定亚细亚省亦如是——每民社每年缴给罗马的定额金钱（*stipendium*，*tributum*）。例如全马其顿所缴的金钱为六十万第纳尔，小岛伊亚罗斯（Gyaros）所缴的为一百五十第纳尔，这种数目显然大致甚低，小于罗马入主以前所纳的税。土地什一税和牧场税都由国家租给私人包办，而以缴纳定量粮食或定额金钱为条件；至于金钱的直接税，则国家取自各民社，听各民社按罗马政府所定的原则估计应出钱的人出钱若干，而后向他们征收。[②]

间接税——姑不论由道路、桥梁和运河所征收的次要税捐——大半为关税。上古的关税即使不纯是对出入口商品征收的入港税，至少以入口税为主，入境税则较少，每一民社可在它的港 396

① 这种什一田赋是国家从地产上征收的，应与地主的什一税明白区分，因为什一税是加在公地上的。什一田赋在西西里出租，并且定额一成不变；什一税——可是在西西里，此税只适用于第一次布匿战争后罗马所得的土地，而不适用于莱翁提尼的领土——却由罗马的监察官出租，偿付产物的多寡和其他条件都由他们随意规定。

② 这事进行的方式似如下述。罗马政府先规定这种赋税的种类和总额。例如在亚细亚省，按照苏拉和恺撒的规定，由田禾十束中取其一束；依恺撒的命令，犹太人每两年捐献其种子四分之一；以后在西利西亚和叙利亚有百分之五的地产税，在阿非利加似乎也有一种与上相似的税——在这事上，地产似乎依某些假定例如占地面积、门道数目、儿童和奴隶口数等来估价。根据这种法规，每一民社的官吏，在罗马省长监督之下，决定谁有纳税义务，每人应纳何物；如果有人不按时缴款，这种欠税便也像在罗马一样卖出去，就是说，把这欠税移交一个承办人办理，命他去收。这些税款流入领袖民社的库藏——例如犹太人须纳粮于西顿——然后定额的金钱由此等库藏解到罗马城去。这样，此等赋税也是间接征收的，中间人或按情形自留税收的一部分，或拿他自己的财产加进去；这种征收法与用包税商的征收法所以不同，只在前者的中间人是纳税人的民社当局，后者的中间人是罗马私营商业的人。

口和境内任意收税。罗马人通常承认这种原则,因为他们原来的关税范围不超过罗马的公民区域,关税界限又不等于帝国界限,所以不知有普遍的帝国税则;端赖国家条约,他们才能为罗马国家取得在属国全免关税之权,为罗马公民至少取得种种关税上的优待条款。但有些地方未得与罗马结盟,处在真正藩属的地位,也未尝取得免税权,在这些地方,关税当然落在真实主人即罗马民社之手;因此,罗马在其帝国内几个大区域设立关税特区,在特区中与罗马结盟或有免税权的各民社成为免纳罗马关税的插花地。于是甚至自迦太基时代以来,西西里已自成为一个税区,在西西里的边境上对于一切出入口的货物均收百分之五的从价税;于是在亚细亚省的边境,依森普罗尼乌斯法,也征收百分之二点五从价税;同样,纳博省独为罗马殖民地的领域,也组成一个罗马税区。各民社收取种种不同的关税,不免酿成混乱,这些措置除有赋税的目的外,也许源于一种可嘉的用意,即以一致的入境税则制止那种混乱。关税的征收权一如什一税的征收权,也租给中间人,毫无例外。

397 罗马纳税人的平时负担只以这些为限;但我们也不可忽略一个事实,即收税的费用很大,纳税人所缴的数目与罗马政府所得的数目迥不相侔。因为以中间人尤其是一般承租人收税,本是个极靡费的制度,又因在罗马,出租的税不大分割,资本家又结成极大的会社,有效的竞争极端困难。

但第一,经常课税之外尚有征发。军务的费用依法应由罗马民社支付。罗马供给每省统兵官的运输工具和其他必需品,罗马发放各省驻兵的饷金和给养。外省民社对于官吏和兵士只要免费供应住处、木柴、干草和其他物品；实则自由市甚至可经常免于冬季驻兵——当时尚不知有永久兵营。所以省长若需要粮食、船只、驾船的奴隶、麻布、皮革、金钱或他物，在战时——在平时也无大异——他必可按他的意见和需要向附属民社或受保护的自主国家绝对自由地要求这些供应；但这些供应有如罗马的田赋，在法律上被目为购买或赊欠，罗马国库应立刻或以后照价偿还。然而这些征发即使在政治法的理论上不成为省民最重的负担，至少在实际上如此；又因为偿款数目常由政府或省长单方决定，更成为省民最重的负担。我们诚然遇见几次立法，限制罗马高级官吏这种有害的征发权；例如，上文述一规则，在西班牙，取民田禾不得超过二十分之一，物价须公平决定，省长要求本人和随员所需的粮食不得超
过所规定的最高额，首都所需粮食常至少取自于西西里的，须预先 398
规定明确而高昂的报酬。可是有了这些规则，各省民社和个人在经济上所受征发的压迫虽确有时减轻，却绝未解除。在非常危急之时，压迫不免加重，有时竟至毫无止境，因此就事实而言，征发常变为一种硬派的罚款或强迫的乐捐形式，如是，报酬便全付阙如。例如亚细亚人对于罗马确曾犯了极重的罪，在 670—671 年即前 84—前 83 年，苏拉强迫他们给每个住在他们中间的兵士四十倍的饷金（每日十六第纳尔），给每个百夫长七十五倍的饷金，此外还有衣服和饭食以及随意请客之权；例如不久以后，这位苏拉又对保护国和属国普遍乐捐一次，在这种情形之下，当然谈不到偿还。

再者，地方上的公共负担也不容忽视。比较地说，这项负担必

很重大，[①]因为行政费、公共建筑修理费和普通一切的民政费均由地方预算负担，罗马政府只担任由它的库藏支付军费。不过就是关于这笔军事预算，也有很多项目落在各民社身上——如意大利境外军路的筑造和维持费，意大利海外舰队的经费，甚至陆军大部的开支等；原来保护国和属国的军队常须用本民社的经费在本省内服务，现在始日益频繁地听罗马人随意用在省外任何地方，色雷斯人用在阿非利加，阿非利加人用在意大利，依此类推。如果向政府纳直接税的只是各省而非意大利，只要意大利独负军事的责任和费用，这即使在政治上不算公平，在财政上还算公平；但自放弃
399 此制之后，省民在财政上确系负担过重。

最后，罗马官吏和包税商人用种种不公平的手段增加各省赋税的负担，这一大批的不平事，我们也不可忘怀。虽则省长所收的馈赠在法律上无一不可视为勒索，甚至他的购买权也可受法律的限制，然而他行使公家的职权时，如果他有意作弊，便饶有作弊的借口。安排军队的住处；官吏和大群元老阶级或骑士阶级的佐理员、书记、法警、传宣官、医官和祭司均免费住宿；核准以实物偿还的供应品，并供给其运输；特别是强买和征发——一切官吏因此都有把富拟君主的财产由各省带回家去的机会。政府的监察愈显得毫无价值，资本阶级的法庭愈显得实际仅能危害正直的官吏，这种劫掠行为便愈加一天比一天普遍。605 年即前 149 年，因屡次有

① 例如在犹太，约帕城(Joppa)向本地君主纳粮二万六千零七十五牟底，其他犹太人则纳田禾十分之一；此外还要加上神庙捐和交到西顿预备给罗马人的款项。在西西里，除罗马的什一税外，也由财产征收很大的地方税。

人控告省官勒索，设立了一个审判这类案件的永久法庭，禁勒索的法律接踵而起，并且处罚日益加重，这足以表示此弊的日增月盛，一如水量计表示水位的升高。

在这种情形之下，甚至理论上宽和的课税，在实际上也可以变为极端的苛政；并且确属如此，已无可疑。不过意大利的商人和银行家在财务上对各省所施的苛政远重于百弊丛生的课税。

总而言之，罗马由各省所取的进款并不真是我们现在所谓课税于民的意义，而很类似阿提卡的捐输以供上国维持军备之用的收入。总收益和纯收益所以非常渺小，即以此故。有人说罗马的 400
收入，迄691年即前63年为止，大概除意大利的进款和什一税包商以实物运交意大利的粮食不计外，为数不过二亿塞斯特，就是说，仅为埃及王由全国所得岁入的三分之二。只在乍看一眼时，这种比例似乎奇怪。托勒密王家以大农园主人的资格开发尼罗河流域，又因垄断东方的通商，收得绝大的款项；罗马国库不过是在罗马保护下而归统一的各民社的联合军需库。纯收益似乎比率更小。或只有盛行迦太基税法的西西里是个大有盈余的省份；自盖乌斯·格拉古为实现他那粮食配给计实行没收亚细亚土地，和征收公地税以来，亚细亚省特别是个大有盈余的省份。有很多证据看来，罗马的国家财政大体倚赖亚细亚省的岁入。有人说其他省份平均几乎收支相抵，这话似乎十分可信；真的，那些须有重兵驻守的省份如西班牙两省，外阿尔卑斯的高卢和马其顿大概常常入不敷出。概括地说，罗马国库平时诚然有盈余，使他们饶有支付国家或城市建筑费的余裕，并能积款以备急需；不过就是这种款项的数字若与罗马的广大领域相比，也表明罗马赋税纯利的菲薄。所以就某种意义而言，那既可敬而又明智的旧原则"政治的霸权不可视为有利益的特权"，往日曾左右罗马在意大利的财政，现在也左右罗马各省的财政。罗马民社从海外属地所征收的，通常又花费在海外属地的军事安全；对于纳税人，罗马人的征求既重于以前的课税，但大半用在海外，所以另一方面，以一人的统治和集中的军政代替许多小君长和小军队，也含有财政上一种很大的节俭。然而这个古时盛世的原则当然自始即因容许众多例外而深受摧残和
401 毁丧。希罗(Hiero)和迦太基在西西里征收的什一田赋远超过每年所索的战费。再者，西塞罗书中所记西庇阿·埃米利亚努斯的话也很公允，他说罗马公民团不当一面统治各民族一面又向他们收税。取关税为己有，与无私的霸主制度不合，高高的关税率和苛扰的征收方式也不适于消弭所激起的不平之感。大概在这时候，"收税者"这个名称即已在东方民族中成为流氓和强盗的别名；使罗马人之名特别在东方可厌可恨，没有更甚于这种税的。但盖乌斯·格拉古和自命为罗马"平民党"的人掌政权时，他们直言不讳，声明政治主权等于每一参政人员各有取得若干石粮食的权，霸权一变而为直接的土地所有权，最完备的既定法不但见于实行，而且竟以无耻坦率的态度引法律做说明，宣布出来。在这方面，遭到最苦命运的正是最不好战的两省，一个是西西里，一个是亚细亚，这确乎不纯属偶然。

当时罗马财政状况没有明确的记载，但首先由公共的建筑可以略识其梗概。本期初叶，公共建筑的经营规模极大，特别是造路，没有像这时期这样努力的。在意大利，南行大道可能源于前代，这条道是亚庇路的延长线，由罗马经卡普亚、贝内文托和维努

西亚而到塔兰托和布隆迪西乌姆两港，属于此路的有622年即前132年执政官普布利乌斯·波皮利乌斯(Publius Popillius)所造自卡普亚至西西里海峡的支线。在东海岸，迄今只有自法努姆至阿里米努姆作为弗拉米尼路的一段，现在沿海路线向南延长，直至阿奎莱亚，至少由阿里米努姆至哈特里亚一段也是上述波皮利乌斯同年所造。埃特鲁里亚的两条大道——一条是沿海路，又名奥勒里路自罗马达庇萨和卢那，建于631年即前123年间，另一条是卡西乌斯路经苏特里乌姆(Sutrium)和克卢西乌姆(Clusium)通到阿 402
雷提乌姆和罗马伦提亚，此路的建筑似不在583年即前171年之前——大约在这时候才被认为罗马的公路。罗马城四围无须新的计划；但在645年即前109年穆尔桥(Ponte Molle)即弗拉米尼路距罗马城不远渡台伯河的桥，改建石桥。最后，北意大利迄今所有的人造路只是终于弗拉米尼-埃米利亚路，大波斯图姆路(Postumische Slcare)建于606年即前148年，此路自热那亚经德托那(Dertona)——大约同时在此设了一个殖民地——普拉森提亚(即皮亚琴察)，在这里衔接弗拉米尼-埃米利亚路，再经克雷莫纳和维罗纳，于是与第勒尼安海和亚得里亚海相接；此外又加以645年即前109年马尔库斯·埃米利乌斯·斯考鲁斯在卢那与热那亚之间所成立的交通线，此线使波斯图姆路与罗马城直接相连。盖乌斯·格拉古以另一方式致力于改进意大利的道路。分田时，他指定受路旁田地的人有世世修理道路的义务，因此使乡间大道得有相当的修治。再者，立里程碑和以正式界碑表示地界等习惯，似乎都由他而来，至少由分田部门而来。最后，他规定田间须有好路，以便振兴农业。但更加重要的，是在各省建造帝国大道，这事必始于此时，毫无疑义。长期经营之后，多米提亚路成为自意大利至西班牙的一条安全陆路，与设立阿奎-塞克斯提亚和纳博有密切的关系；伽比路和埃纳提路自亚得里亚沿岸要地——前者自萨洛那，后者自阿波罗尼亚和都拉奇乌姆——通到内地。625 年即前 129 年设立亚细亚省，曼尼乌斯·阿奎利乌斯(Manins Aquillius)即刻兴修大路网，由省会埃菲苏取种种方向通至帝国边界。此等工程的起源不见于本期残缺的记载，可是它们必与本期高卢、达尔马提亚
403 和马其顿的战事有关，对于国家的中央集权和蛮夷区域被征服后的进入文明，必有极重大的关系。

至少在意大利，大规模的排水工程与修路工程同时并进。594 年即前 160 年庞普丁沼池(Pomptinischen Sümpfe)泄水工程——关乎中意大利的生活问题——进行得极为努力，并且至少有暂时的成功；645 年即前 109 年，与建筑北意大利的大路同时并进，完成帕尔玛与普拉森提亚间低地的泄水工程。更有进者，政府大修罗马城的水道，这对于首都的卫生和安适绝不可少，并且费用很大。不但自 442 年即前 312 年和 492 年即前 262 年即已存在的两条水道——一条是阿庇安水道，一条是阿尼奥水道——又在 610 年即前 144 年彻底重修，而且造了两条新水道。610 年即前 144 年造马尔库斯水道，水质甚好，水量丰富，以后无以复加；十九年以后，又造所谓喀里达(Calida)水道。罗马国库纯用现金而不用贷金方法能做何等的大事，没有比建筑马尔库斯水道表示得更明白的：这个工程需款一亿八千万塞斯特，此款在三年之内，即已备好支用。由这件事，我们可以推测国库有很多的存款；真的，在本期之始，存款几达八十六万镑，并且必常有增加。

总括以上种种事实，我们确能断定当时罗马的财政必大致处在有利的状况。不过在财政观点上，我们也不可忽略一种事实，即在本期前部三分之二时间，政府造华丽宏伟的建筑物，但忘了至少与之同等必要的他种支出。我们已述罗马军备的如何不足；边疆甚至波河流域都受蛮族的侵掠，群盗甚至横行于小亚细亚、西西里和意大利的内地。舰队完全被人丢在脑后；几乎不再有一支罗马战船；罗马人使属国城市建造保持的船只不敷所需，结果罗马非但 404
绝对不能实行海战，而且不能制止海盗业。在罗马城本身，若干极属必要的改进也无人动手来做，特别奇怪的是河上建筑的无人过问。首都除了经过台伯洲诸渡台伯河而至雅尼库鲁姆的原始木板桥外，并没有另外一座跨过台伯河的桥；他们仍让台伯河每年把街市淹在水中，毁坏房屋，甚至整个区域的被灾地屡见不鲜，却不见有加强堤岸的事；海外贸易虽大有发展，他们却让奥斯提亚已不见佳的碇泊所日益淤塞起来。一个政府在极顺利的情形下，在国内外有四十年太平的时代，竟忽略了这些责任，这政府可轻易使赋税归于遗忘，可是还能每年收入超过支出，积下很多的存款；但这种财政管理只有表面上的辉煌成绩，因而没有受人赞赏的价值；在政治生活的其他范围内，当时元老政府既因其懈怠，缺乏统一的指导，荒谬地谄媚人民，而应受人指责，在这事上亦当受人指责。

当革命风起云涌之时，罗马的财政状况当然大不如前。盖乌斯·格拉古使国家负廉价供应首都公民粮食的义务，这种甚至仅从财政观点看来极为沉重的新负荷，起初固然有亚细亚省的新开财源与之相抵。然而自此以后，公共建筑工程却似乎差不多全归停顿。公共工程可证明是从皮德纳之战至盖乌斯·格拉古时建造的，为数极多，自 632 年即前 122 年以后，却除了 645 年即前 109 年马尔库斯·埃米利亚乌斯·斯考鲁斯做监察官时所拟的桥梁、道路和泄水的计划外，不见记载。这究竟是否分配粮食的结果，我们永远无法断定，不过后者更属可能，因为一个政府日甚一日地化为僵硬的少数政府，自当更加吝啬，并且据说罗马存款在 663 年即前 91 年达到极峰，也足为这事的佐证。叛变和革命的汹涌风潮，加以五年没有亚细亚省的税收，这是自汉尼拔战争以来罗马财政
405 所遭的第一个大难；罗马财政却经不起这种大难。在汉尼拔战争时，到了战争第十年，公民已几乎不胜捐税的负担，存款才被动用；而同盟战争自始即以国库存款为经费，经两年的战役。存款用到最后一文时，他们宁可拍卖首都的公家地皮，强取神庙的财宝，也不向公民征一种税；今昔的不同或没有比在这事上表现得更明白的。然而这次风波虽然严重，却能度过；苏拉必曾以经济上绝大的牺牲特别加在属国人民和意大利的革命党身上，而后能恢复财政的秩序；他废除粮食分配，保存亚细亚省的税收，可是稍加减削；才能替共和国取得，至少以经常支出远低于经常收入而言，一种满意的经济状况。

本期的私人经济没有什么新景象；以前所述意大利社会情形所有的利弊并未改观，只是经过更进一步更为明显的发展罢了。在农业，我们已知罗马资本的势力日盛，渐渐消灭了意大利和各省的中等地产和小型地产，一如太阳的消灭雨点。政府不但旁观，不加制止，而且以几种法规促进这种有害的土地分割，特别是为意大

利大地主和大商人的利益起见，禁止阿尔卑斯山外生产油和酒。[1]固然，反对党和抱有改革思想的一部分保守党都力行抵御这种弊病；格拉古昆仲实行分配几近全部的公地，给国家添了八万意大利的新农民；苏拉以十二万人殖民于意大利，意大利农民因革命和他自己而造成的缺额现在至少补足了一部分。不过一个器皿若常在漏水而渐形空虚，补救的方法不是倾入多量的水，而只是成立源源流入的水势——这种补救法已行了多次，但无成效。在各省，关于挽救当地农民阶级使免于罗马投机家的竞买，无人做丝毫的努力；各省人民当然不过是人民，并不属于任何党派。结果，甚至意大利境外的地租也日益向罗马城流来。更有进者，约在本期中叶，田庄制度甚至已占上风于意大利的几个区域，例如埃特鲁里亚；又因奋力而合理的经营与富裕的财源相辅而行，田庄制度达到其所能达到的高度繁盛。特别是意大利的酿酒，因为一方面在几个省份强迫推销，一方面如见于593年即前161年的奢侈法，禁在意大利用外酒，受到人力的促进，成绩很大；阿敏酒（Amineer）和发郎酒（Falerner）始与达西酒（Thasier）和契儿酒（Chier）齐名；罗马最著名的葡萄酒即633年即前121年的欧平酒（Opimische），在饮完末瓶之后，长留在人的记忆中。 406

关于工艺和制造业，无他可叙，只有在这方面意大利民族坚持近于野蛮的消极态度而已。科林斯的工场是工业上许多珍贵遗风

① 罗马农业家萨塞那（Saserna）是加图以后瓦罗以前的人，他的话或与此事有关，他说葡萄和橄榄的种植一天一天地转向北方。元老院关于翻译马戈书的命令也属于此处。

的渊薮，他们加以毁坏——可是用意不在自建同类的工场，而在用太高的价钱买尽那些存在希腊人家的科林斯陶瓶或铜瓶和同类的“古物”。仍然稍为繁盛的工艺，如与建筑相连的工艺，对共和国不能发生一点利益，因为在这里使用奴隶的制度也妨碍每种规模较大的事业；例如建造马尔库斯水道时，政府同时与三千个工头订立建筑和供给材料的契约，然后每一工头用一群奴隶做契约上的工作。

罗马私人经济有最光明的一面，或可谓唯一光明的一面，这就
407 是钱业和商业。首屈一指的是承租公地和承租税收；罗马国家一大部或许一大半的收入，都由此流入罗马资本家的私囊。再者，在罗马国家属下的范围内，钱业无处不为罗马人所垄断，据此后不久发表的一种著作说，每一文在高卢流通的钱都曾经过罗马商人的账簿；无疑地，这事处处如此。他们肆无忌惮，利用罗马政治优势课每一罗马富人的私利，又有不发达的经济状况与之合作，于是高利贷制度普及各地，例如670年即前84年苏拉加在亚细亚省的战事捐，就是先由罗马资本家垫付的，处理这种捐的办法可以为证；在十四年之内，这种捐加上已付未付的利息，涨到原数的六倍。各民社须出卖他们的公共建筑、美术作品和珠宝，父母须出卖他们的儿女，以应付罗马债主的要求；数见不鲜的是负债人不但受精神上的苦痛，而且简直受非刑的拷打。除以上各种利源外，还有批发生意。意大利的输出品和输入品很多。前者以油和酒为主，因为当时在马赛利亚人和图尔德塔尼人（Turdetani）之地，酒的生产不能很多，意大利和希腊几乎独供全地中海各地的油和酒；意大利酒有很多运到巴勒利群岛和凯尔特伊比利亚，运到那只有谷田和牧场

的阿非利加，运到纳博和高卢内地。输入意大利的货品更多，当时意大利是一切奢侈品的集中地，大多数饮食、衣料、装饰、书籍、家具、美术品都由海路输入此地。特别是奴隶贸易，因罗马商人的需要日增，达到地中海区域前所未见的突飞猛进，这与海盗业的兴隆有密切的关系。一切地方和一切民族均有供给奴隶的义务，但主要的奴隶猎场却是叙利亚和小亚细亚内地。

在意大利，海外输入品大半集中于第勒尼安海上的两大商埠，一个是奥斯提亚，一个是普泰奥利。运往首都的粮食先运到奥斯 408
提亚，此地绝无良好的碇泊所，但因其距罗马城最近，最适为不甚贵重货品的商场；反之，罗马与东方的奢侈品贸易大都趋向普泰奥利，这地方的可取在其良好港埠可供运贵重货品的船停泊，并且在其邻近有个不亚于首都的市场——即别墅日增的巴叶(Baiae)地方。历长久期间，这种奢侈品贸易以科林斯为中介地，科林斯灭后，又以提洛为中介地，所以按这种意义而言，卢奇利乌斯(Lucilius)称普泰奥利为意大利的“小提洛”；但提洛在米特拉达梯战争中遭难以后，永不复振，普泰奥利人便与叙利亚和亚历山大城直接通商，他们的城便日益确定地成为意大利海外贸易的最大商埠。但不仅意大利出入口货物所得的利益大部落在意大利人手里；在纳博，意大利人与马赛利亚人竞争凯尔特的贸易；一般说来，无处不有浮海或定居的罗马商人，他们必把一切投机事业的大部取为己有，毫无疑义。

把这些现象总括起来，我们见到当时私人经济最昭著的特点，即罗马资本家在财务上的少数体制与政治上的少数体制并驾齐驱。汇合在他们手里的有差不多全意大利土地和各省最大部分领土的租金，为他们所垄断的资本的高利息金，全帝国的商业利益，最后，罗马国税很大的一部分，即由承租此税而得的利润。资本的积累日增，可见于平均富率的提高：现在三百万塞斯特是个中等的元老财产，二百万塞斯特是个适当的骑士财产；格拉古时代的首富是 623 年即前 131 年为执政官的普布利乌斯·克拉苏，他的财产计有一亿塞斯特。无怪在对外政策上这个资本阶级操优势的决定权；这阶级因商业竞争而毁灭了迦太基和科林斯，一如昔日埃特鲁斯坎人毁灭阿拉利亚和叙拉古的恺雷；这阶级不顾元老院的命令
409 维持纳博殖民地。无怪这个资本家的少数党在内政上与贵族的少数党从事认真的竞争，而且往往得胜。但也无怪破落的富人自做叛变奴隶群的首领，以强暴的方式使公众晓得由时髦的淫窟不难渡到盗窟。无怪财政上的巴比伦塔建在不纯属经济而假自罗马政治优势的基础上，每遇严重的政治危机，便摇摇欲坠，有如我们用纸币形成的很相似的构造。由于 664 年即前 90 年和以后意大利、亚细亚的动荡不安，绝大的财政危机在罗马资本阶级身上发作了，国家和私人的破产，地产和股份的普遍跌价，我们不复能考求其详；但一般看来，这些事件的结果，即一群债主杀死副执政官，人们企图把不免负债的元老一概逐出元老院，苏拉重定最高限度的利率，革命党废除一切债务的百分之七十五，却使人对于它们的性质和重要不容置疑。

这种制度的结果当然是各省普遍陷入贫困和人口日减，反之，流动或暂住的意大利寄生人口却处处日增月盛。在小亚细亚，据说意大利籍的人士有八万名同日丧命。他们在提洛岛的如何众多，可见于此岛仍存在墓碑和一个传说，即米特拉达特斯命人杀死

此地的二万外国人，大都是意大利商人。在非洲，意大利人非常众多，以至于他们能守努米底亚的锡尔塔城以抗朱古达。据说高卢也住满了罗马商人；独关于西班牙，不见有这种传说，或非出自偶然。反之，在意大利本土，本期自由人的状况必大致逆转倒退无疑。这种结果确乎大部系内乱所致，据一种不甚可靠的普通传说，此战扫去罗马公民十万至十五万名，一般意大利人口三十万名；但中等阶级的经济崩溃和商人的无限移徙造成更坏的结果，意大利 410
少年人因此有一大部在海外度过他们最健旺的岁月。

以希腊东方寄生虫式的自由人来补偿这种损失，其价值甚属可疑；他们侨寓首都，做国王或民社的外交人员，做医生、塾师、祭司、仆役和寄食者，做千万种的流氓和骗子，或特别侨居奥斯提亚、普泰奥利和布隆迪西乌姆，做商贩和舟子。更加危险的是半岛上奴隶大众不伦不类的增加。据 684 年即前 70 年的调查，意大利公民能胜兵役的共九十一万人；为求得半岛上自由人口的总数起见，我们还须加上调查偶然遗漏的人口，即阿尔卑斯山与波河之间的拉丁人，而居于海外的罗马公民则须减去。所以我们估计，半岛上的自由人民不能超过六七百万，如果意大利当时的全部人口等于现在的人口，那么，我们便须假定它有一群共计一千三四百万的奴隶。然而我们无须这种不可靠的计算，便能表明这种局势的危险性；这事有彰明较著的证据，就是局部的奴隶叛变，和自革命发动以来，每次乱事结束，必有请奴隶“拿起武器来抗主人，自己打出自由来”的呼声。如果我们设想英国有它的贵族、乡绅和尤其重要的伦敦城，可是它的自由管业者和农民变为无产阶级，劳工和水手变为奴隶，我们便可对于当时意大利半岛的人口得个近似的印象。

就是时至今日，本期的经济关系仍反映于罗马的币制。币制的处理很能显出商人的精明。黄金和白银长久并用，做一般的支付媒介，所以为普遍的现金平衡起见，法律立下两种金属的固定比值；但人付款时，普遍不能用一种金属代另一金属，而须按契约的
411 内容定所付的款为金为银。否则，立两种贵金属为本位必不免酿成巨大弊病，这样一来，弊病可免；严重的黄金危机——例如在600年即前154年前后，因为陶里斯克金矿的发现，金银的比价在意大利即刻跌了百分之三十三点三——至少不直接影响银币和零售贸易。当然，海外贸易的范围愈广，黄金愈确定地由第二位升到第一位；国库余款和国库营业的记载可证此说的不诬；但政府却不因此而用金造币。在汉尼拔战争吃紧之时，政府有用金造币的企图，但此事早已作罢，苏拉为摄政时所铸的少数金币不过是供凯旋馈赠用的临时钱币。当时与往日无异实际流通的货币只有银币，无论流通的银币是照例的银条或是带有外国造币厂或甚至内地造币厂的印记的，一律专按重量来收用。然而金银同为交易的媒介，黄金掺假在法律上与发行假银币相等，均视为破坏货币罪。如此，在最重要的交易媒介上，他们得到无量的利益，连作伪和掺假的可能性都能预防。除此以外，货币为数既多，成色也纯粹，足为模范。在汉尼拔战争时，银币重量由一磅的七十二分之一降至八十四分之一，此后历三百余年，银币永保持同一的重量和同一的品质，没有掺杂。在本期初年前后，铜币仅限于小额零钱，不再如昔日那样用在大交易；因此，在第七世纪开始以后，大概不再铸造阿司，铜币只限于一个塞密（*semis*）和此数以下不能用银代表的较小价值。钱币的种类按照一个简单原则来排列，以当时平常发行的最小钱

币“夸德兰”(*quadlans*)下达可知价值的极限。这种币制因其根据
明智的原则,并以刚强如铁的手腕应用这些原则,在古代独步无 412
双,甚至在现代也罕有其比。

可是这币制也有它的弱点。按照一种通行于古代而在迦太基发展到最高峰的习惯,罗马政府除发行足色的银第纳尔外,同时又发生包银的铜第纳尔,后者须与前者一律使用,只是一种类似我们纸币的代用货币,也有强迫使用和国库准收等规定,因为国库也无权拒用这种包银的铜币。我们制造纸币既不是官造伪币,这种包银铜币也不是官造伪币,因为官方做这种事时完全公开;663 年即前 91 年,马尔库斯·德鲁苏斯为筹措分配粮食的款项起见,建议造币厂每新铸七个银第纳尔,辄发行一个包银的铜第纳尔。不过虽然如此,这个方案不但给私造伪币一个危险的方便法门,而且故意使公众迷惑,不知所收的是银币还是代用币,也不知代用币的流通额共有若干。在内战和财政大危机的窘迫时期,罗马人似乎过分利用包银的货币,以至于货币危机伴着财政危机而来,伪币和真无价值的货币很多,交易极欠稳妥。因此,在秦纳主政的时候,副执政官和保民官,以马尔库斯·马略·格拉提狄亚努斯为首,通过一种用银币收回一切代用币的法规,为这事设立了一个试金局。收回做到何等程度,载籍没有告诉我们;代用币的铸造仍存而不废。

关于各省,按原则上废弃金币的规定,无论何处,甚至在保护国内,都不准铸造金币;所以当此期间,只在罗马全无发言权的地方,特别在塞文河以北的凯尔特人和背叛罗马的国家中间,才有金币的铸造;例如意大利人和米特拉达特斯·犹帕特都造金币。政

府似乎做过一番努力，想把银币铸造也逐渐掌握在手，特别在西方
413 如此。在阿非利加和撒丁，甚至在迦太基亡国以后，迦太基的金银币或许仍在流通；但这里未赏按迦太基或罗马本位铸造贵金货币；当然，罗马占领以后，转瞬之间由意大利输入的第纳尔便独霸两地的交易。西班牙和西西里归附罗马较早，所受待遇大致较宽，这里必有按罗马规则铸造银币的事；真的，西班牙的银币为罗马人所首创，并以罗马本位为基础；但我们有很好的根据，可以设想在这两个地方，至少自罗马纪元第七世纪初叶以后，省市造币厂使不得不使他们发行的货币只限于小铜币。只在纳博的高卢省，马赛利亚是罗马的老盟国并且是个大自由市，它的造银币权不能撤销，关于伊利里亚的希腊城市如阿波罗尼亚和迪拉奇乌姆，大概也是如此。但这些民社的造币权受有间接的限制，即马赛利亚和伊利里亚均遵罗马政府的法令造四分之三的第纳尔，并且这种货币名为维多利亚（*victoriatus*），被纳入罗马的货币体系，到了罗马纪元第七世纪的中叶，却在伊利里亚作废；影响所届，马赛利亚和伊利里亚的通货当然被逐出上意大利，除原产地外，或只流通于阿尔卑斯山和多瑙河一带地方。在本期中，进步已多，以至于第纳尔单独流行于罗马国整个西部；因为意大利，西西里（下期初叶有除第纳尔外这里不流通别的银币的明证）、撒丁和非洲都专用罗马银币，仍在西班牙流通的地方银币以及马赛利亚和伊利里亚的银币，都至少按第纳尔本位鼓铸。

东方另当别论。这里自古铸钱的国家为数甚多，流通于世的本地钱币也很多，第纳尔虽或宣告为法币，却不能突入更大的使用范围。或是沿用往日的货币本位，例如马其顿今为一省，虽则有一

部分钱币于地名外再加罗马官吏的姓名，却仍造阿提卡式的四德拉克马，确是大体不用他种货币；或在罗马权威之下创立一种应时的特别货币本位，例如设置亚细亚省时，罗马政府命造一种新斯塔特(Stater)即所谓奇斯托孚鲁(Cistophorus)，以后亚细亚各区的首城便在罗马监督之下造这种钱。西方与东方的通货系统根本不同，这将来在历史上关系重大；属地的罗马化以采用罗马钱为一种最有力的工具，我们在这时期所指为第纳尔的范围的，日后所以成为帝国的拉丁部，而德拉克玛的范围日后所以成为帝国的希腊部，并非纯出于偶然。时至今日前者仍大体代表全部罗马系的文化，后者却已脱离欧洲的文明。 414

一般说来，在这种经济状况之下，社会关系成何景象，我们不难断定；但要详考奢侈、物价、憎嫌和虚文的继长增高，便既不可喜，而又不足为训。浪费和物质享受是一切人的主要目标，无论在“暴发户”(*parvenns*)中间或在李锡尼氏或梅特路斯氏中间都是一样；这不是可谓文明之花的精雅奢侈，而是在小亚细亚和亚历山大城的败落希腊文明中发荣滋长的一种奢侈，这种奢侈把一切美的和有意义的事物都贬下来供点缀之用，以苦苦的自矜博学和陈腐的丝毫不苟来研究享乐，以至于有清新感觉或有清新精神的人同为之恶心欲呕。至关于民众节庆，加图时代禁止输入海外的野兽；似乎在本世纪的中叶，经格涅乌斯·奥菲狄乌斯(Gnaeus Aufidius)的提议，一个人民法令又正式准许野兽进口；结果，攻猎野兽成为最时髦的职业，做人民节庆的主要节目。约在651年即前103年，几头狮子首次出现于罗马竞技场，约在655年即前99年，第一批象出现——661年即前93年苏拉为副执政官时，已命人弄一百

头狮子上场。决斗戏亦复如是。先人既曾公开表现大战的情节，
415 他们的孙辈始用决斗竞赛做同样的事，当时的领袖或国家以这种成绩使自己成为后代儿孙的笑柄。在这些赛会和一般丧礼上究竟所费若干，可由马尔库斯·埃米利乌斯·雷必达(567年即前187和579年即前175年执政官，死于602年即前152年)的遗嘱推测而知；他命令他的儿女，因真正送终的敬礼不在虚事铺张，而在不忘个人和祖先的功绩，在他的丧事上花费不得超过一百万阿司。关于房屋庭园，奢侈也在增长；演说家克拉苏(Classus，死于663年即前91年)在城内的华丽住宅特以其园中古树驰名，连房带树估价六百万塞斯特，不带树估价一半；同时罗马城一所普通住宅的价值或可估计为六万塞斯特①。供点缀用的地产如何迅速涨价，可见于密森(Misenisch)别墅的例，格拉古昆仲的母亲科内涅利娅买这座别墅，付出七万五千塞斯特；680年即前74年的执政官卢奇乌斯·卢库卢斯买它，付出此数的三十三倍。别墅以及乡间和海水浴的奢侈生活使巴伊和拿波里周围的一般地方成为懒散贵族的福地。机会赌的赌注不复如意大利掷骰戏的那样轻微，这种赌成为通行的游戏，早在639年即前115年元老院就发令禁止。妇女甚至男子施舍旧日的毛布衣，代之以丝绸衣和不掩形而露形的纱衣料。禁奢法干涉使用外国香料的疯狂浪费，终属徒劳。

但这种贵族生活光辉所聚的真正焦点却是筵席。他们为雇一

① 苏拉年少时曾租房居住，他住楼下，付租金三千塞斯特，楼上房客付租金二千塞斯特；这笔钱以资本的平常利率三分之二化为财产，约得上列的数目。这是一所便宜的房子。629年即前125年，有一座房屋租金六千塞斯特，人以为昂贵，这必有特殊原因。

厨师出极高的代价，竟达十万塞斯特斯之多。建筑房屋时，特别顾到这个目的，尤其是沿海别墅都自备咸水槽以便无论何时能以鲜鱼鲜牡蛎供筵宴。一个宴会若以整鸡而不专以其最美部分供客， 416
若期望客人吃下各种肴馔而不仅尝尝味道，已名为可怜的宴会。他们以重价买得外国的珍馐和希腊的酒，每有体面的筵席，至少必把希腊酒传递一巡。特别在盛宴时，罗马人卖弄他们那成群的艳装奴隶，他们的音乐队，他们的舞女，他们那高雅的器具，他们那闪金或绣花的地毯，他们的紫色帷幕，他们的青铜古董，他们那富丽的银器。此等炫耀铺张都是禁奢法的主要对象，这种法律比以前颁布得更加频繁(593 年即前 161 年、639 年即前 115 年、665 年即前 89 年、673 年即前 81 年)更加详细；若干珍馐和酒都在法律上完全禁止；其他酒肴则有最大限量和最高价额的规定；银器的数量也受法律的限制，并且日常餐费和宴会餐费均定有一般的最高限额；例如 593 年即前 161 年定日常餐费为十塞斯特，节庆餐费为一百塞斯特，673 年即前 81 年定日常餐费为三十塞斯特，节庆餐费为三百塞斯特。不幸从真相看，我们不得不附加一句，罗马全体贵族服从这种国法的据说只有三人，而三人之中不包括立法家在内，并且就这三人而言，削减他们膳食的不是国家的法律而是斯多葛派的教规。

尽管有此等法律，银器的奢侈仍日增月盛，值得略加叙述。在罗马纪元第六世纪，筵席上的银器，除由来已久的银盐碟外，极为稀罕；迦太基使者每受一家的邀请，辄重见那一套银器，他们引为笑谈。西庇阿所有的银器不过三十二磅重；他的侄儿昆图斯·法比乌斯(633 年即前 121 年执政官)第一个把他的银器加到一千磅;马尔库斯·德鲁苏斯(663年即前91年的保民官)的银器达一万磅;在苏拉时,首都已有重一百磅的奢侈银盘一百五十枚,有几个使他们的主人挂名在法外人名录。要估计花费在银器上的款项,我们须不忘人们对于手艺也须付绝大的价钱,为买精制的银器,盖乌斯·格拉古付银价的十五倍,659年即前95年的执政官卡奇乌斯·克拉苏付银价的十八倍,克拉苏买著名银匠制造的一
417 对银杯,付钱十万塞斯特。一切莫不如此,所差的只有比例而已。

结婚和养儿育女的情形如何,可见于格拉古昆仲的土地法,此法始奖励结婚生子。往日在罗马,离婚几乎是未闻的事,现在每日发生;罗马的最古婚姻是丈夫买妻室,现在为名实相符起见,人可以向罗马贵族建议实行雇佣的婚姻。征服马其顿的梅特路斯因有可敬的家庭生活和大群的儿女,为当代所钦佩,甚至像他这样的人物做623年即前131年的监察官,劝公民尽结婚生活的义务时,也说结婚是个难堪的公众负担,然而爱国的人却为责任心所驱使,担任这事。[①]

例外当然也是有的,乡村社会尤其是大地主社会,以较真诚的态度保存拉丁民族可敬的古风俗。然而在首都,加图派的反对意见已成为口头禅;新趋势主宰一切,虽有几个心性坚毅而高雅的人如西庇阿·埃米利亚努斯,晓得把罗马风俗与雅典文化打成一片,可是在大众中间,希腊风却与智力和道德的堕落同意义。如果我

① 他在演说中有云:"众位公民,如果我们能够摆脱,我们当然都要摆脱这种负担。但因天造地设,使我们有妻室既不能过安乐的日子,没有她们也绝不能过日子,我们应当注意永久的幸福,而不只顾我们自己短促的安乐。"

们要明白罗马革命,我们便绝不可忽略这些社会缺点在政治生活上发出的反应。662 年即前 92 年,两位贵族任罗马民社掌道德的最高官吏,一个当众指责另一个,说他因鱼池里死了一条他所自豪的鳗鱼而落泪,另一个反唇相讥,说他埋葬了三妻,竟没有为一妻落泪;这不是无足轻重的事。又有一件事也不是无足轻重:593 年即前 161 年,一位演说家在罗马广场里公开嘲弄一个做民事陪审官的元老,在指定问案时间,这位元老正与他的酒友们欢会,他的描写如下:"他们玩着骰子,清香四溢,有他们的姘妇环绕着。将到下午,他们才唤仆人,吩咐他去到人民大会探访罗马广场里有什么 418
事,发言赞成或反对新法案的是谁,有哪些部落对新法案投赞成票,哪些部落投反对票。他们终于亲到审判厅去,不迟不早刚免得把官司惹到身上。他们在半路上一遇到偏僻小巷里的机会便不放过,因为他们已装满一肚子酒。他们勉强来到法庭,听取两造的陈述。有关的人提出他们的诉讼。陪审官命证人上前,他自己却走开。回来时,他便宣称已听得一切,要人拿出文件。他看文件,因为酒的缘故,他简直张不开眼睛。以后他退而考虑判词时,他对酒友说:'我与这些讨厌的人有什么相干?我们不如去喝一杯掺希腊酒的蜜酒,吃一只肥画眉、一尾美鱼和台伯河的真梭子鱼来下酒,有何不可?'"听他这段话的人个个哈哈大笑,但这类的事竟能引人发笑,岂非很严重的事吗?

419

第十二章　民族性、宗教和教育

在全罗马帝国广大范围内的民族性斗争中，本期次等民族似乎趋于衰颓或逐渐消灭。其中最重要的是腓尼基人，他们由迦太基的灭亡而受到致命伤，慢慢地流血致死。意大利的埃特鲁里亚和萨谟奈的人们一向保持他们的旧语言风俗，现在不但受了苏拉复古最重的打击，而且意大利的政治平等化强迫他们在公共交际上用拉丁语言风俗，以至于本地的古语降为民间土话，不久即陷入衰歇。在罗马国全境，不见有任何民族性可与罗马和希腊的相竞争。反之，拉丁民族性流行既广，用力又深，确乎最占上风。因为自同盟战争以后任何意大利人可用十足的罗马所有权获得意大利的任何土地，意大利神庙里的任何神灵可受罗马人的供献；因为自此以后，除波河以北的地区外，罗马法独擅权威，代替一切的城市法和地方法；所以在全半岛上自阿尔卑斯山至西西里海峡，罗马语言成为办事上的普遍用语，不久以后也成为文明交际的普遍用语。可是罗马语言并不以这种自然疆界为限。汇合在意大利的大量资本，那里丰富的物产，精明的农人，伶俐的商人，在半岛上没有充分的活动场所；因为这种情形和为国服务，意大利人成群地到各省去。他们在各省居特权阶级的地位，于是罗马语言和罗马法律也享得特权，甚至在罗马人不仅是互相商业往来的地方也是如此。

无论何处意大利人都结成严密而有组织的人群，兵士有他们的兵团，每一大城的商人结成特别的会社，罗马公民居住或侨寓在外省各司法区的，结成“特区”(*conventus civium romanorum*)，自有其 420
陪审名录，在某种限度内自有其民社组织；虽则这些外省的意大利人通常迟早要回意大利去，然而他们渐渐在各省建立了常住人口的基础，这人口一部分为罗马人，一部分是依赖罗马人的混合种。在西班牙，罗马军队始有永久性，外省行意大利制的真城市始组织起来——583 年即前 171 年有迦太基、616 年即前 138 年有瓦伦提亚，以后有帕尔玛和波伦提亚；这事已见上文。虽则内地还未开化，例如在此时很久以后，瓦迦人的领域仍被称为一个最为文明意大利人所不愿居住的最野蛮地方，可是据著作家和碑铭的证据，早在罗马纪元第七世纪中叶，拉丁语已通用于新迦太基四周和其沿海地方。盖乌斯·格拉古始有意识地发展出一种计划，要移意大利人到罗马国各省去殖民，换句话说，就是把各省罗马化，并且力求这种计划的实现；虽则与他对敌的保守党反抗这个雄图，毁坏首先成立的殖民地大半，阻止继行成立殖民地，然而纳博殖民地却保存无恙。因其扩大了拉丁语的范围，这事本身就关重要，又因是一种大计划的界碑，一个未来巨构的基石，更形重要远甚。古代的高卢风气甚至今日的法国风气，都是从这殖民地而来，探本穷源，都是盖乌斯·格拉古的创作品。拉丁民族性不但洋溢于意大利四境而开始越出境外；而且渐渐得到含义较深的精神基础。据我们所见，拉丁民族性正在创造一种古典文学和一种自有的高等教育；虽则比之于希腊古典文学和希腊修养，我们可以鄙视意大利这种孱弱的温室产物，然而就历史上的发展而言，拉丁古典文学和拉丁修养的如何，根本不甚重要，而其与希腊古典文学和希腊修养平行并立，却是远较重要的事；因当时希腊人在文学上也日趋下流，我们在这里大可引用诗人的话：说话的苦力优于死的阿喀琉斯。

421 但拉丁语和民族性虽又迅速又猛烈地向前进展，却同时承认希腊民族性有完全相等甚至较古较优的权利，处处与它成立极密切的联合，或与它交融起来，共同发展。意大利革命在其余方面铲平了半岛上一切非拉丁的民族性，却未伤害塔兰托、利基翁、拿波里、罗克里等希腊城市。同样，马赛利亚虽现在为罗马领土所包围，却仍是个希腊城市，就以这种资格与罗马固结不解。加深的希腊化与意大利的完全拉丁化平行并进。在意大利上等社会中，希腊语教育成为他们教育上一种不可少的成分。大祭司普布利乌斯·克拉苏曾为623年即前131年的执政官，他做亚细亚省长时，应时势的要求，有时用寻常希腊语断案，有时用已成文言的四种方言之一断案，就是本地希腊人也为之惊讶。意大利的文学和艺术既久已呆呆地注视东方，希腊的文学和艺术现在转面向西。不但意大利的希腊城市仍与希腊、小亚细亚和埃及有旺盛的学术交流，把他们中间同等的报酬和尊荣赠给已在当地成名的诗人和伶人，而且罗马城也仿照灭科林斯者在608年即前146年行凯旋礼时所立的先例，于是希腊人的体育和美术竞赛——角力竞赛以及音乐、演剧、背诵和演说的竞赛——成为时尚。① 甚至在这样早的时候，

① 有人说608年即前146年以前没有举行过“希腊竞技”，此说不确。早在568年即前186年，希腊艺术家（Τεχνῖται）和运动家即已出现，希腊笛人、悲剧家和拳师出现于587年即前167年。

希腊文人便已在罗马贵族社会尤其在西庇阿的交际圈中根深蒂固，后者最著名的希腊人是史家波利比乌斯和哲人帕奈提乌斯(Panätios)，他们都属于罗马而不属于希腊的发展史。但就是在其他不甚高贵的交际圈中，也有相似的关系；我们可以提到另一个与西庇阿同时的人，即哲人克莱托马(Kleitomachos)，因为在他的生活上我们见到当时各民族的大融合，历历如在目前。克莱托马生在迦太基，然后在雅典为卡涅阿德斯(Karneades)的弟子，以后又 422
继卡涅阿德斯为教授，他在雅典与意大利最有修养的人士，如史家奥卢斯·阿尔比努斯(Aulus Albinus)和诗人卢奇利乌斯(Lucilius)等互相往来，一方面把一部科学著作献给那开始围攻迦太基的罗马执政官卢奇乌斯·森索里努斯，又一方面把一篇哲学性的劝慰文章献给一个被掳到意大利为奴的同国人。希腊著名的文人一向以使者、被逐者和其他身份暂居罗马，他们现在始久居此地；例如，上述的帕奈提乌斯住在西庇阿家中，六步诗作者阿奇亚(Archias von Antiocheia)于652年即前102年卜居罗马，以其出口成章的技术和歌颂罗马执政官的史诗博得颇为不恶的生计。盖乌斯·马略对于自己的宴会诗一行也不懂得，全不适于做个“梅塞纳斯”(Maecenas)，却也不免施惠于诗人。这样，精神上和文艺上的生活即使不能使两民族较纯粹的成分，也能使较显著的成分互相联系起来；另一方面，成群的奴隶由小亚细亚和叙利亚来到，商人由希腊风或半希腊风的东方移来，于是希腊那最粗糙而饶有东方和一般野蛮成分的阶层与意大利的无产阶级相接触，使这阶级也有一种希腊色彩。西塞罗说，新词和新式首先出现于沿海城市，这话所指的大概本是奥斯提亚、普泰奥利和布隆迪西乌姆的半希腊性质；外国风俗与外国货品也先在这几处入境，而后由这些地方再传到远方。

民族性既有了这种完全的革命，其直接结果确属甚不可喜。希腊人、叙利亚人、腓尼基人、犹太人、埃及人群集于意大利，同时罗马人却群集于各省，棱角刻露的民族特性处处互相摩擦，显而易见地消磨下去；仿佛除关于实利的一般印象外，一切都要荡然无存。拉丁风气在广被方面所得的利益，又在清新方面损失无余；特
423 别在罗马本城，中等阶级消灭得最快最干净，所余的只有阔人和乞丐，二者都是同等的世界主义者。西塞罗向我们保证说，660 年即前 94 年前后，拉丁城市的一般文化高于罗马城的文化；这有当时的文学为证，当时文学上最悦人最健全最新奇的作品，如本国喜剧和卢奇利乌斯的讽刺诗，与其称为罗马作品，不如称为拉丁作品。意大利下等阶级的希腊风实在不过是一种可恶的世界主义，一方面染上了文化的一切遗毒，另一方面沾上了外表经过粉饰的野蛮风习，这是不言而喻的；但甚至谈到上等社会，西庇阿一派人的雅趣并没有留作永久的标准。社会大众愈对希腊生活发生兴趣，便愈确定地不采用古典文学，那采用希腊精神那最晚而又最轻佻的作品；他们不用希腊的精神来陶冶罗马的性情，他们只是借用一种尽量不劳心力的消遣。阿努姆地主马尔库斯·西塞罗(Marcus Cicero，演说家西塞罗的父亲)就用这种意义说道，在罗马人中间正如在叙利亚奴隶中，每人懂得希腊文愈多，便愈没有价值。

上述民族的腐败一如那整个的时代，都不能使人愉快，可是也与那时代一样，富有意义，关系重大。我们所惯称为古世界的民族集团，先达到罗马权威之下的外部统一，由此再进，达到近代文化

势力之下的内部统一，而希腊元素却是近代文化的主要基础。在次等民族的废墟上，两个主宰民族默然完成了彼此在历史上的大妥协；希腊和拉丁的民族性互相媾和。希腊人放弃希腊语在文化领域内的独霸，罗马人放弃拉丁语在政治领域内的独霸；在教学上，拉丁语准与希腊语立在——当然受有限制而不完全——平等地位；另一方面，苏拉始许外国使者在元老院面前说希腊语，不用译人。这预示罗马共和国就要变成一个并用两种语言的国家，亚历山大大帝就要有继承他那宝座和思想的真嗣子起于西方，这嗣子既是个罗马人，又是个希腊人。

这样，泛论民族的关系，次等国民性的归于废止，两个主要国 424
民性的互相融合，显然可见；我们现在还须在宗教、人民教育、文学和艺术等领域加以更精详的阐述。

罗马宗教与罗马共和国以及罗马家庭交织得那么密切，又那么绝对地作罗马公民界的虔诚反映，以至于政治和社会的革命也必致掀翻宗教的构造。古意大利的人民信仰土崩瓦解；起在它那废墟上的——正如少数政治和僭主政治起在政治共和国的废墟上——一方面有不信神灵、国定宗教、希腊风气；另一方面有迷信、分立宗派、东方宗教。诚然，两方面的萌芽，也正如政治和社会革命的萌芽，都可以追溯到前一时期。甚至当那时候，上等社会的希腊修养已在暗中毁坏他们的祖传信仰；恩尼乌斯已把寓言化和史事化的希腊宗教传入意大利；那战胜汉尼拔的元老院，已不得不准许小亚细亚的开卑勒（Kybele）崇拜迁到罗马；并且对其他更坏的迷信，尤其是巴库（*bakchische*，酒神）迷信，采取极严厉的步骤。但因在前个时期，革命大致酝酿在人民心中，还没有表现于外，所以宗教革命也大致仅是格拉乌斯和苏拉时代的事。

让我们先探讨那些与希腊文化相连的趋势。希腊民族勃兴和衰落，远在意大利民族以前；他们早已度过信神时期，以后专从事于深思默想；这里久已不再有宗教，只有哲学。但希腊心智的哲学活动，当其对罗马发生影响时，已远远越过有益的冥想时期，而达到了另一阶段，此时不但再没有创造真正的新体系，而且对于最完
425 善的旧体系也渐渐失其了解力，于是人们只限于先以学塾方式不久便以经院方式传授前人不甚完美的教条；所以在这阶段，哲学不能使心智更加深邃，更加自由，反而使心智浅薄，把一副罪恶的枷锁——自造的枷锁——给它套上。冥想是一种迷魂汤，永远有危险性，一旦冲得稀薄，搁得陈腐，必然成为毒药。当时希腊人就这样把它弄得又陈腐又浅薄，赠给罗马人，罗马人缺乏判断力，既不能不受，又不能由生存的教师反求诸死去的教师。柏拉图和亚里士多德，姑不论苏格拉底以前的哲人，对罗马教育始终没有重大影响，可是他们的大名却脍炙人口，他们较为易解的著作大概也有人阅读和翻译。因此，在哲学上，罗马人不过是坏先生造就的更坏学生。据历史唯理主义的宗教观，神话是人类恩公的传记，他们生在邃古，被迷信改变成神，这就是所谓犹希梅鲁主义（Euhemerismus）；除此以外，哲学有三个主要派别，将来对意大利很关重要；即伊庇鸠鲁（Epikuros，死于 484 年即前 270 年）和芝诺（Zenon，死于 491 年即前 263 年）的两种独断派，阿塞西拉斯（Arkesilas，死于 513 年即前 241 年）和卡涅阿德斯（Karneades，541—625 年即前 213—前 129 年）的怀疑派，或用学派名称来说，就是伊庇鸠鲁派、斯多葛派和新阿卡德弥派（Neuere Akademie）。其中最后一派以

真确知识的不可能为出发点，而只承认足供实际需要的临时意见为可能，这派以争辩为主要活动，因为它的两难论法把真实信仰和哲学道理的每一命题都陷在罗网里。就这层而言，新阿卡德弥派差不多与较早的诡辩派（Sophistik）同道；所不同的，可想而知，不过是诡辩派多攻击人民信仰，卡涅阿德斯及其弟子却多攻击哲学同业而已。反之，伊庇鸠鲁和芝诺的目的同为给物性一个合乎理性的说明，二人同用从物质观念出发的生理方法。他们的不同在伊庇鸠鲁遵循德谟克利特（Demokrits）的原子论，以元质为坚固的物质，由这种物质，仅用机械式的变换法，便能演变出形形色色的万物；芝诺则根据以弗所的赫拉克利特（Herakleitos），甚至在他的元质里也加入了动力的矛盾现象和起落不定的运动。由此又生出 426
其他分别：在伊庇鸠鲁的体系里，仿佛上帝并不存在，至多只是梦中之梦，斯多葛派的上帝却为精神，为太阳，为主宰身体、大地和自然界的大神，是活动不息的世界魂；伊庇鸠鲁不承认世界大同和灵魂不死，芝诺则不然；人类所企求的目标，据伊庇鸠鲁说，是既不为欲望所动又不为心灵冲突所扰的绝对平静，据芝诺说，是随着身心永久互斗而日益增长，力求与那常战而又常和的自然归于一致的雄勇活动。但说到宗教，阿卡德弥派的思想自觉地不望达到任何结果，伊庇鸠鲁派的思想抛弃通俗信仰的概念，斯多葛派的思想一方面保存这些概念，说明所以抛弃的理由，又一方面加以修正，但思想无论如何，这些学派却有个共同之点，即信仰本身是空虚的，非用思想来补充不可。

罗马民族原是个信仰坚强而又反对空想的民族，所以希腊哲学与它最初的接触全属敌对性质，这是当然之理。罗马宗教不顾这些哲学体系的攻击，也不求它们支持，自属完全正当，因为二者都能消灭宗教的本质。宗教受人攻击时，罗马国家便从本能上自觉被攻，当然对待哲学家有如一座堡垒对待一支前来围城的军队所派的间谍，早在593年即前161年就把希腊哲学家和修辞家一概逐出罗马。实则哲学首次大规模出现于罗马，便是对信仰和道德的正式宣战。这事因雅典人占据奥罗普斯而起，他们派来三位最有名望的哲学教师，并有新诡辩学派大师卡涅阿德斯在内，在元老院面前为此事辩护（599年即前155年），人选可谓适当，因为这件十分可耻的事不能用任何常识做辩护；反之，卡涅阿德斯用正面
427 和反面的论题证明不义、公道与正义都有可赞美的理由，理由的数目恰好相等，使人信服的力量也恰好相同，他又用相当的逻辑形式证明人们若应当要求雅典人交出奥罗普斯，便也应当要求罗马人再局促于帕拉廷山上的古茅屋：这都切合当时的情势。这件丑事和这位名人流畅而有力的演说，吸引了成群精通希腊语的少年人；但至少这次我们不能归咎于加图，他不但把哲学家的辩证论法很不客气地比作哭丧妇的唠叨挽歌，而且力劝元老院驱逐这颠倒是非的人，说他的辩护实不过是一种无耻而又近于侮辱的自认不义。但这种驱逐不大有效，特别因为他们不能阻止罗马少年人在罗德斯和雅典听哲学讲演。人们起初常至少认哲学为必要的祸害加以容忍，不久以后，罗马简陋的宗教不能再行保持，人们便向外国哲学求支援——这种支援固然破坏了罗马宗教的信念，可是得有报偿，即至少能使有修养的人相当地稍稍保持通俗教条的名称和形式。但这种支援既不能是犹希梅鲁主义，也不能是卡涅阿德斯或伊庇鸠鲁的理论体系。史事化的神话，如果明言上帝简直是人，便

与通俗信仰冲突太甚；卡涅阿德斯甚至怀疑到它们的存在，伊庇鸠
鲁至少否认它们对于人类命运有何影响。这些理论体系不能与罗
马宗教相联合；它们被禁，并且永不解禁。就是西塞罗的著作中也
明言犹希梅鲁主义妨害宗教崇拜，每一公民都当加以抵抗；如果有
阿卡德弥派和伊庇鸠鲁派出现于他的对话，前者须自解，说他做哲
学家固然是卡涅阿德斯的弟子，但做公民的大祭司，却是卡庇托尔
的朱庇特的正统信徒；伊庇鸠鲁派甚至终须投降归化。这三派没
有一派真正为人所喜。犹希梅鲁主义平淡易解，自有一些吸引罗 428
马人的力量，特别在那既孩气而又老朽的化寓言为历史上，对于传
统的罗马史不幸发生了太深沉的效力；但对于罗马宗教，这个主义
始终没有大影响，因为罗马宗教自始便仅用譬喻而不用寓言，所以
在这里不能如在希腊似的写作宙斯第一、第二和第三的传记。新
诡辩术兴盛之处，只能是像雅典那种产生利口喋喋、并且有一长串
来来去去的哲学派积成学术上绝大垃圾堆的地方。最后，罗马人
的性格完全趋向行动，对于伊庇鸠鲁的寂静主义，一切健全和真诚
的性格都起而反抗。然而伊庇鸠鲁派的党徒却多于犹希梅鲁派和
诡辩派，警察所以最长久最认真地与这派战斗不休，大概即以此
故。但罗马的伊庇鸠鲁主义与其说是个哲学体系，不如说是一种
哲学面具，这派的祖师本是力修道德的人，现在情形大背他的初
衷，在这副面具之下，无思无虑的肉体享乐装扮起来以供上等社会
之用；例如这派最早的信徒有一个名提图斯·阿尔布奇乌斯（Ti-
tus Albucius），他见于卢奇利乌斯的诗中，是受希腊恶化的典型。

斯多葛哲学在意大利的地位和影响与此大异。它与以上各派截然有别，在科学能迁就信仰之处，它无不尽量与当地的宗教密切

联络。斯多葛派在原则上固守通俗的信仰及其神灵和神谕，因为他们在这里面见到一种良知，科学知识应当尊重良知，甚至在可疑之处也应当自居良知之下。这派的信仰与人民的信仰宁可谓方式不同，而不可谓对象有异，据这派看来，那大体真实的至上神必为世界神灵无疑，但元始神灵的每一表现也不失为神圣，尤其是星宿，至于大地、葡萄、受民众崇奉而为英雄的伟大凡人的魂魄，甚至每一曾生在世界上的人的亡灵，也是如此。这种哲学实与罗马相宜，而不宜于其原始发生之地。笃信者反对说，斯多葛派的上帝既无性别，又无年龄，也无体魄，从一个人变为一个观念，这种非难在
429 希腊具有意义，但在罗马则否。斯多葛派的神灵论特具粗糙的比喻和道德的干净化，破坏了希腊神话的精髓；但罗马人的造型能力，就在他们知识未开时也不丰富，所造成的不过是一层薄薄的面纱，笼罩着神灵所自出的原始直觉或原始概念——这层面纱可以揭去，也不致有特别的妨碍。帕拉斯·雅典娜(Pallas Athena)见她忽然被弄成记忆中的观念，也许勃然大怒；密涅瓦向来就不过是个记忆中的观念，斯多葛派超自然的神学和罗马人用譬喻的神学，大致在结果上一般无二。但哲学家就算不得不指僧家学术的各个命题为可疑或谬误——例如斯多葛派排斥成神论，以为赫拉克勒斯、卡斯托尔、波卢克斯(Pollux)不过是伟人的灵魂，他们又不许神像被视为神灵的代表——芝诺的门徒至少不常抨击这些谬论，也不常推翻虚伪的神灵；他们反而处处对于当地的宗教甚至它的缺点表示尊重和崇敬。斯多葛派也趋向一种辨明是非的道德和有条不紊的处理专门学术，这种趋向也十分合于罗马人尤其此时罗马人的心理，此时罗马人已不再像他们父辈那样用率真的方式实

行良风和美俗，却把祖先的单纯习俗化为可许与不可许的行为的问答；再者，他们的文法和法律急需一番有条不紊的处理，他们却不能自己发展出一个处理法，所以此项哲学，有如一种虽系由外国移来却已习于意大利水土的植物，完全与罗马民族的结构合为一体，我们在极不相同的场所遇到它的踪迹。无疑地，斯多葛派哲学首次出现必在此时以前，但凭着一班聚在西庇阿·埃米利亚努斯左右的人，它始在罗马上流社会达到极有势力的地位。罗德斯的帕奈提乌斯(Panätius)用斯多葛派哲学教导西庇阿及其一切亲密朋友，日日在他的从者之列，甚至在旅途中也常陪着他，晓得如何使哲学体系迎合聪明人士，把理论方面隐藏起来，并且稍稍减轻术语的枯燥和道德问答的淡然无味，特别借助于往昔的哲人，其中色诺芬的苏格拉底特为西庇阿所喜。自此以后，最有名望的政治家和学者都信奉斯多葛派的哲学——其中有斯提洛(Stilo)和昆图斯·斯恺弗拉，一个开创科学的语言学，一个首倡科学的法学。自此以后拘迂的形式主义至少在外表上流行于这些专门学问，特别与一种怪诞无味，有如拆字谜的文字源流法相结合，这是斯多葛派的传授。但有更加无限重要的，就是新起的国家哲学和国家宗教，均由斯多葛派哲学与罗马宗教互相融合而来。芝诺的体系自始就未尝力求哲理方面的显豁，以后历一百年，希腊塾师总是孜孜不倦地把这种哲学塞入学生的头脑，因而失了哲学的精神，到这体系传入罗马时，它的哲理更被削弱，以至于在这除钱商想投机外无人做思考的罗马城，斯多葛派的哲理完全隐晦起来，如何发展那主宰人魂的上帝，或神圣的世界法，使合理想，不再见于言论。斯多葛派哲学家见他们的体系升为罗马半官方的国家哲学，显然并非不知这是个很有厚利的荣耀，他们的主义原来很严，现在他们的柔顺却绝对出乎我们意料以外。他们的神灵论和国家论不久便昭然酷肖他们恩主所行的实际制度；他们不阐明哲学家的世界国，却转而思索罗马官僚的明智措施；关于神灵以袄异和征兆示人的问题，较为高雅的斯多葛派，如帕奈提乌斯，不下断语，以为这事可以想象，但不能确定，并且断然排斥占星术；帕奈提乌斯的直接继承人却不然，他们坚持固执的拥护神灵启示说，与拥护本派其他教条无异，甚至对于占星术也做些极不哲学的让步。辨明是非的义务论日益成为此派的主要节目。本期罗马人与希腊人接触，自觉惭愧，于是求偿于自矜其德的虚骄，斯多葛派更迎合这种虚骄，拟定一种适当
431 的道德学说，这种学说与每种有礼的道德论一般，通盘看来，非常严厉，仔细看来，却又极为客气宽大。① 估计它实际上的结果，不过如上文所述，有贵族两三家吃粗劣的饭食，以取悦于斯多葛派而已。

与这种新起的国家哲学密切相连，或者严格地说，与它互为表里的，就是国家宗教；民众信仰的原则有些被视为不合理性，此教的主要特色就是为表面上的便利计，有意识地保存这些原则。希腊人波利比乌斯是西庇阿派一个最出色的人物，他直言无隐地说罗马那些奇怪而繁重的宗教仪式专为民众而做，因为民众不受理性的控制，我们须用征兆和袄异来统治他们，至于有知识的人，当然无须宗教。无疑地，波利比乌斯的罗马朋友大体同情这种意见，不过他们不这样粗陋直率地拿科学和宗教互相对比罢了。莱利乌

① 西塞罗的《论义务》，iii，12，13. 里有一个可笑的例子。

斯(Laelius)和西庇阿·埃米利亚努斯都不能不把波利比乌斯意中所特指的占卜术认为一种政治制度；然而他们的民族精神过于强大，他们的合礼感觉过于精细，不许他们出来对公众发表这样危险的说明。但就在下一世代，大祭司长昆图斯·斯恺弗拉 659 年即前 95 年执政官至少在他口教法律课程时，毫不迟疑地发表一个定理说，宗教有两种，一种是根据智力的哲学宗教，一种是不根据智力的传统宗教；前者不适为国教，因为它所含的许多东西，若给人们晓得，实属无用，甚至有害。因此，传统的国教应仍旧贯。瓦罗的神学完全视罗马宗教为一种政治制度，这只是同一原理更进一步的发展罢了。据他的教训，先有国家而后有国神，一如先有画师而后有图画；如果问题是再造新神，那么，按照更相宜和在理论上更适合世界魂各部分的方式，[1]造成神灵，予以名称，废除那些只 432
引起妄念的神像和错误的祭祀制度，确是良策；可是因为这些制度业已成立，每一良好公民便须加以承认和遵守，自尽其职，以至于“常人”可以学习对神灵更加敬重而不藐视。贵族为常人谋利益，才这样抛弃了他们的判断力，而今常人竟藐视这种信仰，另寻良药，这是当然的事，以后便见。既然如此，罗马的“高教会”便造成了，有一群貌为虔诚的祭司和利未人(Levitenschaft)，又有一群不信神灵的人民。人愈公开宣布本国宗教为政治制度，政党便愈确定地认为国教会是一个攻守的战场，特别关于卜术和选举祭司团，这种情形愈演愈烈。迅雷暴雨一起，人民大会便解散，这是天然的

① 瓦罗的讽刺诗《原始人》(*Aboriginer*)用讥刺的笔墨叙述原始人如何不满于只可意会的神而切盼偶像和肖像。

古习惯，到了罗马卜人手里，便发展成一个繁冗的体系，包括种种
天象和与之相连的行为准则；在本期的初叶，埃利乌斯(älische)法
和福菲乌斯(Fufische)法甚至直接地规定，每次人民大会，如果高
级官吏忽想仰观天上的风雨征兆，大会便非解散不可；自此以后，
这种诡计使罗马少数党能用假托宗教的骗局在任何人民法令上加
盖“无效”二字的印章，他们以此自豪。反过来说，按古代习惯，四
个主要僧院遇有缺额，自行替补，罗马的反对党起来反抗这种古
法，要求把民选制也推行到这些位置，一如往日把民选制推行到这
些僧院的首长。这固然不合此等团体的精神；但他们既自背他们
的精神，例如受政府的请托，假政府以便利，对于取消政治案件的
433 事供应宗教上的借口，他们自没有对此抱怨的权利。这事成为各
党交争之点；609 即前 145 年，元老院打退第一次的攻击，这次特
赖西庇阿派转变时局，拒绝了这个建议。但到了 650 年即前 104
年，这计划竟得通过，为便利多疑的良心计，附带着昔日首长选举
法已有的限制，就是做选举的不是全体公民而仅是各部落的小半。
反之，苏拉恢复全部联合选举法。保守党维护纯粹的本国宗教，最
高级的人士公开加以嘲笑，二者当然完全并行不悖。罗马祭司制
度的实用方面是僧厨；卜人和大祭司的公宴仿佛是罗马饕餮生活
的官立佳节，公宴在美食术史上划时代的不一而足，例如卜人昆图
斯·霍尔滕西乌斯的就职宴会使烧孔雀成为时尚。宗教又能增加
作恶的趣味，很是有用。贵族少年人的得意游戏是在夜间侮辱或
毁坏街市的神像。寻常的风流案早已不足为奇，私通已婚的妇人
也渐成常事；但与灶神殿的圣女相恋，却有强烈的刺激性，不亚于
《十日谈》(*Decamerone*)中的私通尼姑和僧院奇遇。640 年即前

114 年及其以后的一件丑事是人所共知的，灶神殿三位圣女都是最高贵族家的女儿，她们的情人也都出自最上等人家，她们先被传到祭司团，然后祭司团想隐瞒这事时被传到特殊人民法令设立的额外法庭，以谣乱罪受审讯，一律被判死刑。固然，这种恶事，安分守己的人不能赞成；但众人在亲友中间谈论现存宗教的荒谬，却无可非难；卜人在尽其职责时彼此相见，也许当面对笑，这对于他们的宗教职务并无妨害。与罗马祭司和利未族的粗鄙无耻比起来，同类趋势的谦逊矫饰，博得我们相当的喜欢。国定宗教很坦白地被看作一个空架子，现在只供政治机匠之用；国定宗教既有这种特色，便能以其无数角落和活板门，随便为任何一党所利用。当然，434
少数党大都认国家宗教尤其占卜术为其护符，但反对党在原则上也不排斥这种现在只余躯壳的制度；他们反而视这制度为一座堡垒，可以由敌人手里取为己有。

在这时期，各种外国的崇拜却受不爱惜和栽培，至少确真一种很鲜明的生活力，与上文所述的宗教鬼魂大相径庭。无论在时髦的贵族男女或奴隶界，在元帅或士兵，在意大利或各省，外国的宗教处处可见。迷信已高涨到如何程度，令人难信。在辛布里战争时，有叙利亚的一位女先知名马尠（Mantha）的自请把平定日耳曼人的计策献给元老院，元老院用轻蔑的态度加以拒绝；然而罗马的贵妇人尤其马略自己的妻室遣她到马略的总部，总部的将军欣然予以容纳，并且带她到各处去，直到条顿部败亡而后已。内战的首领如马略、屋大维、苏拉等各属于很不相同的党派，却一致相信预兆和签语。内战期间，在乱纷纷的 667 年即前 87 年，甚至元老院也须准入遵照一个癫狂女先知的呓语来发号令。罗马、希腊的宗教如何僵化，民众如何日益渴想更强烈的宗教刺激，有下列一事为证：迷信不复属于国教如在巴古秘教那样，甚至埃特鲁斯坎人的秘教也被越过，绝对最出风头的是在东方炎热地带生长成熟的宗教。这事的绝大原因是意大利的人口中，一部分由于输入奴隶，一部分由于意大利与东方交通日盛，有大批小亚细亚和叙利亚的分子加入。此等外国宗教的势力很明显地见于西西里奴隶的叛变，这种奴隶大部分是叙利亚人。攸努斯能喷火，阿泰尼翁能观星，奴隶作战时所投掷的铅弹大都带有神名，如宙斯和阿耳忒弥斯，尤其是那
435 神秘娘娘的名字，这个神由克里特迁到西西里，在那里受到热烈的崇拜。商业来往产生同类的效果，自贝利都（Berytos）和亚历山大城的货物直接运到意大利商埠以后，尤其如此；奥斯提亚和普泰奥利不但是叙利亚膏药和埃及麻布的大市场，也是东方信仰的大市场。宗教的混合处处与民族的混合同行并进，日盛一日。受许可的崇拜，最流行的无过于裴西奴（Pessinus）圣母的崇拜，它那寺人的独身主义，它那宴会，它那音乐，它那化缘队，它那一切有声有色的铺张都深深感动民众的心；挨户募化已觉得是一种经济上的负担。在辛布里战争最危急的时候，裴西奴的祭司长巴达琪（Battakes）听说罗马城的圣母庙受人亵渎，亲到那里去保护她的利益，奉她的特别命令向罗马人致词，并且也演出种种奇迹。明达的男子怫然不悦，但先知师离去时，他们却不能阻止大群妇女和人民给送行。朝谒东方的誓愿已不再是稀奇事；例如马略也曾这样到裴西奴朝谒一次；真的，就在这样早的时候（首次在653年即前101年），已有罗马公民献身于寺人祭司之职。可是不受许可的秘密崇拜当然更为流行。早在加图时代，迦勒底的算命人开始与埃特鲁

斯坎的肠卜师和玛斯的鸟占人相竞争；不久以后，观星术和占星术便流行于意大利；一如在其富于梦幻的本土。615 年即前 139 年，罗马的刑事副执政官已令一切迦勒底人在十日内离开罗马城和意大利。犹太人许意大利的新信徒参加他们的礼拜，现在同遭此难。同样，在努曼提亚城前，西庇阿须肃清营中的卜人和各种欺人的僧道。几十年后（657 年即前 97 年），甚至有禁止以人祭神的必要。卡帕多奇亚的娘娘（Ma）即罗马人所谓贝洛那（Bellona），她的祭司在节日结队游行时常自刺流血，向她献祭，现在这种野蛮的祭礼和埃及的悽惨崇拜始告来临；卡帕多奇亚的女神显现在苏拉的梦中，日后罗马城有埃西斯（Isis）和奥西里（Osiris）的教徒社会，其中最古的也渊源于苏拉时代。人们不但对旧信仰感到迷乱，对自己也 436
觉得茫然；他们经历五十年革命的可骇变乱，在本能上觉得内战离结束还远，于是民众的焦急紧张，犹疑困惑，继长增高。想象力走入迷途，凄凄然上攀一切的绝顶，下入一切的深渊，自以为那里在厄运临头时可以发现新情景或新光明，在拼死与命运争斗时可以得到新希望，结果所得的也许只是新惊恐。在政治、经济、道德、宗教的普遍骚乱之中，怪异的神秘主义得到与它相宜的土壤，于是发荣滋长，速度惊人；仿佛一株参天大树经夜挺出地面，无人知道它的来踪去迹；而这种很神怪的迅速发展又造成新奇迹，像流行病似的夺据了一切没有完全守备的人心。

在教育和训练方面正如在宗教方面，上期开始的革命现在也达到完成的地步。我们业已表明，在第六世纪，罗马立国的根本观念——人民平等——在这方面也渐遭破坏。甚至在皮克托和加图的时候，希腊教育就已盛行于罗马，并且有个罗马本土的教育，但二者均未超过萌芽时期。当时的人所谓罗马-希腊的模范训练大致为何，可以加图的百科全书为证；这不过是把古罗马的祖训纂辑成书，比之于当时希腊的文化，固然相形见绌。在第七世纪初年，罗马一般的青年教育还在如何低劣的程度，可由波利比乌斯的言论来推测，只在这一方面，他用指责的态度举出罗马人的疏忽罪过，以与他本国人公私两方那种合理的注意相比照；这种疏忽基于较深的人民平等观念，没有一个希腊人能领会这种观念，甚至波利比乌斯本人亦复如是。

现在情形变了。正如斯多葛派开明的超自然主义，代替了天
437 真的人民信仰；所以在教育上，除单纯的民众教育外，也发展出一种特殊训练，一种专门的古典学术，把古代的社会平等毁灭无余。我们若看一看希腊式和高级拉丁式的新少年教育情形，也不算多此一举。

天生奇事。卢奇乌斯·埃米利乌斯·鲍卢斯在政治上确实征服了希腊民族，同时也首先充分承认希腊文明为古世界文明，或至少居首先承认者之列；自此之后，希腊文明便永为世界文明，没有异议。固然，鲍卢斯本人已老，始得心念荷马的诗歌，立在菲第亚(Pheidias)的宙斯像前面；但他的心肠还不老，足能把阳光十足的希腊美带回本国，足能把渴想希斯佩里登(Hesperiden)苹果那种不可克服的欲望存在心灵；于是诗人和艺术家有了一位外国信徒，其真诚非当时任何希腊智者所能及。他未尝作短诗讥刺荷马或菲第亚，但他使人把他的儿女导入学术的门墙。只要有国民教育，他并不忽略他们的国民教育，并且模仿希腊的方法为男孩筹划身体的发育；他诚然不用罗马人所认为不可的体操，却教他们打猎，在

希腊人中，打猎已发展得近乎一种艺术；他又提高他们的希腊语教学，以至于学习这种语言不再仅以说话为目的，却按希腊的风气，使一般高等教育的整个题材都与语言成联系，并且由语言发挥出来——于是先教希腊文学和了解文学所必要的神话和历史知识，然后教修辞学和哲学。马其顿的战利品，鲍卢斯只取波尔修的藏书为己有，意在把它赠给他的儿子。他的从人中甚至有希腊的画家和雕刻家，他们完成他那些儿女的美育。在这方面，人们可以对希腊文化仅保持消极态度的时代已成过去，连加图也觉得；现在上流阶级或有一种预感，以为对于罗马品格的精髓，完整的希腊文化或不甚有害，而破碎和畸形的希腊文化则为害较大：于是罗马和意 438
大利的上流社会大都附和新风气。罗马城久已不乏希腊教师；现在他们蜂拥而来，到这销售学问可获厚利的新开市场，不但做语言教师，而且做文学和一般文化的教师。原来希腊的哲学导师和教师即使不是奴隶，普通也被目为奴仆，现在成为罗马巨室的永久家人；[①]人们在这上面精益求精，竟有人出二十万塞斯特买一个希腊第一流的文学奴隶。在593年即前161年，首都已有若干训练演讲的特别学塾。罗马教师中间已有几个名人；哲学家帕奈提乌斯已见上文；有名望的文法家西利亚亚马鲁斯的克拉特（Klates von Mallos in kilikien）与阿里斯塔库斯同时并且与他对等争雄，约于585年即前169年在罗马朗诵荷马史诗，并且加以语言学和事实

① 西塞罗说，他对待他那有学问的奴隶狄奥尼修斯，比西庇阿对待帕奈提乌斯还要尊敬，下面卢奇利乌斯所说的也是这个意思：急需的外套、马匹、奴隶和帐顶对于我比哲学更为重要。

的解说，得有听众。固然，这种新式的青年教育因为它违反古制和民族习惯，有点遭到政府的反对；但593年即前161年当局突然对修辞家和哲学家发出逐客令，特别因为罗马高级官吏常常更换，这命令与一切同类的命令无异，却始终没有值得挂齿的成效，到老加图死后，自仍常有与他见解相同的鸣不平，可是不再有任何作为。自此以后，教授希腊文和希腊文化学科的高等教育永被认为意大利教育的主要部分。

但又有一种高等拉丁教育发展起来，与它并立。我们曾指明，前一时期拉丁初等教育如何提高其内容；拉丁文的《奥德赛》如何取代十二铜表之位作为改良的启蒙书，现在罗马学童用这译本学习本国语的知识和句法——如希腊人用那原文本；希腊语言和文
439 学的大师如安德罗尼库斯、恩尼乌斯和他人所教的大约已不是真正儿童，而是青年和即将长成的学童，在教学时，他们不耻并用本地语言和希腊语。以上是达到拉丁高等教学的初步，但仍不是那种教学的本身。一种语言若没有文学，语言的教学便不能超过初等阶段。到了不但有拉丁文课本而且有拉丁文学，这文学又稍具规模地存在于第六世纪的古典作品中，本国语和本国文学始真正加入高等教材的范围；脱离希腊语言教师的日子如今已不在远。罗马有修养的人士受了克拉特朗诵荷马诗的刺激，始先在一班高士雅人中间读本国文学可诵的作品，如涅维乌斯的布匿战争、恩尼乌斯的编年史，后来又加上卢奇利乌斯的诗歌，然后定期当大众面前公开诵读，有时也仿荷马文法家的例，对这些诗加以评论。有修养的业余艺术家(文学家)举行这种文学朗诵，不取报酬；这诚然不是正式的少年教育，然而要引导少年人了解和讲说古典拉丁文学，

这却是个主要的方法。

拉丁演说术也是这样形成的。罗马的贵族子弟在早年就已被邀请出席,当众发表赞颂或法律的演说,绝不缺乏演说的练习;可是只在本期,由于新兴的专门教育,才生出一个真正的雄辩术。马尔库斯·雷必达·鲍奇那(Marcus Lepidus Porcina,617 年即前 137 年执政官)被称为首先用专门技术运用语言和资料的罗马律师;马略时代有两个著名律师,一个是雄建刚强的马尔库斯·安东尼(611—667 年即前 143—前 87 年),一个是文雅纯彻的卢奇乌斯·克拉苏(614—663 年即前 140—前 91 年),两人已完全是雄辩家。少年人的说话练习当然扩大了范围,增加了重要性,但仍正如拉丁文学的练习,大体限于初学者个人追随艺术大师,以便由他的榜样和教导得到训练。

约在 650 年即前 104 年,卢奇乌斯·埃利乌斯·普雷科尼努斯(Lucius Aeius Plaeconinus von Lanuvium)首先正式教授拉丁文学和雄辩术,此人别号"笔人"(*Stilo*),是个有名望的罗马骑士,抱着严格的保守主义,他与一班优雅的少年——内有瓦罗和西塞罗——诵读普劳图斯和同类的著作,有时也与写演说词者共同讨论演说词的大纲,或给他的朋友做这种大纲。这真是一种教学。然而斯提洛却不是个职业的教师;他教文学和雄辩术,正如人在罗马教法学,他的资格是求上进的少年人的老友,而非受人人支配的佣工。 440

但在他那时代前后,始有学校式的高等拉丁文教学,这与初等拉丁文和希腊文教育有别,在特设的学堂教授,教师一般是脱籍的奴隶,收取束脩。当然,这种教学的精神和方法完全假自希腊文学和语言的练习，学生一如那些练习的学生，都是少年人，没有幼童。这种拉丁教学不久就仿照希腊教学，分为两个学程；第一，用科学方法朗诵拉丁文学，第二，对于颂辞、政治演辞和法律演辞的做法供给一种技术上的初阶。约在斯提洛前后，马尔库斯·塞维乌斯·尼卡诺·波斯图姆斯(Marcus Saevius Nicanos Postumus)开办第一个罗马文学学校；约在660年即前94年前后，卢奇乌斯·普洛提乌斯·伽卢斯(Lucius Piotius Gallus)开办独立的拉丁雄辩学校；但拉丁文学学校通常也教授雄辩术。这种新起的拉丁学校教育有极远大的重要性。拉丁文学和拉丁演说术的入门知识，以往居高位的鉴赏家和师傅所传授的，总对希腊人保持某种的独立。语言批评家和演说术的专家固然受了希腊文化的影响，但不是绝对受希腊学校文法和雄辩术的影响；特别是希腊的学校雄辩术断然为罗马人所深恶痛绝。希腊人以为用显豁而动人的本国语向同人讲论事物，这种才能是演说家所懂得和觉得的，可以在学校里用学校的准则来养成；对于这个主张，罗马人的傲气和常识起而反
441 抗。据健全而务实际的律师看来，希腊雄辩家那与人生完全无干的研究使初学的人受训练还不如不受训练；据博学练达的人看来，希腊雄辩术似乎浅薄可厌；而据严格保守主义的人看来，这种由专业发展出来的雄辩术未免与奸雄事业有密切的关系。因此，西庇阿一派人士对雄辩家极为仇视。当受酬的教师在面前举行演说，虽或大半因为是训练希腊语而受人容忍，希腊雄辩术却不因此得入拉丁演说术或拉丁演说课程。但在新拉丁雄辩学校，罗马少年受成人和演说家的训练，两人为一组来讨论雄辩的题目；人见奥第塞在阿伊亚(Aias)的尸身旁边，拿着阿伊亚的血刀，他们控告奥第

塞杀死战侣罪或主张他没有罪；他们控诉奥雷斯特(Orester)杀母或替他辩护；或者他们以善意忠告，亡羊补牢似的替汉尼拔解决一个问题，就是应召到罗马去或留在迦太基或逃走，究竟何者较妥？我们可想而知，加图所领导的反对党再起来反抗这种可恶而有害的舌战。662年即前92年的监察官警告教师和家长说，不要使少年人花整天的工夫做这先人所不知的练习；而发出这个警告的却非他人，而是当时第一流的法庭演说家卢奇乌斯·李锡尼·克拉苏。当然，这位卡珊德拉(Kassandra)的话不生效力；拉丁文的演说用希腊学校里流行的题目做练习，成为罗马少年教育的永久部分，尽力把幼童造成法律和政治上的优伶，使真心诚意的辩论术方在萌芽便遭摧折。

罗马近代教育的总结果就是发展出一个所谓“人道”的新观念，这观念一部分是多少有点肤浅地采取希腊人的美育，一部分是模仿或效颦希腊文化而成为有特权的拉丁文化。如其名所示，这种新“人道”摆脱罗马生活特有的本色，甚至进而与它相抗，并且正 442
如今日与之密切相关的“普通文化”，合民族的世界性与社会的排外性而为一。这里也是革命，是划分阶级和融合民族的革命。

443

第十三章　文学和艺术

罗马纪元第六世纪不但在政治上是个生气勃勃的伟大时代，在文学上亦复如是。固然，在著作界无异于在政界，我们并不见任何第一流的人物；奈维乌斯、恩尼乌斯、普劳图斯、加图等都是有天才有活力有卓异个性的作家；然而这几个人试作的戏剧、史诗和历史，却有发扬蹈厉的雄壮情调，我们觉得布匿战争的激烈搏斗是他们的基础。有许多仅是用人工移植的，描写和渲染有种种的缺点；艺术形式和语言的运用也欠纯粹，希腊和本国的成分奇奇怪怪地连缀起来；整个作品处处有出自学究手笔的痕迹，不能自立，未臻圆满；然而那时的诗人和作家即使没有充分力量来达到崇高的目的，却至少有与希腊人争雄的勇气和与他们媲美的希望。到了本期，情势一变。早晨的雾气消沉了；昔日人们新感到战争所淬砺的民族力量，像年轻人似的不知事业艰难，又不量自己的才力，但也像年轻人似的喜爱工作，于是创始这事；而今在这一方面，空中始弥漫着革命风云将到时的愁闷气氛，另一方面，较有知识的人士渐觉悟希腊诗歌和艺术的高妙无比和本国人很平庸的艺术天资，这事便不能再加进行。那知识半开但是与奋而易受感化的心灵受了希腊的影响，是为第六世纪文学所由来。到了第七世纪，罗马人的希腊修养增进，引起一种文学上的反动，天真的模仿试作本含有开花的萌芽，文学反动却以寒冬霜雪般的沉思，毁坏了这种萌芽，把旧式文学不分良莠，一齐拔掉。

这个反动大抵来自西庇阿·埃米利亚努斯左右的一班人，其中最知名的人物，罗马贵族界除西庇阿本人外，有他的前辈朋友和谋主盖乌斯·莱利乌斯（614 年即前 140 年执政官）、西庇阿的后 444
辈同伴卢奇乌斯·福里乌斯·菲卢斯（Lucius Furius Philus，618 年即前 136 年执政官）和斯普里乌斯·穆米乌斯（Spuriucs Mummius，灭科林斯者的昆仲），罗马和希腊的文人有喜剧家特伦提乌斯（Terentius）、讽刺家卢奇利乌斯、史家波利比乌斯和哲学家帕奈提乌斯。熟读伊利亚特、色诺芬和梅南德的人，不能钦佩罗马的荷马，更不能钦佩恩尼乌斯和帕库维乌斯相继供应的欧里庇得斯悲剧的译本。对本国史下批评虽可为爱国心所限制，卢奇利乌斯却很尖刻地指责"那些由帕库维乌斯荒唐叙述而来的可怜形象"；本期末叶，这位文雅的作家写了一部修辞学，献给赫伦尼乌斯（Herennius），书中对于恩尼乌斯、普劳图斯和帕库维乌斯有同样严厉但不为不公的批评，说那些诗人"似乎有说大话和无理武断的特权"。人们见罗马粗俗的才子用窜改来修饰菲勒蒙和狄非鲁斯的高雅喜剧，未免耸耸肩膀。一半面带笑容，一半心含忌妒，他们弃绝这愚钝时代功力不足的尝试，大概这班人看待这种尝试略如成人看待他少年时的诗篇；既放弃了移植这种神树的事，他们使诗歌和散文的高等技术大体中断，自限于理解享受这方面的外国杰作。本期的生产力大都见于次要的场所，如轻松的喜剧、杂诗、政治的小册子和专门学术。文学的口号是作风尤其语言上的正确，受过教育的有限人士既与人民大众分而为二，语言也不免分为上等社会的古典拉丁和平民的粗俗拉丁。特伦提乌斯的序幕许人以“纯粹拉丁”；抨击语言的讹误为卢奇利乌斯讽刺诗的主要成分；罗马人的希腊文写作现在所以确有退步，即与这种情形有关。就此事而论，诚然是个进步；不充分的作品在本期绝不多见；同类中完
445 美而十分悦人的作品却很常见，非以往或未来所能及；专就语言来说，西塞罗称呼莱利乌斯和西庇阿时代为纯正拉丁的黄金时代。同样，在舆论中，文学活动渐由职业升到艺术的地位。在本期初叶，即使罗马贵族不被认为不宜发表可诵的诗歌，至少被认为不宜编舞台的剧本；帕库维乌斯和特伦提乌斯以写剧本为生计；写剧本完全是个职业，并且不是个获利甚丰的职业。约在苏拉时代，情势已完全改变。由当时伶人所得的演剧费，可以证明得宠的戏剧诗人也能要求一种很高的报酬，报酬既高，此业自免于污辱。于是舞台剧本的写作升为高等艺术，所以我们见最高贵族界，如卢奇乌斯·恺撒(664年即前90年的市政官，死于667年即前87年)，也为罗马舞台作剧本，他在罗马的“诗人俱乐部”与无世系的阿奇乌斯(Accius)并坐，引以自豪。艺术日益得人的同情和尊重；可是热情已离人生和文学而去。无畏的自信力使诗人成为诗人，特在普劳图斯身上很是彰明较著，在后人身上却杳不可得，——与汉尼拔交战的人士，他们的后代儿孙是工稳的，可是淡然无味。

让我们先看看罗马的剧本和舞台。现在悲剧始有专家；本期的悲剧诗人与前期的不同，他们不兼作喜剧和史诗。作者和读者对于这门艺术的欣赏力显然日增，但悲剧诗本身却没有进步。奈维乌斯创始的本国悲剧(*praetexta*)，如今只见于下述的帕库维乌斯——这是恩尼乌斯时代的晚收获。模仿希腊悲剧的诗人大概很多，其中只

有两人成名。布隆迪西乌姆的马尔库斯·帕库维乌斯(535—625 年即前 219—前 129 年前后)早年以绘画谋生于罗马,以后年事已高,始作悲剧,以其年龄和作风而言,与其说他属于第七世纪,不如说属于第六世纪,可是他从事诗歌却在第七世纪。他的写作大致模仿恩尼乌斯的作风,恩尼乌斯是他的同乡,他的叔父,又是他的师傅。他琢磨得比他前辈更加仔细,他向往达到比他前辈更高的格调,以后 446
善意的艺术批评家认为他是美术诗和华丽作风的模范:然而西塞罗批评这诗人的遣词造句,卢奇利乌斯批评他的审美能力,在他传到今日的残篇中却不乏可见他们不谬的证据;他的遣辞造句似乎比他的前辈更加佶屈聱牙,他的作风不免夸张和拘板。[1] 有些形迹表明他与恩尼乌斯无异,也是重视哲学,轻视宗教;但他还有与恩尼乌斯不同之处,他不愿戏剧附和新创的见解,不愿戏剧宣扬色情或近代文明,他取材于索福克勒斯或欧里庇得斯,都无别择;恩尼乌斯

① 如是,在创作的剧本《鲍卢斯》(*Paulus*)里,大概在叙述派唐(Pythion)隘口,有下列一行诗:

Qua vix capigeno géneri gradilis giéssio est.(那里对于贵族的人没有可以通过的路)

另一剧本要求听众领会下面的描写:

四足,缓行,生在田间,下贱,粗野,
短头,蛇颈,目不转睛地看我们,
剖去他的肠胃,身死而声不死。

听众当然回答道:

你用隐晦的字句向我们形容,
那智人受教也不了然的物事;
你若不说明白话,我们不懂你。

然后接着承认所指的是龟。再者,甚至雅典悲剧家也不乏这类谜语,因此他们常受"中喜剧"的痛骂。

那种确乎接近天才的咏志诗，在这晚辈诗人身上杳无脉络可寻。

皮扫鲁姆一个脱籍人之子卢奇乌斯·阿奇乌斯（584—651 年即前 170—前 103 年以后）与帕库维乌斯同时而年较少，他那拟希腊悲剧的作品较为可读，较为灵巧，除帕库维乌斯以外，他是第七世纪唯一有名的悲剧诗人。他既然也是个文学史和文法方面的活动作家，必然竭力想舍弃前辈的粗糙笔法，把较纯粹的语言和作风输入拉丁悲剧；然而严守法式的人如卢奇利乌斯等却痛斥他的瑕瑜互见，有欠工稳。

在喜剧的范围内，有远较盛大的活动和远较重要的结果。就在
447 本期初叶，对于一向流行的那种通俗喜剧，已起了一个深可注意的反动。从历史观点看来，反动的代表特伦提乌斯（558—595 年即前 196—前 159 年）是罗马文学上一个最有趣的奇才。他生在腓尼基属下的非洲，弱冠时被携来罗马做奴隶，在这里初学当时的希腊文化，奈维乌斯和普劳图斯一流人用粗笨的手笔使新阿提卡喜剧适合罗马观众的脾胃，于是这种喜剧稍失其世界主义的特色，特伦提乌斯似乎自始就负有恢复它的这种特色的使命。我们现在能拿来与他相比的只有一人，但甚至在选用范本上，他也与这人显然有别。普劳图斯由全部新阿提卡喜剧中选择他的剧本，绝不鄙弃菲洛蒙一流较为放肆较为通俗的喜剧家；特伦提乌斯几乎专服膺于梅南德，梅南德是最文雅、精致和纯洁的新喜剧诗人。特伦提乌斯仍保存熔铸几个希腊剧本为一个拉丁剧本的方法，因为在那种情状之下罗马编剧家实不能不用这种方法；但他以无比的巧妙和审慎运用它。普劳图斯剧本的对话确乎很常不合它的范本；特伦提乌斯则自夸他的拟作字字不离原作，然而我们不可以为这就是我们所谓逐字直译。普

劳图斯好把罗马的地方色彩加在希腊的基础上，往往陷入粗俗，但
永远有动人的力量，特伦提乌斯则故意把它完全排除；没有一个暗
示、没有一句谚语，几乎没有一点回忆使人想到罗马；[1]甚至拉丁文
的剧名也改成希腊文。艺术的处理法也显出同样的差异。第一，伶
人又恢复其相当的面具，布景更加仔细，所以不复像普劳图斯那样 448
一切事无论属于街市与否，都须在街市上做。普劳图斯漫不经心地
造成戏剧中的纠纷，又漫不经心地解决纠纷，可是他的情节令人发
笑，往往出人意料；特伦提乌斯远不如他动人，处处顾到可能性，因
此常失去紧张性，他前辈常用的救急法例如寓意的梦，诚然平淡无
味，他极力加以排斥。[2] 普劳图斯用粗笔描写各个角色，往往依照
现成的模型，无时不着眼到远处全部的效果；特伦提乌斯用精细而
往往绝佳的肖像画法描写心理的发展，例如在《昆仲》(*Adelphi*)
中，有两个老人，一个是在城里享受安乐的俗人，一个是在乡间饱
尝苦恼，绝不修饰的地主，二人成个巧妙的对比。普劳图斯的动机
和语言都取自酒店，特伦提乌斯的却取自良好公民的家庭。普劳
图斯有粗陋的客店，极不拘束但极可爱的使女，再加以必要的店

---

① 唯一的例外或是《安德里亚女郎》(*Andria*)里对于“所事如何”一问题的答复：

那么，

“尽我们所能吧，”这话对了，“因为事不遂人愿。”

这话脱胎于恺奇利乌斯(Caecilius)的一行诗，这行诗又源于拟希腊一句谚语：

事若不遂你所愿，你须尽己之所能。

这喜剧是特伦提乌斯最老的喜剧，舞台当局听恺奇利乌斯的推荐才把它上演。轻淡的道谢语足示其意。

② 特伦提乌斯曾嘲笑村夫被狗追逐而向少年人哭泣求救一事，普劳图斯那山羊与猿猴的拙劣寓言可认为正与之相似。探本穷源地说，这些无用之物都来自欧里庇德斯的修辞法。

主，和刀剑叮咚的兵士，奴隶界一概被描写得特为诙谐。他们的天堂是酒窖，他们的命运是鞭棰；这些已不见于特伦提乌斯的戏剧，至少遭到修正。读普劳图斯，我们所遇见的大抵是未纯熟或已纯熟的恶棍；读特伦提乌斯，我们常常遇见的纯是诚实人，如果偶有娼寮主人被劫，或有少年被带往娼寮，这事必有道德的用意，也许是因为兄弟的友爱，也许是因为使这童子不敢涉足于下流的场所。普劳图斯的剧本满是酒馆与家庭互不相容的那个俗套；妻室处处遭到鄙薄，于是丈夫有暂得解放，不大确知能否受家中亲爱欢迎的，为之大悦。对于女性和伉俪生活，特伦提乌斯的喜剧并不满是较合道德的观念，而是较为适合的观念。一般说来，戏剧的结局总
449 是一场美满的婚礼，如果可能，总有两场婚礼——正如梅南德所以成名，在他每有一次诱奸，必有一次结婚来补救。梅南德常有对于独身生活的颂辞，罗马这位改编他的戏剧的人只有持为腼腆地加以重述。[1] 而在《阉人》(*Eunuchus*)和《安德里亚的少女》(*Andria*)里有痛苦的情人，产床旁温存体贴的丈夫，临死在侧的亲爱姊妹，都描写得美妙可喜；在《岳母》(*Hecyra*)的结句里甚至出来了一个有德的妓女做救星，这也纯是个梅南德的角色，罗马的观众当然报以嘘声。在普劳图斯的剧本中，父亲的存在，一切只为的是给儿子讥笑和欺骗；至于特伦提乌斯，他在《自扰》(*Heauton Timrumenos*)里，父亲的明智竟能使堕落的儿子改行为善，并且因为他对于教育总饶有很好的指示，所以他最佳剧本《昆仲》的主旨是寻出一个适当的中道，既

---

① 《昆仲》里的米奇奥(Micio)赞美他一生的佳运，特别因为他从未娶妻，“这是那些人(希腊人)认为幸运的。”

不像叔父教训得过宽，也不像父训得太严。普劳图斯的剧本是为大众做的，目无神灵和讥刺的言语，只要是舞台监督所许的，他无不脱口而出；特伦提乌斯则自称他的目的在使善人欢喜，并且像梅南德那样不伤任何人的感情。普劳图斯好用激烈而往往喧嚣的对话，伶人演他的剧本须有极活泼的表情动作，特伦提乌斯则以“沉静的会话”为限。普劳图斯的用语饶有诙谐的转折和双关语，双声字，滑稽的新造语，阿里斯托芬式的缀字，假自希腊的戏谑口号。这种任意反复却非特伦提乌斯所知，他的对话进行得极为匀称，对话的精彩处均在箴铭式高雅警练的转折。与普劳图斯的喜剧相比，无论由诗歌或道德的观点看，特伦提乌斯的喜剧都不可说是进步。至于创新，二者都谈不到，但如果可能，特伦提乌斯更谈不到；“模拟较为近真”这个可疑的赞美至少不逮另一事重大，即这位少年诗人虽能再造梅南德的悦人，却不知如何再造他的欢乐，所以普劳图斯模仿梅南德的喜剧如《斯替古》、《小盒喜剧》和两部《巴琪》等似乎把原著长流不息的魔力保存得很多，远非“半截梅南德”(Dimidiatus Menander)的喜剧所能及。艺术鉴赏家既不能认为由粗野变成索然无味是个进步，道德家也不得认为由普劳图斯的淫秽和淡漠变成特伦提乌斯的圆通道德，是个进步。但是在语言方面，诚然有了进步。语言高雅是这位诗人所自豪的；就特别因为他的语言有不可及的魔力，所以后世最精的艺术批评家如西塞罗、恺撒和昆克提连等都推他为罗马共和时期众诗人的魁首。仅就此点而言，我们或可目特伦提乌斯喜剧为艺术家纯仿希腊艺术品的最早成绩，在罗马文学上划一个新时代，因为罗马文学的真髓不在诗歌的发展而在拉丁语文的演变。在极坚决的文学论战中，新喜剧打开一条途径。普劳图斯的作风已在罗马市民中根深蒂固，特伦提乌斯的喜剧遭到公众激烈的反对，公众以为新喜剧的“语言无味”和“笔法无力”不堪容忍。在原不为此而做的序幕中，这位似很敏感的诗人以反驳为答复，充满了守势和攻势的论辩，大众已两次舍弃他的《岳母》去看一群角斗者和走索者，他便不顾大众而诉诸有修养的上流阶级。他声明他只求“善人”的赞赏，这话自不无一种暗示，说人们绝不当鄙薄“少数人”所赞赏的艺术品。据说有贵族用议论甚或用合作助他写作，他不驳斥甚至表示同意。①

① 在《自扰》的序幕里，他假检查员之口责备自己：

他忽然误入歧途，从事于诗歌，
信赖朋友的才智，不是他自动；

在以后（594 年即前 160 年）《昆仲》的序幕里，他又说：

如果不怀好意的人说，
他每个剧本有贵族帮忙合作，
他们以为这是严厉的指责，
作者却认为这是荣耀：
他得了你们都喜欢的人的欢心，
这些人在战时曾用议论和实事
证明其乐于助他，毫不骄傲。

早在西塞罗时代，大家就以为这里所指的是莱利乌斯和西庇阿·埃米利亚努斯；有几场被指定，据说是出自他们的笔墨；有几个故事说到这位穷诗人与他那贵族恩人往罗马附近他们的田庄去；他们竟全不替他设法改善经济状况，人以为他们不可原谅。但捏造故事的力量，人所共知，没有比在文学史上更为强大的。显然地，甚至高明的罗马批评家也承认，以上的诗绝不能适用于西庇阿，因为他那时才二十五岁，也不适用于他的朋友莱利乌斯，莱利乌斯的年龄不甚大于西庇阿。其他至少更有见解的人想到贵族诗人昆图斯·拉比奥（Quintus Lobeo，571 年即前 183 年执政官），马尔库斯·波皮利乌斯（Marcus Popillius，581 年即前 173 年执政官）以及博学而爱护艺术和数学的卢奇尔斯·苏尔皮奇乌斯·伽卢斯（Lucius Sulpicius Gallus，588 年即前 166 年执政官）；但这也显然只是揣测。然而特伦提乌斯与西庇阿氏有密切关系，却无疑义。有一件很明显的事：在卢奇乌斯·鲍卢斯的丧事上，他的二子西庇阿和法比乌斯举行赛会，《昆仲》的首次上演，《岳母》的第二次上演都在这个赛会上。

他确能贯彻他的主张；甚至在文学上，少数党也取得优势，独占阶 451
级的艺术喜剧代替了人民的喜剧，在620年即前134年前后，我们见普劳图斯的剧本已不在常演戏剧之列。又因为特伦提乌斯早死，死后绝没有才能卓著的人再在这方面活动，此事更可注意。图尔皮利乌斯（Turpilius，死于651年即前103年，享年甚高）和其他充数者的喜剧已全部或几近全部地归于遗忘。到了本期末叶，一位批评家对那些喜剧已发表意见，认为新喜剧甚至比新造的劣币尤为恶劣。

我们以前曾指出，第六世纪期间，除希腊-罗马喜剧（*palliata*）外，大概已有本国的喜剧（*togata*），这喜剧不摹绘首都的特殊生活而描写拉丁乡土的事迹。当然，特伦提乌斯派不久也取这种喜剧为已有；一方面直译，一方面纯粹拟作，以使希腊喜剧罗马化，自完全合于特伦提乌斯派的精神。此派的主要代表是卢奇乌斯·阿夫拉尼乌斯（Lucius Afranius，正盛时在660年即前90年前后）。他的喜剧现在仅余残片，不能给我们明确的印象，不过也与罗马艺术批评家对他的言论非不相合。他那众多的本国喜剧在结构上全仿希腊诈骗剧而做，不过，拟作当然比原作简短。在细节上，他也一方面从梅南德，一方面从本国古文学里剽窃他所喜欢的材料。但这种喜剧的开创者提提尼乌斯所特有的拉丁地方色彩，却不多见
于阿夫拉尼乌斯；[①]他的标题很普通，也许始终是一些希腊喜剧的 452

① 这或有外面的情势共同促成。同盟战争的结果是一切意大利民社得到罗马公民权，以后喜剧不许取任何意大利民社为布景之地，诗人不得不叙述一般情景，否则在已亡或外国地方取景。这种情形已可见于旧喜剧的上演，现在对于本国喜剧当然有不良的影响。

拟作，只是改换服装而已。精细的折中和巧妙的做法——文学上的隐喻屡见不鲜——是他的也是特伦提乌斯的特色；道德顾问使他的剧本接近戏剧，这种倾向再加以不犯警律的态度和文字的纯洁也是二人所共有。后世批评家已十足地表明阿夫拉尼乌斯与梅南德、特伦提乌斯等为同志，以至于他穿外套也要仿梅南德——如果他是个意大利人——穿外套的形状，并且他自己也说，据他看来，特伦提乌斯在另外一切诗人以上。

滑稽剧本期重见于罗马文学。滑稽剧本身很古；罗马城兴起以前，拉丁姆少年或许早已在举行节庆时戴上面具，即席表演滑稽剧，这些面具代表特别的角色，一成不变。阿特拉城原属于奥斯坎，在汉尼拔战争中被毁，因此被牺牲作诙谐打趣之用，他们便选定这城为拉丁的"愚人城"，从这里取得滑稽剧固定的地方背景；自此以后，这种表演通用"奥斯坎戏"或"阿特拉戏"的名称。[①]但这种

① 自古以来，就有一串错误与这些名目相联。希腊记载家说这种滑稽剧用奥斯坎语在罗马上演，当然，这个大错现在普遍地为人所弃绝；但细想起来，要使这些取景于拉丁城市和乡村生活的剧本与奥斯坎民族性生关系，简直是不可能的事。"阿特拉戏"这个名目应另求解释。拉丁滑稽剧有固定的角色和常用的戏谑，需要一个永久的布景；愚人界处处自寻一个居住地。当然，在罗马舞台监察之下，罗马民社或与罗马同盟的拉丁民社无一可供这个用途，虽则本国的喜剧可以移到这些地点。但阿特拉虽在法律上与卡普亚同亡于543年即前211年，实际上却依然存在，为罗马农人所居的村落，从一切方面看，这地方适于此项用途。这个揣测又以考证而成定论，我们见这种滑稽剧有几个布景于拉丁语领域内别的民社，这些民社都已不复存在，至少在法律观点上已不复存在——如庞波尼乌斯（Pomponius）的 *Campani* 布景于卡普亚，或许他的 *Adelphi* 和 *Quinquatria* 也如此；诺维乌斯的 *Milites Pometinenses* 布景于苏埃萨-波美提亚（Suessa Pometia）——而尚存的民社无一受这种虐待。所以这种戏剧的真正家乡是拉丁姆，它们的诗歌舞台是拉丁化的奥斯坎地；这些戏剧与奥斯坎民族无关。有人说奈维乌斯（死于550年即前204年前后），有一个戏剧因为缺乏相当的演员，用阿特拉伶人上演，所以

戏谑与舞台无关,[①]也与文学无关;票友们任意选时择地来演这种戏,戏词没有写本,至少没有行世。到了本期,人们才把阿特拉戏 453
交给真正的伶人,[②]用途有如希腊的人羊戏(*satyrdnama*)特在悲剧演完后做个余兴;此等变迁当然表示文学活动已深入此处。这种文学游戏是完全独立发展出来的,还是受了下意大利多方面与 454
之相似的文字游戏推动而来的,[③]我们不再能下断语;但各剧本均系原作,则确属实情。新文学的创始人,拉丁殖民地博诺尼亚(Bo-

(接上页)称为 *Personata*,这不能为此说的反证:"阿特拉伶人"这个名称在这里是预防的用法,从这一段,我们可以推测他们以前称为"面具伶人"(*personati*)。

关于"菲斯克尼亚歌"(*Lieder von Fescennium*)也可用完全一样的解释法,这种歌也属于罗马人的诙谐诗歌,以南埃特鲁里亚的村落菲斯克尼乌姆为背景;我们不必因此便把菲斯克尼歌归入埃特鲁斯坎诗歌一类,正如我们不把阿特拉戏归入奥斯坎诗歌。有史时期的菲斯克尼是村落而非城市,我们诚然不能直接证明,但由作家说到此地时的口气和此地不见于铭文,这事极有可能性。

① 特别据李维之说,阿特拉戏与萨图拉戏和由此发展出来的戏剧有密切的原始联系,此说毫不足取。*Histrio* 大异于阿特拉伶人,一如今日的职业伶人大异于往赴面具跳舞会的人,戏剧直到特伦提乌斯时代尚无面具,阿特拉戏却大体以角色面具为基础,二者之间有一种不可抹煞的原始差别。戏剧源于吹笛剧,吹笛剧起初没有朗诵,只限于歌唱和跳舞,以后才有戏文(*satura*),最后才经安德罗尼库斯之手,从希腊舞台取得脚本(*libretto*),旧日的笛歌在这里差不多处在希腊合唱的地位。这个发展过程在其较早时期绝无与票友所识的滑稽剧互相接触之处。

② 在帝国时期,职业伶人表演阿特拉戏。他们何时始从事于此,未见记载,但这事必在许阿特拉戏加入舞台戏之时,就是在西塞罗以前的时代。这种见解与下事不为不合:在李维时代,阿特拉伶人还与别种伶人不同,保持其受谢金之权而不失,因为职业伶人始为薪给而参加阿特拉戏一说,并不是说阿特拉戏不再(例如在乡镇)由无薪给的票友表演,所以那特权仍然适用。

③ 有值得注意的,希腊的滑稽剧不但特能流行于下意大利,而且有几种剧本(例如索帕托的《扁豆粥》、《拔奇斯(Bakchis)的求婚者》、《密斯塔古的仆人》、《书呆子》、《生理学家》)显然使我们想到阿特拉戏。这种滑稽剧的写作必直到拿波里及其四周的希腊人在拉丁语的坎帕尼亚内自成一个区域之时;因为这些滑稽剧作家有一个名布莱苏斯(Blaesus von Capreae)的,甚至用罗马人的名字,并且写了一个滑稽剧,名 Saturnus。

nonia)人卢奇乌斯·庞波尼乌斯(Lucius Pomponius)出现在第七世纪前半叶，[①]除他的剧本外，不久又有诗人诺维乌斯(Novius)的剧本也得人爱好。只要区区的断简残编和古代文学家的报告容我们下个论断，我们可说此等剧本都是短滑稽剧，通常或仅是独幕剧，动人处不在其荒诞散漫的情节，而在其描写某阶级和某情景的激烈笔墨。这种游戏文章喜欢描写的有节庆日和公众行为，例如《婚礼》、《三月一日》、《滑稽人候选》；又有外国人，例如外阿尔卑斯的高卢人和叙利亚人；特别是各种行业常出现在舞台上。神器的保管人、算命先生、鸟卜师、医生、包税商、画家、渔人、面包匠都在舞台上来来往往；传呼人受苦不浅，浆布匠受苦更大，在罗马的愚人世界中，他似乎居今日成衣匠的地位。城市各种生活这样受到相当的注意，农民的苦乐也在各方面表现出来。乡村戏剧名录的丰富，我们可由这类名目的繁多推测而知，例如“乳牛”、“驴”、“小山羊”、“母猪”、“猪”、“病猪”、“农人”、“乡下人”、“滑稽乡下人”、“牧牛奴”、“酿酒人”、“收无花果的人”、“砍柴”、“剪枝”、“养鸡场”
455 等。戏剧里使观众喜悦的永远是蠢奴和黠仆、老好人、智人等惯常的人物，第一种人尤其绝不可少——他是这种滑稽剧的菩尔奇内尔(Pulcinell)——贪食的麻库斯(Maccus)身穿污秽的衣服，面貌丑恶可憎，但无时不钟情于女子，无时不几乎自招灾祸，做嘲弄和

---

① 据犹塞比乌斯说，庞波尼乌斯生在664年即前90年前后；维勒乌斯(Velleius)称他与卢奇乌斯·克拉苏(614—663年即前140—前91年)和马尔库斯·安东尼(611—667年即前143—前87年)同时。前一说大概晚了三十余年；用*victoriati*的计算法约于650年即前104年作废，却仍见于他的《画家》(*Pictores*)；约在本期末叶，我们已见丑角把阿特拉戏排出舞台。

捶打的对象，终至在完戏时成为正式代人受过的替身。剧名有《麻库斯当兵》(*Maccus Miles*)、《麻库斯做客店主人》(*Mccus Copo*)、《麻库斯处女》(*Maccus Virugo*)、《麻库斯在放逐中》(*Maccus Exul*)、《两个麻库斯》(*Macci Gemini*)，由这些名目，善良的读者可以略知罗马假面剧有多少不同的花样。此等滑稽剧，至少在有写本以后，适应文学上的一般法则，例如在韵律上依照希腊戏剧，可是固守拉丁和通俗的色彩，就是本国喜剧也远不及它。只在戏拟的悲剧中，滑稽剧才借助于希腊世界；①这种作风似乎也由诺维乌斯首先修习，但始终不常有人修习。再者，这位诗人的滑稽剧即使不敢闯入奥林匹亚，至少敢接触那最有人性的神灵赫拉克勒斯，他写了一篇《赫拉克勒斯做拍卖人》(*Hercules Auctionator*)。当然，风格不甚高雅，其中有很明白的暧昧话，有粗野的淫辞秽语，有鬼怪吓倒或偶然吞噬小儿，又常有辱骂私人甚至指名道姓，不知不觉地混入里面。但这里也不乏生动的描写，奇怪的幻想，中肯的笑谈，简练的警句，于是丑角戏在首都戏剧界甚至在文学界不久就赢得非不重要的地位。

最后，关于戏剧业的发展，我们不能详述那大致明显的事实，
即一般人对舞台戏的兴趣日增，舞台戏的表演日益频繁，日益壮 456
丽。现在不但举行一个经常或非常的公众节庆，无不演戏，而且甚至在乡镇私宅，雇用戏班演戏也是常事。固然，当时许多自治市大

① 大概此种戏剧也很有欢笑。例如诺维乌斯的《腓尼基人》(*Phoeniesae*)有这样一行：

起来！带上武器！我用灯草棍打死你！

正在梅南德的“假赫拉克勒斯”(*Ψευδπρακλŭɦs*)出现的时候。

概都有石造的戏院；在首都，却仍没有一个；599 年即前 155 年，建筑剧院的合同已经订妥，元老院却听普布利乌斯·西庇阿·那西加的提议又加以禁止。因为要尊重祖宗的遗风，他们禁止建筑一座永久的戏院，然而却让舞台剧急速增多，年复一年，为这事耗费巨款来搭盖和装饰木板的戏台：这正合于当时假作虔诚的政治的精神。舞台装置有显而易见的改进。580 年即前 174 年，舞台和舞台设备的建立和维持，由国库负担费用；在特伦提乌斯时代前后，所以有改良的布景装置和复用面具，大概与此事有关。[①] 卢奇乌斯·穆米乌斯在攻陷科林斯以后（609 年即前 145 年）所献演的戏剧，在戏剧史上造成一个新纪元。大约就在那时，始按希腊形式造一座能传音而有座位的戏院，一般人更加注意于演剧。[②] 也在此时，常见于叙述的是优胜奖品的给予，所以必有几个戏剧互相竞赛；观众对主要伶人有拥护和反对两派，党见很强；又有朋比为奸和雇人唱彩等事。点缀和机械都有进步；655 年即前 99 年盖乌斯·克劳狄乌斯·普尔克（Gaiu Claudius Pulcher）做市政官时，巧

---

① 演戏的筹备人员素来须用拨给他的整款或自己出钱来装置舞台和布景器具，大约也不常在这些上面花费很多的钱。但在 580 年即前 174 年，监察官把建造副执政官和市政官的赛会舞台一事特别立合同给人承办；舞台器具现在不仅为一次演戏而设，这必使舞台装置有明显的进步。

② 我们可以由 Vitruv. v. 5，8 推测罗马人注意于希腊人的收音装置。黎切尔（Ritschl）曾讨论座位问题；但似乎只有不属于按人头计算（*Capite censi*）的人（即穷人）可有座位。再者，贺拉斯（Horace）所谓“被征服的希腊俘虏了战胜者”，原指穆米乌斯那开新纪元的戏剧比赛而言。

妙绘制的活动布景和可以听闻的戏场雷声始见于世;[①]二十年后 457
(675 年即前 79 年)卢奇乌斯·卢库卢斯和马尔库斯·卢库卢斯(Lucius Und Marcus Lucullus)昆仲做市政官时,才有移动布景,改换点缀的办法。到了本期末叶有个脱籍人昆图斯·罗斯奇乌斯(Quintus Roscius,寿数很大,死于 692 年即前 62 年)是罗马最伟大的伶人,罗马戏剧界历几世代之久总以他为荣,并且以他自豪,[②]他又是苏拉的友朋,受苏拉欢迎的酒友。下文我们还要再叙到这人。

说到朗诵的诗歌,最使人诧异的是史诗毫不足道;在第六世纪期间,史诗确占朗诵文学中的首位,到了第七世纪,史诗诚然有许多代表人,可是甚至能得到暂时成功的也没有一个。本时期的史诗只有荷马书的冒昧试译和恩尼乌斯编年史的几种续编,例如霍斯提乌斯(Hostius)的《伊斯特里亚战史》(*Histrischer Krieg*)和奥卢斯·福里乌斯(Aulus Furius,约在 650 年即前 104 年)的《高卢战争年鉴》(*Jahrbücher Des Gallischen Krieges*),似乎都在恩尼乌斯绝笔之处——576—577 年即前 178—前 177 年伊斯特里亚战

① 普尔克的布景必常是画的,因为相传鸟雀有栖在瓦上之势。雷声的机关一向是摇铜罐里的钉子和石头,普尔克始用滚石造成较好的雷声,此后这种雷声名为"克劳底的雷声"。

② 本期的小诗至今尚存的,有咏这位名伶的一首铭体诗如下:

最近我立着朝拜初升的太阳,
看呵!我左边,罗斯奇乌斯忽然起来。
天神请莫怒,我想什么说什么:
我看这凡人真似比天神美丽。

这诗具有希腊的情调,并且有感于希腊对艺术的热情而做,作者非同小可,就是 652 年即前 102 年执政官,战胜辛布里部的昆图斯·卢塔提乌斯·卡图卢斯。

争的描写——继续记载;除此以外,一无可述。在教训诗和挽歌方面也不见一个声名卓著的人。本期朗诵诗所有成功的作品都属于所谓“杂诗”(*satura*)——这种艺术有如书札和小册子,可以用任何形式,取任何内容,所以全无固有的特征,全由每一诗人的个性取得其个性,其地位不但介于诗歌和散文之间,而且大半在真正文
458 学的范围以外。西庇阿派的一位少年人斯普里乌斯·穆米乌斯(Spurius Mummius,灭科林斯者的兄弟)由科林斯兵营中寄些诗体的诙谐信到本国,一百年以后,这些信札仍为人所乐读;这种无意发表的戏谑诗歌或源于罗马上流阶级丰富的社会生活和精神生活,当时为数甚多。

这种诗歌的代表人是盖乌斯·卢奇利乌斯(Gaius Lucilius,606—651年即前148—前103年),他生在拉丁殖民地苏埃萨(Suessa)一个体面的家庭,也是西庇阿派的一分子。他的诗歌仿佛是对大众公开的信札。诗歌的内容,据一位继承他的才子很优雅地说,包括一个有修养而能自立的人士的全部生活;这人从池座有时从边景看那政治舞台上进行的事件,这人与同时最上流的人做平等的交际,这人以同情和理智研究文学和科学,而不愿以诗人和学者自居;总而言之,这人把一切他所遇见的善恶是非,他的政治阅历和希望,他的文法见解和艺术批评,他个人生活中的事件、拜访、宴会、旅行,以及他所听得的故事等,一概交给他的怀中记事册。卢奇利乌斯的诗尖刻自恣,完全与众不同,可是明明以辩驳为目的,因此也以教训为目的,无论在文学上以及在道德和政治上都是这样;里面颇有乡村对首都的反抗;这位苏埃萨人自觉言语纯净,行事公正,起而反抗那言语混杂、道德腐败的大巴比伦城。西

庇阿派追求文学尤其文字的正确，在文学批评方面，卢奇利乌斯是他们最饱学多才的代表。他把第一部书献给罗马语言学的始祖卢奇乌斯·斯提洛，他做这书所针对的读者，不是用纯粹典雅语言的知识阶级，而是塔兰托人、布鲁提亚人、西库尔人，即意大利的半希腊人，这些人的拉丁文或许确需纠正，也未可知。他以整本的诗歌从事于决定拉丁文的缀字法和作诗法，从事于抨击普雷内斯特、萨宾、埃特鲁斯坎的土语，从事于揭发时行的文法谬误；可是除此以外，他还不忘讥笑伊索克拉底那种简略无味的修辞练句，[①]甚至以 459
半庄半谐的态度，指责他朋友西庇阿的专务语言的精良。[②] 但这位诗人教人在公私生活上修德慎行，比讲纯洁的拉丁文尤为热烈。他的地位特使他适于为此。虽则在世系、财产和修养方面，他与同时罗马的贵族不相上下，在首都又有一所华丽的住宅，然而他不是个罗马公民，而是个拉丁人；他年少时曾在西庇阿部下，参加努曼提亚战争，以后又常常来往于他家，西庇阿对拉丁人有种种关系，在当时的政治斗争中做他们的保护主；就是卢奇利乌斯对西庇阿的关系或也与此有关。如此，他不能走入宦途，又不屑加入商界——他曾说他不愿不做卢奇利乌斯，而成为亚细亚的包办商。他这样生在一个愁苦的时代，亲历格拉古变法和同盟战争以前的骚乱，常游罗马贵族的邸宅和别墅，却不真做他们的门客，同时置

① 唉，这下贱的浮辞滥语制造厂！
一块一块地堆砌得这样整齐，
宛如五光十色嵌镶的礼拜堂。

② 诗人忠告他：
你要被人称为比别人博学高雅，
不要说 *pertaesum*，说 *pertisum*。

身于政治的党派斗争中，却不直接参加任何一党；他与贝朗热(Béranger)相似，他在政治和诗歌上的地位很有使我们想到贝朗热之处。从这种地位，他以颠扑不破的常识，无穷尽的高兴，左右逢源的诙谐，评论当时的政事：

但如今从早到晚，
无论是否休假日，
整天公民和元老，
徘徊市场不离去。
大家共做一件事：
钩心斗角相欺骗，
占胜争先用谎言，
善于谄媚和诈伪。
你陷我来我害你，
仿佛彼此是仇敌。①

这段意味无穷的本文又有注解，当代的恶事如朋党制度，西班牙连绵不绝的战役等都受了无情的攻击，连朋友甚至这位诗人自

① *Nunc vero a mane ad noctem, festo atque profesto*
Toto itidem pariterque die populusque patresque
Iactare endo foro se omnes, decedere nusquam.
Uni se atque eidem studio omnes dedere et arti;
Verba dare ut caute possint, pugnare dolose,
Blanditia certare, bonun simulare virum se,
Insidias facere ut si hostes sint omnibus omnes.

己都不能免。在讽刺诗的开端奥林匹亚的众神元老院就开了一个大讨论会，讨论的问题是罗马是否仍配受天神的保佑。处处举出各团体、阶级和个人的名称；政治辩论诗虽为罗马舞台所排斥，却是卢奇利乌斯诗的真髓和元气，借着最尖刻最富幻象的讽刺力——甚至在传到今日的残篇中，这种力量仍使我们神迷心醉——，这种诗“不啻用白刃”洞穿敌人的肺腑，压倒敌人的抵抗。这位苏埃萨的诗人道德高尚，傲然有自由的感觉，日后在罗马诗歌的亚历山大时期，那位高雅的维努西亚人所以恢复卢奇利乌斯的讽刺诗，他虽更加擅长格律却以真正谦逊的态度，承认这位前辈“在他以上”，就是因为这个缘故。由他的文字看，可见他是个极富拉丁和希腊修养的人，信笔写法；相传卢奇利乌斯曾在饭前饭后各作六步诗二百句，像他这种诗人匆匆忙忙，自不能作出粗练的诗；无谓的冗赘，潦草反复的同一口吻，极大的疏忽都屡见不鲜；无论在拉丁或希腊，第一个字永是最佳的字。他对诗律尤其最占多数 461
的六步音诗，也是同样办法；据模仿他的聪明人说，如果我们移动字的位置，没有人能觉察面前除单纯散文以外还有他物；说到感人的力量，这些诗只能与今日的打油诗相比。[①] 由修养的程度看，特

① 下面这段较长的诗可以代表作风和格律的特色，因其结构散漫，不能译为德文六步诗：

美德就是能按各种事物在我们社会里的状态，估定它们的正当价值。要晓得美德，就要晓得每种事物对于人类的影响。要晓得美德，就要晓得什么有用和正当，什么是善的恶的，无用的和坏的。人能立下赢利和勤劳的正当界限，能定下财富的正当价值，便是美德。使各等人得其所应得，仇视恶人和恶习，爱护好人和美俗，这就是美德。对好人须怀尊重和敬畏的心，抱亲爱和真诚的态度。要永远先顾祖国的幸福，而后为父母谋利益，最后才想到自己的利益。

伦提乌斯的诗与卢奇利乌斯的诗的关系，等于一种精心结撰的雅致作品与一封仓促草成的信札的关系。但这苏埃萨的骑士特有较高的天才和较自由的人生观，与那非洲的奴隶不可同日而语，所以特伦提乌斯的成功艰苦而不可持，卢奇利乌斯的成功则迅速而辉
462 煌；卢奇利乌斯即刻成为全国的得意人物，如贝朗热一般，自言“一切诗只有他的能家传户诵”。卢奇利乌斯的诗非常脍炙人口，是历史上一件深可注意的事，由此可见文学已是一种势力，如果当时完备的历史能保存到今日，我们当能遇见文学影响的种种痕迹。后世只是确认当代的评判；罗马的艺术批评家反对亚历山大派的，推卢奇利乌斯为一切拉丁诗人的魁首。只要讽刺诗在文艺中可自成一个体裁，卢奇利乌斯就是这个体裁的创造者；在讽刺诗上，他创造了罗马人所独有而传到后世的一种文艺。

以亚历山大派为基础的诗歌本期不见于罗马，只有移译或模仿亚历山大箴铭的小诗；其值得一述，非因为它本身的缘故，而因为它是下一期罗马文学的开路先锋。有些诗人不甚知名并且生死年月不能确定，姑置不论，其他属于这类的有622年即前132年的执政官昆图斯·卡图卢斯和在657年即前97年写作的著名元老卢奇乌斯·曼利乌斯（Lucius Manlius）。种种地理故事流行于希腊人中，例如提洛的拉托那（Latona）传说、欧罗巴（Europa）和神禽长生鸟（Phoenix）的寓言等，曼利乌斯似乎首先把这些故事传给罗马人，多多那（Dodona）有一只很可注意的鼎，鼎上有佩拉斯基人迁居西开里人（Sikeler）和土人之地以前所得的神签可读，这鼎也待曼利乌斯在旅途中发现和摹拓——罗马年史不忘以虔敬的态度记载这个发现。

关于作史，本期有一个特著的作家，在籍贯以及学术和文学的观点上此人固然不属于意大利，可是作家领略罗马在世界上的地位而加以叙述的，却以他为第一人，或可谓唯一无二的人，一切后辈，连我们在内，所知的罗马发展大部分都由他而来。波利比乌斯（约 546—627 年即前 208—前 127 年）生在伯罗奔尼撒的梅伽洛波利斯（Megalopolis），是阿喀亚政治家莱科塔斯（Lgcortas）的儿子，早在 565 年即前 189 年似已参加罗马人远征的小亚细亚凯尔特人 463
之役，以后又有几次，尤其在第三次马其顿战争时，他本国用他办理军事和外交。这次战争造成希腊的危机以后，他与阿喀亚其他的人质同被解到意大利，他以流人资格居意大利十七年（587—604 年即前 167—前 150 年），经鲍卢斯诸子的介绍，得与首都的要人相往来。送还阿喀亚人质时，他也回到本国，自此以后，他在国内永远斡旋于阿喀亚同盟和罗马人之间。他亲见迦太基和科林斯的灭亡（608 年即前 146 年）。他仿佛受了命运的造就，他晓得罗马的历史地位，比当时罗马人所能自知的还要清楚。他所处的地位是希腊的政治家和罗马的囚徒，以他的希腊修养为西庇阿·埃米利亚努斯和罗马一般首要的人所珍重，有时为他们所忌妒，他由这个地位，看那长久分流的百川汇归一条河道，地中海各国的历史合成罗马的霸权和希腊的文化。如是，有名的希腊人能真心深信西庇阿派的世界观，承认希腊在学术界占优势和罗马在政治界占优势为事实的，以波利比乌斯为第一人，关于这些事实，历史已有最后的决定，双方的人都可以服从，并且应当服从。以这种精神他行实际政治家的事和写他的历史。在少年时，他曾崇拜阿喀亚人那种可敬但不能实行的爱乡主义，在他晚年，既灼见不可免的必然性，他主张本城邦的政策应为极密切地依附罗马。这政策极为高明，并且确系好意，绝不是傲慢骄矜的政策。当时希腊的政治手腕好虚荣，注重琐事，波利比乌斯本人也不能完全摆脱这种习气。他刚从拘留所被放出来，便向元老院建议说，元老院应发正式的公文使被释者各在本国复其原位；因此加图说出一句贴切的话：据他看
464 来，这仿佛是奥德修斯再回到波吕斐摩斯(Polyphemus)的洞，向巨人讨还他的帽子和腰带。他常常利用他与罗马贵族的关系为他本国人谋利益；但他服从并且自夸受上国保护的神情，颇近于奴颜婢膝。他的文学活动始终与他的实际活动有一贯的精神。他的一生事业就是做一部历史，叙述地中海各国在罗马霸道之下归于统一。自第一次布匿战争至迦太基和科林斯的灭亡，他的著作包括一切文明国家——希腊、马其顿、小亚细亚、叙利亚、埃及、迦太基和意大利——的运命，并且用因果关系阐明这些国家如何变为罗马的保护国；因此，他表示他的目的在证明罗马霸权的适宜合理。在意匠和成就上，他的历史与当代罗马的以及当代希腊的修史法故意截然不同。在罗马，历史仍全在编年史的阶段，重要史料当然存在，但所谓历史著作——除加图那深可注意但纯属个人的著作未超过初步的探讨和叙述外——仅止于一部分是童话，一部分是文告集而已。希腊人诚然有历史研究和历史著作，但在六将军(Diodochenzeit)的乱离时代，民族和国家的观念已完全消失，以至于许多史家没有一个能在精神和真实上继雅典大师的步伐，没有一个能用世界史的眼光处理当代史的世界史料。他们的史书或纯是皮相的记载，或满是雅典修辞学的赘语诡辩，或竟满纸常是当时的贪污、卑鄙、谄媚、怨怼。罗马人亦如希腊人，只有城邦史和部落

史。人们当然记得，波利比乌斯系伯罗奔尼撒人，他在心智上对雅典人和罗马人处在至少相等的超然地位，所以首先超过这些可怜的界限，用希腊成熟的批评法治理罗马的史料，于是作出一部历 465
史，这历史固然不是世界史，但至少是一部舍地方国家而综述那正在形成的罗马-希腊国家的历史。史家能像波利比乌斯这样完全兼有探求本源者的一切长处的，或许是未曾有。他的工作范围十分明白，时时刻刻在他心中，他始终注目于真正的历史经过。传说、故事、大批无用的纪年报告都被抛弃；各地和各民族的描写，政治和商业关系的叙述——一切无量重要的事实因不能固定在某年而为年史家所忽的——都恢复其久已丧失的权利。在采取史料上，波利比乌斯的谨慎和毅力，在古代或无其匹；他利用文件，广泛注意各国的书籍，尽量利用他那方便的地位由参加和眼见的人采取新闻，再加以旅行地中海各国的全境和大西洋岸的一部。[①] 求真是他的天性。在一切大事上，他的兴趣不在拥护一国或反对他国，也不在拥护一人或反对他人，他的唯一兴趣在各种事件的主要联系，据他看来，用真正因果关系叙述各种事件，不但是史家的第一任务，也是史家的专门任务。最后，他的叙事完满、简洁而又明白，足为模范。这一切非常的优点却仍不足以形成第一流的史家。波利比乌斯领略写作事业一如他领略实际事业，也用伟大的智力，但只用智力。历史是必要对自由的斗争，是个伦理问题；波利比乌

① 然而在本期希腊人中间，这种学术性的旅行却非不普通的事。例如在普劳图斯的剧本里，一个曾遍航地中海的人问道：

我为何不走
回家去，我既不想写一部历史？

斯仿佛把它看成一个机械问题。在自然界如在国家，他只注重全
466 体；特别事件，各个人，无论显得如何奇异，其实只是单独的元素，只是那极富人工的机构名为国家的小轮轴而已。以此而言，波利比乌斯诚然比任何人适于叙述罗马民族的历史，罗马人未尝产生一个卓著天才的政治家，凭着他们那简单的根基，以可惊而几近数学的必然性发达起来，竟能解决那无双的问题，内容和外表都跻于伟大绝伦的境地。但伦理的自由这个因素影响每一民族的历史，波利比乌斯在罗马史里忽略了它，自不能不食其报。对于一切有关正义、荣誉、宗教的问题，他的看法不但浅薄，而且根本谬误。这话也可以应用到一切需要发生学解释的处所；波利比乌斯代以纯机械的解释，有时简直是出于无奈；例如，他以为罗马的优良政体源于君主制、贵族制和民主制各要素适当的混合，又由罗马政体的优良推论罗马的成功：政治理论没有比这个更荒谬的。他对于关系的解说，处处缺乏意味和想象，令人吃惊；他对待宗教事务那种轻蔑无礼的态度简直令人生厌。他的叙事始终对那雕饰字句的寻常希腊史笔故意保持反对，自属妥帖明白，可是柔弱无力，太嫌常见的是离开本题而转入辩论，或转入自传，叙述他自己的经验，并且常很自满地加以叙述。辩论的口吻弥漫全书；作者原预定为罗马人作书，可是发现他们只有很少一班人能了解他；他觉得他在罗马人眼里始终是个外国人，在本国人眼里始终是个叛徒，又自觉对于世势有极高的见解，他的时代不在当今而在未来。因此，他不免有某种愤懑和私恨，他攻击轻浮或甚至贪贿的希腊史家和无批判力的罗马史家时，这种愤懑和私恨常以琐屑口角的方式流露出来，以至于他从史家的语气堕落到时评家的口吻。波利比乌斯不是个

可爱的作家；但因真实和求真胜于一切点缀和精美，我们或许不能 467
举出另一个能赐给我们那样多的真教训的作家。他的书有如罗马史界的太阳；此书在开卷处揭开那仍然笼罩着萨谟奈战争和皮罗斯战争的雾幕，在终结处，开始了一个新的，如果可能，更加恼人的黄昏。

以上是一位外国人对于罗马史的伟大意境和论述，与此迥然有别的是当时在本国发展出来的史书。本期初叶，仍有几种用希腊文写的编年史，例如，上述奥卢斯·波斯图米乌斯（603 年即前 151 年执政官）那充满了恶劣官箴的书，和盖乌斯·阿奇利乌斯老年（约在 612 年即前 142 年）写完的书。然而一部分受了加图爱国主义的影响，一部分受了西庇阿派高雅修养的影响，拉丁文在这方面占得决定的优势，以至于不但晚出的历史著作用希腊文写的不过一两种，①而且以前的希腊文编年史也译成了拉丁文，人们所读的似乎大半是这种译本。不幸除用本国文外，本期用拉丁文作的编年史并无其他可取之处。这种史书为数甚多，内容甚详——例如作史而见于叙述的有卢奇乌斯·卡尔西乌斯·赫米那（Lucius Carsius Hermina，约 608 年即前 146 年）、卢奇乌斯·卡尔普尔尼乌斯·皮索（Lucius Calpurnius Piso，621 年即前 133 年执政官）、盖乌斯·森普罗尼乌斯·图底塔努斯（Gaius Sempronius Tuditanus，625 年即前 129 年执政官）、盖乌斯·范尼乌斯（Gaius Fan-

① 据我们所知，唯一的例外是格涅乌斯·奥菲狄乌斯（Gnaeus Aufidius）的希腊文历史，此人生当西塞罗的童年，就是 660 年即前 94 年前后。普布利乌斯·鲁提利乌斯·鲁孚斯（649 年即前 105 年执政官）的希腊文回忆录不能视为例外，因为作者写它们时正被逐在士麦那。

nius,632 年即前 122 年执政官)。此外还有罗马城官方年史节要八十卷,这是普布利乌斯·穆奇乌斯·斯恺弗拉(Publius Mucius Scaevola,621 年即前 133 年执政官,也是个有名望的法学家)做大祭司长时编纂公布的,城史于是告一结束,因为自此以后大祭司记载即使不真正停止,至少在私人史家日益勤勉之中,不再见重于著作界。这一切年史无论自称为私人著述或官方作品,大体同是由
468 现存的史料和似是而非的史料编纂而成;无疑地,这些书愈加详细,其原始资料的价值以及其形式的价值便愈加低落。固然,编年史无处不是真伪并进,要控告奈维乌斯和皮克托,说他们不能作出异于赫迦泰(Hekataos)和文法家萨克索(Saxo)的书,实为至愚;但后世想以这种云雾缔造屋宇时,就是百炼的耐性也受到严厉的考验。旧闻的缺漏无论如何深邃,无一不能易如反掌地用这种流利而地道的杜撰补充起来。日食、国势调查的数字、家谱、凯旋礼都毫不迟疑地倒填年月,直至元年;罗慕洛在何年何月何日升天,塞尔维乌斯王如何在 183 年即前 571 年 11 月 25 日首次战胜埃特鲁斯坎人,在 187 年即前 567 年 5 月 25 日第二次战胜他们,都明见于记载。所以下列的事完全与此相合:埃涅阿斯由伊里昂到拉丁姆所乘的船陈列在罗马的船坞,甚至那做埃涅阿斯向导的母猪也用盐汁保存在罗马的灶神庙。这些作编年史的贵族有诗人造假的本领,兼有圣坛司事那种极讨人厌的纤细无遗,既删尽一切诗歌的要素,又除尽一切历史的要素,结果当然是枯燥无味,他们就始终以这种枯燥无味的笔墨处理他们的大题材。例如我们在皮索书中读到罗慕洛遇有次日要出席会议时便不恣意酣饮,或读到达拜亚(Tarpeia)出于一片爱国心,把卡庇托尔献给萨宾人,以便夺取敌

人的盾牌;无怪当代智人批评这一切杂滥著作道:“那不是写历史而是对儿童讲故事。”远比这些优良的,是几种叙述最近过去和现时的历史,特别是卢奇乌斯·凯利乌斯·安提帕特(Lucius Caelius Antipater,约 633 年即前 121 年)的汉尼拔战争史,和年稍幼的普布利乌斯·森普罗尼乌斯·阿塞利奥(Pullius Sempronius Asellio)的当代史。这两种书至少有可贵的资料和求真的诚意,安提帕特又有一种雄浑但稍嫌粗野的风格;然而根据一切见证和残编来判断,这些著作在简练和创新上无一能及得加图的“原史”(Origines),不幸他在史学界一如在政治界,都没有创出一个派别。 469

几种较富个性和时间性的次要历史文学——回忆录、信札和演说词——也有强大的代表,至少在数量上如此。罗马第一流的政治家如马尔库斯·斯考鲁斯(639 年即前 115 年执政官)、普布利乌斯·鲁孚斯(649 年即前 105 年执政官)、昆图斯·卡图卢斯(652 年即前 102 年执政官),甚至摄政苏拉都亲自记载他们的经验,但这些作品除了材料内容外,似乎在文学上无足轻重。科尔涅利娅(格拉古昆仲的母亲)的信札集深可注意,一方面因为她的文字典雅纯洁,她的见解卓荦不群,一方面因为这在罗马是首次发表的信札,也是罗马妇女的第一部文学作品。本期演讲辞的著作仍未失其由加图得来的特色,律师的辩护辞仍未被目为文学作品,所发表的不过是政治上的小册子。在革命期间,这种小册子范围加广,重要益增,在大批朝生夕死的作品中,有几种因作者地位的重要或因其本身重要,在文学上垂于永久,可与德谟斯提尼的“反菲力普”和古利尔(Courier)的传单相比拟。属于此类的,有盖乌斯·莱利乌斯和西庇阿·埃米利亚努斯的政治演说词,二者都是绝好拉丁文和极高爱国心的杰作；有盖乌斯·提提乌斯的流畅演说词，本国的喜剧由他那对于当地和当代的尖刻描写——他对于元老陪审员的描写已见上文——采取许多材料；特别是盖乌斯·格拉古的宏富演说词，他那热烈的言论有如一面明镜，把这位崇高人物真诚的情感、高尚的态度和可悲的命运都保存得丝毫不差。

在科学著作中，马尔库斯·布鲁图斯(Marcus Brutus)的法学论丛发表于600年即前154年前后，这是一部颇堪注意的试作，想把希腊人用对话论述专门题材的方法移到罗马，以明言人物、时间和地点的会话为布景，使他的著作有半戏剧式的艺术形态。但这种方法近于文学，不合实际，以后的科学家如语言学家斯提洛和法
470 学家斯恺弗拉，无论在一般文化科学或特殊专门科学中，都弃而不用。这样抛弃艺术形式的拘束，明明反映出科学本身的价值日增，人对于科学的实用方面特饶兴趣。我们已在上文详论一般自由教育的学科，如文法或可谓语言学、修辞学和哲学，因为这些学科现在成为普通罗马教育的主要成分，于是始兴真正的专门科学分离。

在著作界，拉丁语言学欣欣向荣，与那久已根深蒂固的研究希腊文学的语言学密切结合起来。上文已经说过，本世纪初年前后，拉丁史诗也有人把它的本文改编和修正；上文又已指明，不但西庇阿一派人力主工稳高于一切，而且几个最著名的诗人如阿奇乌斯和卢奇利乌斯也从事规定正字法和文法。同时，我们发见几个人想由历史方面发展出一种考古学，可是当时年史家那种笨重的论文如赫米那的“监察官论”和图底塔乌斯的官吏论不能优于他们的编年史。较有趣味的是盖乌斯·格拉古的朋友马尔库斯·尤尼乌斯(Marcus Junius)著的职官考，这是使考古能供政治用途的初次

尝试，[①]又有悲剧家阿奇乌斯用诗体作的“戏谱”(Didaskalien)，是拉丁戏剧史的初步。但上述本国语文的初步科学研究仍饶有肤浅的色彩，深使我们想到德国包德摩·克洛普士托(Bodmer Klopstock)时期的正字学著作；我们若把本期罗马的考古研究置在下位，也不算不公。

650年即前104年前后，罗马人卢奇乌斯·埃利乌斯·斯提
洛用亚历山大城大师的精神奠定拉丁文研究的科学基础。他始上 471
溯拉丁文最古的纪念品，评论萨利僧团的祈祷文和十二铜表。他特别注意第六世纪的喜剧，初把他认为真实的普劳图斯剧本编成一个目录。他要依希腊的方式，根据史实，决定罗马生活和交际上每种现象的原始，一一考求其“发明者”，同时把年表的全部传说纳入他的研究范围。当时最重要的诗歌著作和最重要的历史著作，即卢奇利乌斯和讽刺诗和安提帕特的年史，都题献给他，可见他在时人中的成功，这第一位罗马语言学家也影响到将来的本国学术，因为他把文字和事物的研究法传给他的弟子瓦罗。

我们可以想见，在拉丁修辞学的领域内，著作业较属次要性质，这里除仿照赫马哥拉斯(Hermagoras)和别人的希腊文纲要，做成教本和练习书外，无事可做；因此塾师一方面为虚名，一方面为实利，自不免供应这种书籍。此类修辞学教本有一种至今尚存，这书系苏拉独裁时期的一个无名氏所作，他按当时流行的方式，兼教拉丁文学和拉丁修辞学，并且关于两者都有著作；这教本可注意

① 例如有人主张在王政时期任命副执政官的是公民而非国王，此说当然是假的，因为它显然带有党派的色彩。

之处不但在其论述题材的贴切、明白而确实，而且特在其对希腊原著抱着较为独立的态度。虽则在方法上完全依赖希腊人，这位罗马人却断然甚至悍然把“希腊人专为使此科更形难学而收集的无用材料”，排除净尽。他痛斥那析入毫芒的辩证法，那“喋喋不休戕贼口才的技术”，精于此道的老手因唯恐出言暧昧，终至不敢再道自己的姓名。他始终故意避免希腊学校用的名辞。作者很真诚的戒人教导不可太多，又规定一条金科玉律说，教师特应养成学生的
472 自助力；他也一样恳切地承认学校是次要的事，人生是主要的事；他的选择例证，完全独出心裁，前数十年引起罗马律师界注意的辩护词在他的例证中犹有余音。值得注意的是对于滥用希腊风气的反抗，这种反抗昔日曾想阻挠本国拉丁演说术的兴起，又在拉丁演说术兴起之后继续存在于其中，于是罗马的雄辩术与当时希腊的相比，在理论和实际上都是品格较高，实用较大。

最后，哲学在著述界尚无代表，因为既没有内心的需要使罗马本国的哲学发展起来，又没有外界的情势唤起拉丁文的哲学著述。我们甚至不能确指本期有哲学通俗纲要的拉丁文译本；研究哲学的人读书和讨论，都用希腊文。

在专门科学上，本期的活动甚少。罗马人虽熟谙农耕法和算法，物理和数学的研究却不能在他们中间占得地位。他们忽略理论，其结果见于实际的是医学和一部分兵学的简陋。一切专门科学只有法学发达。我们不能用精确的年代考察法学内部的发展。大致说来，桥师法（*ritual Law*）一天比一天衰微，到了本期之末，差不多等于今日的公教法。反之，较为精深的法律思想，用内心的行为动机代替外表的特点的——例如故犯和误犯以及所有权应受

临时保护等观念的发展——在十二铜表时期尚付阙如，但到西塞罗时期即已存在，这种思想的大体完成，或是本期的事。政治关系在法律发展上的反作用已屡见上文，这种反作用不常是有利的。例如，管理遗产案件的百人法庭既经设立，产权法也有了一个陪审法庭，此庭一如刑事的当局，不专门应用法律，却自居法律之上，以其所谓公平来毁坏合法的制度；共结果之一就是一种不合理的原 473
则：任何人若在亲属的遗嘱中被略去，可以随意提请法庭取消遗嘱，依法庭的意见来判决。

对于法学著述的发展，我们可有较为明确的知识。这种著述素来只限于程式集和法律名词的解释，到了本期始形成一种发表意见的著作（*responsa*），差不多与今日的判例集相当。发表意见的早已不专是祭司团的人，每一个在家或在公共市场上受人询问的人士都可以发表意见，并且有理的和善辩的讨论以及法学所特有的永久争辩，都已与这些意见相结合，于是到第七世纪初年前后，人们始记录这些意见，编成总集行世。最初做这事的是小加图（死于 600 年即前 154 年前后）和马尔库斯·布鲁图斯（Marcus Buctus，约与小加图同时）；这些总集似乎按材料排成次第。[1] 不久以后，民法真有系统的叙述继之而来。创始人是大祭司昆图斯·穆奇乌斯·斯恺弗拉（659 年即前 95 年执政官，死于 672 年即前 82 年），法学一如最高祭司职都是他家世袭之业。他著成《民法论》（*Jus Civile*）十八卷，一部分取材于以前的总集，一部分取材于

① 加图的书或名为 *De iuris disciplina*，布鲁图斯的或名为 *De Iure Civili*；两书大体是意见的总集，可以西塞罗为证。

口述的传说，凡法学所有的资料——法案、司法判例和根据——无不尽量网罗；这书开创完备的罗马法律体系，又为以后这种著作的模范；同样，他的节要书《释义》(*öpol*)是法律撮要的基础，尤其是法规书的基础。这种发展当然大致不依赖希腊文化，可是一般看来，人们既熟习希腊人那种半哲学半实际的系统化，必有所感动，才给法学一个更有系统的叙述；实际说来，在后一种著作中，希腊
474 的影响甚至见于它的名称。在几个表面的事实中，罗马法学受有斯多亚派的影响，已见上文。

美术的成绩更不可喜。在建筑、雕刻和绘画方面，爱好美术的兴趣固然日益普及，但本国自创的美术却有退无进。侨居希腊各地的罗马人日益惯于亲自鉴赏美术作品，尤其是670—671年即前84—前83年苏拉军在小亚细亚的冬营开了一个新纪元。鉴别力也在意大利发展出来。人们先从事于银器和青铜器，到了本期初年前后，他们不但开始珍重希腊雕像，也珍重希腊画。首先在罗马公开展览的画是阿里斯提德(Aristides)的拔古(Bakchos)，科林斯的战利品拍卖时，卢奇乌斯·穆米乌斯把这幅画由拍卖场收回，因为阿塔鲁斯王为这画出价达六千第纳尔之多。建筑更加壮丽，特别是海外尤其希梅都(Hymettus)的云石(Cipollin)充这种建筑之用——意大利的云石矿尚未开发。攻克马其顿的昆图斯·梅特路斯(611年即前143年执政官)在大校场上建了一座宏丽的柱廊，环绕着首都初次看见的云石庙宇，到帝国时期这柱廊仍受赞赏；不久以后，同类建筑继起，西庇阿·那西加(622年即前132年执政官)的造在卡庇托尔山上，格涅乌斯·屋大维(626年即前128年执政官)的造在竞技场。第一座以云石柱为饰的私宅是帕拉廷山

上演说家卢奇乌斯·克拉苏(死于663年即前91年)的寓所。但他们若能劫夺或购买以代替自造，他们便劫夺或购买；罗马建筑始用希腊神庙的旧石柱，可见其贫乏可怜，例如苏拉用雅典宙斯庙的石柱点缀罗马的卡庇托尔庙。造在罗马的作品都出自外国人之手；本期罗马的少数美术家特见于记载的，都是居意大利的或由海外移来的希腊人，无一例外。属于此类的有建筑家赫摩多罗(Hermodoros，塞浦路斯岛的萨拉米人)，除别种工作外，他曾重修罗马船坞，在昆图斯·梅特路斯(611年即前143年执政官)所自建的会议厅里替他营造朱庇特·斯塔托尔的庙，在弗拉米尼竞技场替德西姆斯·布鲁图斯(Decimus Brutus，616年即前138年执政官)造玛斯庙；有大希腊人雕刻家帕西底里(Pasiteles，665年即前89年左右)，他供给罗马庙里的象牙神像；有画家兼哲学家梅特罗多 475
罗(Metrodoros，雅典人)，他奉命为卢奇乌斯·鲍卢斯的凯旋(587年即前167年)作画。有一件可注意的事，本期的钱币样式较多，但印模的雕刻却有退步而无改进。

最后，音乐和跳舞也同样由希腊传到罗马，其用途只在增长那里的奢华点缀。这种外国美术在罗马诚然不算新奇；自古以来，国家就准许埃伊鲁斯坎的笛师和舞人在罗马节庆时出来表演，往日罗马的脱籍人和最下层阶级又曾以此为业。但希腊跳舞和音乐演奏竟成为高等宴会的经常陪亲，却属新奇。另一新奇的事是一所跳舞学校，西庇阿·埃米利亚努斯一次在演讲中满腔愤慨地叙述这个学校，说五百多个男女儿童——最下流的人和达官贵人的子女混杂无别——从一个跳舞师学习那不像样的击板跳舞，那与之相当的歌唱和那犯禁的希腊弦索乐器的使用。另有一个新奇的事：一位执政官和大祭司如普布利乌斯·斯恺弗拉（621 年即前 133 年执政官）在竞技场上接球，与在家解决极繁难的法律问题一样灵巧，还不足为奇，罗马贵家子弟竟在苏拉的嘉节赛会中当众表演他们的骑师技术，这是奇事。政府有时想抑制这种风气；例如 639 年即前 115 年，监察官禁止一切乐器，只有拉丁姆本地所产的简单笛子不在禁止之列。但罗马不是斯巴达，以这种禁令，松懈的政府只能宣扬恶事，而不能严峻一贯地应用法律，加以补救。

总之，如果我们回头看看意大利自恩尼乌斯之死至西塞罗时代之初，文学和艺术所表现的全景，我们见到这方面与前一时期相
476 比，生产力的衰落也很显明。高等文学如史诗、悲剧、历史等不是渐归凋落，就是停滞不前。只有下等文学如奸情剧的翻译和拟作、滑稽戏、诗体和散文的小册子等，独臻繁盛；小册子文学受革命风潮的全力激荡，我们在这方面遇见本期两个最富文学天才的人，一个是盖乌斯·格拉古，一个是盖乌斯·卢奇利乌斯，在一些多少有点凡庸的作家中巍然耸峙，正如法国文学在与之相类的时期，库里耶和贝朗热卓立于一群狂妄无能之辈。在造型和绘画上的美术，创作力始终是薄弱的，现在竟全等于零。反之，对艺术和文学的吸收享用却很发达；本期不肖的儿孙既在政治领域收取和挥霍那归于他们祖先的遗产，所以在文艺领域，我们也见他们是勤于看戏的人、文学的好友、美术的鉴赏家尤其是收藏家。这种活动最可敬的方面是学术研究，这种研究特别在法学、语言学和考古学上显出其所自有的奋发精神。这几门科学的创立当在本期以内，亚历山大那不自然的诗歌的拟作也在本期稍开其端，这都预示罗马的亚历山大风格（Alexandrinismus）即将到来。本期一切作品的光润无

瑕和有条不紊都胜于罗马纪元第六世纪的创作。本期文学家和文学好友藐视他们的前辈，目之为拙劣的生手，并非尽属谬误；但他们虽嘲笑或指责这些生手的缺点，他们中间最富天才的人，也许私自承认民族的少壮时期已成过去，或许有人在沉静的心坎上暗自感觉一种渴望，想再偷偷地去走少年时可爱的错路。

图书在版编目(CIP)数据

罗马史．第三册／（德）特奥多尔·蒙森著；李稼年译．—北京：商务印书馆，2017(2024.6 重印)
(汉译世界学术名著丛书)
ISBN 978-7-100-13123-0

Ⅰ．①罗… Ⅱ．①特… ②李… Ⅲ．①古罗马—历史
Ⅳ．①K126

中国版本图书馆 CIP 数据核字(2017)第 061394 号

汉译世界学术名著丛书
罗 马 史
第三册
〔德〕特奥多尔·蒙森 著
李稼年 译

商 务 印 书 馆 出 版
(北京王府井大街36号 邮政编码100710)
商 务 印 书 馆 发 行
北京虎彩文化传播有限公司印刷
ISBN 978-7-100-13123-0

2017年7月第1版 开本 850×1168 1/32
2024年6月北京第4次印刷 印张 14⅞

定价：67.00元